中南财经政法大学
哲学院学术丛书 | 王雨辰 主编

宋代儒家生命伦理思想研究

张舜清 ○ 著

图书在版编目（CIP）数据

宋代儒家生命伦理思想研究/张舜清著.—北京：中国社会科学出版社，2023.7
（中南财经政法大学哲学院学术丛书）
ISBN 978-7-5227-2038-8

Ⅰ.①宋… Ⅱ.①张… Ⅲ.①儒家—生命伦理学—研究—中国—宋代 Ⅳ.①B222.05

中国国家版本馆 CIP 数据核字（2023）第 106655 号

出 版 人	赵剑英	
责任编辑	杨晓芳	
责任校对	王佳玉	
责任印制	王　超	

出　　版	中国社会科学出版社
社　　址	北京鼓楼西大街甲 158 号
邮　　编	100720
网　　址	http://www.csspw.cn
发 行 部	010-84083685
门 市 部	010-84029450
经　　销	新华书店及其他书店
印　　刷	北京明恒达印务有限公司
装　　订	廊坊市广阳区广增装订厂
版　　次	2023 年 7 月第 1 版
印　　次	2023 年 7 月第 1 次印刷
开　　本	710×1000　1/16
印　　张	24
插　　页	2
字　　数	302 千字
定　　价	128.00 元

凡购买中国社会科学出版社图书，如有质量问题请与本社营销中心联系调换
电话：010-84083683
版权所有　侵权必究

目录

导　论 ……………………………………………………（1）

第一章　周敦颐的生命伦理思想 ………………………（14）
第一节　太极生生 ……………………………………（15）
　　一　无极而太极 ……………………………………（16）
　　二　太极之蕴 ………………………………………（21）
第二节　诚建人极 ……………………………………（25）
　　一　太极诚体 ………………………………………（26）
　　二　仁义定人极 ……………………………………（29）
第三节　与道合一 ……………………………………（32）
　　一　道德有于身 ……………………………………（33）
　　二　主静无欲 ………………………………………（37）
本章结语 ………………………………………………（41）

第二章　张载的生命伦理思想 …………………………（45）
第一节　虚气之辨 ……………………………………（46）

· 1 ·

一　虚本抑或气本 …………………………………… (46)
　　二　虚气统一性原理 ………………………………… (53)
第二节　顺性命之理 ……………………………………… (61)
　　一　先识造化 ………………………………………… (62)
　　二　变化气质 ………………………………………… (67)
第三节　大心与立心 ……………………………………… (72)
　　一　心之为名 ………………………………………… (72)
　　二　大心体物 ………………………………………… (79)
　　三　为天地立心 ……………………………………… (85)
本章结语 …………………………………………………… (95)

第三章　二程的生命伦理思想 …………………………… (99)

第一节　天理生生 ………………………………………… (100)
　　一　理以生生为体 …………………………………… (100)
　　二　理生气成 ………………………………………… (109)
第二节　继生理为善 ……………………………………… (115)
　　一　善恶皆天理 ……………………………………… (116)
　　二　性之善恶 ………………………………………… (122)
　　三　继生理为善 ……………………………………… (127)
第三节　仁者以天地万物为一身 ………………………… (134)
　　一　生生之仁体 ……………………………………… (135)
　　二　以天地万物为一身 ……………………………… (142)
本章结语 …………………………………………………… (148)

第四章　朱熹的生命伦理思想 …………………………… (153)

第一节　理气统体 ………………………………………… (155)

一　统体之理 ………………………………………… (156)
　　二　统体之气 ………………………………………… (170)
　　三　理气同异 ………………………………………… (179)
　第二节　性天命理 ………………………………………… (185)
　　一　性命于理 ………………………………………… (186)
　　二　性命于气 ………………………………………… (194)
　第三节　至尚之仁 ………………………………………… (202)
　　一　仁兼统理气 ……………………………………… (203)
　　二　仁者天地生物之心 ……………………………… (209)
　本章结语 …………………………………………………… (220)

第五章　陆九渊的生命伦理思想 ……………………………… (225)
　第一节　宇宙实理 ………………………………………… (225)
　　一　天地宇宙 ………………………………………… (227)
　　二　乾坤一理 ………………………………………… (230)
　第二节　心与理一 ………………………………………… (238)
　　一　心和本心 ………………………………………… (238)
　　二　本心即天理 ……………………………………… (246)
　第三节　明心觉理 ………………………………………… (258)
　　一　人当先理会所以为人 …………………………… (259)
　　二　欲去则心自存 …………………………………… (262)
　　三　先立乎其大 ……………………………………… (267)
　本章结语 …………………………………………………… (273)

第六章　胡宏、张栻的生命伦理思想 ………………………… (278)
　第一节　胡宏的生命伦理思想 …………………………… (279)

一　性之意蕴 …………………………………………（279）
　　二　性气关系 …………………………………………（292）
　　三　人者天地之全 ……………………………………（299）
　第二节　张栻的生命伦理思想 …………………………（309）
　　一　生生无穷之体 ……………………………………（310）
　　二　性一气殊 …………………………………………（319）
　　三　物之始生无有不善 ………………………………（325）
　　四　天下无一物非仁 …………………………………（330）
　本章结语 …………………………………………………（336）

第七章　宋代儒家生命伦理的实践意义与当代启示 ……（342）
　第一节　生生：宋代儒家生命伦理的根本原则 ………（342）
　　一　宋代儒家言说生命问题的基本模式和理路 ……（343）
　　二　生生：天人合一的根据与体现 …………………（346）
　　三　生生的展开与界限 ………………………………（348）
　第二节　生生原则的当代实践与启示 …………………（352）
　　一　君子以生为本 ……………………………………（352）
　　二　万物一体与生命共同体 …………………………（356）
　　三　生命的完整性与人类的主体担当 ………………（360）

参考文献 …………………………………………………（368）

致　谢 ……………………………………………………（375）

导　论

　　在儒家的视域中，世界是一个不断变化、创造的过程，是一个充满生机与活力的整体，而构成这一充满生机与活力的整体的因子就是天地间川流不息的生命。生命在世界历史的长河中绵延往复、流动不居，它体现着宇宙的本性，亦是宇宙存在的本然表现。儒家在价值上肯定宇宙生命生生不息的永恒状态，故曰"天地之大德曰生"[①]。宇宙中存在的一切，都是整体的宇宙生命有机的组成部分，都属于"生命"的范畴，这是儒家对于"生命"的独特理解，所谓"大凡生于天地之间者皆曰命"[②]。对于儒家而言，宇宙天地之间存在的一切，实际上都是天之所命而生，都体现着天地之"生"的本性，因而天下无脱离天命规定之物，亦无不以天命为根本的生命现象。生命与天命观念之内在勾连，一方面赋予生命与生俱来之神圣性，从而培养起儒家敬畏生命、仁以为境的乐天重生之情怀；另一方面也使儒家对于生命存在的价值和意义的解读，事实上也是来自对宇宙天地之本性的体悟和阐释。由天命说生命，或由生命反映天命，在天命与现实之生的相互关系中，诠释生命的根源、本质、价值和意

[①]《周易·系辞传》。
[②]《礼记·祭法》。

义，以及指示完善生命的功夫方式，构成了儒家生命伦理思想的基本内容和特色。但儒家的这种思想本身也有一个发展的过程，可以说，这种思想是到了宋代儒家那里，才真正得以在本体高度得到系统的理论表达。

宋代儒家是在儒学发展史上对于推进儒学极为重要的一批思想家，他们不仅在本体层面树立起儒家天道性命之学的理论丰碑，也对有宋以来中国人的生活实践产生了巨大影响。从儒家的生命之学角度而言，儒家有关身心性命的认知，亦是到了这一阶段才由涓涓细流汇成滔滔之水，从而确立起与当时中国任何其他思想学说可以相抗衡之博大深厚的理论体系。宋代儒家的生命伦理思想气象广大、意境高深，他们对生命原理及其价值的阐释，不仅真正突破了原始儒家经验常识的思维局限而进入高度抽象思辨的系统化本体化表达阶段，较之于汉代儒家思考生命问题时所带有的那种神道设教般的巫术色彩，也显然更具有理性的光芒。本书即是在对原始儒家生命伦理思想研究的基础上，对宋代儒家这一别开生面的生命伦理思想的专门性探究。

一　本书研究背景和意义

对宋代儒家生命伦理思想的研究是笔者近年来所从事的儒家生命伦理思想研究的阶段性研究，对这一研究的背景和动机的介绍，笔者在《儒家生命伦理思想研究——以原始儒家为中心》（人民出版社2008年版）一书中，曾做过详细的说明，这一说明同样适用于阐释本书的研究背景和意义，二者是一致的。为避免重复起见，同时为了方便阅读者诸君较为快捷地了解本书研究的大致背景，我们这里仅就原来所作的说明做一简要叙述。（更为具体的内容请参阅上书导论部分）

导 论

在当代，从事儒家生命伦理思想研究的基本缘由主要有三点。第一，现代生命技术的开发和应用引发了一系列伦理问题，这些问题亟须疏解之道，而当代人类所面临的日益频繁的公共健康危机（如大规模传染病带给人类的冲击和挑战），也促使人们反思既有的生命观念或在深层次上思考一些古老的伦理问题。研究儒家生命伦理思想即是适应这种诉求的反映。第二，中国生命伦理学的学科建设和儒学自身发展的现实诉求，客观上也促进了人们对这一领域的研究。第三，从事儒家生命伦理思想研究也适应了当下中国文化建设的客观要求和跨文化背景下人们处理生命伦理问题的现实需要。具体如下。

其一，诸如人工智能、基因技术、无性生殖、代孕、安乐死等现代生命技术的开发和应用，以及当代人类所面临的日益频繁的公共健康危机（如大规模传染病带给人类的冲击和挑战），都引发了大量问题，而这些问题从根本上说都涉及人们应该如何定义生命、诠释生命以及在行为上如何对待生命才是合乎伦理的、正当的问题。为此，人们必须考察既有的生命哲学伦理学主张，分析其得失和意义。研究宋代儒家生命伦理思想，即是适应这种诉求的反映。

其二，从中国生命伦理学的学科建设和儒学自身发展的角度来说，本书也是基于当代中国生命伦理学之学科建设和儒学在当代发展的现实诉求而展开的研究。当前中国生命伦理学的学科体系还不完善，其发展需要多角度的理论资源的支撑，研究儒家生命伦理思想有助于为中国生命伦理学的建设奠定传统理论基础。而儒学要实现在当代的慧命相传，它也只有不断融入现实，与现实问题"搭界"，才能获得当代的生命力，研究宋代儒家生命伦理学也是促进儒学在当代发展的举措之一。

其三，当代中国正处于实现中华民族伟大复兴的历史进程当中，而要实现中华民族的伟大复兴，文化的复兴和自信乃是题中之义，这也需要我们对中华传统文化之价值进行更为深入的分析和审视，从而在当代把中华优秀传统文化这一民族之魂、立国根基更好地传承和发扬。对宋代儒家生命伦理思想的研究，有助于提升人们对传统儒学的认识，有助于人们重新评估儒学的当代价值和对其优秀成分的继承和发扬。此外，这种研究也可以为跨文化背景下人们处理生命伦理问题提供借鉴，促进中、外人士在生命伦理学领域的对话、沟通和交流。

二 本书研究状况和文献综述

研究宋代儒家生命伦理思想，首先，既需要对宋代儒学整体研究状况和动态的了解，亦需对儒家生命伦理学这一具体领域研究状况有充分认识。有鉴于此，对本书的研究状况和文献综述，我们即从这两方面展开。

（一）关于宋代儒学的研究状况

宋代儒学是儒学发展史上的理论高峰，也是学界着力研究的重要领域，自宋代以后，关于宋代儒家的研究和评述就一直不断，但是元、明、清三个时代对宋儒的研究和评述，总体上可以看作宋代儒学在其后的传承与理论演进，这不是本书研究综述的重点，尽管其间的相关著作仍然是我们研究宋代儒学的重要参考资料。这里仅就现当代有关宋代儒学研究状况进行综述。

从国内研究状况来看，对于宋代儒学的研究，早在民国时代，就已经出现一批在宋代儒学研究领域颇有成就的学者以及著作，如管道中的《二程研究》（中华书局1937年版）、吕思勉的《理学纲要》（商务印书馆1930年版）、陈钟凡的《两宋思想述评》（商务印书馆1938年版）等。这一阶段，大致可视为宋代儒学研究的开创和奠基阶段。

抗日战争胜利以后，特别是新中国成立以后，宋代儒学研究始有较大进展。这之后的宋代儒学研究又可分为大陆宋代儒学研究和港台宋代儒学研究两个主要区域。从大陆的宋代儒学研究来看，20世纪80年代之前，限于社会政治方面的原因，大陆宋代儒学研究开展状况不佳，真正取得突破性的时期是20世纪80年代以后。

20世纪80年代，侯外庐等人所编的《宋明理学史》（人民出版社1984年版）、蒙培元的《理学的演变》（福建人民出版社1984年版）、张立文的《宋明理学研究》（中国人民大学出版社1985年版）、徐远和的《洛学源流》（齐鲁书社1987年版）、刘象彬的《二程理学基本范畴研究》（河南大学出版社1987年版）、陈来的《朱熹哲学研究》（中国社会科学出版社1988年版）、潘富恩和徐余庆的《程颢程颐理学思想研究》（复旦大学出版社1988年版）等著作，都是当时较有成就和影响的关于宋代儒学相关人物和理论研究的专门性著作。

进入20世纪90年代，陈来的《宋明理学》（辽宁教育出版社1991年版）、张立文的《走向心学之路——陆象山思想的足迹》（中华书局1992年版）、庞万里的《二程哲学体系》（北京航空航天大学出版社1992年版）、尹协理的《宋明理学》（新华出版社1993年版）、吴乃恭的《宋明理学》（吉林文史出版社1994年版）、徐洪兴的《思想的转型——理学发生过程研究》（上海人民出版社1996年版）、冯达文的《宋明新儒学略论》（广东人民出版社1997年版）等，可谓研究宋代儒学的主要成果。

进入21世纪以来，涉及宋代儒学的研究著作更是如雨后春笋般涌现出来。其中，有综合探究宋明理学的专著，亦有以宋代儒家某流派或代表人物为主的专论。这些著作主要包括丁为祥的《虚气相即：张载哲学体系及其定位》（人民出版社2000年版）、朱汉民的《宋明理学通论》（人民出版社 2002 年版）、张立文的《宋明理学研究》（中国人民大学出版社 2016 年版）、卢连章的《程颢程颐评传》（南京大学出版社 2001 年版）、彭永捷的《朱陆之辩——朱熹陆九渊哲学比较研究》（人民出版社 2002 年版）、杨柱才的《道学宗主——周敦颐哲学思想研究》（人民出版社 2004 年版）、傅小凡的《宋明道学新论》（社会科学文献出版社 2005 年版）、陈谷嘉的《宋代理学伦理思想研究》（湖南大学出版社 2006 年版）、李煌明的《宋明理学中的"孔颜之乐"的问题》（云南人民出版社 2006 年版）、向世陵的《理气性心之间——宋明理学的分系与四系》（人民出版社 2008 年版）、蔡方鹿的《宋明理学心性论》（四川出版集团巴蜀书社 2009 年版）、蒙培元的《朱熹哲学十论》（中国人民大学出版社 2010 年版）、林乐昌的《张载理学与文献探研》（人民出版社 2016 年版）、彭耀光的《二程道学异同研究》（山东人民出版社 2016 年版）等著作。这些著作从不同角度对宋明理学进行阐发，虽然不是专门论及宋代儒家生命伦理思想的著作，但亦构成本书的重要参考。

  与大陆宋代儒学研究形成对照，港台地区的宋代儒学研究自 20 世纪 50 年代以来也是人才辈出，成绩斐然。牟宗三、钱穆、唐君毅、劳思光、刘述先、蔡仁厚等人，都是新儒学研究的重要人物，他们对宋代儒学的研究基本上反映了港台地区关于宋代儒学研究的概貌和学术水平。其中牟宗三的《心体与性体》《从陆象山到刘蕺山》《宋明儒学的问题与发展》等著作，钱穆的《宋明理学概述》《朱子新学案》等著作，唐君毅的《中国哲学原论》《中国文化之精神价值》，蔡仁厚的《宋明理学》和劳思光的《中国哲学史》等著作（这些著作大陆均有出版），都值得我们特别关注。

  在海外，关于宋代儒学的研究成果同样令人瞩目。海外的宋学研究是广义海外中国学研究的重要组成部分，在这一领域，亦产生许多知名学者和重要研究成果。其中欧美学者陈荣捷、田浩（Hoyt Cleveland Tillman）、葛瑞汉（Angus Charles Graham）、葛艾儒（Ira E. Kasoff）、狄百瑞（William Theodore de Bary）、杜维明、安乐哲（Roger T. Ames）等人和日本学者楠木正继、岛田虔次、吾妻重二等人对宋代儒学的研究，都是颇有影响的研究。其中，陈荣捷的《朱子新探索》《朱学论集》、田浩的《朱熹的思维世界》、吾妻重二的《朱子学的新研究：近世士大夫思想的展开》、葛瑞汉的《中国的两位哲学家：二程兄弟的新儒学》、葛艾儒的《张载的思想1020—1077》等著作（以上著作均有中译本），都是较有代表性的海外宋代儒学的研究成果。

整体观之，海内外关于宋代儒学的研究资料是相当丰富的，而且不断有新的专著和论文问世，其中相当多的成果都是对宋代儒家哲学的专门性研究。但同时我们也注意到，海内外专门以宋代儒家生命伦理思想作为研究主题的专著还未出现，虽然有些研究涉及对宋儒关于生命的伦理思考，但基本上蕴含在这些研究的整体哲学叙事当中，研究者并没有明确将当代生命伦理学相关议题纳入研究范围，这当然是由于当代生命伦理学起步较晚，尚未成为这些研究所关注的时代主题这一原因所致。但从广义的生命伦理学（Life Ethics）角度来看，也不能说这些研究缺乏对有关生命伦理思想的思考。客观地讲，有不少学者，尤其是牟宗三、唐君毅等人，都倾向于把儒学看作"生命的学问"，他们也颇为注重阐发儒学蕴含的生命精神，因而尽管他们没有明确从生命伦理学视角研究儒学，但在广义上，他们对于儒学的解读，也包含着丰富的生命伦理思想，因而他们的研究著作也是我们研究宋代儒家生命伦理思想的重要参考资料。

（二）以宋代儒家生命伦理思想为专题的研究状况

对儒家生命伦理思想的研究，是以生命伦理为主题、为视角研究儒家思想的一个特殊的研究领域,它与对儒家的生态哲学和生命哲学的研究有交叉的地方,但又不完全相同。但由于这些研究存在较大交集,因而在一定程度上,有关儒家生命哲学和生态哲学的研究成果,对本书研究亦有参考价值。

学界对于儒家生命哲学的研究较为成熟。因为从生命哲学的视角研究、解读儒学,梁漱溟、熊十力、张君劢、方东美等现代新儒家都可谓是早期开拓者,他们的研究也颇有影响,但他们并未以儒家生命哲学为题进行专门研究。真正明确以儒家生命哲学为主题进行研究,主要是20世纪末之事。我国台湾学者罗光和李明焕等人,可谓这一研究领域的代表。罗光的《儒家生命哲学》[①] 一书和李明焕的《易经的生命哲学》[②] 一书,都是较有影响的著作。不能否认,儒家生命伦理学在广义上的确可以归结为一种有关"生命"的哲学研究,故而学界对于儒家生命哲学的研究成果,有助于我们进一步探究儒家的生命伦理思想,客观上为我们提供了一定的研究基础。但是我们也要注意到,儒家生命伦理学毕竟不同于儒家生命哲学,二者虽然在基本问题上有相当程度的交叉性,但儒家生命伦理学本质上是一种关于"生命"的道德哲学研究,侧重揭示人们如何看待生命的价值、对待生命的应然方式和准则,而不是将研究重点放在探讨生命的本原、本质及其演化的哲学问题。但不能否认的是,对这些问题的研究也是进一步思考生命伦理问题的基础,因为这些问题均关联着对价值本原的讨论,而这一点也是宋儒生命伦理思想研究的重要内容。这样的研究,可谓之广义的生命伦理学研究。

当代所说的儒家生命伦理学,一般是指把儒家思想与"bioethics"相结合的研究。这一意义上的儒家生命伦理研究,乃是近一二

---

① 罗光:《儒家生命哲学》,(台北)学生书局1995年版。
② 李明焕:《易经的生命哲学》,(台北)文津出版社1992年版。

十年的事情。就这一专门的研究领域来说，在这一领域较有代表性的成果主要有李瑞全的《儒家生命伦理学》（台北鹅湖出版社1999年版）、范瑞平的《当代儒家生命伦理学》（北京大学出版社2011年版）等著作。但这些著作并非从文献角度对特定儒家生命伦理思想的挖掘与探究，对不同发展阶段的儒家生命思想缺乏特别的观照和考察，从而未能揭示特定儒家思想的特殊价值。而一方面认清不同发展阶段的儒家生命思想之于当代社会的特殊价值，另一方面尽可能地领会整体儒学的生命精神，从而服务于当代儒学的传承和发扬以及解决当代生命伦理的实际问题，正是笔者从事本书研究的一个动机所在。然而综览国内外，有关宋代儒家生命伦理思想的专门性著作，迄今为止，尚未出现，即使是论文，也不多见。我们通过中国知网、北京国家图书馆、读秀学术搜索等文献检索工具和平台以宋代儒家生命伦理为主题进行检索，仅得到零星的相关研究。大体上涉及宋代儒家生命伦理思想的研究，往往是一些与儒家生命伦理学有交叉性的研究成果。比如乔清举的《泽及草木，恩及水土——儒家生态文化》（山东教育出版社2011年版）、王一木的《儒家生命哲学》（浙江人民出版社2018年版）、陈立胜的《宋明儒学的"身体"与"诠释"之维》（商务印书馆2019年版）、王霞的《朱熹自然观研究》（合肥工业大学出版社2019年版）等著作。国外的情况亦大略相同。

不过，如果我们把对生命伦理的理解，稍微做一下扩充性的理解、而非仅仅着眼于现当代的生命技术引发的伦理问题，学界涉及宋儒有关生命之伦理思考的研究，亦有一定成果。比如赖尚清、乐爱国、唐文明、朱人求、张克宾、余治平、张学智、朱汉民、东方朔、陈立胜等人就宋代儒学相关议题所发表的一系列论文，其中多篇可以视为讨论宋代儒家生命伦理思想的文章，或者包含着浓郁的生命伦理的意蕴，颇值得我们关注。① 但是从整体来看，当前有意识地、自觉地以宋代儒家生命伦理思想为主要议题的研究相当匮乏。这种情况，与当前儒家生命伦理学发展的客观诉求极不相称，也与中国生命伦理学的整体发展需求不相符合，需要我们加强这一方面的研究。

三 关于本书的研究范围和方法

本书主要是对宋代儒家生命伦理思想的研究，而"宋代儒家"本身是一个较为宽泛的概念，需要就其范围和内涵有所交代。

"宋代儒家"是一个较为笼统的说法，它涉及包括北宋和南宋的整个宋代可以归结为儒家的人物，其跨度广、人物多、学问形式复杂。从知名度来说，诸如范仲淹、"宋初三先生"（胡瑗、孙复、石介）"北宋五子"（周敦颐、张载、程颢和程颐、邵雍）王安石、司马光、"三苏"（苏洵、苏轼、苏辙）、杨时、谢良佐、朱熹、陆九渊、胡宏、张栻、陈亮、叶适等人，都是两宋比较活跃且有一定思想建树的儒家知识分子；② 从思想流派来说，"关学""洛学""闽学""江西之学""新学""龟山学派""上蔡学派""湖湘学派""浙东学派"等，这些学派亦为学界所熟知。本书是否要将这些学派和人物全部纳入研究范

---

① 唐文明：《朱子论天地以生物为心》，《清华大学学报》（哲学社会版）2019年第1期；余治平：《宋明儒家对仁的本体化提升——以周敦颐、二程、朱熹、王阳明为例》，《中共宁波市委党校学报》2018年第3期；张学智：《宋明理学中的"终极关怀"》，《中国社会科学》2016年第9期；赖尚清：《朱子"生理"思想研究》，《哲学研究》2016年第4期；乐爱国：《朱熹对张载"民胞物与"的诠释——一种以人与自然和谐为中心的生态观》，《中共宁波市委党校学报》2012年第3期；张克宾：《论朱熹易哲学中的"生生"与"仁"》，《中州学刊》2012年第1期；朱汉民：《宋儒身心之学的双重关怀》，《中国哲学史》2011年第3期；陈立胜：《宋明儒学动物伦理四项基本原则之研究》，《开放时代》2005年第5期；朱人求：《朱熹哲学的生命意识》，《东南学术》2005年第2期；东方朔：《"天只是以生为道"——明道对生命世界的领悟》，《中国哲学史》2003年第4期；等等。

② 不过，对于"三苏"、王安石等人的儒家身份，学界向来有所争议，本书倾向于将之归入广义的儒家知识分子范畴。因为他们的思想抱负和学问旨趣主要体现的还是儒学的思想特征。限于篇幅，本书不拟对此详细论证。

围，这是需要说明的。本书认为，从儒学发展脉络及其理论演进的主要特征和主体内容等角度来说，我们并无必要对所有可以贴上"儒家"标签的宋代人物进行逐一研究。其原因主要在于：

一是见诸史册的很多宋代儒者，我们并没有足够的资料了解其学术情况、了解其学术观点，有人虽然留下不少文献，但其哲学成就却不足一提，其留史之名或为政治家或为文学家，而非人们公认的富有哲思或系统哲学建构的儒家学者（比如苏轼、司马光等人）。有的学者虽然在宋代儒学发展史上常被提起，但无论是其学术地位，还是学术内容，亦都不足以体现宋代儒学的基本特色和理论高度，比如"宋初三先生"和范仲淹，他们都是当时著名的儒家学者，但是他们的学术主张和实际内容却不足以体现宋代儒学的基本内容和主要特征，其哲学成就本身不高，他们对于宋代理学发展之意义，亦主要体现在为理学的产生创造了一定的学术思想氛围和条件上。而像王安石、杨万里等人，虽然思想、学术亦有所成，但他们的学术成就亦都不足以体现有宋一代儒学发展的基本特点和内容，不足以堪任宋代儒学荦荦大者。故本书不拟将上述人物纳入研究范围。

二是从儒学发展史的角度说，真正能够体现宋代儒学成就和主要理论特色的，即我们常说的"宋代理学家"，其代表人物主要有所谓"北宋五子"和南宋时期的朱熹、陆九渊、胡宏、张栻等人。而这些人物，在思想旨趣和理论构造的基本模式上，都继承了先儒的基本运思模式，是对先儒生命旨趣的创造性诠释和基本生命精神的极大发扬，它们的理论也具有高度的融通性、一体性，真正体现出宋代儒学的理论高度和思想特色。是故我们对宋代儒家生命伦理思想的研究，即以这些人物或学术派别为主体。

需要指出的是，本书不拟将邵雍和陈亮、叶适作为研究对象，他们虽然在中国哲学史上亦颇为有名，但他们对于儒家生命之学的义理阐释和推进，则作用不及以上各家，甚至有走偏之嫌。邵氏偏于玄秘，而陈亮、叶适则流于简单功利，都有失儒家大道之旨。不过，邵雍的哲学思想亦有独到之处，且对朱熹等人发生了影响，但从其思想呈现出来的生命伦理意蕴来说，笔者以为可以涵盖在朱熹等人的生命思想义理范围之内，故本书不拟专论邵雍。不过，这也并不意味着邵雍的生命思想没有研究价值。陈亮一生以反道学自任，实难将之归于宋代理学之谱系。此外，在北宋向南宋过渡的过程中，程门高弟（如谢良佐、杨时等）对于宋代儒学的传承亦起着重要的中介作用，但他们的思想内容就其主要部分来看，其实蕴含于二程、朱熹等人的思想学术当中，他们的作用，主要是把其师之学加以继承并传播，他们的影响远不及上述各位。有鉴于此，本书研究即主要以周敦颐、张载、二程、朱熹、陆九渊和湖湘学派的思想为主。所以，本书虽然以"宋代儒家"为研究对象，但实际上主要侧重于我们常说的宋代理学家，而不是全部宋代儒者。

此外，我们还要强调一点的是，本书的研究主要是通过对宋代儒家文献的梳理和挖掘，以呈现宋代儒家有关生命之伦理思考的基本观点，这主要是一种基于文献的基础性理论研究，重点是为了呈现宋儒有关生命认识的"原貌"，而非致力于分析这种思想应用于实际伦理问题的优点和局限性，当然这种研究亦属必要，但限于篇幅和时间、精力，这一研究只能作为后续研究，俟诸将来，兹特以说明。

在具体研究内容与思路、方法上，本书有一个重要的理论预期和目的，即通过深入挖掘宋代儒家有关生命的认识，为当代人们处理高度复杂的生命伦理问题，提供传统思想资源的支持和思想启迪，因之本书对宋代儒家生命伦理思想的探究，主要是立足于宋儒的基础文献，集中讨论宋代儒家有关生命的本质、内涵、价值以及处理生命的道德原则、如何看待生命之关系等伦理问题的认识，尤其侧重从伦理本体论、生命价值论、个体实现生命价值和意义的功夫论以及生命存在的本然和应然境界等问题角度探讨宋代儒家生命伦理思想。在研究方法上，本书主要采取的是文献研究法，同时注重理论与实践相结合历史与逻辑相统一等方法的运用。

本书在研究内容和方法上，还存在诸多不足，恳请方家不吝批评、赐教！

第一章　周敦颐的生命伦理思想

儒学发展到宋代，出现"理学"（"道学"）这一形态，这构成了宋代儒学的主体内容和基本面貌。就此而言，"宋代儒学"也可称为"宋代理学"。而从思想史的角度看，为这一学术形态奠定基础的宋代思想家，当首推周敦颐。周敦颐素有"宋理学之宗祖"之称谓，自古至今，对周敦颐在理学史上的这一定位，学界几无异议。[①] 事实上，周敦颐不仅是"道学宗主"，也是儒学在唐宋之际命运沉浮发生重大转折的关键人物，是有宋一代的儒学先驱人物。儒学是究天人之际、关乎身心性命之学，其自孔孟开创而显扬于世，但唐宋之际，这一身心性命之学受佛老等学说冲击以致式微，渐有边缘化之殆。而于此际率先以本体之道回应佛老改变这一状况，复使儒家这一身心性命之学逐渐倡明于世的，正可谓始于周敦颐。《宋元学案》尝曰：

> 孔孟而后，汉儒止有传经之学，性道微言之绝久矣。元公崛

[①] 学术界一般以广义"理学"概括宋代儒学，但其中又可具体分为多个流派，有所谓"心学""气学""性学""数学"和狭义上的"理学"，但正如杨柱才所说，"虽然这个分歧比较大，但有一点是共通的：不管是理学、心学、气学，还是理学、心学、性学，实际上有一个共同点，就是周敦颐都是这三派的一个源头，这是具有一致性的，是没有分歧的"。参见《周敦颐在中国哲学史上的地位——杨柱才教授在周敦颐理学思想研讨会上的发言》，《湖南科技学院学报》2020年第2期。

起，二程嗣之，又复横渠诸大儒辈出，圣学大昌。故安定、徂徕卓乎有儒者之矩范，然仅可谓有开之必先。若论阐发心性义理之精微，端数元公之破暗也。①

有鉴于此，本书对宋代儒家生命伦理思想的研究，即以周敦颐为始。

周敦颐留下的著述并不多，主要有《太极图说》和《通书》两种，外加若干诗文、书帖、题记等，总计不过万言。其中，周敦颐的哲学思想主要体现在《太极图说》和《通书》这两种著作之中。这两种著作义理贯通、互为表里，共同反映出周敦颐哲学思想概貌。因而，对于周敦颐生命伦理思想的探讨，我们亦以这两部书为基本依据。

第一节 太极生生

周敦颐对生命问题的伦理思考，建立在他对生命本原及其终极的价值根据思考基础之上。相较于原始儒家笼统地将万有生命的本原归之于"天地父母"，周敦颐则创造性地通过对《易传》所蕴含的"太极之理"的阐释，建立起一套较为精致的宇宙本体理论，从而在终极本原的角度，阐释了儒家性命之学的根本依据和价值之源。从其伦理思想的本体依据来说，周敦颐的生命伦理思想，也首先表现在他对生命的本原阐释上。周敦颐的生命本原论较为集中地表现在他的《太极图说》中。这正如王夫之所曰，"濂溪周子首为太极图说，以究天人合一之原，所以明夫人之生也，皆天命流行之实，而以其神化之粹精为性，乃以为日用事物当然之理，无非阴阳变化自然之秩叙，而不可

---

① （清）黄宗羲：《宋元学案卷十一·濂溪学案上》，《宋元学案》壹，陈金生、梁运华点校，中华书局1986年版，第482页。

违"①。《宋史·道学传》也称《太极图说》"明天理之根源,究万物之终始"②,故是说溯源立本,发生命本始、终极之蕴,可谓周敦颐生命伦理思想之纲领。

一 无极而太极

在《太极图说》中,周敦颐以"无极而太极"开篇明本,结合阴阳五行的观念,以简约精当的语言,为我们描绘了一幅宇宙生成的世界图式。《太极图说》曰:

> 无极而太极。太极动而生阳,动极而静,静而生阴,静极复动,一动一静,互为其根,分阴分阳,两仪立焉。阳变阴合,而生水、火、木、金、土,五气顺布,四时行焉。五行一阴阳也,阴阳一太极也。太极本无极也。五行之生也,各一其性。无极之真,二五之精,妙合而凝,乾道成男,坤道成女。二气交感,化生万物,万物生生,而变化无穷焉。惟人也,得其秀而最灵,形既生矣,神发知矣,五性感动而善恶分,万事出矣。圣人定之以中正仁义,而主静(自注云:无欲故静),立人极焉。故圣人与天地合其德,日月合其明,四时合其序,鬼神合其吉凶。君子修之吉,小人悖之凶。故曰:"立天之道,曰阴与阳。立地之道,曰柔与刚。立人之道,曰仁与义。"又曰:"原始反终,故知死生之说。"大哉易也,斯其至矣!③

由是说可知,宇宙万物在顺时针方向上遵循着无极而太极、太极

---

① (明)王夫之:《张子正蒙注》,中华书局1975年版,第313页。
② (宋)周敦颐:《周敦颐集》,陈克明点校,中华书局1990年版,第87页。
③ (宋)周敦颐:《周子太极图说》,载《周濂溪先生全集》第一册,河南人民出版社2018年版,第13—14页。

生两仪、两仪生水火木金土之五行、五行生四时的生成序列。这一顺序亦可逆向反推——五行统一于阴阳、阴阳统一于太极，而太极本无极。从形式上看，宇宙万物的开端和起点在于无极。而从万物产生的根据来看，万物得以产生的本始动力或根源则在于太极，因为太极始动，才有阴阳、五行、万物的化生。所以，从这句话看，太极才是万物产生的最初的动力根源。但是"无极之真，二五之精，妙合而凝，乾道成男，坤道成女。二气交感，化生万物，万物生生，而变化无穷焉"这句话，似乎又是在告诉我们，"无极之真"和"二五之精"乃是万物得以产生的"形式因"和"质料因"，它们的精华创造了可作为万物之灵的人类。而大千世界纷繁复杂的事物，从共同的直接本源来看，则都是阴阳二气相互作用的结果，故曰"二气交感，化生万物，万物生生，而变化无穷焉"。如此看来，如果我们把宇宙本体论归结为一种有关宇宙万物产生、变化之本始动力和终极根据的学问的话，周敦颐这里所运用的"无极"和"太极"概念就均有本体的意义。于是，问题也随之产生。如果本体具有唯一性，亦即作为世界本原和终极根据的、至高无上的本体只能是唯一，那么，如果说周敦颐的"无极"和"太极"均为其哲学体系中的本体范畴，那就意味着，"无极"和"太极"名异而实同，只是对现象背后同一终极实体的概括和描述。而如果情况并非如此，也即"无极"和"太极"是不同的范畴，那就存在着"无极"和"太极"孰为周敦颐哲学体系中最高本体的问题。显然，讨论周敦颐有关生命本原的思想，必须澄清对这一问题的认识。因为只有对这一问题弄清楚，我们才可能正确理解周敦颐有关生命的本质和价值、人与万物之关系以及人之生存道德法则等生命伦理的问题。

周敦颐的"无极而太极"究竟意涵为何？"无极"与"太极"又孰为最高本体？这些问题在历史上主要表现为"无极太极之辩"的论

争。这一论争可谓学界久经争议的公案。从其内容上看，这一争辩主要分为三个层面。

其一是有关"无极而太极"的文本问题。在宋代，周敦颐的《太极图说》存在着不同的版本，不同版本对首句的记载均有所不同。九江故家本（延平本）所载《太极图说》首句为"无极而生太极"，宋史馆所修《国史》本所载为"自无极而为太极"，此外即朱熹据延平本所删修的"无极而太极"的版本。[①]

其二是"无极而太极"之说是否来自老氏"有无之说"的问题，或者说周敦颐是否本宗儒家的问题。朱熹、陆九渊的"无极太极之辩"即涉及此问题。陆九渊认为"无极而太极"之说有老氏"有生于无"之色彩，从而有损儒学之纯粹，对此后儒多有附议。比如《宋元学案》就认为"《太极图说》后儒有尊之者，亦有议之者，不若通书之纯粹无疵也"[②]，从而将《太极图说》置于《通书》之后。冯友兰先生也认为周敦颐此论出于老学，与朱子所解不类。他说："盖周濂溪之系统，本与朱子不同。朱子不觉，而欲以其自己之系统为濂溪辩护，所以有说不通处。"[③] 冯先生继而举例曰："在濂溪之系统中，太极能动，能静，能生，故濂溪之太极是形下底，而不是形上底，此其与朱子之系统根本不同之处。濂溪此图实是老学。其所说，无极而太极，太极生阴阳，即老子所说'道生一，一生二'之说。"[④]

其三是"无极"和"太极"孰为最高本体之问题。在这一问题上，朱熹因"无极"概念出于老学，故力主"太极本体说"，而将"无极"理解为形容太极之抽象意蕴之状词。如朱熹曰："无极者无形，

---

① 参见梁绍辉《周敦颐评传》，南京大学出版社1994年版。
② （清）黄宗羲：《宋元学案卷十一·濂溪学案上》，《宋元学案》壹，陈金生、梁运华点校，中华书局1986年版，第482页。
③ 冯友兰：《新理学》，生活·读书·新知三联书店2007年版，第38页。
④ 冯友兰：《新理学》，生活·读书·新知三联书店2007年版，第38页。

太极者有理也。周子恐人把作一物看，故云无极。"又曰："'无极而太极'，只是无形而有理。周子恐人于太极之外更寻太极，故以无极言之。"① 与之相反，当代学者侯外庐、张立文、蒙培元、黄宗理等诸位先生则坚持"无极"为周敦颐思想中最高本体或终极范畴的看法。陈鼓应还提出另外一种看法，即他认为"无极"和"太极"在周敦颐那里都是本体范畴。②

有关"无极而太极"的文本问题，以及周敦颐的这一说法是否受到道家影响的问题，于我们讨论周敦颐的生命伦理思想关系不大。但第三个层面的问题则直接影响到我们如何理解和把握周敦颐生命伦理精神的问题，因而需要对这一问题表明我们的立场。笔者以为，周敦颐在《太极图说》中使用的核心范畴或者说最重要的范畴，是"太极"，而非"无极"。这一点从《太极图说》的命名与实际内容亦可管窥一斑。

首先，周敦颐作为一名学者，他的底色是儒家，这一点需要我们重视。周敦颐说过，"老子生来骨性寒，宦情不改旧儒酸"③，固然我们不能完全以此即断定周敦颐立身处世的人生信仰，即儒家理念，但至少也表明周敦颐性格特征中的儒家色彩。周敦颐并非如道家那样追求超越的生命修持，而是积极入世，并以服务民生为己任。所以，周敦颐的"无极而太极"之论虽有道家"有生于无"的思想痕迹，但此说宗旨仍然在于确立儒家的价值信仰，所以我们还不能因为在周敦颐这里意蕴不清的"无极"一词的使用，就遽然以为周敦颐归本道家。

---

① （宋）朱熹：《朱子语类卷第九十四·周子之书》，载（宋）黎靖德编《朱子语类》六，王星贤点校，中华书局1986年版，第2366页。

② 参见陈鼓应《论周敦颐〈太极图说〉的道家学脉关系——兼论濂溪的道家生活情趣》，《哲学研究》2012年第2期。

③ （宋）周敦颐：《周敦颐集》，陈克明点校，中华书局1990年版，第73页。

其次，在佛老二氏之说盛行的时代，学者们普遍会受到佛老之说的熏染，这本属平常，故若说周敦颐受道家影响则可，若依此就认为周敦颐乃道家本色则显失妥当。周敦颐借用了道家一些观念来言说儒家理念这是可能的，但若因此就认为周敦颐乃道家人物，则说服力不足。

最后，也是最为重要的是，周敦颐描绘世界万物生成的基本原理乃是儒家传统的"太极生生"之理，其所谓"道"乃儒家视野中的"天道"，即《易经》所谓"一阴一阳之谓道"之"道"，而非道家之"道"。在周敦颐那里，"太极"即"道"，即"一"。如果说周敦颐讲的"无极"是"道"，是最高本体，那就相当于说"道"上有"道"，从而显示出本体思维的混乱，此即陆九渊疑此说"床上叠床"之谬。[①]周敦颐在《太极图说》中着重阐释的是《易经》的"太极生生"之理，而非"无极之道"。另外，周敦颐的另一部重要著作《通书》与《太极图说》互为表里、义理贯通，但是《通书》全篇皆不言"无极"，其阐释的重点也是大《易》的"生生"之道。

是以结合上述各点，笔者认为，周敦颐虽然借助了"无极"的说法，抑或受到了道家"有无之论"的思维影响，但这并不一定表明周敦颐在精神和学说义理上是归本道家的。周敦颐的确使用了"无极"这一说法，但这种"使用"，也可能主要是"借用"，用以辅助说明他心中的"本体"观念。这诚如牟宗三先生所说，"太极是对于道体之表诠，无极是对于道体之遮诠。太极是实体词，无极是状词，实只是无声无臭、无形无状、无方所（神无方）、无定体（易无体）、一无所有之'寂然不动感而遂通'、寂感如一之诚体本身，而此即是极至之理，

[①] 陆九渊在《与朱元晦书》中说："某窃谓尊兄未曾实见太极，若实见太极，上面必不更加'无极'字，下面必不更着'真体'字。上面加'无极'字，正是叠床上之床，下面着真体字，正是架屋下之屋。虚见之与实见，其言固自不同也。"参见（宋）陆九渊《陆九渊集卷二·与朱元晦》，载《陆九渊集》，钟哲点校，中华书局1980年版，第27页。

故曰'无极而太极'"①。也即周敦颐实以"太极"为"道体",而以"无极"为道体形上意蕴之形容词。先秦儒家讲"太极",不言"无极",而"太极"亦有"生元""本体"之义,周敦颐推演宇宙生成图景的根本,事实上正是建立在《易经》所述"太极生生"的原理之上。"太极"是真实的万物所生之"体",它才是周敦颐哲学思想中具有本体意义的核心范畴。生命无论是自然生成,还是被赋予价值属性,都源于此太极生生之理。

二 太极之蕴

周敦颐的"太极"概念,就其实质内容而言,表述的是一种"生生"之理,是对《易经》"生生之道"的创造性诠释。《宋史·道学传》说周子"著通书四十篇,发明太极之蕴"②,而从周子《通书》的主旨和精神来看,所发明者,正在于太极生生之理。也就是说,周敦颐是以"生生"提起儒家的性命之学,通过对宇宙生生之本质的揭示,来证成儒家积极入世的生命态度和追求天地大生、广生的生命精神。

"太极"这一概念从儒家典籍的角度来看,始见于《易·系辞传》。《易·系辞传》曰:"易有太极,是生两仪,两仪生四象,四象生八卦,八卦定吉凶,吉凶生大业。"这里的"太极",传统上通常将之解释为宇宙创生万物过程的一个起始阶段或者天地四时万象产生之前的物质未分的混沌状态。太极生出阴阳两仪,两仪阴阳产生四时,四时则化生出天、地、风、雷、水、火、山、泽八种物象,以八种物象为基础,又生出宇宙万物。所以从《系辞传》所描绘的"易生万物"的过程和顺序来看,"太极"已经具有宇宙生成论和本体论的意

---

① 牟宗三:《心体与性体》中,上海古籍出版社1999年版,第307页。
② (宋)周敦颐:《周敦颐集》,陈克明点校,中华书局1990年版,第88页。

蕴。陈来先生说："'易'在这里是指宇宙变异的总历程，这个变化历程的本始根源是太极，'极'本来是极尽极至之处，太极即最本元的开始，由太极而生阴阳和两仪，由两仪而生四时变化，由四时而演变出天地水火风雷山泽八种自然的基本事物，世界于是乎形成而发展，从此太极阴阳成为儒家宇宙论的最重要的概念。"[①]

不过，从《易传》整体观之，太极在《易传》中还不是一个明确的本体观念，先秦儒家亦未自觉围绕太极而建构其理论学说。从先秦到两汉，"太极"的基本含义是指"天地未分时的混沌元气"，并未获得根本的宇宙本体的地位。明确将太极作为宇宙化生的本原、始动力，并运用阴阳、动静等观念详细说明太极发动并创造宇宙万物这一过程的，还是周敦颐。但周敦颐也并不是另立炉灶，而是基于《易传》所揭示的"生生之道"而进行的理论再创造。在《易传》那里，"易之道"即"天地之道"，所谓"易与天地准，故能弥纶天地之道"（《易·系辞传》）。而"天地之道"或"天道"，也即"一阴一阳之道"，正所谓"立天之道曰阴曰阳"（《易·说卦传》），而以"阴阳之道"为基本内容的"易之道"，实质上即是"生生之道"，所谓"生生之谓易"（《易·系辞传》）。是以戴震曰："一阴一阳，盖言天地之化不已也，道也。一阴一阳，其生生乎？其生生而条理乎？以是见天地之顺。"[②] "生生"正是"一阴一阳"永恒运动的本然呈现。"阴阳""乾坤""天地"，在《易经》中同是具有本体意蕴的概念，它们名异而实同，只是从不同角度来揭示"生生"之本体。"天"和"地"是从物象上说，"阴"和"阳"是从属性上说，"乾"和"坤"则兼有物象和属性之义，这些概念虽然称谓不同，但均是从本根角度对万物生

---

① 贾磊磊、杨朝明主编：《第三届世界儒学大会学术论文集》，文化艺术出版社2011年版，第40页。

② （清）戴震：《戴震全书》卷六，黄山书社1995年版，第8页。

之本原的界定，都指向"生生之理"。是故《周易》言天地、阴阳、乾坤，皆有元始、创生之义，如"有天地然后万物生焉"①，"大哉乾元，万物资始"，"至哉坤元，万物资生"云云②。天为乾，地为坤，所以乾、坤两卦在六十四卦中具有特别意义，它们是"纯阳"和"纯阴"的"别卦"，其用意就是为表明它们在生之机制中的原始本源地位。"乾知大始，坤作成物"③，乾、坤的完美配合，才有了万物的产生、发展和消亡。

  周敦颐的哲学思想主要是对大《易》哲学的解读，其太极生万物之说实质上是对大《易》阴阳、乾坤创造万物思想的创造性阐释，因而体现的也是生生之理。通过《太极图说》我们可以得知，周敦颐眼中的"天道"，也即"阴阳之道"，而阴阳之道也正是太极创生万物的内在机制和原理。太极图实际上已经较为形象地画出了阴阳作用的基本状态和其化生万物的过程——一阴一阳，阳中有阴，阴中有阳，阴阳互为其根，动静无穷，从而才有万物永恒的生之又生、生生不息。可见在周敦颐那里，阴阳之道内蕴于太极之中，万物之所以产生并变化无穷，正是太极内蕴的阴阳机制作用的结果。阴阳本自太极，而太极显为阴阳，二者一体一用而又体用不离。无太极，则无所谓阴阳；无阴阳则无以见太极。因而，周敦颐所说的"太极"，实际上即"阴阳之道"。此正如明儒刘蕺山所言，"'一阴一阳之谓道'，即太极也"④。如此可见，在周敦颐那里，"太极"即为"道体"本身。朱熹门人黄榦曾言"濂溪周先生，不由师传，洞见道体"，又言周敦颐"绍孔孟不传之绪，阐古今未发之机"，于其看来，周敦颐所

---

① 《易·序卦传》。
② 《易·乾卦·象传》。
③ 《易·系辞传》。
④ （清）黄宗羲：《宋元学案卷十一·濂溪学案上》，载《宋元学案》壹，陈金生、梁运华点校，中华书局1986年版，第498页。

发现（实为对"易之本体"的创造性诠释）之"道体"、所阐古今未发之机，亦即太极生生之机、生生之道体。故其曰："道丧千载，濂溪周子继孔孟不传之绪，其言太极者，道之体也；其言阴阳五行男女万物，道之用也。太极之静而阴体也，太极之动而阳用也。圣贤言道又安有异指乎？"① 元代吴草庐亦称周敦颐"默契道妙"，此默契道妙，亦指周敦颐发现太极生生之理，道之妙乃在于一阴一阳之生生之妙。"太极者，何也？道也……以其天地万物之所共由也，则名之曰道。"②

综上，在周敦颐那里，太极即道体，其实质即一阴一阳之恒久不已的生生之道。是以王守仁曰："太极生生之理，妙用无息，而常体不易。太极之生生，即阴阳之生生。"③ 刘蕺山解《太极图说》亦曰："太极之妙，生生不息而已矣。生阴生阳，而生水火木金土，而生万物，皆一气自然之变化，而合之只是一个生意，此造化之蕴也。"④ 不过，周敦颐以生生之易理阐释太极生生之蕴，并不是其理论的最终目的，周敦颐阐发太极之理的基本出发点和归宿都在于说明性命之理，是为安顿人的身心性命提供本体意义上的理论支撑。因而周敦颐阐发太极生生之理的现实意义，主要在于揭示人的生命本质和价值根源，是为了生命的完善寻找正确的方式和根本的途径。而对于人之生命本质和价值的揭示，周敦颐则主要是通过合释《中庸》与《易传》完成的，尤其是突出了"诚"对于建立人极的重要。

---

① 四川大学古籍整理研究所编：《宋集珍本丛刊》，线装书局2004年版，第775页。
② （清）黄宗羲：《宋元学案卷十一·濂溪学案上》，载《宋元学案》壹，陈金生、梁运华点校，中华书局1986年版，第511页。
③ （明）王阳明：《传习录·答陆原静书》，载《王阳明全集》上，吴光、钱明、董平等编校，上海古籍出版社2018年版，第72页。
④ （清）黄宗羲：《宋元学案卷十一·濂溪学案上》，载《宋元学案》壹，陈金生、梁运华点校，中华书局1986年版，第498页。

第二节　诚建人极

生命的价值从何而来，因何而确定，人的生命价值有何特殊之处，又如何实现之，这是生命伦理讨论的基本问题。在周敦颐那里，生命的价值来源问题，首先取决于他对万事万物之本原的认识。周敦颐以太极为万事万物之本，亦认为太极乃价值之源。《太极图说》曰："惟人也得其秀而最灵，形既生矣，神发知矣，五性感动而善恶分，万事出矣。"[①] 太极生万物，亦生"最灵"之人，而人之五性感动则有善恶，万事皆生发于此善恶之间，这也相当于肯定了太极亦是价值之本原。太极既是宇宙万物生化之本，亦有价值形上学之意蕴。不过，周敦颐的太极观念重点还是通过对有形可感的客观世界的本源及其产生过程的揭示，来提示性命的大本大源以及天道和人道的贯通性，虽然触及安立性命的价值以及修养问题，但语焉不详，并未能就此展开充分的说明和论证。但问题是，如果说天道只是宇宙自然的创生法则，那么，这一法则如何与人性相勾连并成为人之为人的价值根本？显然，单纯地作为自然创生的物理法则的天道并不能直接成为人性的根据，天道和人道之间无疑需要某种贯通的中介，亦即能够统一起天人本质属性的东西，如此人道才能以天道为终极根据，并以天道法则作为行为圭臬和人生修养的终极方向。为此，周敦颐格外重视《中庸》的"诚"，通过将《中庸》之"诚"与作为"生生之理"的"太极"相结合，明确回答了人的价值本自和根本内容，从而为人格之确立、人性之完善、生命之发展奠定了价值哲学的基础。

[①] （宋）周敦颐：《周子太极图说》，载《周濂溪先生全集》第一册，河南人民出版社2018年版，第13页。

一 太极诚体

周敦颐提出诚的目的，是打通天道与人道之间的自然界限，将天道与人道相贯通，从而为人道确立终极的形上价值根据，并以此确立人在天地之间的特殊地位和存在价值。"诚"本身具有伦理意蕴、价值意蕴，以诚沟通天人，实际上也就是把天道和人道价值同一化。天道是诚，人道的本质规定亦是诚。天地有诚，则天地永葆生机，恒生不已。人唯有诚，方能成就人生、成为顶天立地的人格存在。

"诚"是周敦颐在《通书》中使用相当频繁的一个概念，也是具有本体意义的一个概念，在本体意义上，"诚"与"太极"也具有同一性，但其应用领域和描述的重点不同。"太极"这个概念，周敦颐主要用之以表达万化之根本，兼有宇宙生成论和本体论的双重意义。而"诚"则主要用以描述价值之根源、心性道德之根据，重点是从人之性命挺立（"人极"）的角度说。故周敦颐曰："诚，圣人之本"[1]；"圣，诚而已矣。诚，五常之本，百行之源也"[2]。这一点，也正如余敦康所说，"太极属于宇宙论的范畴，诚则是一个心性论的范畴。就诚作为'五常之本，百行之源'而言，其着重点是人极而非太极"[3]。不过，由于诚与太极在本体意义上具有同一性，而太极之理实质是生生之理，故此诚在周敦颐那里同样具有生生意蕴。周敦颐曰：

"大哉乾元，万物资始"，诚之源也。"乾道变化，各正性命"，诚斯立焉。纯粹至善者也。故曰："一阴一阳之谓道，继之

---

[1] （宋）周敦颐：《通书·诚上第一》，载《周濂溪先生全集》第一册，河南人民出版社2018年版，第194页。
[2] （宋）周敦颐：《通书·诚下第二》，载《周濂溪先生全集》第一册，河南人民出版社2018年版，第207页。
[3] 余敦康：《汉宋易学解读》，华夏出版社2006年版，第251页。

者善也,成之者性也。"元亨,诚之通;利贞,诚之复。大哉《易》也,性命之源乎!①

从这里可以看出,周敦颐所谓"诚",也是基于乾道的创生原理,是对阴阳作用而赋予万物性命这一"生"之属性的概括。太极与诚,均表达的是生生之理,彰显的是天道之生的精神,所以二者虽然侧重不同,分别指向不同领域,但这并不意味着周敦颐的本体思维具有二元论倾向。在周敦颐那里,"人极本于太极,心性本于天道,虽然分属两个领域,合而言之,仍然是一个一元论的体系"②。同样的道理,我们说周敦颐的诚本体重点是为了彰显"人极"之本和安立之道,亦不否认太极亦可视为价值之源。诚与太极皆可视为万物生成之本,亦皆为价值之源,故从本体之同一性而言,"太极"与"诚","名虽不同,其实一也"③。正因为在周敦颐那里,诚亦本体,太极亦本体,二者同体而异名,故有"太极诚体"之谓。

太极与诚异名而一体的统一性主要在于二者皆出于天道之原的规定,是在不同层面对天道生生的揭示和概括,体现的都是"生"的原理和精神。从周敦颐的表述看,"诚体"即天道乾元的创造真几,因而诚亦生生之理。"'大哉乾元,万物资始',诚之源也。'乾道变化,各正性命',诚斯立焉。"在这里,周敦颐将"诚"的源立直接与"乾道"的创生原则相关,如此诚的生生品性也便得以朗现。这正如牟宗三所说,周濂溪拿《中庸》的"诚体"来表示"乾元",乾元就等于《中庸》的诚体,而乾元是一创造性原则,故诚亦是创造性原则。④ 诚

---

① (宋)周敦颐:《通书·诚上第一》,载《周濂溪先生全集》第一册,河南人民出版社2018年版,第194—196页。
② 余敦康:《汉宋易学解读》,华夏出版社2006年版,第252页。
③ (清)黄宗羲:《宋元学案卷十一·濂溪学案下》,载《宋元学案》壹,陈金生、梁运华点校,中华书局1986年版,第511页。
④ 参见牟宗三《宋明儒学的问题与发展》,华东师范大学出版社2004年版,第97页。

的创生品质,《中庸》其实已经说得很清楚。《中庸》曰:"诚者,天道也。"又曰:"天地之道,可一言而尽也:其为物不贰,则其生物不测。""诚者,物之终始,不诚无物,是故君子诚之为贵。"所以,周敦颐合释《易传》以说诚,可以说是利用《易传》的乾元创生本性以使《中庸》诚体的创生品格进一步明确化、明朗化,是进一步解释何以诚为天道。这样,诚作为一个伦理范畴,它的价值品性就直接与体现天地之本性的"生德"同一起来,从而进一步论证了诚的价值本体地位。美国学者艾周思亦指出,"'诚'的本质或根源就是支持'生生'之宇宙进程不停变化的秩序和原则('理')"①。也正是在这个意义上,周敦颐才把"诚"直接说成"纯粹至善者也",并将人对此诚体之继承视为人之德性的来源,人之性命亦由此而确立。如此,则人性大本于天,人之生命价值同一于天之本性,天道与人性也就贯通起来。既然诚为价值之本,是至善,是人性的根据,是故人无诚不立,人而能诚,亦万事亨通。故曰:"非诚,非也,邪暗塞也,故诚则无事矣。"②

值得注意的是,周敦颐不仅如《中庸》一样,以诚会通天人,并为确立人极找到价值根据,而且把诚与生命的发展过程相联系,从而说明人之生命的完整性和发展的脉络、方向或者说生长特性,由此也表明了生命修养的必要性和方向性。在周敦颐那里,诚的观念也可谓"原始反终"的理念,反映着人们对事物始末和生死的通达与认识。有生有死,有始有终,有生有成,这是太极诚体本有的理论内蕴。从生命自起始到终成这一过程来看,《易经》将之表达为"乾元"创生万物的"元""亨""利""贞"四个阶段。"元""亨"是物之始生和蓬勃向上的生长,"利""贞"是物之遂、物之成。周敦颐将"元亨"称

---

① [美]安乐哲、Mary Evelyn Tucker主编:《儒学与生态》,彭国翔、张容南译,江苏教育出版社2008年版,第122页。
② (宋)周敦颐:《通书·诚下第二》,载《周濂溪先生全集》第一册,河南人民出版社2018年版,第208页。

为"诚之通","利贞"称为"诚之复",即是从诚本身蕴含的"生"与"成"之义概括之。这即是说,生命的生机涌动来自诚,而人性的成就、生命的完善亦皆归于诚。

但是,由于人生来五性感动未必皆得性命之中正,故需要修养、规范以确立人的生命准则、成就人的生命意义。从人的自然生成到具有真正人性,人之性也是个渐进的过程,故也有个"极"的问题。"诚"开了"人极"之端,但要确立人极,人还必须借助某种形式或途径以反身以诚,从而成为真正意义上的人。如何确立人极呢?这就是定之以中正仁义。

二 仁义定人极

"人极"这个概念,在周敦颐那里主要涉及人的生命本质和价值的问题,人极意味着完善的人性之实现、人格之确立,人之生命价值的充分展现。周敦颐通过诚的价值本体的论证,说明了人之极致即返归于诚、充分反映诚的品性,而这样的人,在周敦颐眼里,也即"圣人"。"诚,圣人之本"[①];"圣,诚而已矣"[②]。但是并不是每个人都是圣人,亦不是每个人都能做到"至诚",故对普通人而言,就有个修养以逐渐趋圣并最后成圣的问题。人的生命价值的确立、人性的挺立来源于人自觉的"反身而诚"的功夫。而这种功夫,周敦颐没有完全从个体的修身自觉角度去论述,而更多是从社会的普遍信仰和法则的角度来加以说明。周敦颐从儒家坚守的仁义价值立场出发,强调人道的根本在于仁义,仁义是人之为人普遍的行为法则,故人极的确立,或者说人的生命价值的充分实现,在周敦颐看来,即取决于人们对仁义

[①] (宋)周敦颐:《通书·诚上第一》,载《周濂溪先生全集》第一册,河南人民出版社2018年版,第194页。

[②] (宋)周敦颐:《通书·诚下第二》,载《周濂溪先生全集》第一册,河南人民出版社2018年版,第207页。

的普遍信仰和遵守，故其曰："定之以中正仁义而主静，立人极焉。"

周敦颐的《太极图说》主要是对"易理"的解读，故这里的"中正"当源自易理。在易理中，六爻所居位次，二、五位为中；阴爻居阴位，阳爻居阳位称为"正位"或"当位"。"'当位'之爻，象征事物的发展遵循'正道'、符合规律；'不当位'之爻，象征背逆'正道'、违反规律。"①爻位居中且正，称为"中正"，"在《易》爻中尤具有美善的象征"②。《易经》推崇中正之德，强调"中正以通"（《易·节卦·彖传》）"中正以观天下"（《易·观卦·彖传》）。而要做到中正，在实际生活中，即要以仁义为标准，由行义而行，故仁义实为人道之根本，是人之生命的本质内容。是以《易·说卦传》曰："立人之道，曰仁曰义。"

坚守仁义价值，这是儒者之本色，但是周敦颐较之孔孟，他所说的"仁"和"义"与天道之"诚"的创生品格相映称，同时也是具有"生成"意蕴的观念。诚在周敦颐那里代表着万物的生成原则，反映的是生成之理，而周敦颐认为仁和义也正体现的是生成之理，所谓"生，仁也；成，义也"③。周敦颐以生释仁、以成言义，这样仁义就具有了和天道相通的内涵。"生成"这是天地宇宙之本性，周敦颐以生释仁，实际上也即肯定了仁是天地宇宙之本性，这样不但极大提升了仁的内涵，也在天道本体层面论证了仁对于生命的根本意义。仁是一种"生性"，是宇宙内在的创生本性，是一切生命得以产生和发展的根本动力，所以有仁就有生机，就有生命的流行，这样仁也就具有了生命本体和原力之义。故此，万事万物无仁不通。这一意义上的仁，具有动态性，是天道诚体的涌动，如此万物才得以创生。周敦颐所说的"诚

---

① 黄寿祺、张善文：《周易译注》，上海古籍出版社2001年版，前言部分第43页。
② 黄寿祺、张善文：《周易译注》，上海古籍出版社2001年版，前言部分第43页。
③ （宋）周敦颐：《通书·顺化第十一》，载《周濂溪先生全集》第一册，河南人民出版社2018年版，第246页。

之通",即指这种生机的涌动和创造。此诚如朱熹所释:"诚者,圣人之本,物之终始,而命之道也。其动也,诚之通也,继之者善,万物之所以资始也。"而"义"之所以用"成"加以规定,是因为在周敦颐那里,"义成"代表着物之成,即"生"之"遂"和"果",这相当于周敦颐所说的"诚之复",由此万物各有其成、各得其性而有其确定可感之生命。周敦颐以"仁义"为"诚体"的基本内容,自然仁义也就成为确立人极的基本要求。

显而易见,周敦颐这样来解读仁、义,实际上也就提升了儒家仁义价值的恒在性、实体性,也极大扩充了仁义的内涵。仁义和宇宙万物之生成的联系,说明生命存在本身就是一种价值存在,其存在自身就具有仁的内涵在里边。所以一个真正的仁者,必然拥有一种对生命的感通能力,能够对生命的处境反身而诚,从而体会到一切生命的求生之意志之当然合理性,从而滋生出厚待生命的道德意识。故真正的大人物对万有生命是心存大爱的,并时刻以天下苍生的安身立命为己任。是以周敦颐曰:"故圣人在上,以仁育万物,以义正万民。天道行而万物顺,圣德修而万民化。"[1]

周敦颐所讲的仁具有创生本体之义,一切生命存在都体现着仁之性,是故在周敦颐看来,"仁爱"也不应只局限在"爱人"上,而当普及于一切生命。仁是宇宙万物的生机所在,内蕴于每一个活泼泼的宇宙个体生命之中,因而一个真正的仁者,不可能漠视身边一切具有"生意"的存在。周敦颐不锄窗前草之典故,可谓正是周敦颐的"仁心"与"天地生德"相契合而形成的自然心理反应。当一个人意识到人自身的生命存在与万有之生命存在具有一体共存的本原和共同生性的时候,当仁获得与宇宙"生"之本体同一的内涵之时,儒家

---

[1] (宋)周敦颐:《通书·顺化第十一》,载《周濂溪先生全集》第一册,河南人民出版社2018年版,第246—247页。

博爱之理论，也就获得了更为深刻的本体论证和支持。有这种仁德之人，自然如周敦颐所说，"君子悉有众善，无弗爱且敬焉"①。所以，周敦颐以生释仁、在将仁本体化的解读过程中，事实上也深化了儒家之仁的哲学意义，极大提升了人们对于人类与宇宙万物之关系的深刻认识。

由上，周敦颐以诚贯通天道和人道，以"仁生"契合天道，这实际上是把人类生命的道德本质和宇宙存在的本性看成完全同一的事物，人类生命与宇宙生命并不是相隔绝的存在，二者完全是一体共生的。在原始儒家那里，天人合德的素朴认识至此被周敦颐转变为天人处于共同的命运共同体中的系统生命认识所取代。所以，周敦颐诚建人极的思想，不仅体现在他对人的生命本质和价值特性的思考之上，更重要的是他突破了天人之间的自然界限，而使人类思考自身存在具有了更为广阔的视野，从而为人类思考自己的命运和提升生命境界提示了更好的途径和道路。

第三节　与道合一

在终极层面，生命应该是怎样的存在，这也是生命伦理学一个根本性的问题。生命的"现实性"并不意味着生命在终极层面也必然如此。生命的"现实存在"和终极性的"应然存在"是既可能统一，也可能对立的关系，而其统一性则无疑取决于我们如何评判生命本身的价值问题。健康长寿、衣食无忧、功名爵禄，这些人们往往归之于现实的"幸福"，并以此为生命价值的来源或评判依据，但传统儒家一般并不这样看。儒家看待生命的价值，自孔子伊始，即主要以人的道德

---

①　(宋)周敦颐：《通书·爱敬第十五》，载《周濂溪先生全集》第一册，河南人民出版社2018年版，第255页。

修养程度作为衡量人生价值和意义的基本尺度。富贵名位、康宁福禄固然人之所欲，儒家也并不否定它的价值，但从生命存在的本质特征来看，这些都不决定生命的根本价值和意义，故孔子曰"杀身成仁"，孟子曰"舍生取义"。周敦颐对生命的价值以及终极性的应然存在之思考，同样是基于这一立场，即以道德的完善视为生命的本质特征，故亦以人的完全的"道德化"作为生命的根本目标和终极的境界追求，此即表现为周敦颐"与道合一"的思想。但这里我们要注意的是，周敦颐的"与道合一"，并不是把"道"视为一个外在的终极性的独立存在，然后将其作为一种客观对象加以研究和追求，而是强调"道德有于身"，即时刻以道德的涵养和提升作为人生目的，以道德指导自身生活，使自己成为一个道德充沛的生命存在。

一　道德有于身

在周敦颐的心目中，完美的人生、健全的个体，就在于他是一个与道合一的人，因而与道合一也体现着周敦颐对理想人格的追求。人为什么要追求与道合一呢？在周敦颐看来，这是因为"天地间，至尊者道，至贵者德而已矣"[①]，是以"君子以道充为贵，身安为富，故常泰无不足"[②]。天道至诚、仁生义成，故受天道规定并以天道为根本导向的生命，其生命价值和意义的朗现亦全系于道德之充实。这就是说，对于人的生命而言，真正彰显人之生命价值和意义的，即在于"道"和"德"。道德是决定人之生命的本质条件，是决定人生价值和意义的"大"者，故明了此点，自觉以道德充实其身，人也即走在成圣、确立人极的道路上。"道德有于身"，这是生命充实和富有意义的根源和

[①]　（宋）周敦颐：《通书·师友上第二十四》，载《周濂溪先生全集》第一册，河南人民出版社2018年版，第287页。

[②]　（宋）周敦颐：《通书·富贵第三十三》，载《周濂溪先生全集》第一册，河南人民出版社2018年版，第306页。

"本体"，作为一种生命境界，它同样需要人的修养功夫、需要人持之以恒的不懈追求才可能达到，所谓"至难得者人，人而至难得者，道德有于身而已矣"①。这种道德的充实，与外在的功名富贵、健康福寿并没有直接的关系，不受这些物质层面"幸福"的得失之所囿。因为生命的本质成就并不在于这些所谓"福报"，故人真正的快乐亦不在于此，有德之君子的真正快乐，来源于"道德有于身"。在周敦颐看来，追求与生命本质合一的东西，人才能心安意定，泰然而无不足。而周敦颐认为，这也正是颜子超越富贵贫穷而常乐之根由。周敦颐对颜子之乐的分析，可以说比较有代表性地体现出周敦颐追求"与道合一"的生命境界思想。《通书》曰：

> 颜子，一箪食，一瓢饮，在陋巷，人不堪其忧，而不改其乐。夫富贵，人所爱也，颜子不爱不求，而乐乎贫者，独何心哉？天地间有至贵至爱可求而异乎彼者，见其大而忘其小焉尔！见其大则心泰，心泰则无不足，无不足则富贵贫贱处之一也。处之一，则能化而齐，故颜子亚圣。②

从这段话的字面意思来看，颜回之乐与富贵贫穷无关。富贵也好，贫穷也罢，都不构成引起颜回内心之乐的条件。颜回的乐，超越了富贵贫穷这一物质条件的限制，而达到了另外一层生命意境，正是在与另一层次的生命意境中神交心会的过程中，颜子才超凡脱俗，进入圣人境界，由此，才有颜子之乐。相对于成圣的条件，富贵贫穷这种只能满足人之动物性生存需要的东西，只是"小"，而真正能确立

---

① （宋）周敦颐：《通书·师友上第二十四》，载《周濂溪先生全集》第一册，河南人民出版社2018年版，第287页。
② （宋）周敦颐：《通书·颜子第二十三》，载《周濂溪先生全集》第一册，河南人民出版社2018年版，第278—279页。

人极、使人成圣的东西，才是"大"，颜子正是体悟到"大者"对于成就真正人之生命的根本意义，并自觉追求和培育使人之"大"者，故有异于常人之以物质满足为主的幸福体验。"道"与"德"这是天地间"至尊""至贵"的，故也是人之"至爱"的追求。有此"至尊""至贵""至爱"充沛于身，物质境遇的好坏，便不会构成人生幸福的根本限制条件。在这里我们可以注意到，周敦颐对道德与富贵的对比性说明，并非把富贵与道德作功利性的比较。在周敦颐那里，富贵与道德是两种性质不同之"物"。道德是与生命合一的东西，从其作为人的生命的本质规定而言，道德就是人的生命，人无道德，如同动物。所以，人要有道德，不是因为道德的工具性价值。颜回能认识到这一点，所以暂时的贫穷并不能成为他求道成人的限制条件，是故颜回居陋巷、疏饮食而不改其乐。"不改其乐"表明颜回有自己认为的乐。富贵亦为人乐，而颜回不慕其乐而已，非否定其乐，所谓"天地间有至贵至富可爱可求而异乎彼者"，真正的乐，乃在于使人成人之道德之乐。颜回对此认识深刻、目标明确，因而不受富贵贫穷之身外条件之影响。

显然，颜子之乐是来自颜回对道德与生命本质和境界目标之体认之乐，是在追求与道合一过程中以及达致与道合一之境之乐。程颐曾曰，颜子之乐非乐道之乐，"使颜子而乐道，不为颜子矣"[1]。意思是说，颜回之乐，是与道合一之乐，完全达到了道的境界，而不是把道作为一种外在的知识性对象而求道之乐。笔者认为，颜子的安贫乐道，是包括求道之乐的，也即与道合一的内在超越的圣人境界固然是乐，且是至乐，但不能否认人在求道过程中亦可得乐。求道、学道亦是乐。只是颜子已经达到内圣的境界，达到了与作为万物之本的"诚"的合

---

[1] （宋）程颢、程颐：《河南程氏外书卷第七》，载《二程集》上，王孝鱼点校，中华书局2004年版，第395页。

一之境，这在儒家看来当然是生命追求的最高境界。颜子能做到这一点，亦不愧能列入孔庙而尊称"复圣"。而且，如前所述，周敦颐所追求之道，实质是万物生生之道，故此"道德有于身"，人因此而所获得之心境，即非小我"私生"之乐，而是一种廓然大公的与天同乐的气概和心境，它是与宇宙生命生生不息的无限生意之感通中而形成的"乐"，这是一种把整个宇宙生命纳入心性的整体之乐。但这种乐与道家追求的纯粹的顺乎自然之乐又有所区别，这种乐是和儒家之圣本身具有的成就众生的道德使命感和责任感紧密联系在一起的，圣人之乐，是廓然大公之乐，是与天地之生共情共生之乐，而非小我之任性之乐。是以周敦颐曰："天以阳生万物，以阴成万物。生，仁也；成，义也。故圣人在上，以仁育万物，以义正万民。天道行而万物顺，圣德修而万民化。"[①]

由是观之，"孔颜乐处"这个典故，在周敦颐那里表达的实是在对人的道德生命的价值肯定基础上，对人的应然生命存在或曰生命境界的追求。而这种生命境界，就是人对自身特殊的生命本质与宇宙之本性同一、对人在宇宙中的位置以及和万物之相荣共生之生命统一性的彻底认识和体悟，从而形成的一种与万有之生命通融共情的生命状态。它滋养了具有这种生命境界的人的深沉的重生、厚生意识以及维护众生和以天下苍生为己任的道德使命感和责任感，也滋养了儒者欣赏天地之生机充沛、生意流行的审美意趣。周敦颐的这种思想，亦可谓宋儒"万物一体"理论之先河，是宋代儒家以"万物一体"为中心讨论生命问题的内在组成部分，不仅在理论上具有重大意义，对于当今人类处理人与自然之关系、思考人类的命运，也具有重要启发意义。

[①] （宋）周敦颐：《通书·顺化第十一》，载《周濂溪先生全集》第一册，河南人民出版社2018年版，第246页。

二　主静无欲

"与道合一"固然是一种境界追求，但它并非人的当然生命状态，而主要表现为一种生命理想。人之生非生而为圣，并不总是"道德有于身"，故此人若真正成人，真正实现生命的价值、提升生命境界，亦须做生命修养的工夫。"与道合一"的思想，本身也包含着工夫论的思想倾向。按照周敦颐的主张，人若真正达于与道合一，还必须做"主静"的生命工夫。

周敦颐的主静论，是儒家修身思想史上别有特色的一项主张。陈来先生说："中正仁义是基本道德概念，主静是修养方法，以主静而兼有二者，这在儒学史上是少见的。"[①] 周敦颐之前，儒家并无明确"静修"的理论和思想倾向，因而周敦颐的主静论也具有某种理论开先的意义。虽然"主静"一说，因其与道家"守静笃"和佛教的"禅静"说似有瓜葛而纠缠不清，后世儒者亦多有訾之者，但亦可谓开启了后世儒家以静坐为核心的一种功夫路数。特别是心学一脉，受其影响较深。"明代心学一系诸大儒几乎均有静坐求入处之共同修道历程。"[②] 但是，儒家向来重视以积极有为的姿态成就人生、实现生命的价值。那么，周敦颐的主静说是否与儒家那种刚健不已、自强不息的人生取向相悖，就颇值得分析。

理解周敦颐的主静说的关键，即重点在于"理解主静"之"静"的意味所指。在《太极图说》和《通书》中，"静"字一共出现24次，其中绝大多数是讲太极本体的阴阳动静。如《太极图说》第一段共8处都是讲太极动静问题（《太极图说》中"静"字共出现10次，

[①] 陈来：《朱子〈太极解义〉的哲学建构》，《哲学研究》2018年第2期。
[②] 陈立胜：《静坐在儒家修身学中的意义》，《广西大学学报》（哲学社会科学版）2014年第4期。

其余2次即"主静")。《通书》中则有专门的《动静篇》。其中,以下几处"静"字值得我们特别注意。

> 圣,诚而已矣。诚,五常之本,百行之源也。静无而动有,至正而明达也。①
> 动而无静,静而无动,物也;动而无动,静而无静,神也。动而无动,静而无静,非不动不静也。物则不通,神妙万物。②
> 一为要。一者,无欲也。无欲,则静虚动直。静虚则明,明则通。③

通过这几处所说之"静",我们可以感受到,除去一般意义上的"静止"之"静",周敦颐提出的作为一种修养方法的"主静"之"静"乃和周敦颐对"太极诚体"的本性和存在状态的理解直接相关。"静无"和"静虚"等用法,很容易使我们联想起道家用以形容其本体特性的"虚无"和"虚静"说。周敦颐使用这些说法用来描述"太极诚体"的特性,很可能是受到道家影响(也可能受到佛教说禅的影响)。牟宗三先生曾明确指出周敦颐的"静无"是借用老子语来描述他对诚体本体之体悟,④ 其言圣学有要而所讲"静虚"亦是言诚体处,至于"静而无静"更是说明"诚体之神之流行与充周"⑤。陈来先生认为,"动而无动,静而无静"也是作为宇宙万物运动的内在本性和动源

---

① (宋)周敦颐:《通书·诚下第二》,载《周濂溪先生全集》第一册,河南人民出版社2018年版,第207页。
② (宋)周敦颐:《通书·动静第十六》,载《周濂溪先生全集》第一册,河南人民出版社2018年版,第256页。
③ (宋)周敦颐:《通书·圣学第二十》,载《周濂溪先生全集》第一册,河南人民出版社2018年版,第266页。
④ 牟宗三先生指出,"静无而动有",此"'无'与'有'是借用老子语,无碍也"。参见牟宗三《心体与性体》上,上海古籍出版社1999年版,第283页。
⑤ 牟宗三《心体与性体》上,上海古籍出版社1999年版,第298页。

"神"的一种特殊的存在状态。① 故此大概言之,周敦颐所讲之"静",从其哲学体系来看,是对太极诚体之本性和存在状态的描述。"太极"的一般状态就是"静无",其动则有,故曰"静无动有"。但"太极"的"静"是"静而无静",它始终内蕴着生生不息的生命本性。"诚"亦如此。"诚"的一般状态是"无为""寂然不动",所谓"诚无为,几善恶"②,"寂然不动者,诚也"③。太极诚体是人的生命之本、百行之源,人的生命的终极境界无非至诚,故涵养德性的方法和目的,当如本体之"静无而动有",如此为人则"至正而明达"。"静虚则明,明则通",当是基于《中庸》"自诚明"而来,诚体静虚,故自诚明,亦可谓静虚则明。

可见,周敦颐讲"主静",和他对本体之性的理解相关。从这个意义上说,不静则性体不立,人之生命的根基即不稳,故朱子有"静者,性之所以立也"之论。"贞也者,万物之所成终而成始者也。故人虽不能不动,而立人极者必主乎静。惟主乎静,则其著乎动也无不中节,而不失其本然之静矣。"④ 不仅如此,周敦颐还联系实际,从主静之反面"擅动"的害处角度来论证主静的意义。如周敦颐曰:"邪动辱也。甚焉害也。故君子慎动。"⑤ 又曰:"'吉凶悔吝生乎动'。噫!吉一而已,动可不慎乎!"⑥ 主静不是不动,而是要"不邪动""动而正"。

---

① 参见陈来《宋明理学》,华东师范大学出版社2004年版,第41页。
② (宋)周敦颐:《通书·诚几德第三》,载《周濂溪先生全集》第一册,河南人民出版社2018年版,第210页。
③ (宋)周敦颐:《通书·圣第四》,载《周濂溪先生全集》第一册,河南人民出版社2018年版,第224页。
④ (宋)朱熹:《晦庵先生朱文公文集卷六十七·太极说》,载朱杰人、严佐之、刘永翔主编《朱子全书》第23册,上海古籍出版社、安徽教育出版社2002年版,第3274页。
⑤ (宋)周敦颐:《通书·慎动第五》,载《周濂溪先生全集》第一册,河南人民出版社2018年版,第228页。
⑥ (宋)周敦颐:《通书·乾损益动第三十一》,载《周濂溪先生全集》第一册,河南人民出版社2018年版,第301页。

"动而正曰道"①，而此道即依仁义中正而行。故周敦颐的"主静"和"定之以中正仁义"是相辅相成的关系。主静，人才能更好地领会中正仁义，自觉行为中道，由仁义行；而定之以中正仁义，人也才能超脱物欲激动而心静。心静则易保持性体之"中"，"性者，刚柔善恶，中而已矣"②。

要言之，诚体处于不动的状态时是纯然本善的，一动则即有善恶产生。"诚无为，几善恶"③，动可能为善，亦可能为恶，故保持诚体之寂然——静的状态，恶则不从生，人则处于常善之中，故动必有方，须正而明。这正如朱熹所说，"圣人全动静之德，而常本之于静也……然静者诚之复，而性之真也。苟非此心寂然无欲而静，则又何以酬酢事物之变，而一天下之动哉！故圣人中正仁义，动静周流，而其动也必主乎静"④。

周敦颐在强调主静这一修养方法时，还提到，做到静的要旨即"无欲"。圣学有要，"一为要。一者，无欲也。无欲，则静虚动直"⑤。初看周敦颐这种主张，似显悖于先儒之教导。孔孟不言无欲，而只言寡欲。而从周敦颐的《养心亭说》来看，周敦颐明显认为寡欲不够。周敦颐针对孟子提出的"养心莫善于寡欲"指出，"予谓养心不止于寡焉而存耳，盖寡焉以至于无。无则诚立、明通"⑥。从这里可以看出，周敦颐之所以主张无欲，和他的本体思想依然相关，无欲才能达于诚

---

① （宋）周敦颐：《通书·慎动第五》，载《周濂溪先生全集》第一册，河南人民出版社2018年版，第228页。
② （宋）周敦颐：《通书·师第七》，载《周濂溪先生全集》第一册，河南人民出版社2018年版，第231页。
③ （宋）周敦颐：《通书·诚几德第三》，载《周濂溪先生全集》第一册，河南人民出版社2018年版，第210页。
④ （宋）周敦颐：《周敦颐集》，陈克明点校，中华书局1990年版，第7页。
⑤ （宋）周敦颐：《通书·圣学第二十》，载《周濂溪先生全集》第一册，河南人民出版社2018年版，第266页。
⑥ （宋）周敦颐：《周敦颐集》，陈克明点校，中华书局1990年版，第7页。

体。诚体无思无为,寂然不动,人也只有无欲方能保持性体之中,从而心泰神和,从容中道。一旦私欲充斥其心,则善恶亦起,故安神养性之道,在于无欲,无欲方能通达性体、天理。朱熹曰,"无欲者,心体粹然无极之真"①,心底"纯然是个天理"。此论可谓抓住了周敦颐无欲说之主旨。

总体来看,周敦颐的主静无欲之说,主要是主张通过主静的功夫来体会和涵养太极诚体之品性,从而使人的道德修养通达于天道,这可以说是一种别具一格的"性达于天"的功夫路数,因而体现的还是儒家由人及天的工夫思想。但是周敦颐的这种论调显然有别于原始儒家的功夫主张,因而引起后儒非议。但就其理论旨趣来看,周敦颐的这种主张,仍然坚守的是儒家以道德为生命之本的价值立场,追求的仍然是在道德意义上生命境界的提升,其大要仍然是儒家之旨。

本章结语

周敦颐的哲学思想无论在体系建构还是义理阐微方面,都显得过于简约,很多问题他只是给予纲领性的陈述,而没有具体展开。但是从其传世不多的文字中,周敦颐还是较为明确地回答了他对宇宙万物的生成与演化、生命的价值及其人在天地宇宙中的地位、生命的修养和境界、社会秩序的建构及其法则等问题。从周敦颐阐释生命问题的理路和特色来看,周敦颐是在宇宙生成论的层面和价值形上学的层面诠释生命创生、演化的过程及其存在价值,尤其是人类生命在宇宙中特有的地位和道德使命。从思想的渊源来看,周敦颐的哲学主要是对《易传》阴阳创生之道合释《中庸》之"诚体"而来,周敦颐把"生

---

① (宋)朱熹:《朱子语类卷第九十四·周子之书》,载(宋)黎靖德编《朱子语类》六,王星贤点校,中华书局1986年版,第2406页。

生之易道"和富有创生义的"天道诚体"结合而论，一方面解释了宇宙的本然即生生，而将宇宙的存在视为生命流行的状态，另一方面也进一步强化了这种"生生"的价值属性。从其思想实质来看，周敦颐是在阐释自然创生天道观的基础上，将人类追求的伦理价值本体化，或者说使宇宙亦成为一价值实体。这种哲学理路，本质上仍然是《易传》哲学的"天人合德"的生命伦理路数。将人类的命运融入自然天道，并以赋予自然天道价值属性的方式阐释生命的本性和价值，应当说，这本是《易传》作者在自然与人文的交互意识当中阐释生命之道的义理追求。此诚如安乐哲所言，《易传》"旨在处理生命中最棘手的问题：在自然与人文互相推移、相辅相成的世界中，人类将如何融入自然的历程，才能充分利用这个世界衍发的各种可能性"[①]。《易传》的这种追求，也使得儒家伦理不仅表现为一种社会现象，它自身实际上也成为宇宙现象的一部分。因为儒家的道德原则与宇宙法则是一致的，宇宙本身也是有价值属性的，这使得儒家伦理固然表现为人类社会的道德法则和追求，但它自身亦属于天道的内容，是合价值性的宇宙存在的一部分。因此，在儒家那里，"仁""诚"这些极富人文特征的词汇，也成为描述宇宙现象的语词。生命与自然宇宙一体，在价值上也与宇宙本性或德性合而为一。周敦颐生命伦理的基本特点，也正是如此。如果说孔子眼中的"天道"还属于一种天文学意义上的自然天道观的话，孟子则明确将天道义理化、价值化了。而到了周敦颐那里，天道事实上则兼合自然与价值两重含义，并以生生这一富有自然生意和人文精神的理念作为它的实质内容，从而使生命不再是纯粹自然的存在，更非孤立的存在，天人物我都处于具有价值交互作用的生命机制之中——生命的价值体现在各种生命生生和谐的互动之中，不

---

① [美]安乐哲：《安乐哲比较哲学著作选》，温海明编译，孔学堂书局有限公司2018年版，第84页。

能单一而论。

　　周敦颐诠释生命的这一路向，对宋代诸儒产生了重要影响，也成为宋代诸儒在宇宙与人的一体面向讨论生命之关系的基本意识。千百年来此一意识的传承精进，遂成中华文化之基本精神。此诚如唐君毅所说："由孔孟之精神为枢纽，所形成之中国文化精神，吾人即可说为：依天道以立人道，而使天德流行（即上帝之德直接现身）于人性、人伦、人文之精神仁道。"①

　　当然，这一以生命为核心的文化精神在宋代儒家那里具有不同的诠释特色，亦不能一概而论。周敦颐作为风气开先的人物，在理论的深度和系统性上都逊于二程、朱熹等人，他并不是条分缕析地给予儒家性命之学以精致论证，而是画龙点睛式地做了纲领性介绍，这就使得他对生命之伦理问题的阐释语约而义晦，偏于结论性的陈述。但是我们仍然可以根据前文的论述概括出其生命伦理的基本面貌。周敦颐以"太极"为本、以"生生"易道为生命产生和演化的终极根据和基本原理，在天道与人生的一体性说明中，论证出生命的本质和价值根源，并为生命的发展方向和完善确立起根本的依据和工夫方式。作为一名对其儒者身份具有自觉意识的学者，他自觉对儒家伦理观念进行本体化的阐释，从而使儒家追求的道德观念亦具有宇宙形上学的面向，人与自然或宇宙的本性、人伦与自然的客观法则在周敦颐那里事实上成为一体性的存在。这个一体共在的最大体现，即是宇宙万物（包括人在内）极富精神性的生生不息。"生生"是价值，"生生"亦是美，"生生"是自然生态的和谐与生命意志的总和，它是充满人文气息的、从容中道的生命韵动。周敦颐"绿满窗前草不除"的典故，即表明周敦颐对这种生命情趣和伦理观念的持守。

　　总体来看，周敦颐在宇宙生成层面和本体层面论说生命问题，不

---

① 唐君毅：《中国文化之精神价值》，广西师范大学出版社2005年版，第348页。

但开启了宋代儒家言说生命问题的基本面向，也确定了周敦颐在儒学史上的重要地位。而就其理论的特质来说，周敦颐在宇宙论和价值形上学方面阐释生命问题的努力，相对于原始儒家而言，也具有重大的理论和现实意义，这种努力在理论上避免了纯粹经验性描述生命的缺陷，在实践上也因生命具有与天性同一的形上意蕴从而促使人们以更大的理性和善意来对待一切生命、珍重生命。周敦颐在宇宙论和价值形上学角度对生命问题的思考，蕴含着人们对待生命和处理与生命相关问题的根本的价值原则与评判标准，为人们正确看待人类生命和自然生命及其关系奠定了某种价值基础和思考进路，因而尽管其说言约而意晦，但对于建构当代中国的生命伦理学、解决现实的生命伦理问题来说，仍不失为一种有益的思想资源。

第二章 张载的生命伦理思想

张载出生稍晚于周敦颐，是另一位对理学的发展具有重大理论贡献和影响的人物。张载的哲学思想，立足于原始儒学，同时又极富理论创造性，他以鲜明的抗击佛老的"问题意识"，以"勇于造道"的学术勇气，"推理以存义，扩前圣所未发"[1]，自觉建构儒家身心性命之学的本体根基，其观点承上启下，影响极为深远。余敦康先生甚至认为："在北宋五子中，张载是一个极为重要的中间环节，处于承上启下的地位，实际上是理学的真正的奠基人。"[2] 张载的思想，时贤评价甚高，如程颢赞之曰："横渠道尽高，言尽醇。自孟子后，儒者都无他见识。"[3] 后人亦多有推崇，如船山曰："张子之学，上承孔、孟之志，下救来兹之失，如皎日丽天，无幽不烛，圣人复起，未有能易焉者也。"[4] 张载对于儒家性命之学的传承与发扬，作出了突出的理论贡献，二程、朱熹、湖湘学者之哲学建构都深受张载影响，这是不争的事实。

---

[1] （宋）程颢、程颐：《河南程氏文集卷第九》，载《二程集》上，王孝鱼点校，中华书局 2004 年版，第 609 页。

[2] 余敦康：《内圣外王的贯通——北宋易学的现代阐释》，学林出版社 1997 年版，第 288 页。

[3] 张载：《张子语录·后录上》，《张载集》，章锡琛点校，中华书局 1978 年版，第 337 页。

[4] 王夫之：《张子正蒙注》，中华书局 1975 年版，序论第 3 页。

张载一生著述甚丰，今主要存有《横渠易说》《经学理窟》《正蒙》《张子语录》等。其中《正蒙》是张载最重要的哲学著作，最能体现张载的哲学主张，该书相较于周敦颐之《通书》的"精微简约"，"《正蒙》则篇幅繁多，体大思精，是宋明儒中自家铸造而又最为思理精严的伟作"①，因而这部作品也构成我们研究张载生命伦理思想的主要文本依据。

第一节 虚气之辨

与周敦颐一样，张载对生命问题的伦理思考，亦建立在其本体观念基础之上。张载的本体理论，相对于周敦颐要深刻系统得多，其思精义广，备受理学家及后世思想家推崇，对宋代理学的整体建构影响巨大。张载以一种特异于其他宋儒的本体理论，极大推进了儒家的道德性命之学，他有关生命思考的诸多观点，也可以说完全是建立在其独具特色的本体理论之上。故研究张载的生命伦理思想，先决问题亦在于对其本体理论有充分的认识和理解。

一 虚本抑或气本

当代学界，在有关张载哲学本体论问题的认识上，存在着两种突出而相异的观点。一是认为张载哲学以"太虚"为最高本体者，可称为"太虚本体论"（为便于论述，本书简称"虚本论"）；二是以"气"为张载哲学最高本体者，可简约称为"气本论"。"虚本论"和"气本论"可谓有关张载哲学本体论两种基本的观点，这两种观点的争论，也构成了当代学界有关张载哲学本体论认识的主要争论。

---

① 蔡仁厚：《北宋理学·北宋篇》，吉林出版集团有限责任公司2009年版，第63页。

第二章 张载的生命伦理思想

　　从气的角度来理解张载哲学之本体或者对张载哲学进行定位，应当说，这是一个较为传统和普遍的看法。在古代，王夫之和黄宗羲等明清学者都可以说是以气为本为张载哲学定位的代表人物。在现当代，多数学者也都持气本论的观点。比如冯友兰、钱穆、张岱年等老一辈学者，以及张立文、陈来、龚杰、李存山等当代时贤，都可以说是气本论的支持者。① 以气为本，即是认为气是派生一切的根本，是宇宙万物的本原，或者说气是宇宙万物生成的终极根据和动力根源。"气"之外，别无更高概念。从这个角度说，张载所使用的一系列的复杂概念如"太和""太虚""神"等概念，都居于"气"概念之下，或为这一概念所统摄，或者是与之异名同实的概念。如张载所说的"太和"，按照气本论者的看法，乃是指气未分化生成万物之前的混沌状态，也指气判为阴阳并运动变化的永恒和谐状态，是一种综合了作为原始"本原之气"与"发用之气"的概念。"太虚"则是从宇宙的统一性、实体性角度对气的界定，是就气的本然状态和原始状态而言的概念。故持气本论的学者，多将张载所言"太虚者，气之本体"解释为太虚即是气的本然状态；将"太虚即气"，解释为太虚就是气。如陈来、张立文等学者均是如此。② 换言之，在持气本论立场的学者眼中，"太和"

---

① 如张岱年先生认为，"张子认为气是最根本的，气即是道，非别有道。宇宙一切皆是气，更没有外于气的；气自本自根，更没有为气之本的"。参见张岱年《中国哲学大纲》，江苏教育出版社2005年版，第68页。陈来先生不仅认为，"张载的自然哲学无疑的是气一元论的唯物主义哲学"，而且认为"张载的气一元论是中国古代气论思想的一个相当完备的本体论形态"。参见陈来《宋明理学》，华东师范大学出版社2004年版，第47页。海外儒学研究者也多将张载视为气本论者。比如葛艾儒说："虽然说法不同，'气'这个词其实是张氏思想中最根本的概念。"又说："张氏的'气'概念，实在是包罗万象。无物不以'气'构成，任何现象都可以用其性质来做解释。因为一切都由'气'生成。"参见［美］葛艾儒《张载的思想（1020—1077）》，罗立刚译，上海古籍出版社2015年版，第40、45页。

② 如陈来先生说："无形无状的太虚实质上是气的本来存在状态，他称这本然状态为'本体'。"参见陈来《宋明理学》，华东师范大学出版社2004年版，第47页。又如张立文先生说："'气之本体'并非指'气'外有一虚空的'太虚'为其本体"，而是说，"无形象的'太虚'，是'散'而未聚的'气'，它是'气'的一种本来状态。"参见张立文《宋明理学研究》，中国人民大学出版社2016年版，第168—169页。

"太虚"等称谓，都不过是对气的不同形态的规定。譬如钱穆先生说："太和便是阴阳一气，而太虚也便是太和，就其无感无形而才称为太虚。"[1] 但是这样理解太和、太虚与气的关系，在持太虚本体论观点的学者看来，却是一种错误。

持太虚本体论的学者，认为太虚才是张载哲学的最高本体范畴，而气则是形而下的次级概念，太虚具有绝对性、独立性、超越性和永恒性，它产生并推动气的运动变化，从而创造万物。以太虚为本体，牟宗三先生应当说是较早的论者。牟宗三据其"两层存有说"，根据传统的体用关系，将张载的本体观念归结为"太虚神体"，而把气归结为"神体"之妙用。[2] 如此一来，太虚与气的关系，就成为"体"与"用"的关系。丁为祥、林乐昌等学者亦力主太虚本体之说。如林乐昌认为，在张载的哲学中，太虚是宇宙本体论层次的概念，气则是宇宙生成论层次的形而下的概念，太虚与气相比，具有超越本体义和逻辑先在性。他说："张载的宇宙本体论突出的是太虚本体与气及经验物的区分，突出的是太虚本体超越时空、超越气及一切经验层面、相对层面的'至一''至静无感'的独立性。"[3] 丁为祥也认为在张载的哲学体系中，太虚是本体，而气则为万物之"成质"者，"气就是天地之始、万物之母，是天地万物的宇宙论根源"，但太虚是对这一始源的超越，是"至一"的宇宙本体。[4]

应当说，以太虚定位张载哲学的本体范畴，是看到了气本论一个难以克服的理论难题，即如果宇宙的本然状态是气，万物皆是气的运动变化的结果，那么，是什么推动气的运动变化并创造万物呢？如果

---

[1] 钱穆：《宋明理学概述》，九州出版社2010年版，第47页。
[2] 参见牟宗三《宋明儒学的问题与发展》，华东师范大学出版社2004年版，第102—103页。
[3] 林乐昌：《张载理学与文献探研》，人民出版社2016年版，第37页。
[4] 参见丁为祥《虚气相即——张载哲学体系及其定位》，人民出版社2000年版，第64页。

承认气之外有一种推动力，那就等于否定了气的本体地位。对此，气本论者通常认为气的运动变化是气自身所具有的属性，是系统的自我生成，也即认为气自身具有一种使自身运动的内在动力。如葛艾儒说："这里并没有外力或造物主参与其中，完全是系统自我生成。"① 但即使如此，气本论者仍然面临着一个难以解决的问题，即在张载的哲学体系中，作为本体的气，具有"清通不可象"的性质，而作为由气构成的具体万物，却缺少这种清纯之性，所谓"凡天地法象，皆神化之糟粕尔"②，何以清通本体之气，生成具体之物却只是糟粕？按照这种看法，形上世界与形下世界就是割裂的，而这一点与张载所主张的体用无间又相互矛盾。并且，张载也确实经常在形而下的意义上使用"气"这一概念。比如张载曰"天所性者通极于道，气之昏明不足以蔽之"③；"性通极于无，气其一物尔"④。把气视为一物，以气有"昏明"而论气，都典型地说明气亦具有形下意蕴。张载还说过，"散殊而可象为气，清通而不可象为神"⑤。在这里，"性"和"神"与"气"的对立，似乎也证明气之超越义的不足。这种对立性，在某种意义上似乎也支持了太虚本体论的合理性。

但这也并不是说太虚本体论就是一种更为圆融的理论，它同样存在难以克服的理论矛盾。持太虚本体论的学者，一方面将太虚看成绝对超越的、不依赖任何外物的独立存在；另一方面，他们认为太虚在

---

① [美]葛艾儒：《张载的思想（1020—1077）》，罗立刚译，上海古籍出版社2015年版，第42页。
② （宋）张载：《正蒙·太和篇第一》，载《张载集》，章锡琛点校，中华书局1978年版，第9页。
③ （宋）张载：《正蒙·诚明篇第六》，载《张载集》，章锡琛点校，中华书局1978年版，第21页。
④ （宋）张载：《正蒙·乾称篇第十七》，载《张载集》，章锡琛点校，中华书局1978年版，第64页。
⑤ （宋）张载：《正蒙·太和篇第一》，载《张载集》，章锡琛点校，中华书局1978年版，第7页。

派生万物时，又必须依赖气，与气存在高度关联性和不可分割性。① 这就产生一个问题，即作为独立的、超越的、本来不需要依赖气而存在的太虚本体，何以在构成具体事物时，就非要依赖作为形下的气？这种关联性的依据是什么呢？丁为祥甚至认为离开了气，太虚作为本体的超越性都无从体现。"无论是太虚的超越性还是其内在性，气都是惟一的担当者；离开了气，不仅其内在性无从寄存，且其超越性也无从体现。"② 但是，如果说太虚的本体地位是以气的存在为前提的，我们何以说太虚具有逻辑先在性、是超越于气之上的更高本体？并且，将太虚看作独立于气的超越性的存在，而将气看作形下之器物，按照我们对西哲"metaphysics"意义上的超越本体之义的理解，气必将是由太虚派生出来的，而如此一来，这也就落入"虚能生气"的窠臼。但是我们知道，"虚能生气"恰恰是张载反对的观点。张载说："若谓虚能生气，则虚无穷，气有限，体用殊绝，入老氏'有生于无'自然之论，不识所谓有无混一之常。"③ 因此，认为太虚可以独立于气而存在，气由太虚本体派生的观点，恐怕未必符合张载原意。林乐昌为突出太虚的本体义，还将太虚与气看成异质的关系。④ 但是张载也明确讲"气之聚散于太虚，犹冰凝释于水"⑤，在这里，太虚与气的关系，正如水和冰的关系，二者只是物理形态的不同，而非化学性质的不同，所以，以太虚与气为异质，亦恐不确。

可见，无论是以气为本为张载哲学定位，还是主张太虚本体论，都有其难以克服的理论矛盾。造成这种现象的原因可能有多种，但有

---

① 参见林乐昌《张载理学与文献探研》，人民出版社2016年版，第37页。
② 丁为祥：《虚气相即——张载哲学体系及其定位》，人民出版社2000年版，第65页。
③ （宋）张载：《正蒙·太和篇第一》，载《张载集》，章锡琛点校，中华书局1978年版，第8页。
④ 参见林乐昌《张载理学与文献探研》，人民出版社2016年版，第41页。
⑤ （宋）张载：《正蒙·太和篇第一》，载《张载集》，章锡琛点校，中华书局1978年版，第8页。

第二章 张载的生命伦理思想

两个方面尤其应当引起我们的重视。

其一，这和张载哲学体系自身的理论建构所具有的缺陷直接相关。张载使用的哲学概念，如"太虚""气""神"等，并没有明确而系统地说明和界定，而是具有多重含义，这实际上也是中国古代哲学家的一贯表现。要理解这些词语的具体含义，必须通过对一个思想家整体思想的把握和特定的语境。但毫无疑问，这对于现代人来说，也容易造成理解上的歧义。表现在张载哲学中，由于张载缺乏对其所使用的名词的界限设定和说明，这就使得张载的哲学常常表现出为今人看上去自相矛盾的说法。比如他一方面说"虚空即气""太虚即气"[①] "气之性本虚而神，则神与性乃气所固有"[②]，这似将"虚""神"视为"气"的属性或为"气"的概念所包容；但另一方面他也说"散殊而可象为气，清通而不可象为神"[③] "凡可状，皆有也；凡有，皆象也；凡象，皆气也"[④] "气本之虚则湛（本）无形，感而生则聚而有象"[⑤]，这似又把"虚""神"与"气"对立起来。而这样就使得张载哲学在某些方面表现出理论上的含混不清。一方面可能给人造成这样的感觉，张载试图将形而上世界与形而下世界相统一；而另一方面，"太虚清气"与"可象之浊气"的设定，似又将世界割裂为两个世界。这应当是导致后人在理解张载本体观念上的差异的一个重要原因。

[①] （宋）张载：《正蒙·太和篇第一》，载《张载集》，章锡琛点校，中华书局1978年版，第8页。

[②] （宋）张载：《正蒙·乾称篇第十七》，载《张载集》，章锡琛点校，中华书局1978年版，第63页。

[③] （宋）张载：《正蒙·太和篇第一》，载《张载集》，章锡琛点校，中华书局1978年版，第7页。

[④] （宋）张载：《正蒙·乾称篇第十七》，载《张载集》，章锡琛点校，中华书局1978年版，第63页。

[⑤] （宋）张载：《正蒙·太和篇第一》，载《张载集》，章锡琛点校，中华书局1978年版，第10页。

其二，另一个可能的原因大概源于当代人对于中西"本体"含义之内涵的混淆或错用。张岱年先生很早就说过，西方的本体，"即是唯一的究竟实在。这种观念，在中国本来的哲学中，实在没有"①。中国哲学中的"本体"，主要是"本根"义，包含有万物之始、万物生成之根据和原因以及统摄义。"万象虽繁而实统于一，这兼涵万有，赅总一切，而为一切之宗主的即是本根。"② 这种本根，从传统的体用关系来理解，更为恰当。体用一源，体用不二，而非一定要讲超越。一定以超越义讲本体，实是西方本体论之思维习惯。以他者之说，诠释中国思想，虽有助于以不同视角理解和发展中国哲学思想，但也有可能导致误解中国思想。事实上，在张载那里，是否存在一种类似西哲本体论的明确意识，这是值得存疑的。比如张载区分"形而上"和"形而下"或曰"道"与"器"的一个标准是"有形"或"无形"，而非如西哲那样以超越一切实有的抽象本体思维来论道器关系。如张载曰：

> 形而上者是无形体者也，故形而上者谓之道也；形而下者是有形体者，故形而下者谓之器。无形迹者即道也，如大德敦化是也；有形迹者即器也，见于事实即礼义是也。③

综观张载哲学，如巴门尼德所论之"是"那样的本体思维，其实并不存在于张载的哲学之中。所以，对于张载怎么看待生命本原及其本质的问题，我们不妨换一种思路，而不必拘泥于何为张载最高本体观念的探讨。在张载那里，构成生命的始基是什么，依据是什么，生

---

① 张岱年：《中国哲学大纲》，江苏教育出版社2005年版，第40页。
② 张岱年：《中国哲学大纲》，江苏教育出版社2005年版，第39页。
③ （宋）张载：《横渠易说·系辞上》，载《张载集》，章锡琛点校，中华书局1978年版，第207页。

命的产生和变化的动力来自哪里，万有在产生依据和构成质料上是否存在统一性？针对这些问题，以中国哲学固有的"本根"意识来看待张载有关生命的来源和本质问题，或许我们更容易接近张载真实的生命思想。

二 虚气统一性原理

如果我们放弃西哲的本体视域，而单纯从中国哲学的"本体"所蕴含的"本根""固有状态"的意识来看，在张载哲学中，"虚"和"气"其实均具有万物之本的意义，因为这两者，一则决定万物之"本然之性"，二则决定万物之"实然之性"（现实的生命性征或存在状态）。而且，从张载对虚与气的论述来看，虚与气不管是像太虚本体论者认为的那样是异质存在，还是如气本论者认为的那样是同质存在，在张载那里，虚与气都具有高度的统一性。虚不离气，气不离虚，二者具有高度的关联性和一体性。这一点，无论是太虚本体论者，还是气本论者，基本上都是承认的。如气本论者认为"太虚""太和""气"等概念其实是"名异而实同的关系，它们都指宇宙万物的本原，只是指事而异名，是对气本原的不同角度的阐释"[①]。太虚本体论者也认为，"相感相合的太虚与气是宇宙中两种最基本的要素或力量：太虚本体是宇宙的最高实在、终极根源和主导力量，而气则是万物得以生成的基质、材料和活力"[②]。虚与气在宇宙生成论的层面，具有"不可分割性"，虚不离气，气不离虚，万有之生成，生命的产生、发展和变化，是虚与气共同作用的结果。因而，从生命的本原角度看，张载事实上是从虚气一体性、统一性的角度来论说万有之本原的。生命的原

[①] 刘绪晶、曾振宇：《张载"和"思想新探——太和与感》，《孔子研究》2015年第4期。

[②] 林乐昌：《张载理学与文献探研》，人民出版社2016年版，第46页。

■■■ 宋代儒家生命伦理思想研究

理，在张载那里，即表现为虚气统一、共同创造万有之原理。

在这里，我们所说的"虚气统一性原理"，主要是以此说法来强调虚和气在共同创造万物过程中不可分割、一体共用、难分彼此的关系，它本身并非表明我们认同虚与气是异质存在的观点，不是将张载所言之虚与气判为二物，继而强调二者在创造万物时的统一性，而是强调虚与气在张载哲学语境中本身就具有不可分离和意义的统一性。"虚"与"气"这两个概念具有高度关联性和统一性，这在张载哲学语境中是显而易见的。比如张载讲的"太虚无形，气之本体""太虚不能无气""知太虚即气，则无无""气块然太虚"等说法。[①] 对虚与气的一体性、统一性的说明，构成了张载宇宙论的基本认识。语气不语虚，则气之超然性、普遍性不显；语虚不语气，则虚即落入佛老二氏的"空"和"无"，其创化义亦无从体现。虚须借助气，方能显现于外。故张载曰："太虚无体，则无以验其迁动于外也。"[②] 释氏言虚，只道空无，而虚无实处，所谓"言虚者未论阴阳之道"[③]，这是没有看到虚与气之统一处。虚和气的统一性，这主要是就万有之创生而言的，在这个意义上，作为相对而称的虚与气，均可视为万物生成的根据，也表明了万物生成的原理和过程。"虚"是指本然之气，它具有形上性；与之对称的"气"，主要是指形下世界诸物，它包括已经成为"渣滓"的具体之气。广义上的"气"是一个贯通形上和形下的概念，太虚也是气，只是这种气乃为"清通不可象"之气，它是天地宇宙之本然实在，它自身运动不息，从而形化为具体的形下万物（包括作为具

[①] （宋）张载：《正蒙·太和篇第一》，载《张载集》，章锡琛点校，中华书局1978年版，第7—8页。
[②] （宋）张载：《正蒙·参两篇第二》，载《张载集》，章锡琛点校，中华书局1978年版，第11页。
[③] （宋）张载：《张子语录·语录中》，载《张载集》，章锡琛点校，中华书局1978年版，第325页。

体物质的气）。因此，虚和气的分殊和对称，主要是就作为本体之气在形上和形下的层面说。张载认为这两种性质的气决定了万事万物，所以我们讲虚气统一，主要是从宇宙生成论的角度来揭示生命的本原、构成等问题。这里的"虚"和"气"，主要是指作为本体的太虚之清通不可象之气，即宇宙本然之气和形下层面上作为万物之实际质料的气，它们对于实际生命的影响是截然不同的。一切生命都是虚气一体共同作用而生，因而一切生命均具有虚和气共同决定的生命性征。考察生命问题，就是要充分认识虚气的统一作用对于生命所发挥的实际影响。

虚气统一创造生命的过程，在张载那里，主要表现为他对《易经》阴阳创化原理的阐释。通过张载对《易经》之创生原理的阐释，我们亦能进一步理解张载对虚和气的定位及其关系的处理。在张载看来，生命的创生，本质上都是阴阳气化的结果。如张载曰：

> 造化所成，无一物相肖者，以是知万物虽多，其实一物；无无阴阳者，以是知天地变化，二端而已。[①]
>
> 游气纷扰，合而成质者，生人物之万殊；其阴阳两端循环不已者，立天地之大义。[②]

万物之生，皆源于阴阳气变，没有这天地阴阳之气，就没有大千世界的产生。从张载的论述来看，这个阴阳之气既可谓天地宇宙之本，亦可谓天地宇宙之实。也即是说，无论是从天地之本原来看，还是天地的实际存在样态来看，天地无非只是此阴阳之气而已。

[①] （宋）张载：《正蒙·太和篇第一》，载《张载集》，章锡琛点校，中华书局1978年版，第10页。

[②] （宋）张载：《正蒙·太和篇第一》，载《张载集》，章锡琛点校，中华书局1978年版，第9页。

"天"之为名，缘于此气；"道"之有称，亦是对此阴阳之气运动变化原理的把握；此阴阳之气运动变化神妙莫测，故亦可称为"神"。故张载曰：

> 阴阳气也，而谓之天。①
> 天惟运动一气。②
> 由气化，有道之名。③
> 气有阴阳，推行有渐为化，合一不测为神。④

正因为"天""神""道"等均以阴阳气化之理为实质，故张载又曰："神，天德，化，天道。德，其体，道，其用，一于气而已。"⑤

从以上来看，在张载的本体意识当中，他似乎更倾向于以阴阳之气作为天地宇宙的本根、本然。天地万物，都是此气运动变化的结果，亦是由此气所成就。这个作为本根、本然的天地宇宙之气，它本身是无形的，不可以感官而感知，但它切实地存在，是实有的。因其无形而不可感，而且是天地宇宙之根本、本然之存在，故曰"太虚"。"太虚"非如佛、老所言之"空"和"无"，而是真切的实体存在。这一点张载说得很清楚，"太虚者天之实也"⑥；"金铁有

---

① （宋）张载：《正蒙·大易篇第十四》，载《张载集》，章锡琛点校，中华书局1978年版，第48页。
② （宋）张载：《横渠易说·系辞上》，载《张载集》，章锡琛点校，中华书局1978年版，第185页。
③ （宋）张载：《正蒙·太和篇第一》，载《张载集》，章锡琛点校，中华书局1978年版，第9页。
④ （宋）张载：《正蒙·神化篇第四》，载《张载集》，章锡琛点校，中华书局1978年版，第16页。
⑤ （宋）张载：《正蒙·神化篇第四》，载《张载集》，章锡琛点校，中华书局1978年版，第15页。
⑥ （宋）张载：《张子语录·语录中》，载《张载集》，章锡琛点校，中华书局1978年版，第324页。

时而腐，山岳有时而摧，凡有形之物即易坏，惟太虚无动摇，故为至实"①。"至实"之谓，十分清楚地表明，太虚是一种永恒的实体存在，而这种存在，其实质即是永恒的弥漫于天地宇宙的本然之气，它清通不可象，却永恒地运动，运动的过程即发生形态的改变，从而出现了感官可感之形象世界。而所有可感之事物，无非此本然无形的太虚之气运动变化出现的临时状态而已，因而不具有永恒性，故曰"太虚无形，气之本体，其聚其散，变化之客形尔"②。在这个意义上，我们说"太虚"是一个本体范畴，是没有多大问题的。而张载也的确常常从本体、万物之本原的角度言说太虚。如张载曰："万物取足于太虚，人亦出于太虚。"③但是，虽然说张载所言之太虚有本体意义，但这个太虚本质上也是气，"太虚即气"，这也是我们应当要注意的。只不过，太虚之气乃清通不可象之气，这种清通不可象之气在张载看来乃天地的"本相"，故从这个角度来看，如果说气乃张载的本体范畴亦未不可。而从这个角度看，"气本论"对太虚与气之关系的理解，似乎更符合张载的思想实际。

太虚是气，而不是超越于气之上的更高存在，这一点从张载批评佛老"以山河大地为见病"和"有生于无"的观点来看，我们也能有所感受。张载认为气聚为物、气散为无，故世之所谓"有无"，无非只是此气之"显隐"或"幽明"，而非真正存在所谓"无"，佛老二氏"幽明不能举其要，遂躐等妄意而然"④。整个宇宙就是太虚之气的流

---

① （宋）张载：《张子语录·语录中》，载《张载集》，章锡琛点校，中华书局1978年版，第325页。
② （宋）张载：《正蒙·太和篇第一》，载《张载集》，章锡琛点校，中华书局1978年版，第7页。
③ （宋）张载：《张子语录·语录中》，载《张载集》，章锡琛点校，中华书局1978年版，第324页。
④ （宋）张载：《正蒙·太和篇第一》，载《张载集》，章锡琛点校，中华书局1978年版，第8页。

布与形变。天地之本然，乃是清通不可象之太虚之气；天地之万象，则此气之浊化而显，故可曰"气能一有无"①。而佛氏"明有不尽，则诬世界乾坤为幻化"，老氏"不识所谓有无混一之常"，故有"有生于无"自然之谬论。② 不过，张载讲的气意义比较复杂，他并不总是在"太虚本体"这个意义上讲气，也常在形下层面说气。可感之气与大千世界之万象，这都是形下之气，万物形态各异则无非此气之物理形态之变化，因而现实之物无论其生理特性如何不同，其质亦无非此气。这正如金刚石和石墨虽然物理性能差异极大，但二者均为碳单质构成，是"同素异形体"。

　　大致说来，张载讲的虚与气及其关系，其实可以从两个层面来理解。其一是从太虚作为本体之气的层面来理解，其二是从气既有形上之气又有形下意蕴的层面来理解。从第一个层面来说，在这个意义上，张载所说的"太虚"也即作为本体的本然之气，故曰"太虚即气"，或者说，太虚即是气的本然状态，所谓"太虚无形，气之本体"③。也就是太虚只是气无形不可见之状态，而非空间概念。张载说过，"气坱然太虚，升降飞扬，未尝止息"④。单纯从字面来看，张载这里讲的"气坱然太虚"似乎有把"太虚"看成具有边界的空间概念，气充满了太虚，但事实上我们这样理解可能也存在问题。张载在这里可能强调的只是气的范围即太虚本身或曰太虚即气本身，宇宙即气及其运动

---

① （宋）张载：《横渠易说·系辞上》，载《张载集》，章锡琛点校，中华书局1978年版，第207页。
② 张载曰："若谓虚能生气，则虚无穷，气有限，体用殊绝，入老氏'有生于无'自然之论，不识所谓有无混一之常。若谓万象为太虚中所见之物，则物与虚不相资，形自形，性自性，形性、天人不相待而有，陷于浮屠以山河大地为见病之说。"参见张载《正蒙·太和篇第一》，载《张载集》，章锡琛点校，中华书局1978年版，第8页。
③ （宋）张载：《正蒙·太和篇第一》，载《张载集》，章锡琛点校，中华书局1978年版，第7页。
④ （宋）张载：《正蒙·太和篇第一》，载《张载集》，章锡琛点校，中华书局1978年版，第8页。

变化本身。这个意思,正如王夫之所说,"太虚者,气之量;气弥沦无涯而希微不形,则人见虚空而不见气。凡虚空皆气也,聚则显,显则人谓之有,散则隐,隐则人谓之无"①。从第二个层面来说,太虚和气的关系,则是指作为本体的太虚和形下可感的现象界之气的关系,这个层面的太虚和气即存在"形上"和"形下"、"体"和"用"的区分。但是不管我们从哪个层面说,张载所讲的虚与气,实际上都具有高度的一体性和不可分割性。太虚总是兼着具体的气及万物而言,它不是那种可以脱离气而能够孤立存在的形上实体。张载试图要表达的,就是这样一种虚气一体创造万物之原理。必须承认虚气是一体的、具有同一性,世界才是统一的;同时我们又必须承认二者不完全等同,存在形态和物理性质上的差异,如此才能解释万物之殊性的问题。

在张载的意识当中,作为本体之太虚和形下之气的界限其实也是分明的,这表现在张载更为经常地在与"太虚"相对的意义上使用"气"这个概念。也就是说,在张载那里,他讲的"太虚",主要讲的是作为天地本然之气或本体之气,而所说的"气",则多是在形而下的意义上使用。太虚和气既为一,又可分说。从气之本然状态说,其性为"虚",此气乃万物本原之气,故曰"太虚",在这个意义上,太虚与气为一;"太虚之气"处于永恒的运动变化过程当中,在运动过程中会发生清浊、厚薄、昏明等质量、密度等物理形态的变化,从而形成实际可感的现象界,包括可感知的"具体之气"(如呼吸之气),这是形而下的气,此"气"与作为本体的"太虚"即有本末、体用之分。整个天地宇宙其实就是一个由"本然之气"和其形化现象诸物构成的世界。理解张载的生命本原论,就要充分认识到张载所曰之虚与气的这种一而二、二而一的关系,如此也才可能真正理解张载所说的"性

---

① (明)王夫之:《张子正蒙注》,中华书局1975年版,第8—9页。

其总，合两也"① 的观点，也即性虽总一却可分说"天地之性"和"气质之性"的基本的性论观点。

总体来看，在张载的本体意识当中，天地之本然及其万物的产生，都可归结为天地造化之理，张载以虚气统一性原理而论此天地造化之理，是力图在全体上把握此一原理，是力争对它有全面的说明，而这一努力最终在张载思维中形成对所谓"太和之道"的认识。"太和"在张载那里，即是把天地本然之气及其运动变化的神妙性和气化万物之生生不息的过程合体而论，用以揭示天地宇宙的本然状态、内在创生原理和万物生生之实然的统一关系。张载曰：

> 太和所谓道，中涵浮沉、升降、动静、相感之性，是生氤氲、相荡、胜负、屈伸之始。其来也几微易简，其究也广大坚固。起知于易者乾乎！效法于简者坤乎！散殊而可象为气，清通而不可象为神。不如野马、氤氲，不足谓之太和。语道者知此，谓之知道；学易者见此，谓之见易。不如是，虽周公才美，其智不足称也已。②

在这段话中，张载以一种系统观念表达了他对宇宙本体其及事物产生发展变化之原理的整体认识，简明扼要地指出了万有生成之根据、道体之实质，以及宇宙发展变化的缘由和可能的境界。因此张载所说的"太和"，兼有超越义、根据义、境界义和实体运动义，是一个综合性的、本根性的概念，它贯通形而上和形而下的领域，内蕴着张载对宇宙本然和应然存在状态的认识，以及万事万物产生、发展和变化的

---

① （宋）张载：《正蒙·诚明篇第六》，载《张载集》，章锡琛点校，中华书局1978年版，第22页。

② （宋）张载：《正蒙·太和篇第一》，载《张载集》，章锡琛点校，中华书局1978年版，第7页。

根据与动力根源的观念。也正因如此，张载的这段话，可谓其虚气一体性、统一性原理的经典概括，亦可视为张载哲学的纲领性宣言。这正如牟宗三先生所说："此是《太和篇》之总纲领，亦是《正蒙》着于存在而思参造化之总纲领，其余皆由此展转引生。"[①] 故而从生命的本原角度来看，没有这种"太和之道"，也就不可能有生命的存在。太和之道，即是万有生命和大千世界得以创造的根本，亦是万物生生和谐的根本保证，是生命的本然和应然的统一体。因而太和所蕴含之性，即生命之本性，生命的价值亦由此开显而确立。从太和蕴含的生命造化之原理出发，张载也鲜明地阐释出其性命之学的精神义旨。

第二节　顺性命之理

宋代理学素有性命之学之称，这主要源于其中心议题即关乎性命。谈性论命这本是儒学的一贯内容。先秦时期，儒家即已高谈性命，但是倡明本体以论性命，还是宋儒最著。张载之论性命，当为其佼佼者，对后世影响亦大。张载论性命，有着明确的自觉意识，这表现在他特别强调"自立说以明性"[②]。而其性命说之本，即在于其虚气统一性原理。从虚气统一造化万物之理出发，张载一方面澄明了言说性命之前提；另一方面又以虚德至善的道德本体思维，证实了道德之于人之生命的决定意义和道德化生命的恒久价值，从而揭示出人之生命挺立的本质规定和价值所在，此即张载所谓"性命之理"。人之生也，"顺性命之理，则得性命之正"[③]。

---

① 牟宗三：《心体与性体》上，上海古籍出版社1999年版，第375页。
② （宋）张载：《经学理窟·义理》，载《张载集》，章锡琛点校，中华书局1978年版，第275页。
③ （宋）张载：《正蒙·诚明篇第六》，载《张载集》，章锡琛点校，中华书局1978年版，第24页。

一　先识造化

张载本体理论的建构除了有回应佛老的理论挑战这一意义，从儒家伦理的现实目的来说，也是解决性命问题，追求性命之正。而欲要实现性命之正，在张载看来，首要的是明了性命之理。而张载又认为性命之理蕴于阴阳造化之理，故而只有通过识认造化之理，方可窥得性命本原。在张载看来，"性"的本原通极于"道"，而此"道"即阴阳创化之"易道"，也即天地乾坤之道，因而不了解易之阴阳造化之理，也就难以真正体会易之道，而"不见易"也就不可能真正了解性之大本大原，如此欲要真正体认性命问题也便无可能了。故张载曰："不见易则何以知天道？不知天道则何以语性？"[①] 对张载而言，性命根源于天地阴阳的造化，因而对阴阳造化之理的体认，这是讨论性命之理的基本前提。故在张载看来，欲察识性命问题，首当识认此天地造化之理。"圣人之意莫先乎要识造化，既识造化，然后其理可穷。""不识造化则不知性命，既不识造化，则将何谓之性命也？"[②]

而张载所说的这个造化之理，也就是其以虚气统一为基础阐释的生命之理。张载认为天地万物都是由虚与气共同作用而造就的，因而万有生命的性状和可能的变化，从根本上说，亦都受制于虚和气对生命的共同塑造作用。这里的"虚"和"气"是从形上和形下两个层面所言之虚与气。虚是从天地的本然实在角度而言，特指天地清通不可象之本然之气；而气则是在形下层面所指万物实际构成之材质，是有刚柔、清浊、多寡、厚薄等量与密度等差异性存在之气，因而这个气，虽然出自太虚，但已经在性质和存在样态上都有别于太虚。虚决定了

---

① （宋）张载：《横渠易说·系辞上》，载《张载集》，章锡琛点校，中华书局1978年版，第206页。
② （宋）张载：《横渠易说·系辞上》，载《张载集》，章锡琛点校，中华书局1978年版，第206页。

万物普遍具有的生命性征,而气则决定着生命的特殊性征。形上的太虚之气本身具有神妙之特性,而万物又皆出自太虚,故万物皆生而即赋有此"太虚之性"。这个性是包括人在内的万物共有之性,是一切生命的"原性""本性"。由于在张载的意识当中,"太虚"和"天"或"天地"是同一性的概念,所谓"由太虚,有天之名"①,"与天同原谓之虚""天地之道无非以至虚为实"②,因此"太虚之性",张载亦谓之"天地之性"。但是这个天地之性只是随气化生成具体事物时内蕴于事物当中的先天之性,它虽然伴随生命与生俱来,但由于具体生命乃太虚之气发生"变态"而形成特定"气质"之后的产物,所以这个本然之性虽然并没有离开具体生命,但它受特殊的气质之影响,并不能在事物身上完整呈现,从而导致具体生命因其特定气质的局限而呈现出不同之性。这个因其特殊的气质构造而表现出来的特殊的生命性,张载称之为"气质之性"。"气质之性"在实际层面,亦可以说源于气之构物的结构和形式,气在构成事物时,有密度和清浊、厚薄之分,因而使具体事物被赋予不同的"气质之性"。张载曰:"凡物莫不有是性,由通蔽开塞,所以有人物之别,由蔽有厚薄,故有智愚之别。"③ 正是对天地之性和气质之性这两种性之于具体生命意义的阐释,构成了张载性命之学的主要内容。张载有关生命的价值、修养和境界的观点,可以说,亦均蕴含于张载对这两种性之于生命意义的阐释当中。

首先,在张载看来,讨论性命问题,必须认识到虚气统一、共同

---

① (宋)张载:《正蒙·太和篇第一》,载《张载集》,章锡琛点校,中华书局1978年版,第9页。
② (宋)张载:《张子语录·语录中》,载《张载集》,章锡琛点校,中华书局1978年版,第325页。
③ (宋)张载:《张子语录·语录下》,载《张载集》,章锡琛点校,中华书局1978年版,第341页。

塑造生命这一现实，必须要认识到分别由虚和气决定的"性"之于生命的必然性和实际影响。任何事物，从其构成来看，都是阴阳之气运动变化的结果，太虚之气形化为具体事物之后，其本然之性同时蕴含在具体事物当中，而其变化形质则塑造了具体生命的形态，故此形构具体事物之"气质"虽然本原于太虚之气，却已不是原来之气而自成一物，从而表现出特定的性质。如张载曰："气质犹人言性气，气有刚柔、缓速、清浊之气也，质，才也。气质是一物，若草木之生亦可言气质。"① 正是这特殊的"气质"，使万物亦表现出形色各异的殊性。张载认为，谈论性命问题，必须从这一事实出发，合虚与气而论，才能正确认识性命问题，故曰"合虚与气，有性之名"②，"有无虚实通为一物者，性也"③。天地之性和气质之性都是生命与生俱来的，不是生命自身可以决定的，任何生命，就其存在而言，都可以说是这两性的一身共在，"性其总，合两也"④。因而既不能忽视天地之性对生命的影响，亦不能主观略去气质之性对生命的影响，两者缺一，都不是生命实际。只有基于这种思路，才能形成对生命问题的正确认识。佛教不识气化之理，以虚为执，而"诸子浅妄，有有无之分"⑤，遂有两偏之失，而皆非穷理尽性之学。

其次，要认识到天地之性和气质之性虽然是生命生而俱有的"一身之共在"，但还要认识到这两种性对于生命的意义是截然不同的，它

---

① （宋）张载：《经学理窟·学大原上》，载《张载集》，章锡琛点校，中华书局1978年版，第281页。
② （宋）张载：《正蒙·太和篇第一》，载《张载集》，章锡琛点校，中华书局1978年版，第9页。
③ （宋）张载：《正蒙·乾称篇第十七》，载《张载集》，章锡琛点校，中华书局1978年版，第63页。
④ （宋）张载：《正蒙·诚明篇第六》，载《张载集》，章锡琛点校，中华书局1978年版，第22页。
⑤ （宋）张载：《正蒙·太和篇第一》，载《张载集》，章锡琛点校，中华书局1978年版，第9页。

们对于生命的塑造具有十分不同的影响。天地之性，是天地宇宙的本然之性，是万物的"原性"，亦可称万物之所以生成和存在的终极根据和内在原因，从其对万物的普遍规定和终极根据而言，故可曰"性者万物之一源，非有我之得私也"①。天地之性乃为大本大原之性，是生命产生和存在的根据和内在动力。儒家向来把大本大原之性在价值上赋予纯然至善性，视其为价值之本原。这一点张载也不例外，张载同样认为天地之性具有纯然至善的价值规定性，是价值本体，它构成一切价值的根源。如张载曰：

天地以虚为德，至善者虚也。②
虚者，止善之本也。③
天德即是虚，虚上更有何说也！④

因为张载视天地之性为价值本体，为一切价值的根源，故生命的价值即由天地之性而决定。生命有没有价值、有没有意义，与生命自身对他物的支配能力和资源占有的多少并没有多大关系，而是取决于其"善之本性"能否得到彰显和发扬。天地之性是包括人在内的万物生而具有的，故从逻辑上说，由天地之性决定的生命价值亦是万物皆具的。这也就是说，只要我们承认一切生命生来即具有天地之性，就不能否认其生命具有先天的价值，具有其存在的先天合理性。但是，如果因此我们就认为一切生命在现实存在上都具有一样的生命价值，

---

① （宋）张载：《正蒙·诚明篇第六》，载《张载集》，章锡琛点校，中华书局1978年版，第21页。
② （宋）张载：《张子语录·语录中》，载《张载集》，章锡琛点校，中华书局1978年版，第326页。
③ （宋）张载：《张子语录·语录上》，载《张载集》，章锡琛点校，中华书局1978年版，第307页。
④ （宋）张载：《经学理窟·气质》，载《张载集》，章锡琛点校，中华书局1978年版，第269页。

这大概也不符合张载的原意。因为张载同时认为，这个天地之性虽然生而即内蕴于生命当中，但是具体生命由于受其特殊气质构造的局限，这个天地之性却并不能完整地在生命身上呈现。或者说，具体生命依其特定的气质不同，天地之性在其身上表现亦不同，从而使各个生命具体的生命价值实现的程度也不一样，由此也区分出不同生命的生命品质。所以，对张载而言，人与物先天所得之"气质"对于生命的价值和意义的实现，其实也构成一种先天的限制因素。

张载的这种认识是和他对与"虚"相对的"气"的性质判定直接相关的。张载把形而下的气及其构造诸物视为太虚本体之气运动变化后形成的糟粕、渣滓，所谓"万物形色，神之糟粕"[1]，所以在张载看来，生命先天所得之气质对生命的影响就不是积极作用，而主要表现为对生命的局限或制约，影响着生命的完整性及其价值和意义的实现。从善恶的角度说，人之恶行亦源于此气质之性。故张载对于天地之性和气质之性在生命中的权重是分得十分清楚的。气质之性是小、是末，天地之性是大、是本，人不应当以小害大、以末丧本，故知德者懂得在天地之性和气质之性之间如何自处。如张载曰："湛一，气之本；攻取，气之欲。口腹于饮食，鼻舌于臭味，皆攻取之性也。知德者属厌而已，不以嗜欲累其心，不以小害大、末丧本焉尔。"[2]

但是，气质之性由于亦是生命先天所禀赋之性，因而这种性并不会自然而然地消除，不但不会自然而然地消除，相反，这种性还会对人生的取向构成强大影响。按照张载的看法，气质一旦形成，就有"攻取性"，这种具有攻取性的"气性"常常会使人偏离性命正道。因

---

[1] （宋）张载：《正蒙·太和篇第一》，载《张载集》，章锡琛点校，中华书局1978年版，第10页。

[2] （宋）张载：《正蒙·诚明篇第六》，载《张载集》，章锡琛点校，中华书局1978年版，第22页。

此，人如果不能自觉其天地之性，并主动做涵养天地之性的生命功夫，其生命的表现常常会让位于气质的强势影响而流于"气命"。张载认为天地之性与气质之性具有交胜表现，所谓"气与志，天与人，有交胜之理"①，因此人如果不能自觉针对气质的局限做涵养天地之性的生命功夫，人的生命就只能任由气质摆布。人的天地之性胜于气质之性，则人的命就是"德命""正命"；反之就是"气命"，其生命全由物欲主宰而缺乏"理性"。故张载曰："德不胜气，性命于气；德胜其气，性命于德。"② 因此在张载那里，人欲使其生命有意义，必须针对气质之性主动地做消除气质之性影响的功夫，以使人不受气质局限而使其本体至善之性得以呈现，从而确证人之生命的根本价值和意义，此亦即张载所提出的"变化气质"的生命功夫。

二 变化气质

在张载那里，气质之性是作为本体的太虚之气聚而有形后事物自身呈现出来的生命特性，主要是就生命先天的个性或特殊性而言的。气聚有形后，事物即具有相应的气质规定。人与万物皆为气聚之客形，因而皆生而有气质之性。天地之性与气质之性皆可谓人先天所赋有，但二者对于人的生命意义截然不同——天地之性是善的根源，而气质之性则蕴含着人向恶的因素。所以气质之性如不能自觉理顺和控制，则人便趋于恶，人就难以成其为真正意义上的人，故必须针对气质之性做变化气质的工夫。在张载看来，针对个体特殊的气性而做变化气质的工夫，这对于个体生命的成就和完善来说，是完全必要的，也是提升个体生命境界的唯一途径。因为气质

---

① （宋）张载：《正蒙·太和篇第一》，载《张载集》，章锡琛点校，中华书局1978年版，第10页。
② （宋）张载：《正蒙·诚明篇第六》，载《张载集》，章锡琛点校，中华书局1978年版，第23页。

之性人人皆有，而且根深蒂固，由于这种性主要表现为生命存在所必需的本能欲望和物质需求以及生理性的情绪等，因此这种性对人的支配力极强，它使人容易沉溺于物欲，容易固执于物象、偏见与习俗，而且这种支配力由于源自人的本能欲望，因而它并不会自然消除，反而有可能受到强化，从而成为支配人生的主要力量。而对习俗与物质欲望的"自然服从"，必然会影响到人们对生命的深刻反思和自我省察，以致使人先天禀赋的天地之性不能发挥指导人生的作用。所以人若想提升生命的境界，使生命的真正价值体现出来，就必须改变局限天地之性在生命身上呈现的气质因素，此外别无他法。所以，变化气质就其本质而言，无非即是要人能自觉到气质对自身生命价值和意义的局限性，而主动克服其对自身行为的牵累，以使其天地之性能够逐渐显露的功夫。更为确切地说，变化气质的功夫，实质即存养天地之性的功夫，即针对现有之不完全的气质之身体规定，自觉培养大本之性，使天地大本之性脱离物欲之限制，从而得以完整在人身上呈现。

生命的气质构造是生命存在的现实基础，在这种先天的气质构造限制当中，生命亦容易形成对于"物象"的执着和占有之欲，并以此作为生活的信念和行为指导原则。在这种生理本能和物欲支配下，人们自然容易养成一些"意必固我"的教条式的生活信念和习俗，故张载有时也把气质之性及其对生命的影响称为"习俗之气"。也正因如此，变化气质就其方法论意义来看，实际上也可以说是强调借助一定手段或途径，以"化却习俗之气性，制得习俗之气"[①]。习俗之气不能控制，则人必流于执着物象，以占有客形之物为人生目的。而"物象"在张载那里，本身即是"神化之糟粕"，所谓"凡天地法象，皆神化之

[①] （宋）张载：《经学理窟·学大原上》，载《张载集》，章锡琛点校，中华书局1978年版，第281页。

糟粕尔"①，故以物为执念，本身就是去离大本之性之举，如此性命焉能得立，实为丧己之招。故张载曰："化而自失焉，徇物而丧己也。"②要之，返本归原，不以物象为重，不以欲望为本心，自觉涵养天地之性，才是修身立命之正法。故张载曰："徇物丧心，人化物而灭天理者乎！存神过化，忘物累而顺性命者乎！"③

人的生命价值和意义的彰显，都只在于天地之性的呈现，而天地之性乃身之固在，所以变化气质的目的虽然在于涵养和呈现天地之性，但这并不是无中生有，而只是让人的生命回归天地之性这一本原。故变化气质之工夫，本质亦可谓按一定的方法自觉做返归本原之性的工夫，因此张载又把这种变化气质的工夫称为"善反"的工夫。"形而后有气质之性，善反之则天地之性存焉。"④"善反"则人得其性命之正；反之，人则徇物而化。所以人的生命价值和意义能不能实现，归根结底就在于人是不是能够坚持做"善反"的工夫。人之性命本原无非不正，皆在于人是否能够顺此天命而已。故张载曰："性于人无不善，系其善反不善反而已，过天地之化，不善反者也；命于人无不正，系其顺与不顺而已，行险以侥幸，不顺命者也。"⑤

那么，怎么去做"善反"的工夫呢？张载为此提供了两个具体的方法。其一，要学。"苟志于学，则可以胜其气与习"⑥；"为学大益，

---

① （宋）张载：《正蒙·太和篇第一》，载《张载集》，章锡琛点校，中华书局1978年版，第9页。

② （宋）张载：《正蒙·神化篇第四》，载《张载集》，章锡琛点校，中华书局1978年版，第18页。

③ （宋）张载：《正蒙·神化篇第四》，载《张载集》，章锡琛点校，中华书局1978年版，第18页。

④ （宋）张载：《正蒙·诚明篇第六》，载《张载集》，章锡琛点校，中华书局1978年版，第23页。

⑤ （宋）张载：《正蒙·诚明篇第六》，载《张载集》，章锡琛点校，中华书局1978年版，第22页。

⑥ （宋）张载：《张子语录·语录下》，载《张载集》，章锡琛点校，中华书局1978年版，第330页。

在自求变化气质"①。其二，要自觉践行仁义礼智。张载认为仁义礼智正是源于太虚本性，是天地之性在现实中的实际体现，如张载曰"虚者，仁之原"，"虚则生仁"②，"仁义礼智，人之道也，亦可谓性"③，所以，人自觉按照仁义礼智的要求而行动，即是涵养天地之性的过程。在人类的实际生活中，礼是具体可操作的行为规范，故在道德实践中，张载尤为强调"以礼持性"，也即通过遵守礼法规范，来涵养人性的根本。"学者且须观礼，盖礼者滋养人德性。"④ 而人能知礼遵礼，在张载看来，这本身也是天地之性在人身上的体现。故张载亦曰："礼所以持性，盖本出于性，持性，反本也。"⑤

仁义礼智，皆出于天性，亦都是对天性的彰显，故人在现实中以实践仁义礼智为生命原则，也即涵养天地之性、追求性命之正的功夫路径。一方面通过学而涵养本性以求学达性天，另一方面通过恪守实际的礼义规范来滋养德性，这就是变化气质的两种基本路径和方法。而这两个方面实际上也是在主观心志和外在规范两个方面合而用功，故张载称为"合内外之道"。"修持之道，既须虚心，又须得礼，内外发明，此合内外之道也。"⑥ 做到了"合内外之道"，则气质可变。

总之，在张载那里，生命之道乃在于天地之性的存养，如认识不到这一点，反以恣欲为能，在张载看来就太不明智了。"成吾身者，

---

① （宋）张载：《经学理窟·义理》，载《张载集》，章锡琛点校，中华书局1978年版，第274页。
② （宋）张载：《张子语录·语录中》，载《张载集》，章锡琛点校，中华书局1978年版，第325页。
③ （宋）张载：《张子语录·语录中》，载《张载集》，章锡琛点校，中华书局1978年版，第324页。
④ （宋）张载：《经学理窟·学大原上》，载《张载集》，章锡琛点校，中华书局1978年版，第279页。
⑤ （宋）张载：《经学理窟·礼乐》，载《张载集》，章锡琛点校，中华书局1978年版，第264页。
⑥ （宋）张载：《经学理窟·气质》，载《张载集》，章锡琛点校，中华书局1978年版，第270页。

天之神也。不知以性成身而自谓因身发智，贪天功为己力，吾不知其知也。"① 只有自觉存养天地之性，以内外相合之道制得气质对生命的局限，人才能"穷理尽性"，才能"性天德，命天理"②，回归"元来至善"，从而真正安顿人自我的生命，否则任由人欲纵横，实乃非命之途。故张载曰："顺性命之理，则得性命之正，灭理穷欲，人为之招也。"③

通过以上讨论，我们可以感受到，张载论性命，一方面既肯定了生命先天的本质要素乃在于天地之性，另一方面亦承认人先天的气质对生命的局限作用。他强调变化气质以使人的生命时刻受到天地之性的引导，使天地之性贯彻于生命的始终，实际上也是看到了气质之性与天地之性"交胜"作用的现实。气质之性左右了人的意志，人的命就只能是"气命"；天地之性左右了人的意志，人的命就彰显为"德命"，二者此胜则彼退，而没有共进退之理。而天地之性进退的决定因素，在很大程度上则取决于人的精神意志，即人的"心"能不能自觉认识到天地之性对于生命的根本意义并能自觉做复返天地之性的工夫。离开人"心"这一主体意志对于"性"的自觉和选择，实际上也就谈不上生命的修养。生命是天地之性和气质之性的一身之共在，二者交互作用，而究竟哪一种性能成为人生的决定力量，归根结底取决于人的主体意志的抉择。所以，对于成就何者人生、达成何种生命境界来说，"心"事实上起着至关重要的作用。故此，张载亦特别重视"心"。

---

① （宋）张载：《正蒙·大心篇第七》，载《张载集》，章锡琛点校，中华书局1978年版，第25页。
② （宋）张载：《正蒙·诚明篇第六》，载《张载集》，章锡琛点校，中华书局1978年版，第23页。
③ （宋）张载：《正蒙·诚明篇第六》，载《张载集》，章锡琛点校，中华书局1978年版，第24页。

第三节　大心与立心

"心"在张载哲学体系中，地位也极其重要。《正蒙》首篇《太和篇》中有一句话体现出张载哲学体系的基本逻辑结构和核心观念："由太虚，有天之名；由气化，有道之名；合虚与气，有性之名；合性与知觉，有心之名。"① 这句话表明，张载的哲学是以其天道观为基础的，通过对"天道"的阐释，从而确立起言"性"的根基和内涵。谈性命，必须要了解天道，否则也就不可能真正了解性，所谓"不知天道则何以语性"②，而明白了什么是性，也才能形成对心的正确认识，从而明确修心的内容和方向。在这里，心是论说和体认天道性命必要的一环，也是极为重要的一环，在这个逻辑结构中，天道性命之落实最终还是要看这个心是否能够确立起来。这说明在张载那里，心与生命亦存在莫大的关联。事实上，张载有关生命问题之伦理思考，在很大程度上都是通过他对心的独特阐释完成的。其中有些观点，如他的"大心说"和"立心说"，不仅影响广泛，也在一定程度上揭示出张载生命伦理的精神旨趣。是以讨论张载的生命伦理思想，也要特别关注其所论之心。

一　心之为名

"合性与知觉，有心之名"一句，这是张载对"心之为名"的经

---

① （宋）张载：《正蒙·太和篇第一》，载《张载集》，章锡琛点校，中华书局1978年版，第9页。对于张载的这句话，林乐昌先生亦将之视为张载理学的纲领。参见林乐昌《张载心学思想研究》，载王中江、李存山编《中国儒学》第十四辑，中国社会科学出版社2019年版，第3—17页。笔者亦持相同看法。

② （宋）张载：《横渠易说·系辞上》，载《张载集》，章锡琛点校，中华书局1978年版，第206页。

典概括，也可以说此乃张载论心的核心观点。但是不得不说，张载对心的这一规定极其独特，大大超乎传统上人们对于心的一般性理解，由是也引起诸多争议。比如牟宗三等人即认为这个说法"不谛当"。①笔者认为，理解张载对心的这一规定，应当将之放到其整体哲学的义理逻辑中去理解，如上所述，张载明显是在其整体哲学的义理逻辑中规定心，而不是孤立地讨论心，这说明心在张载那里有其特殊的用意。张载论心与其所论之"虚""气""性"等概念具有高度关联性，如果忽视这一点，我们恐怕就不可能真正把握张载之心的真实意蕴，也不太可能真正理解张载涉心的诸多子概念、子命题，诸如"虚心""成心""大心""立心""性大于心""心统性情"等这些说法的特殊内涵和精神指向。故讨论张载之心及其蕴含的有关生命的思想，应当将之置于张载哲学的整体视域来观照，而不能孤立地解读。

相较于以往，张载对心的规定，其独特之处即在于他是将性与知觉合体而论，将性与知觉均视为心之为心的构成要素，而不是单纯从知觉、精神意识等角度论心，是以引起人们理解上的困难。一般而言，人们所谓"心"，通常是就思维器官及其功能表现而言，从这个角度说，把知觉视为心的要素容易理解。因为在一般的观念中，知觉通常是指人心所具有的心理机能，是指人的精神意识活动，因而从思维器官及其功能角度来说，知觉构成了心之为心的必要因素，如朱熹就说"有知觉谓之心"②。知觉是心之为心的基本功能，是心的内在属性，而张载在知觉之外将性纳入心的范畴，事实上就改变了心的基本属性，这引起了朱熹的不满。故朱熹诘之曰："有心自有知觉，又何合性与知

---

① 参见林乐昌《张载心学论纲》，《哲学研究》2020年第6期。
② （宋）朱熹：《朱子语类卷第一百四十·拾遗》，载（宋）黎靖德编《朱子语类》六，王星贤点校，中华书局1986年版，第3340页。

觉之有!"① 把性和知觉合体而论心,这样的心自然也不能简单视为性,在这里,性与心并不具有同一性。于张载而言,不知性,则无以言心,对性的认知,这是张载建构其心之观念的逻辑前提,但二者并不等同,并非一回事。张载讲的性是"合虚与气"而言的,既包括天地之性,也指气质之性,但我们不能简单地说天地之性是心或者气质之性是心。心之为名和对性的体认与抉择有关,但性并不是心,心之为心亦离不开知觉要素,所以张载论心还要加上知觉这一要素。但纯粹以知觉论心,同样也不是张载所言之心。

客观地讲,对于张载论心的这一特点,学界存在不同解读。限于篇幅,笔者不拟就此展开更为具体的讨论,这里仅略陈己见。在笔者看来,张载之所以"合性与知觉"来论心,与其特殊的考量和用意有关。综合张载对心的论述,笔者认为,张载之所以合性与知觉来论心,这主要与张载对儒家"成人"这一根本目标的理解和追求相关。换言之,张载所说之"心",本身就不是单纯地指具有主体能动性的心,而是和儒家所追求的——人如何才能成为真正意义上的人——这一根本性问题紧密相关的特殊的哲学概念,它包含着主体的价值抉择。儒学在实践层面,可以归结为如何成人的学问,张载对心的规定,事实上涉及的也主要是人应当如何认识人自身、如何成就自身生命的价值和意义问题。在张载看来,为学乃"成人之事",故"学者当须立人之性","当辨其人之所谓人"②,是以立足于张载儒学的这一实践目标,再来反观张载的"合性与知觉,有心之名"这一说法,张载论心的精神实质及其蕴含的特殊的生命意义,我们可能就更容易把握。

如上文所述,在张载那里,人要实现自身的生命价值和目的,无

---

① (宋)朱熹:《朱子语类卷第六十·孟子十》,载(宋)黎靖德编《朱子语类》四,王星贤点校,中华书局1986年版,第1432页。
② (宋)张载:《张子语录·语录中》,载《张载集》,章锡琛点校,中华书局1978年版,第321页。

疑需要人们对自身生命的价值和意义之来源、根据和实现的途径与方式有充分的认知,只有自觉意识到成人的根本所在和实现生命价值的根本方式,同时意识到实现生命价值和意义的限制因素,人才能充分调动主体的能动性、积极性,从而自觉地、有针对性地做提升生命品质和境界的生命工夫。对张载而言,对性的充分认知和自觉,正是实现成人目标的思想基础。人只有充分认识到天地之性和气质之性对生命影响的必然性及其不同意义,并能够充分运用人的主体心智对之加以抉择,自觉克服气质对生命的局限以使自身生命返本复原(回归天地之性),人才能成为真正意义上的人。这种认识,是人之为人的精神所系,人只有具备此"主体意志",具有这种主体的自觉,才能算真正"有心之人"。反之,人一旦脱离这种认识和自觉的工夫实践,人也就流于自然本能的存在,人就不能成其为人。

简言之,从儒家成人立场说心,心即指人凭其主体意志意识到成性、成人的根本乃在于天地之性并且能够自觉修养这一"真性"的始终如一的精神认知和信念。没有这种一贯的精神认知和实践信念,就谈不上"有心",又何论"修心""养心"?所以张载以性和知觉合体来规定心,这应当是和张载对人之为人的深刻认识相关的。根据这一认识,我们再来反观张载的"合性与知觉,有心之名"以及他所说的"虚心""成心""天心""人心""私心"等概念和"心统性情""心小性大"等命题,也就容易获得合理性解释。

首先,张载所谓"合性与知觉,有心之名",我们不宜将之理解为性与知觉的单纯相加或叠合,不是说把性与知觉的意义合在一起就是心。张载是基于思考如何成人、成德这个问题来界定心的内涵的,而要实现儒家成人、成德的目标,就要找到正确的"修心"方式,而这又要首先明确何者为儒家应当修持之心。从张载的文本来看,要解决这一问题,当先认识人性之根源和要义,如此才能明确生命价值所系和生命修养之根据和方向。而在张载那里，人之为人的根本乃在于天地之性的呈现，以及对气质之性的警惕和自觉克服，因而人若要真正成人、成德，就需要对自身的生命之本和意义实现的障碍因素有清醒的认知，并能自主抉择，没有这个"心"，就不可能真正成为儒家所肯定的"人"。这样的心，就是带有明确的价值抉择的心。所以，从张载的本体认知角度来看，因为性是成人的根本因素、影响因素，因此脱离对性的认识和自主抉择，也就无所谓有"心"。换言之，在张载那里，性是合价值而论心的必要内容、关键要素，离开对性的认知、价值判断和抉择，也就无所谓儒家强调的为人应有之心。所以从张载的本体认知角度来说，对心的规定，必须就着性来说。但是单纯的性不能说成心，因为张载对性的规定，首先是一个客观性的概念，不管是天地之性，还是气质之性，在张载那里，它们首先是由本体之气与万物形具之气这种客观存在所决定的，故仅就此客观性而言，它们还不能当然地构成人的精神因素，或成为生命中的精神构成而对人的生命发生意义，它们要对人发生意义，还离不开人的知觉。知觉是心之为心的功能性要素，离开这一要素当然也无所谓心。故张载论心，一方面要以心彰显儒学的实践目标；另一方面，心的主体性功能要素也不能不具备，否则心也就不成其为心。或许正是基于这样的考虑，张载才强调"合性与知觉，有心之名"。心既指向使人成其为真正意义上的人的价值本体（以下我们会进一步说明这一点），亦包括主体性的功能要素，因而这样的心，就其内涵而论乃是兼具客观性和主观性，同时包含价值要素的综合体。更为通俗地说，张载所论之心，即包括客观的价值本体和目标，又包含人为实现这一价值的主体精神的自觉与追求。

其次，张载所说的性，就实际生命而言，是总天地之性和气质之性而言的，这两种性对于人的生命发挥着截然不同的生命意义，而对这两种性的认知和抉择之不同，也区分出不同层面的心。人若认识到天地之性乃生命的价值和意义所系，并自觉修持此天地之性，按照天地之性的要求而行动，以此作为精神原则和生活信念，这样的心即张载在积极意义上所肯定的心，如张载所说的"虚心""本心"等。"虚心"从工夫实际而言，即指秉持"太虚本然之性"之心，人主动选择天地之性作为生命修养的目标并依此实践自己的生命，就是有"虚心"的表现。因为张载将"虚"与"天"视为同一性的概念，所谓"与天同原谓之虚"①，所以"虚心"也可以称为"天心"。"虚心""天心"从客观性角度讲，都是指天地之性，具有纯然至善的价值规定性；从主观性角度讲，则是指人以涵养天地之性为本心、为根本，具备涵养此性的精神自觉和信念。故从成人的功夫原则和目的来说，变化气质的目的即是要涵养此虚心，所以张载讲"变化气质与虚心相表里"②。从工夫原则来说，人也只有做到虚心，才算是存养了天地之性，才算是确立起道德本心，是谓"尽其心"，故曰"虚心然后能尽心"③。

但问题是人并不能总是自觉虚心以行，因为人身同时也是一个作为太虚之气形化糟粕的气质构造之物，因而人之行为亦受气质的直接影响，从而表现出强烈的生理欲望和意愿。满足形体自然需求之意愿，执着于物象，以占有物质为生活信念，此即人之受自身气质影响而形成的"私心""成心""存象之心""闻见之心""习心"等，这些概念都是和气质之性紧密相关的概念，是气质之性作用于人之生命的结

---

① （宋）张载：《张子语录·语录中》，载《张载集》，章锡琛点校，中华书局1978年版，第325页。
② （宋）张载：《经学理窟·义理》，载《张载集》，章锡琛点校，中华书局1978年版，第274页。
③ （宋）张载：《张子语录·语录中》，载《张载集》，章锡琛点校，中华书局1978年版，第325页。

果。在张载那里，这些概念也都可以说是异名而同指的概念，只是言说的角度稍异。比如"成心"即"私意"，所谓"成心者，私意也"①。"成心""私意"都是以己身之所需、所好为行为的出发点和归宿。人们之所以有"私意""成心"，关键是由于人受形质躯壳所限、眼界有限，故形成"有限之心"，而"以有限之心，止可求有限之事"②，故普通人受其生理形质所限，多把心思集中于"物身"的需求，容易执着于"物象"，而不是透过物象去把握本质、追求真正有价值的东西。"存象之心""闻见之心""习心"等说法也是就此而有的说法。"存象之心"是心中只有可感现象之"有"，而看不到"有"之外的"生命真际"乃在于作为万物之本的"至实"之性。人的认知能力有限，常囿于经验之物象，故其知多流于见闻，依此而有其思想范围和心理活动内容，此即所谓"闻见之心"。"习心"亦是流于闻见、习俗、经验之物象而成的思维定式。所以"存象之心""闻见之心""习心"以及"私心""成心"等说法，在张载那里其质均同，都是指人囿于特殊的气质构造和经验、环境而形成的思维定式和经验常识，都属于"意、必、固、我"的认知范畴，而这些都影响、制约着人的生命的升华与进步，因此都不是作为儒家价值追求的"义理之心"，故张载不谓之心。故张载曰："存象之心，亦象而已，谓之心可乎？"③ 真正的心，当是超越物象、舍弃见闻、修持存养天地之性之心。如张载曰："舍此见闻，别自立见，始谓之心。"④

所以，张载虽然用了许多涉及心的概念，但他并不是强调心出多

---

① （宋）张载：《正蒙·大心篇第七》，载《张载集》，章锡琛点校，中华书局1978年版，第25页。
② （宋）张载：《经学理窟·义理》，载《张载集》，章锡琛点校，中华书局1978年版，第272页。
③ （宋）张载：《正蒙·大心篇第七》，载《张载集》，章锡琛点校，中华书局1978年版，第24页。
④ 林乐昌编校：《张子全书》卷十六，西北大学出版社2015年版，第447页。

端，存在多个别样的心，而是强调人对于性的认知和抉择不同，就会形成从不同角度而所称之心。由于张载肯定天地之性对于生命的积极意义而否定气质之性，这也决定了他的功夫模式和基本目标即是要人突破"物象""闻见"的局限，克服"成心""私意"，以涵养天地之性或虚心为目的。张载以"虚心"或天地之性为大、为本，而以"成心""私心""存象之心""闻见之心"为小、为末，故其有"大心"之谓。

二 大心体物

张载讲的心有大小，当然不是指心有体积、容积或面积的大小之分，而是强调在人对天地之性和气质之性的认知与抉择过程中，人应当以何种心作为成就人生的"本心"。天地之性是生命之本、价值之源，依此天地之性，人方能上达"天心"、立其"本心"；气质之性则主要对生命起局限、制约作用，依气质之性而形成的诸如"成心""存象之心""闻见之心"，都是影响人实现其生命价值和意义的精神桎梏。张载认为"气与志，天与人，有交胜之理"[1]，也即是说人以何者为心并以此心支配生命，对于生命会发挥截然不同的作用和影响，所谓"德不胜气，性命于气；德胜其气，性命于德"[2]，所以人若要得其性命之正，必以涵养生命之本心为精神原则和生活信念。而这就需要人在天地之性和气质之性之间作出明确的抉择，自觉以天地之性为性，以"虚心""本心"为心，而不以气质之性为性，舍弃"成心""私意"，不以"存象之心""闻见之心"为心，此即所谓"大其心"。要言之，舍掉私心成见，不以闻见、物象为累，而始终以虚心为目的，

---

[1] （宋）张载：《正蒙·太和篇第一》，载《张载集》，章锡琛点校，中华书局1978年版，第10页。

[2] （宋）张载：《正蒙·诚明篇第六》，载《张载集》，章锡琛点校，中华书局1978年版，第23页。

以天地之性为人生根基和归宿，这就是张载所谓"大心"。

很显然，从这个角度来理解张载所说的"大心"，人的主体精神因素就被置于极为重要的地位，故张载的大心，与其说强调的是性的客观原则对人之生命的必然影响，毋宁说它格外强调了主体的自由，强调了人的精神意志在成就自我生命方面的积极能动作用。也正是这样，欲大其心，其首要的，也是根本的要求，就是人能够充分认识到天地之性对于生命的根本决定意义，自觉涵养天地之性、彰显天地之性，以"虚心"自律，如此人也才能够明知天德、上达性天，立起生命之本要。故张载曰："存心之始须明知天德，天德即是虚，虚上更有何说也！求养之道，心只求是而已。"① 明白了本心安在、生命价值系于何处，下一步就要针对影响此本心安立的障碍因素自觉做克除的功夫。本心不彰，源于物象、私心之蔽，故克尽私欲、格去物象之蔽，则天理自现、本心自明，生命的价值和意义也自然朗现。"心之不能虚，由有物榛碍"②，故"格去物，则心始虚明"③。执着物象、沉溺欲望，这都是去离本心之举，非成人之道。故张载曰："徇物丧心，人化物而灭天理者乎！存神过化，忘物累而顺性命者乎！"④ "圣人""大人"与普通人的一个重要区别，即圣人、大人"不以见闻梏其心"⑤ "不以嗜欲累其心，不以小害大、末丧本焉"⑥，

---

① （宋）张载：《经学理窟·气质》，载《张载集》，章锡琛点校，中华书局1978年版，第269页。
② （宋）张载：《张子语录·语录中》，载《张载集》，章锡琛点校，中华书局1978年版，第325页。
③ 林乐昌编校：《张子全书》卷十四，西北大学出版社2015年版，第403页。
④ （宋）张载：《正蒙·神化篇第四》，载《张载集》，章锡琛点校，中华书局1978年版，第18页。
⑤ （宋）张载：《正蒙·大心篇第七》，载《张载集》，章锡琛点校，中华书局1978年版，第24页。
⑥ （宋）张载：《正蒙·诚明篇第六》，载《张载集》，章锡琛点校，中华书局1978年版，第22页。

而"世人之心,止于闻见之狭","人病其以耳目见闻累其心而不务尽其心",[①] 唯圣人、大人"以心求天之虚",故中行至善。"天地以虚为德,至善者虚也。"[②]

由此可见,张载所讲的"心"及其"大心",主要是从"天德""本心"角度而论。但"大心"的说法无疑也表明,尽管张载常常在存养天地之性之本心角度说心、规定心,但事实上他也并不否认"人心"也包含"私心""成见"的成分,也即存在另一种意义上的心,即相对于"大心"而言的"小心"。也就是说,从张载对心的描述来看,"心"之义本包含天性义理和情欲私心,"天德本心"与"私心""成见"交互作用于"一心"之中,故从心的内容和构成来说,天德义理之心与感性欲望之心都在"心"的范畴之内。张载讲的"心统性情"即和此认识相关。

人有"天心""本心",也有"成心""见闻之心",心只有一个,但依其思之所向和主体,则分天德义理之心和情欲之心。但这两者其实都为人心所包容,故可曰"心包性情"。而人究竟以何心为心、何性为性,是自觉以天德义理为性、为心,还是将生命任凭情欲摆布,则取决于主体的精神意志,故在这个意义上,也可以说"心统性情"。从这个层面看,张载的"心统性情"这一命题所强调的,应该是肯定人能够在天地之性和气质之性中做出自主抉择的主体自由,而不是在宇宙生成论的层面论心和性的关系。林乐昌先生将"心统性情"之"性"解为气质之性,并且认为"心统性情"的说法与张载所说"性者,万物之一源""心小性大"等说法相悖,因而断定"心统性情"的说法是早期张载思想不成熟时期的观点,并被张载后来弃之不用,

---

① (宋)张载:《正蒙·大心篇第七》,载《张载集》,章锡琛点校,中华书局1978年版,第24—25页。
② (宋)张载:《张子语录·语录中》,载《张载集》,章锡琛点校,中华书局1978年版,第326页。

这一判定值得商榷。① 张载讲的"心小性大"这一命题主要是从宇宙生成论层面而言的命题，从逻辑上说，因为张载视性为"万物之本原"，故包括心在内的万事万物自然源于这一本体意义上的性，皆可以说是由性派生的，故张载有"性，原也；心，派也"② 的说法，依这个逻辑，自然是"心小性大"。但是心和性在宇宙生成层面这一关系和张载所论工夫论意义上的心、性关系并不是一回事。因为按照大心的功夫原则，"大其心"主要讲的是以"人心"合"天心"，是以天地之性的涵养作为道德本心的确立。在"人心"合于"天地之性"这个意义上，"心"与"性"是同一的，如此也才有所谓"天人合一"。所以，"心小性大"这个命题固然有它特殊的意义，但这个命题由于与工夫论意义上的"心性合一"的思想宗旨存在龃龉情况，因而不利于儒学义理的宣扬。而"心统性情"则不同，这个命题恰恰是立足于人的主体性、立足于人能够充分调动其精神能动性来"成人"的理性判断。性固有天地之性和气质之性的分野，且均对人的生命具有某种必然性的影响，但人的主体意志可以对之做出抉择，在这个意义上，"心"能"统性情"。此"性情"是就生命实际而言，生命是"性情共在"之生命，是以性引导自我生命，还是任凭情主宰自我行为，在张载看来，心是可以做出选择并支配自身行为的，在这个意义上说心统性情是没有问题的。

综上，张载讲的大心，无非让人充分调动其主体精神的自觉，将心定位于天地之性的把握与涵养上，心中只有虚德盛行，以至善之本心观诸己身与万物，即可意识到天地万物本一体同生，同气相连，根本无异，没有根本上的差别，生命生而均具有同一的价值根据和意义

---

① 参见林乐昌《张载"心统性情"说的基本意涵和历史定位》，《哲学研究》2003年第12期；林乐昌《张载心学论纲》，《哲学研究》2020年第6期。
② 林乐昌编校：《张子全书》卷十四，西北大学出版社2015年版，第447页。

开显的方式，在本质上是同一的，万物皆以性为本原、为根据，且均内蕴天地之性，故曰"大其心则能体天下之物"①，"心大则百物皆通，心小则百物皆病"②。"心大"便能"平物我，合内外"③，超越物象、闻见所累，如此人也就能进入与天合一的生命境界。

不过，这里我们需要注意的是，张载的"大其心"虽然强调的主要是对"物象""闻见"的超越，但也不是完全不理会或否认物象、闻见之物存在的意义。张载并不否认"物"或"闻见"是引起精神意识活动的客观前提、物质基础。所以他说"人本无心，因物为心"④，"感亦须待有物，有物则有感，无物则何所感"，"闻见不足以尽物，然又须要他"⑤。正因为"物"或"闻见"是意识活动的基础，而且对意识活动又有制约作用，所以针对此做大心的功夫，意义就尤为重要。从"心"不能脱离"物"这一前提来说，大心并非强调存在一个抽象缥缈、独立存在的"本心"，而是强调人在接物应景之时，如何"自决其心"，透过物象看到生命的本真实质，所以大心之谓，本质上还是一个人以何为心的问题。也正因如此，"大心"这个命题，也包含"立心"之义。

从生命功夫的角度而言，"立心"和"大心"，实是名异而实同，都是强调人当以何性为性、以何心为心，都是强调人在完善自我生命、实现自我生命价值方面如何抉择的问题。通俗地讲，立心指的就是人

---

① （宋）张载：《正蒙·大心篇第七》，载《张载集》，章锡琛点校，中华书局1978年版，第24页。
② （宋）张载：《经学理窟·气质》，载《张载集》，章锡琛点校，中华书局1978年版，第269页。
③ （宋）张载：《经学理窟·学大原下》，载《张载集》，章锡琛点校，中华书局1978年版，第285页。
④ （宋）张载：《张子语录·语录下》，载《张载集》，章锡琛点校，中华书局1978年版，第333页。
⑤ （宋）张载：《张子语录·语录上》，载《张载集》，章锡琛点校，中华书局1978年版，第313页。

当以何种心来作为人生的心志基础和信仰。"人心"常在物欲一边，而忘却天德本性这一生命的价值本根，人不能自觉其生命在于天地之性，是谓失其本心，故必须凭主体功夫，将精神意念集中于涵养和践履天德的要求，如此才能正其性命，人方为真正意义上的人，此即为立心，亦即主动确立"本心"之谓。从其实际内容来看，立心就是要人以天地之性为性，从而获得人之为人的根本，故立心本质上也即立性，也是从"成人""成德"角度而言的。如张载曰："学者当须立人之性。仁者人也，当辨其人之所谓人，学者学所以为人。"① 因为"立心"和"大心"一样，本质上都是要人以天地之性为性，以"虚心""道德本心"为心，因而在工夫路数上也是一致的。要立心，就务须克尽私心，去除物象、闻见之累，故曰"由象识心，徇象丧心"②，"舍此见闻，别自立见，始谓之心"③。

从儒家伦理学的角度说，张载讲的"立心"也可以解释为主体在善恶之间如何抉择的问题，因而具有鲜明的伦理道德的指向。"道德本心"不立，则人徘徊犹疑于善恶之间。这正如朱子所说，"未知立心，则或善或恶，故胡乱思量，惹得许多疑起"，所以确立起道德本心，则"立吾心于不疑之地"④，如此善恶无杂，方能一世为人。故立心之旨，亦可谓立其"善之本心"。只是张载讲的立心之旨并没有停留在人与人之间日常的伦理行为规范上，而是将之置于宇宙万物的应然关系的考虑之上，比如张载提出的"为天地立心"这一思想命题，即反映了这一点。张载的"为天地立心"显然已突破个体生命的"功利境界"，

---

① （宋）张载：《张子语录·语录中》，载《张载集》，章锡琛点校，中华书局1978年版，第321页。
② （宋）张载：《正蒙·大心篇第七》，载《张载集》，章锡琛点校，中华书局1978年版，第24页。
③ 林乐昌编校：《张子全书》卷十六，西北大学出版社2015年版，第447页。
④ （宋）朱熹：《朱子语类卷第九十八·张子之书一》，载（宋）黎靖德编《朱子语类》七，王星贤点校，中华书局1986年版，第2528—2529页。

而把个体生命与宇宙生命作为一体来考量，有其特殊的理论价值。

三 为天地立心

为天地立心，这是张载四句教之首句，也可谓张载天人合一思想观念的一种独特的表达形式。张载讲的为天地立心，在张载那里是一个兼具工夫与本体的观念或思想命题，也蕴含着张载对生命的境界追求。"为天地立心"的字面意义，似乎是说天本无心，而须人立，天人之间存有界限，但从张载"天人合一"的主张来看，张载当另有他意。笔者以为，张载的为天地立心，并非说天人是异己的存在，而是基于天人本体同一的理论根据，借助天心需由人显这一高扬人的主体自由的方式，来表明人之生命价值的崇高性和生命存在的特殊使命，也是为了进一步表明儒家推崇的伦理价值的恒常性与至高无上的地位。因此这一命题，可以说是张载儒学的纲领性宣言和生命精神至约的表达。

不过，尽管张载这一命题广为人知且常被引用，但这一命题其意究竟何谓却并非不言自明。譬如，这里面的"天地"究竟是何种意义上的天地，为这个天地所立之心又是个什么心，这个天地本身有没有心，等等。很显然，人们对于此中的"天地"和"心"的理解不同，也直接会导致人们对这一命题理解的不同。一般而言，儒家所谓"天地"，乃是一个兼具"自然之天""义理之天""主宰之天"等意义的综合性概念。对天地的理解不同，对为天地立心的理解自然也会有所不同。如以天地为有意志之存在，为主宰一切的人格神，那么，这样的天地即是有心的存在，则"为天地立心"云云，即有以人代天之嫌，是一种僭越，事实上也不可能。所以"为天地立心"这个说法，其前提应当不是把天地视为如人格神般的存在。但是，如果我们把天地理解为纯粹的天文学意义上的"天地"，这样的天地其实也谈不上为其立心的问题。因为纯粹的不带有价值意味的自然之天，对人而言，则只是一种客观存在；人对天而言，重要的是如何认识和掌握"天行"的规律，从而为人所用，是以"为天地立心"亦属于强加人类意志于天。张载的为天地立心从其阐释的内容来看，亦非这种天文学意义上的自然之天或物质之天，这正如张载所说，"'日月得天'，得自然之理也，非苍苍之形也"①。从张载的描述来看，张载讲的"天地"，应当说主要是一种义理性的天，是有价值规定的天。如张载曰：

> 天道四时行，百物生，无非至教，圣人之动，无非至德，夫何言哉！
> 天不言而四时行，圣人神道设教而天下服。
> 天不言而信。②

从这些说法来看，张载讲的"天"显然是具有某种法则和价值指示意义的存在，而不是单纯的自然之天。而这种法则和价值，在张载那里，则主要表现为天地创生万物的法则和"生物之德"。张载所说的"天地之心"，即和天地的这种"生物之德"或创生法则相关。如张载曰："大抵言'天地之心'者，天地之大德曰生，则以生物为本者，乃天地之心也。"③

但是天地的生物法则和大德只是天地示人之法和德而已，它自身并不会如人一样有思虑、营为地加以刻意体现，所以这种根本的德性和"天地之大法"是需要人的主体认知加以体悟、确认和弘扬的，离

---

① （宋）张载：《正蒙·参两篇第二》，载《张载集》，章锡琛点校，中华书局1978年版，第12页。
② （宋）张载：《正蒙·天道篇第三》，载《张载集》，章锡琛点校，中华书局1978年版，第13—14页。
③ （宋）张载：《横渠易说·上经》，载《张载集》，章锡琛点校，中华书局1978年版，第113页。

开人的主体精神作用，天地以"生物"为旨趣的本性就不能有效发挥对人类行为的价值指引作用。换言之，天地之"大德""大法"，是需要人能明此大德，并以之为"大德""明德"，它才能成为落实于生命的真实内容。这就相当于说，固然天地之道乃人道之本，但是天地之道如果没有人的意志参与，它就无从对人生发生作用。"天地的意志"或曰"天命"，是需要人的精神参与才能彰显出来的，故为天地立心在某种程度上也可以说是"为天地立志"。[①]

不过，张载讲的为天地立心，并非指人可强加心志于天地，如是，则无非人谋逞能，只是"穷人欲"而已，而是强调天地之道显微奥妙，离开人心的作用，它就不能彰显于世并成为人的立法之基和根本准则。天地从自然存在角度说，不能说有如人一样的心，但又不能说完全没有心。天地本无心，意指天地并无一颗如人一样识物理、断是非、具有精神能动性之心，但天地作为万化之本，具有"生生"之性，而万物生生又有普遍规律性，从这个角度看，天地又似有心。天地万物随机而化，又遵循普遍的必然律令，虽气象万千但秩序纯一、其生长化育之规律难以改变，一切都似"天教如此"，都是"天命"使然。故天地似有心，又无心，此恰如朱子所谓："天地自有个无心之心。"[②]说其有心，是因为其所创生万物皆有定规、必然性；说其无心，是因为万物之生化又是随机而化，其必然性也无法像人那样可以按心意加以更改。天地若有心，大可只造人类"可欲之物"，或避免生命之间的互食、利用，岂不更好？故要说天地有心，大旨不外乎是赋予天地创

---

① 根据《张子语录·语录中》，张载的所谓"四句教"原来的说法与现今流行的说法并不同。原文为："为天地立志，为生民立道，为去圣继绝学，为万世开太平。"参见《张载集》，章锡琛点校，中华书局1978年版，第320页。今人所传颂之"为天地立心，为生民立命，为往圣继绝学，为万世开太平"，据张岱年先生的说法乃后人润色的结果。

② （宋）朱熹：《朱子语类卷第四·性理一》，载（宋）黎靖德编《朱子语类》一，王星贤点校，中华书局1986年版，第60页。

生万物这种自然本性以心志的属性，故张载曰"大抵言'天地之心'者"。这"大抵"二字，以及张载所说的"天则无心无为，无所主宰，恒然如此"①，都表明张载并不认为天地有一颗会思虑、会营为的具备如人心一样功能的心。

总体而言，张载并不认为天地是有意志的存在，至少不存在如人一样具有主观能动性的心，所谓"天地之心"云云，乃人赋予天地生物意志的属性而已。也正因如此，天地创生万物固然体现为一种"生之德性"，但这种德性只是天地本然之性，而非如人一样对于善恶存在具有自我选择性。对人而言，天生万种，并非顺性而为即是善。譬如人之善要人不可恃强凌弱，自然界却是弱肉强食，所以天地之德表现的只是天生万物之包容之德的恢宏气度，人以此为法，而涵育包容之德。更何况天地所赋予人的也并非全宜为人所取，譬如"攻取之性"即是"君子弗性者焉"的天赋之物，是以天地之生德固然广大，但离开人的弘扬和彰显，这种生德也难以成为当然的人道准则而为人类所践行。因而人须为天地立心，特意彰显何为其大德、至善，如此才能明确人生之本，并确立起生命发展的终极根据和发展方向。故为天地立心者，绝非否定天地的本体地位和德教的根据义，而是要明确天地的伦理本性作为人的指归。天固然生物万种，万物固然非同一般，但莫不是天地生德的流布，莫不是源自天地之性，人之为人，当弃其私意，恪尽此天德。人有此见识，便能生出厚生之气度，从而协进天地生生之德而成就人性之光明。故为天地立心者，无非彰此天地广生大生之德，以此为人类立法，以推进人类整体乃至万有生命之生生和谐，这应当就是张载为天地立心的本意。

不难看出，"为天地立心"这一命题，如果从功夫论的角度来理

---

① （宋）张载：《横渠易说·上经》，载《张载集》，章锡琛点校，中华书局1978年版，第113页。

解，它也关联着个体的"立心""立志"，即个体应当成为一个什么样的人。个体只有先立其心，才谈得上为天地立心。而个体自觉以天地之性为人生引导，时刻以天地之性的要求而行动，实际上也即安立了天地之心。因为人这时候已经自觉舍弃了"小我之心""私心""成心"。所以，为天地立心，与人生命的自立、选择什么样的心来指示人生，是高度关联的一个问题。人性之中有善有恶，故本心不立，则无以统率性情两有之身。人心是有分的，故从人的道德生命这一本质出发，人必须过一种主动抉择的"有心"生活。以什么样的心安顿自身，就成为生命中需要认真对待的问题，故立心之谓，从个体角度来说，强调的就是人当以何种心来作为人生的心志基础和信仰。而人类的选择需要一个更为普遍和坚实的根基，所以明确天地之心的价值属性，以天地之心为根据，才能为人类自身的生命抉择提供普遍性的根据和准则，因此，必须要在本体的意义上立此根据。所以，张载的为天地立心，实有为人类的价值抉择确立伦理本体之义。这个伦理本体、价值本体确立了，也即为人类的行动确立起普遍性的伦理原则。

如此可见，在张载那里，为天地立心的现实考虑，还是在于个体生命之挺立，是为个体的生命挺立确立根本依据和准则。但是尽管如此，我们也不能否定张载的为天地立心亦有更为宏阔的生命境界追求，它也包含着张载对整体人类生命根本的生存原则和终极命运的考量。张载所说的为天地之心，包含着要明确何为天地的本性、天地之根本德性之义，而明确了天地的价值本体地位及其价值内涵，则即不仅为个体生命确立起普遍法则，也为整体人类的共同行动确立起基本的价值方向。不过我们也不能夸大这种指向，儒家这种含纳了整体宇宙生命的境界追求，往往是以个体的成德为前提的，根本还是为个体性命之正提供大方向，通过个体生命之完善（成德）来实现宇宙层面的生

▎宋代儒家生命伦理思想研究

命和谐。所以,"为天地立心"的主要实践目的,还是指示个体在实际的生活当中应该怎样做才堪称有德之君子。

依张载,天地之心实乃天地生物之心,是故天地之性、天地之德,离开万物之生生即无从体会。天地恒生不已,其道光明,此即天地之本性、天地之大德,故曰天地本无心,唯其造化创生万物之不息可见其心、可见其本性和至德。生命的创化是天心涌动发露处,天若有心,只可以此观之,所谓"天惟运动一气,鼓万物而生"①。天运动一气而生万物,这就是天之本性,是太虚神体的"意向性表达",天虽不言唯是生物,此即天示于人之处。故张载曰:"天道四时行,百物生,无非至教"②;"君子教人,举天理以示之而已"③。天以生德指示人,故以天道为木铎的人之道,亦以生生为本,以天地生生为旨归。故人若有德,离开对生命的尊重和关爱,即谈不上有德。至德至善,就在于以包容广大之心关爱众生,为万有之生命的和谐共生鞠躬尽瘁、死而后已。故张载曰:"大德敦化,然后仁智一而圣人之事备。"④ 识天地造化之理,参赞天地之化育,使天地生生之道不壅塞而恒久,亦可谓人之大德,此亦即圣人之道。故张载亦曰:"大几圣矣,化则位乎天德矣。"⑤

由上可见,张载的为天地立心并非泛泛虚妄不实之语,而是有着实际的指谓,它明确回答了人应该修养何种德,应该如何对待他者乃

---

① (宋)张载:《横渠易说·系辞上》,载《张载集》,章锡琛点校,中华书局 1978 年版,第 185 页。
② (宋)张载:《正蒙·天道篇第三》,载《张载集》,章锡琛点校,中华书局 1978 年版,第 13 页。
③ (宋)张载:《正蒙·诚明篇第六》,载《张载集》,章锡琛点校,中华书局 1978 年版,第 23 页。
④ (宋)张载:《正蒙·神化篇第四》,载《张载集》,章锡琛点校,中华书局 1978 年版,第 18 页。
⑤ (宋)张载:《正蒙·神化篇第四》,载《张载集》,章锡琛点校,中华书局 1978 年版,第 17 页。

至一切生命,应当如何确立人在宇宙万物中的位置和职责。在这种回答中,张载事实上也进一步彰显出人之生命的独特之处,即人是天道的体悟者、实践者,亦是维护者、弘扬者,因而张载的为天地立心,也可看作对"人能弘道"的另类表达。天地之性是需要人的主体参与才能彰显于生命实际的,而不是此性能够自主显扬于人之道,故曰"心能尽性,'人能弘道'也;性不知检其心,'非道弘人'也"①。因为天地之性、天地之德实系于"生",故为天地立心者,其实质亦可归结为借助人的主体作用将天地之生德开显于世。"'为天地立心',就是从被天地造化出的一方出发,由人明确揭示开显出造化大千世界的天地的此心此德,并经由人的努力,让此心此德在造化洪流中,在大千世界内,得以最大限度地下贯而显用。"②而这样一种基于天地造化之理而成的生之大德的下贯和开显,以及所显证的个体德性的实际表现,则又集中体现在张载所提出的"民胞物与"的生命追求上。

"民胞物与"四字,语出《西铭》。《西铭》曰:"乾称父,坤称母;予兹藐焉,乃混然中处。故天地之塞,吾其体;天地之帅,吾其性。民吾同胞,物吾与也。"③朱熹认为,此三句即《西铭》之纲要④,而其中"民吾同胞,物吾与也",则堪称纲领中的纲领。所谓"民胞物与",从字面意思来看,即是说万民皆为我同胞,万物皆为我朋类,但从这一思想的根据和旨趣来看,这一思想亦可谓张载基于虚气统一原

---

① (宋)张载:《正蒙·诚明篇第六》,载《张载集》,章锡琛点校,中华书局1978年版,第22页。
② 王新春:《"横渠四句"的生命自觉意识与易学"三才"之道》,《哲学研究》2014年第5期。
③ (宋)张载:《正蒙·乾称篇第十七》,载《张载集》,章锡琛点校,中华书局1978年版,第62页。
④ 朱熹曰:"大抵《西铭》前三句便是纲要。"参见(宋)朱熹《朱子语类卷第九十八·张子之书一》,载(宋)黎靖德编《朱子语类》七,王星贤点校,中华书局1986年版,第2527页。

理所追求的天人合一在现实层面的具体表达，是天德下贯而显用的主要内容，是其为天地立心之抱负的具体实践内容。因此，王夫之在评价这一思想时，认为张载的这一思想乃"补天人相继之理"①。从生命伦理的角度看，张载这一思想，亦是在本体的角度揭示出一切生命的应然关系，从而进一步揭示出人类在维护这一应然关系中应当承担的道德责任和义务。

在张载看来，宇宙万物莫不是虚气一体作用的结果，莫不是阴阳气化的产物，天地如同父母，万物如同子女，故此一切生命都具有亲缘关系，它们一气相通、一体相连，具有共同的"血缘"。万有所构成的宇宙，就像一个大家庭，而其中的每一生命亦如家庭成员一样，它们俱出于天地这一"父母"，是以可谓同胞；皆为一气之构成，是以皆为朋类。生命之间由于这种亲缘性关系，因而它们并不是对立的关系，而是处于一体的生命机制当中，彼此具有互相支撑和共同维系宇宙整体生命和谐的当然义务。或曰，生命与生命之间具有一种天然的相与相生的"义务关系"，整个宇宙即是凭借生命之间的这种亲缘性的义务关系从而得以生生不息。在这个意义上，任何一种生命都不可能脱离其他生命而孤立存在，任何一种生命在这一整体生命中也都有其存在的价值与合理性。是以从宇宙生命的这一本然状态来说，对于任何一种生命都给予一种尊重或敬畏，肯定和维护物种多样性，尽可能地保障万有生命的自然生态，对人类来说，即是一种来自宇宙生命法则（天道）的道德要求。所有生命均具有亲缘性，在这个意义上，生命也具有先天的平等性，因而在"生之理"上贬低其他生命，同时也是在贬低自身，故真正有德之人，在张载看来，必是"平物我，合内外"②

---

① （明）王夫之：《张子正蒙注》，中华书局1975年版，第314—315页。
② （宋）张载：《经学理窟·学大原下》，载《张载集》，章锡琛点校，中华书局1978年版，第285页。

的。人涵养道德，就应当摒弃自大自私之心，而注重涵养"虚心""天德"，如此则"天理常在，身与物均见，则自不私，己亦是一物，人常脱去己身则自明"①。人以此识见、修其心，则自然趋于"廓然大公"之天地境界，从而使生命与天地之德相辉映。张载认为"人须常存此心"②，常存此心，则人无有不善，并能协进天地创生之功，从而使宇宙生机流贯。能达致这种生命境界的人，也即张载所谓"大人"。"惟大人为能尽其道，是故立必俱立，知必周知，爱必兼爱，成不独成。"③这样，关爱生命、仁民爱物，这一肇始于先秦儒家的生命伦理情怀，就被张载以其虚气统一原理为基础，以一种新的天人合一的形式，推进到了万物一体、同气连枝、休戚与共的更高层次，从而开拓出儒家生命伦理的新境界。这种境界，从其具体内容来看，主要体现在以下两个方面：

其一，在万物一体的角度，重新诠释人与万物之关系、确定人类的生存法则。人与万物俱为天地父母所创生，本身具有亲缘性，就其构成而言，本是一气所成，故具有一体性，从本原构成和生命本性上说，人与万物并无差别。"理不在人皆在物，人但物中之一物耳，如此观之方均。"生命之间的这种一体性、亲缘性表明了人与万物之关系本质上是"相与"的而非"相抗"的，宇宙万有其实是生命与共的，所以在宇宙观的层次，人应当涵养这种生命一体性的认识，自觉维护宇宙生命的整体性，善待他者，以一切生命之和谐共生为根本准则，如此才能上契天心、下成人德。

---

① （宋）张载：《经学理窟·学大原下》，载《张载集》，章锡琛点校，中华书局1978年版，第285页。

② （宋）张载：《经学理窟·气质》，载《张载集》，章锡琛点校，中华书局1978年版，第226页。

③ （宋）张载：《正蒙·诚明篇第六》，载《张载集》，章锡琛点校，中华书局1978年版，第21页。

其二，在万物同本同构的本体意识当中，张载将人与人之间的关系视为一种同胞关系，也就意味着人与人的关系主要是一种伦理义务关系，因此人与人之间就应当像家庭成员一样互相关爱，而不是时刻计较利益之得失。在家庭中，扶助孤寡、弱者，是每一个家庭成员基于情感天成的自然义务，因而将万民视为同胞，即意味着我们对社会中的弱势群体，包括生活困难者、缺失劳动力者、社会地位低下者等，都应当给予家庭般的关爱和温暖，至少要同情他们的生命处境、尊重他们的人格尊严，而不是人为制造界限，更不能冷血无情致他们的生存于不顾。张载曰："尊高年，所以长其长；慈孤弱，所以幼吾幼。圣其合德，贤其秀也。凡天下疲癃残疾、惸独鳏寡，皆吾兄弟之颠连而无告者也。"[①] 德之大者，为国为民。人若对于社会上颠连而无告者缺乏基本的同情心，缺乏基本的尊重，何以言德？国不是虚幻之物，它的生命和灵魂在于民。爱国不爱民，何以谈爱国？能让每一个国民，尤其是处于弱势的"颠连而无告者"得到尊重和幸福，在张载那里，才算是有德之君子乃至具备圣人的姿态。

由上可见，张载讲的民胞物与，是把人类生命与万有之生命统一思考的思想观念，是综合了自然、社会和个体身心诸方面的理论，它包含了如何提升个体的生命境界、如何建构理想社会和实现宇宙生命和谐诸多层次的内容，在某种意义上说，这也正是天地之心之所以立、之所以倡明的具体表现。这种思想观念，对于我们在当代思考人类当以何种方式生存、如何处理天人物我之关系，如何对待每一生命个体，从而建构理想的人类社会，更好地开拓未来，具有重要的启示意义，值得我们认真对待。

---

① （宋）张载：《正蒙·乾称篇第十七》，载《张载集》，章锡琛点校，中华书局1978年版，第62页。

第二章 张载的生命伦理思想

本章结语

　　张载的哲学思想主要是基于回应佛老对儒学的理论挑战这一问题意识而形成的，其目的是为儒学的慧命相传夯实理论根基，从而使儒家伦理价值更好地倡明于世。和周敦颐一样，他的学说本质上也是以一种特殊的理论建构申明儒家的"道德性命"。但和其他理学家不同，张载对道德性命的论证，是建立在他的虚气一体创造万物的本体理论基础之上，尽管其哲学阐释略显晦涩，但他有关生命的基本观点，仍然是较为明确的。

　　首先，张载依据虚气一体创造万物的原理，清晰地回答了生命的本原和构成问题，也更为明确地说明了人类应当如何对待生命才是合乎伦理的。在张载那里，一切生命都是同本同构的，均是虚气共同作用的产物，因而生命在本性和构成上并无根本差异，张载肯定一切生命均赋有天地之性，均具有同质的开启其生命价值和意义的根本动力，因而生命先天也是平等的。一切生命均先天性分平等，故不应当有尊卑贵贱之分。凡生命皆是天地之性或天德的承担者、体现者，均生而高贵，故以"出身"刻意贬低生命，并不具备道义上的合理性。

　　其次，张载虽然论证了一切生命均具有先天的存在价值、生而平等，但他也并没有否认人类生命的特殊性及其在宇宙中特殊的地位。按照张载的观点，生命的本真或价值全系于天地之性，这个天地之性是为人禽共有的，所以拥有天地之性并不是人类生命特殊性之所在。区别人禽的，并不在于是否生而具有天地之性，而在于是否具备自觉其天地之性并复返天地之性的能力。在张载看来，动物受其先天气质限制，并不具备这个能力，而人类是禀赋天地之气最优者，故具备自

· 95 ·

觉天地之性和复本返原的能力。

但是人类具有这种特殊的自觉和复返天地之性的能力，并不是人类凌驾或征服其他生命的资本，相反，天德在生，人类也正是因为拥有了这种特殊能力，所以人类对于天地生德的流行也承担着当仁不让的道德责任和义务。换言之，天地宇宙是否能够保持它的生机流贯、万物生生，人类负有直接的责任。所以张载这种生命观点，既不同于混淆人禽生命存在意义的"去人类中心主义"的观点，也不同于把人类置于"宇宙独裁者"地位的"强人类中心主义"的观点，它的宗旨不是为人类"逞能"提供理论支撑，而是在追求整体宇宙生命和谐共生的前提下，论证人实践天德的当然义务，以及由此确证人自身的生命意义。所以，张载反复说明，人不能过于看重自身的利益，应该突破"私身""私意"的局限，放眼整个宇宙生命，在"天下无一物非我""人但为一物"的天地宇宙的视域中观照自身并追求自身的进步。张载的工夫理论宗旨也正在于此。

张载的工夫理论要旨不外乎要人自觉并复返天地之性，其基本方法都是借助一定的方式克服私欲小我的局限，从而做到性达于天。不管张载是讲"变化气质"，还是"大心""立心"，其要义均是如此。决定生命价值的是天地之性，妨碍生命复返或呈现天地之性的是一身之私，"知蔽固之私心，不能默然以达于性与天道"①，所以必须突破物象执着，克服"成心""私意"的局限，人才能性达于天，人的特殊生命意义也才能实现，从而真正摆脱动物般的自然生命状态。只有自觉到人之所以成人的根本乃在于天地之性，并自觉克服其私心的牵累，不以其"私身"为限，一个人才能真正成德、成人。圣人之所以成圣，其根本亦在于此。故张载曰："圣人成其德，不私其身，故乾乾

---

① （宋）张载：《正蒙·有德篇第十二》，载《张载集》，章锡琛点校，中华书局1978年版，第45页。

自强，所以成之于天尔。"① 是以欲克尽天德，成就"明德"人生，"人私意以求是未必是，虚心以求是方为是"②。

客观地说，张载这种功夫思想，其实和孟子讲的"存心""养性"的功夫理论在思想理路和旨趣上颇为接近，而且具有陆九渊"发明本心""先立乎其大"的思想意蕴。故张载的"大心""立心"等功夫思想，在某种程度上看，既可谓是对先秦儒家心性思想的继承和发展，也可谓绍递后学的思想因素。宋代儒学在整体上具有高度关联性、一体性，由此也可见一斑。

总体来看，张载的生命伦理思想其基本精神仍然是自先秦以来儒家即强调的对天地生德的恪守与践行，在个体层面，它要求个体要有好生、厚生之德，在社会和政治层面则坚守"仁民爱物"的伦理原则，以道德作为生命的本质和价值呈现的内容，但张载对此无疑提供了更为深刻的理论论证，从而极大增进了人们信仰儒学、实践儒家价值的可能，也为当今人类解决面临的生存问题提供了重要的理论启迪。人的问题归根结底出在人身上，人类面对的一切问题，归根结底也是人自身的问题。张载对人自身的生命局限具有十分清醒的认识，对如何克服这种局限，也有睿智的洞见。人生而并非完人，现实的生命，都属于"天地法象"的范畴，因而均先天有所不足，现实中并没有生来即是至善至美的伟大人物，也正因如此，修养生命才是必要的。人类只有主动修身，才能逐渐克服私欲成见，才能在不断地修养中逐渐成就自身。而这种"成己"的功夫，是和成就他者、成就万物之生命完全相关的活动，是和主体以什么样的"心"看待自身生命与他者生命乃至万物之关系息息相关的。个体能否实现自身生命价值、人类能否

---

① （宋）张载：《正蒙·至当篇第九》，载《张载集》，章锡琛点校，中华书局1978年版，第35页。

② （宋）张载：《经学理窟·学大原上》，载《张载集》，章锡琛点校，中华书局1978年版，第279页。

拥有未来，关键的问题就在于他有一颗什么样的心。换言之，天地生德无限，但人类能不能走向长远，根本的限制并不是自然资源的多寡，而是人类用何种心态去看待与他者、与万物的关系。从人与人的关系来说，人是追求支配他者、将他者视为奴役对象，还是在本体上认识到人与人本是平等共生的关系；从人与万物的关系来说，人是把己身置于万物之上、以万物的立法者自居，还是认为人类和万物都是宇宙系统生命的有机构成，万有之生命的生生不息对于整个宇宙系统大生命的运行同样是不可或缺的内在因素，人与万物实是一体共生、命运与共的关系，人们如何看待这种人与人、人与万物之关系，此"心"决定着人类的未来。是以张载很多观点固然气魄宏大，但也并非虚妄之语，他孜孜以教的，实是人类自身该以何种态度、何种心性来决定人类生命的存在和未来。问题出在"人心"上，故解决问题的重点也当在"人心"上着力。这种看法，值得人类深思。

第三章 二程的生命伦理思想

在北宋五子中，周敦颐、张载对于宋代理学的开创无疑都具有重大意义，但是理学的真正创立，应当还要归之于程颢、程颐两兄弟。冯友兰尝曰："宋明道学之确定成立，则当断自程氏兄弟。"① 理学之所以被称为理学，事实上也是由于二程以"理"或"天理"为其哲学思想的核心范畴并日渐影响世人所致。此亦如钱穆先生所言，"在北宋理学中，若无二程，仅有濂溪横渠，恐将不获广大之传，而理学之名，亦恐不得成立。故言理学者，每以二程为宗"②。

总体来看，二程的哲学思想虽然稍有差异，但大略相同，程颐亦认为"我之道盖与明道同"③。有鉴于此，本章亦将二程思想统合而论，而不刻意区分思想归属问题。这样做也是出于文献上的考虑，即迄今为止，我们今天所能看到的有关二程的言论，相当一部分都不能明确是二程兄弟何人所说，因此非要区分程颢、程颐的思想，实为勉强。但有鉴于二程的思想也确实存在一些差异，因而在资料的使用上，凡学界已经明确归属的，本书多以兄弟之名引述之，其他则均以二程

---

① 冯友兰：《中国哲学史》下册，华东师范大学出版社2000年版，第237页。
② 钱穆：《朱子新学案》一，九州出版社2011年版，第21页。
③ 参见（宋）程颢、程颐《河南程氏遗书·附录》，载《二程集》上，王孝鱼点校，中华书局2004年版，第346页。

论处理。关于二程的著作，今人辑有《二程集》，本章即以此为据展开对二程生命伦理思想的研究。

第一节　天理生生

二程对生命的思考，就其根本而言，建立在他们对理的认识基础之上。"理"，亦称"天理"，二程有关生命的本原、本质和价值的思考，乃至天、人、物、我之伦理关系的基本观点，都和二程对理或天理的认识直接相关。理是二程哲学的核心范畴，也可以说是二程哲学至高无上的本体概念。理之观念的提出和理本体的建构，充分体现着二程哲学的创造特色，这诚如程颢所言，"吾学虽有所受，天理二字却是自家体贴出来"[①]。因此，讨论二程的生命伦理思想，首要的问题是对二程所谓"理"有一彻底的了解。

一　理以生生为体

二程刻意突出理的观念，其哲学是以理为核心架构起来的思想体系，对理的格外看重和本体化诠释，也充分体现出二程的思想创造及其理论的鲜明特色，对于这一点，学界并无异议。但是对于二程所曰之理究竟是何种意义上的理以及这个理能否被视为一个如同西方哲学"ontology"意义上的"本体"概念，人们并无一致意见。我们前面讲过，中国古代哲学中的"本体"，并不同于西方哲学本体论意义上的"本体"，二者虽有相似性，但基本上是两种不同性质的概念。严格来讲，中国古代哲学思想中，根本就没有西方哲学本体论意义上的本体

[①]（宋）程颢、程颐：《河南程氏外书卷第十二》，载《二程集》上，王孝鱼点校，中华书局2004年版，第424页。

概念。① 因而如果简单以格义方法将中国古代哲学中的所谓本体等同于西哲本体论意义上的本体，势必会造成很多问题。其中一个最为重要的问题，即是会错误理解中国古代哲学中所谓本体之内涵。因而试图在每一位中国古代哲学家那里找到一个超越的、形而上的至高无上的本体范畴，并以之为基础和核心分析中国古代哲学家的思想，往往无法圆融解释中国古代哲学家的哲学思想，也无法领会其哲学精神。不过，这并不排斥以中西哲学比较的方法作为进路来讨论中国古代哲学家所使用的哲学概念，通过比较，反能助益于理解彼此哲学思想的特质。在西方哲学本体论之镜鉴下，我们可以注意到，二程所曰之理固然在形式上存在诸如西方哲学本体论之本体的某些特征，但实质并不相同。因为二程所曰之理，实质上是一个生生之理，是立足于万物生生这一宇宙实际而形成的概念，它既是对万物生生之理据和普遍法则的抽象，也是对天地的创生本性以及万物生生这一现实的描述，它的全体呈现即是万物生生。"生生"，乃理之大体，是理的真实体现，是以本节云"理以生生为体"。

　　二程讲的"理"本质上是一个生生之理，是立足于万物生生这一宇宙本然实际而讲的"理"，它不是一种纯粹抽象的思维概念，而是和生命实际紧密相关的概念。生生即是理，理即是生生。这一点，

---

① 这里我们要再一次重申中国哲学有关"本体"一词的基本内涵，以避免望文而生西哲所谓"本体"之义，从而对本节所谓"理以生生为体"的说法引起不必要的误会。"本体"一词在中西方哲学中具有明显的区别。中国哲学的"本体"一词，"本"指本根、本来，"体"指实体、状态、体段等，虽然中国哲学中的"本体"也有真实实在的意思，但不是外在化、对象化、静止地脱离现实，而是一个整体的、动态的存在，是指最根本最真实的存在。参见陈来《仁学本体论》，生活·读书·新知三联书店2014年版，绪言第11—16页。"古人极少从整个宇宙或万有全体的最高决定者、最后本质或终极实在这一意义上使用'本体'一词。即，中国古代的'本体'一词理论上可用于一切事物，可指任何事物的本来样子、固有存在，与今日流行的哲学及宗教意义上的本体绝非同一个概念"。参见方朝晖《论"本体"的三种含义及其现代混淆》，《哲学研究》2020年第9期。本书此处所指"理"以"生"或"生生"为本体之"本体"，亦是从理之实质内涵和本性或者固有的、根本的状态的角度而言的。

我们从二程对《易经》"生生之道"的阐释，即能管窥一斑。二程认为，其所谓"理"，即是"天道""天理"，"天者理也"①，"夫天，专言之则道也"②。"天""道""理""天道""天理"这些概念在二程那里其实都是异名而同体的概念，而这些概念，和《易经》讲的"易"是同一个道理，实质均同，故"易道"也即"天道""天理"。如二程曰：

> 易是个甚？易又不只是这一部书，是易之道也。不要将易又是一个事，即事尽天理，便是易也。③
>
> 尽天理，斯谓之易。④
>
> 易之义，天地之道也。⑤

而所谓"易道"，也即"生生之道"，因为"生生之谓易"（《易·系辞传》），易道即是天道、易理即是天理，是以天道亦只是生生之道，天理亦只是生生之理。故此程颢曰："'生生之谓易'，是天之所以为道也。天只是以生为道。"⑥ 按照这个说法，理的实质内涵即是生生，生生的实现，也即是理的实现或呈现。故二程亦曰："'生生之谓易'，生则一时生，皆完此理。"⑦

---

① （宋）程颢、程颐：《河南程氏遗书卷第十一》，载《二程集》上，王孝鱼点校，中华书局2004年版，第132页。
② （宋）程颢、程颐：《河南程氏粹言卷第二》，载《二程集》下，王孝鱼点校，中华书局2004年版，第1225页。
③ （宋）程颢、程颐：《河南程氏遗书卷第二上》，载《二程集》上，王孝鱼点校，中华书局2004年版，第31页。
④ （宋）程颢、程颐：《河南程氏粹言卷第一》，载《二程集》下，王孝鱼点校，中华书局2004年版，第1207页。
⑤ （宋）程颢、程颐：《河南程氏经说卷第一》，载《二程集》下，王孝鱼点校，中华书局2004年版，第1028页。
⑥ （宋）程颢、程颐：《河南程氏遗书卷第二上》，载《二程集》上，王孝鱼点校，中华书局2004年版，第29页。
⑦ （宋）程颢、程颐：《河南程氏遗书卷第二上》，载《二程集》上，王孝鱼点校，中华书局2004年版，第33页。

第三章　二程的生命伦理思想

以生生规定理的实质内涵，从生生的角度阐释理，这在二程的文本中多有表现。在二程的眼中，整个宇宙就是由万物生生构成的一个实体，宇宙别无所是，充塞其中的无非万物生生。二程也正是从这弥漫于宇宙的无穷生意中，于万物生生的生机涌动、生生不息当中，"体贴出"天地之间存在一种生生之理，因为倘无此生生之理，何来此纷繁复杂却又井然有序的万物生生？进一步的问题是，万物生生不息的内在根据是什么？是何种力量支配和决定着整体生命按照特定生性而存在？所以，合乎逻辑的解释是，天地间必有生生之理支配这一切、决定这一切。理是生生之理，这个生生之理是对万物生生的终极理据和普遍的规律性、对天地自身蕴含的创生万物的本性或生命力的抽象和总结，是二程在万物生生的宇宙实际中感悟到的一般性"道理"。这个理来源于万物生生，其全体呈现也只是这万物生生，所以这个理是断不能离开万物而言说的。故二程曰："道之外无物，物之外无道，是天地之间无适而非道也。"① 天地间存在的一切，其实都是道或曰理的呈现，充塞宇宙的别无所是，只是此万物生生，只是此一理而已。《河南程氏外书》载："先生尝问伊川：'鸢飞戾天，鱼跃于渊，莫是上下一理否？'伊川曰：'到这里只得点头。'"② 此段话亦可谓理乃生生之理之证明。

理是对万物生生之理的抽象和总括，它的基本含义即包括对万物何以生之又生之理据的追问和思考。在二程看来，万物之所以生之又生，是存在万物之所以生、之所以是之理，没有一物之所生之理，自

---

① （宋）程颢、程颐：《河南程氏遗书卷第四》，载《二程集》上，王孝鱼点校，中华书局2004年版，第73页。
② （宋）程颢、程颐：《河南程氏外书卷第十二》，载《二程集》上，王孝鱼点校，中华书局2004年版，第432页。

然就无此物之产生，故曰"实有是理，故实有是物"①。所以，从逻辑上看，万物之产生，必有使其所生之理，因而理对于万物而言就有了万物根本和终极理据之义。故从这个角度看，理是万物之本，万物都可以说是从理那里来的，是由理派生的。故二程曰："所以谓万物一体者，皆有此理，只为从那里来。""不独人尔，物皆然。都自这里出去。"② 但是理也并不完全是指逻辑上的一种优先存在，在二程眼中，理本身也意味着一种根本的生命力量，是天地的内在生性，它自身就表现为一种永恒的生命力，它始终是动态的生生，而不是静止的存在。在这个意义上，我们也可以说，生生亦是理的内在属性，或曰是理的自性，是理之为理的固有特征。正因为理自性是生生，所以这个理的存在状态也正表现为万物的恒生不已、无终息可言。如二程曰："道则自然生万物。"③ "生生之理，自然不息。"④ 生生是理之自性，故万物之生生，这完全是理自然而然的表现，天地存在生生之理，故此理自相续不息而无须假以外力。故二程亦曰："此是生生之谓易，理自然如此。'维天之命，于穆不已'，自是理自相续不已，非是人为之。如使可为，虽使百万般安排，也须有息时。只为无为，故不息。"⑤

理的存在，就是万物生生的存在，理自性生生，故万物生生没有终止可言，而万物的生生无穷，这也正是宇宙的本然状态和实体构成。故此天理的流行，也只是此宇宙万物生生不息构成的生命洪流。在这

---

① （宋）程颢、程颐：《河南程氏粹言卷第一》，载《二程集》下，王孝鱼点校，中华书局2004年版，第1169页。
② （宋）程颢、程颐：《河南程氏遗书卷第二上》，载《二程集》上，王孝鱼点校，中华书局2004年版，第33—34页。
③ （宋）程颢、程颐：《河南程氏遗书卷第十五》，载《二程集》上，王孝鱼点校，中华书局2004年版，第149页。
④ （宋）程颢、程颐：《河南程氏遗书卷第十五》，载《二程集》上，王孝鱼点校，中华书局2004年版，第167页。
⑤ （宋）程颢、程颐：《河南程氏遗书卷第十八》，载《二程集》上，王孝鱼点校，中华书局2004年版，第225—226页。

第三章 二程的生命伦理思想

个意义上，充塞宇宙的只是一理，宇宙也只是生生之宇宙。这正如陈来先生所说，二程"所理解之宇宙乃一生生大流，天理就其宇宙论的意义而言，即宇宙生生之理"①。陈钟凡先生在评价二程之理时亦说："明天地氤氲，万物化生，创造不已，天地以见。宇宙即此绵延不绝'生生之机'之所表见。"②

由上可见，二程所曰之理实是对万物生生的一般原理的总括，是对天地生性的抽象表达，它的实体即是这万物生生的实际，因此，二程所曰之理，实质是生生之理，生生是理的核心内涵，是理之大体、本体。故理解二程之理，脱离万物生生这一实际、脱离现实的生活，都很难掌握此理之要义以及二程论理的精神宗旨。

二程所曰之理，确实在某些方面也呈现出一些西方哲学本体论意义上的本体特征，但实际上二者并非一回事，因而还不能将此理简单归结为西方哲学本体论意义上的所谓"精神本体"③。因为二程所曰之理，根本不是那种可以脱离万物而存在的"究竟实在"。二程说得很明白，"离了阴阳更无道，所以阴阳者是道也。阴阳，气也。气是形而下者，道是形而上者"④。理或道是立足于形而下的气而言的，离开气及其由之构成的万物根本就没有所谓理或道，故二程曰"道外无物，物外无道"，道与物或者说理与物本是一体无间、不可分割的关系。理或道作为对万物生生之理据和普遍法则、天地生性的抽象和提炼，它本身是无形的，而不是独立的物质性实在。二程曰："有形总是气，无形

---

① 陈来：《宋元明哲学史教程》，生活·读书·新知三联书店2010年版，第103页。
② 陈钟凡：《两宋思想述评》，东方出版社1996年版，第80页。
③ 把二程，包括朱熹之理归结为抽象的"精神本体"，这应当也是一段时间以来学界的一般看法。譬如刘象彬就认为，二程讲的气是一种形而下的"物质性的气"，而"按照他们的说法，在气和物未出现以前就有理的存在，实际上是承认在物质世界出现以前，理已经有了。这个理当然不是物质的理，只能是某种精神本体了"。参见刘象彬《二程理学基本范畴研究》，河南大学出版社1987年版，第54页。
④ （宋）程颢、程颐：《河南程氏遗书卷第十五》，载《二程集》上，王孝鱼点校，中华书局2004年版，第162页。

· 105 ·

只是道。"① "有形皆器也，无形惟道。"② 这个"无形"的"理"只能通过"有形"的"象"来加以呈现，故二程强调："理无形也，故假象以显义。"③ "理无形也，故因象以明理。"④ 但二程这么讲并非强调理超越于象之外的独立实在性，而恰恰是强调理之呈现对象的依赖性，理和象本是一体无间、不可分割的，所谓"至微者理也，至著者象也。体用一源，显微无间"⑤。理是无形的万物生生之"道理"，而象是此无形之理的呈现和证明。离开万物生生，无所谓理；离开理，也无此万物生生，二者无法分立言说。理对象而言只具有逻辑在先性，故可曰"有理而后有象"⑥，但这并不意味着天地原是"空""无"，但有一个所谓独立存在的"理"，然后生出所谓"象"来。但是假如我们由此即认为理是"虚"也不对，因为二程也格外强调"理是实"，所谓"理者，实也"⑦，但我们要注意的是，二程所讲的这个"实"，并不是指理乃超越万物之独立实在，而是指理的实体即宇宙万物的生生实际。理是实，是因为理的"本体"乃此万物之生生。万物生生这是宇宙之本然、实然，所以此理非虚，而是真实的存在。充塞宇宙的只是这万物生生，只是此理，故宇宙的本体不能说是虚无。《河南程氏遗书》载："语及太虚，曰：'亦无太虚。'遂指虚曰：'皆是理，安得谓之

---

① （宋）程颢、程颐：《河南程氏遗书卷第六》，载《二程集》上，王孝鱼点校，中华书局2004年版，第83页。
② （宋）程颢、程颐：《河南程氏粹言卷第一》，载《二程集》下，王孝鱼点校，中华书局2004年版，第1178页。
③ （宋）程颢、程颐：《周易程氏传卷第一》，载《二程集》下，王孝鱼点校，中华书局2004年版，第695页。
④ （宋）程颢、程颐：《河南程氏文集卷第九》，载《二程集》上，王孝鱼点校，中华书局2004年版，第615页。
⑤ （宋）程颢、程颐：《易传序》，载《二程集》下，王孝鱼点校，中华书局2004年版，第689页。
⑥ （宋）程颢、程颐：《河南程氏文集卷第九》，载《二程集》上，王孝鱼点校，中华书局2004年版，第615页。
⑦ （宋）程颢、程颐：《河南程氏遗书卷第十一》，载《二程集》上，王孝鱼点校，中华书局2004年版，第125页。

虚？天下无实于理者。'"① 一切存在都是理，理就是这切切实实的生命世界，故二程亦曰："无非理也，惟理为实。"②

综上，二程讲的"理"虽然具有实体性规定，但这个"实"并不是指那种可以超越于万物之上的绝对的独立实在。诚然，二程所曰之理也确实具有某种意义上的客观性、普遍性、唯一性、超越性等特点，但问题在于，理的这些特点，在二程那里，本身也是对生生之理存在特点的描述，而未必是为了证成一种超然物外的绝对的独立实在。生生之理是对万物生生展现出来的天地生物法则和规律性的抽象概括，也是对天地的生性和万物生生这一实体存在的说明，万物都是由此理派生的、支配的，也均具有此"理之性"的规定，这样的理当然具有不依人的意志为转移的客观性和普遍性。这个理是在总体上谈万物之生理，它含纳各种事物的具体存在之理，理就是理，它在逻辑上只是"一"，天下万物都出自此一生理，都是受此生理规定的，故此理即具有唯一性。物物皆有理，有一物之生，必有一物所生之理，故从逻辑上看，理对于具体事物而言，就表现出某种超越性。因为一物之消亡，我们不能说此物之生理也随之没有了。二程主要是在这些意义上强调理的客观性、普遍性、唯一性和某种意义上的超越性。如二程曰：

> 天理云者，这一个道理，更有甚穷已？不为尧存，不为桀亡。人得之者，故大行不加，穷居不损。这上头来，更怎生说得存亡加减？是佗元无少欠，百理具备。③

---

① （宋）程颢、程颐：《河南程氏遗书卷第三》，载《二程集》上，王孝鱼点校，中华书局2004年版，第66页。
② （宋）程颢、程颐：《河南程氏粹言卷第一》，载《二程集》下，王孝鱼点校，中华书局2004年版，第1169页。
③ （宋）程颢、程颐：《河南程氏遗书卷第二上》，载《二程集》上，王孝鱼点校，中华书局2004年版，第31页。

> 万物皆只是一个天理,己何与焉?①
>
> 天下之理一也,涂虽殊而其归则同,虑虽百而其致则一。虽物有万殊,事有万变,统之以一,则无能违也。②

总体而言,二程所曰之理,并非指那种超越万物之上的独立实在,而主要强调的是万象万物之所以然、之所以由,强调的是万事万物都有其存在的根据和原因,二程把这个根据和原因抽象化并客观化,从而使这一作为万物存在普遍根据的"理"显示出客观独立性,使之成为能够被认识的对象。但这个理由于本身不是自在自为的独立存在,而是和万物生生的实际尤其是人类生活的实际紧密相关的,因而脱离生活实际、纯粹以知识性去把握和追求这个理,就有失大道了。二程论理的重点是指向实然世界,是为了说明人类可经验的实体世界存在的客观性、真实性和永恒性,因为唯有此,才能将儒家追求的现实伦理价值客观化、永恒化,赋予其实实在在的特点,从而回击佛老对儒家价值挺立的冲击和挑战。所以二程才反复强调理非虚而是实,也即强调其所曰之理乃是真切的实在。但他们并无意将理作为客观的终极知识来追求,因为这个理本身是活泼泼的生活本身,是宇宙无穷的生命,故此离开对生生的体会,亦不可能真正认识到这个理。相较于对宇宙自然的探讨,二程显然更关心现实的生命,是以"二程再不从宇宙无生命界转入生命界,来纡回这一条漫长而无准的路。他们主张直从生命界教人当下认取。他们只是想从生命界再推扩到无生命界"。③ 或正是如此,二程论理更为侧重诠释理的生生之义。

---

① (宋)程颢、程颐:《河南程氏遗书卷第二上》,载《二程集》上,王孝鱼点校,中华书局2004年版,第30页。
② (宋)程颢、程颐:《周易程氏传卷第三》,载《二程集》下,王孝鱼点校,中华书局2004年版,第858页。
③ 钱穆:《宋明理学概述》,北京:九州出版社2010年版,第76页。

理自性生生，并以万物生生这一宇宙实体为根据、为本然、为全体的呈现。故此我们说，二程所曰之理本质上是一生生之理，生生也体现出二程理学的精神实质。故而把握二程生命伦理的思想精神，须紧扣此生生要旨。

二 理生气成

二程以理作为统摄万物的本体，固然在逻辑上解决了万物生成的根据和本原问题，但是由于二程所曰之理本质上只是对万物生生的终极理据之抽象，而非物质性的独立实在。故单纯从理的角度，二程还无法说明万物是如何具体生成的，也没法解释这个唯一的理是如何创造纷繁复杂的大千世界的。为此，二程并没有完全停留在理这一层次来说明万物的本原和构成问题，而是吸收、借鉴了"气成万物"的思想观点，通过理气关系的讨论，来说明万物的具体形构问题和世界的多样性、差异性和统一性等问题。

理气关系问题，这是宋代理学的基本问题，从现代哲学的视角看，这个问题既涉及宇宙本体论、生成论的问题，亦包含着普遍性和特殊性的关系问题，具体到生命问题上，诸如生命的本原、生命的统一性和差异性等问题，亦都包含在这一讨论当中。从思想史的角度看，这一问题被明确提出并加以讨论，应该也是始自二程。因为在二程之前，理还没有被作为一特别的概念而被关注，更没有像二程这样，将理提升为一本体范畴，成为其哲学建构的中心观念。二程在理气关系问题上，基本观点可以概括为理本气用、理一气殊，同时强调理与气的一体无间性。从生命伦理学的视角看，二程的这些观点也对应着不同的生命问题，决定着二程有关生命之伦理思考的基本立场。"理本气用"，对应的是生命的终极根据和具体形构的问题。依此理论，生命乃成于理和气的共同作用，理是万物之本，是一物之所生成的根据，有是理，才能有是物，而气则是此物具体形构的物质基础，没有气，空有理，则亦无实物的形成。"理一气殊"则对应着生命的差异性、多样性以及生命有无统一性的问题。万物皆出于理，又同构成于气，故有统一的基础，而万物形构之气质不同，故各有殊性。

其一，在生命之本原的问题上，二程并没有简单诉诸所谓"理本体"，而是同时运用了气的概念来解释万物的具体生成问题。如前所述，二程讲的理，其实体性主要是就万物生生这一现实而言的，但理自身却并不是实体性的独立存在，所谓"离了阴阳更无道，所以阴阳者是道也"①。理主要是指事物之所以然，而这种东西只能在思维中去把握，理自身不是独立的事物，它亦不能直接形成万物，故此二程借鉴了气的思想，视气为形下具体诸物构成的实际质料。万物都是由具体的气构成的，在这个意义上，天下万物固可曰同出于一理，也可曰同出于一气。但是理是本，气是用，气的存在亦有其存在之理，也即是说，气也是由理来支配的，故在逻辑上要说"有理则有气"②。理是形而上的本体，而气则是形下之物。如二程曰："气是形而下者，道是形而上者。"③"有形总是气，无形只是道。"④ 理是形而上者，理不会直接构成事物，而是理生气，并推动着气构成实际的万物。故二程曰："万物之始，皆气化。"⑤"生育万物者，乃天之气也。"⑥

---

① （宋）程颢、程颐：《河南程氏遗书卷第十五》，载《二程集》上，王孝鱼点校，中华书局2004年版，第162页。
② （宋）程颢、程颐：《河南程氏经说卷第一》，载《二程集》下，王孝鱼点校，中华书局2004年版，第1030页。
③ （宋）程颢、程颐：《河南程氏遗书卷第十五》，载《二程集》上，王孝鱼点校，中华书局2004年版，第162页。
④ （宋）程颢、程颐：《河南程氏遗书卷第六》，载《二程集》上，王孝鱼点校，中华书局2004年版，第83页。
⑤ （宋）程颢、程颐：《河南程氏遗书卷第五》，载《二程集》上，王孝鱼点校，中华书局2004年版，第79页。
⑥ （宋）程颢、程颐：《河南程氏粹言卷第二》，载《二程集》下，王孝鱼点校，中华书局2004年版，第1226页。

第三章 二程的生命伦理思想

气是构成万物的直接实体，万物在存在样态上不管如何千差万别，但就其构成本质而言，皆同出一气，这一点则是相同的。故程颐曰："生物万殊，睽也；然而得天地之和，禀阴阳之气，则相类也。"① 气是万物生成的直接原因和物质基础，没有气，也就没有这纷繁复杂的万物。一切物种，就其最初产生而言，都是气化而成。理正是借助此气完成现实世界之创造，也直接表现为此气之运动变化。所以，从这个角度看，二程所说的理之实处，正是就此气及其创生而言。气是理之大体、实体。因而从逻辑上也可以说，没有气，也就所谓万物生生之理。故二程亦曰："夫天地之气不交，则万物无生成之理。"②

其二，二程以气化解释万物的物质基础，也同样以气化来解释由其创造的万物的差异性和多样性。在这方面，二程的看法虽然和张载基本相似，但也存在差异。

首先，和张载一样，二程认为万物之所以形态各异，之所以呈现出彼此的差异性，根本原因乃是由于气自身运动变化的特点决定的。气的运动变化本身有偏正、清浊、淳漓等不同状态的表现，而正是气自身运动所具有的这种特点，决定了由其所生事物的不同形态和独特的生理性质。人与万物的根本区别也正在于此。但在二程看来，人是得气之"正"或"中"者，而鸟兽草木则是阴阳运动之"偏"所导致。如二程曰：

> 人与物，但气有偏正耳。独阴不成，独阳不生。得阴阳之偏者为鸟兽草木夷狄，受正气者人也。③

---

① （宋）程颢、程颐：《周易程氏传卷第三》，载《二程集》下，王孝鱼点校，中华书局2004年版，第889页。
② （宋）程颢、程颐：《周易程氏传卷第一》，载《二程集》下，王孝鱼点校，中华书局2004年版，第759页。
③ （宋）程颢、程颐：《河南程氏遗书卷第一》，载《二程集》上，王孝鱼点校，中华书局2004年版，第4页。

中之理至矣。独阴不生，独阳不生，偏则为禽兽，为夷狄，中则为人。①

人乃五行之秀气，此是天地清明纯粹气所生也。②

二程认为，气之精粗和运动的偏正等因素不仅会决定万物之品类不同，同一物类下的个体生命的差异亦是由此决定。如程颐认为，之所以"古人今人，自是年之寿夭、形之大小不同……盖自是气有淳漓。正如春气盛时，生得物如何，春气衰时，生得物如何，必然别"③。程颐甚至认为人之生命健康和物之存在的时间长短，也都和气的运动状态相关。如他说："人有寿考者，其气血脉自深，便有一般深根固蒂底道理。"④ 总之，在二程看来，"时所以有古今风气人物之异者，何也？气有淳漓，自然之理"⑤。

其次，二程虽然认为万事万物均是由气化决定的，但为了维护理的终极本体地位，他们并没有像张载那样，视阴阳之气为贯通形而上和形而下的终极本体概念，也没有把气视为一种永恒常在之物，相反，他们明确把气视为形而下者，宣称"阴阳，气也"⑥，"阴阳亦形而下者也"⑦，认为构成具体事物之气随事物消亡后具有"往而不复"的特

---

① （宋）程颢、程颐：《河南程氏遗书卷第十一》，载《二程集》上，王孝鱼点校，中华书局2004年版，第122页。
② （宋）程颢、程颐：《河南程氏遗书卷第十八》，载《二程集》上，王孝鱼点校，中华书局2004年版，第199页。
③ （宋）程颢、程颐：《河南程氏遗书卷第十五》，载《二程集》上，王孝鱼点校，中华书局2004年版，第146页。
④ （宋）程颢、程颐：《河南程氏遗书卷第二下》，载《二程集》上，王孝鱼点校，中华书局2004年版，第54页。
⑤ （宋）程颢、程颐：《河南程氏遗书卷第十五》，载《二程集》上，王孝鱼点校，中华书局2004年版，第156页。
⑥ （宋）程颢、程颐：《河南程氏遗书卷第十五》，载《二程集》上，王孝鱼点校，中华书局2004年版，第162页。
⑦ （宋）程颢、程颐：《河南程氏遗书卷第十一》，载《二程集》上，王孝鱼点校，中华书局2004年版，第118页。

点，这些看法，显示出二程与张载观点的重大差异。在张载那里，气是一种永恒之在，它虽然会发生物理形态的变化，但在整体上却不会发生性质和量的变化，万物的产生、存在和变化虽然都是由气的运动变化决定，但万物不过是气之聚散的暂时形态，万物的消亡并不会导致气的消亡或量的改变。气聚而为物，物消亡则是又回到气的状态，变的只是物的存在形态，气则是永恒不变的。但二程讲的气却并不是这样。二程虽然如张载一样承认宇宙万有皆由气所构成，但是二程并不像张载那样认为构成具体事物之气是"常存不死"之物。相反，物在则气在，物亡则气亡，并不存在如张载所说的气聚而为物、散又复归于气之"气循环为物"的情况。如程颐曰："凡物之散，其气遂尽，无复归本原之理。天地间如洪铲，虽生物销铄亦尽，况既散之气，岂有复在？天地造化又焉用此既散之气？其造化者，自是生气。"[①]

但问题是，如果说物在气在，物亡气亡，那岂不是说宇宙万有随其消亡便日渐归于空寂虚无？如此，宇宙如何形成永恒的生命之流？对此，二程认为天地之气并不会终结，因为天地存在气之生生无穷之理，所以气就会在天地间源源不绝地生出来。天地就像永动机，气就像取之不尽、用之不完的能源，有此气之生生无穷之理，自然也就不存在气绝之时刻。"气绝"只是就具体事物的存在或生命而言，天地之气是永不会绝的。有天地气之生生之理，气就自然生生不绝。如程颐曰：

若谓既返之气复将为方伸之气，必资于此，则殊与天地之化不相似。天地之化，自然生生不穷，更何复资于既毙之形，既返之气，以为造化？近取诸身，其开阖往来，见之鼻息，然不必须

[①]（宋）程颢、程颐：《河南程氏遗书卷第十五》，载《二程集》上，王孝鱼点校，中华书局2004年版，第163页。

假吸复入以为呼。气则自然生。人气之生，生于真元。天之气，亦自然生生不穷。①

屈伸往来只是理，不必将既屈之气，复为方伸之气。生生之理，自然不息。②

综上，二程对生命本原等问题的回答，主要是诉诸其理气关系的理论。其中理是终极意义的本体范畴，而气则是二程用来解释具体世界之形构的直接原因和物质基础。理是终极意义上的本体，气是由理产生并由理推动构成实际万物的物质基础。二程强调理不能脱离具体的万物而言说，但他们又强调理对于气的先决意义和理、气在某种意义上的"断裂"，譬如二程认为理可以源源不绝地生出气，具体之气又可以"散尽"，从这个角度看，理气之间其实并非圆融一体，理是可以离开具体之气的。如此可见，二程虽然试图以理气一体来说明世界的产生和存在问题，但其理论也存在矛盾之处，这就难免给人造成理解上的困惑。不过，如果我们忽视二程理论的这个矛盾，单纯从二程的意图来分析的话，二程试图以万物生生这一宇宙本然实际为基础说明一切存在的真实性，试图通过生生之理指示出生命存在本身的价值与合理性，告诫人们看待生命的应然之道应当立足于现实的生命世界，在生命的永恒流动中追寻生命的意义，因此其理论还是相当有价值的。生生之理是世界的根源，是一切价值和意义的本原，"天理生生，相续不息"③，了解世界、探寻生命的真谛，都应当立足于万物生生这一宇宙本体实际，立足于生命本身。从这个原则出发，二程也明确回答了善恶的问题。

---

① （宋）程颢、程颐：《河南程氏遗书卷第十五》，载《二程集》上，王孝鱼点校，中华书局2004年版，第148页。
② （宋）程颢、程颐：《河南程氏遗书卷第十五》，载《二程集》上，王孝鱼点校，中华书局2004年版，第167页。
③ （宋）程颢、程颐：《河南程氏粹言卷第二》，载《二程集》下，王孝鱼点校，中华书局2004年版，第1228页。

第二节　继生理为善

善恶问题是伦理学的核心问题，也是生命伦理学的基本问题。二程对善恶问题的认识，直接关涉他们对生命的价值及其道德原则的认识。由于二程将天理视为万事万物产生的终极根源和根本依据，这也就意味着二程对善恶问题的认识，对生命价值的考量，皆与天理相关。理是万事万物之本原，那么当然也是善恶之根源，至少从逻辑上来说是如此。而在何者为善的具体规定上，二程以"生生"为理之本体，必然也倾向于从生生角度来规定和阐释善之义理。如程颢曰："'生生之谓易'，是天之所以为道也。天只是以生为道，继此生理者，即是善也。"[①] 既然继生理者为善，那么，反之则逆生理者为恶，善恶的根本界限就在于是否能够领悟并实践天地的生生之理。善之为善乃在于体认万物生生之理，并能自觉依此生生行事、维护天地万物之生生，反之，对生命麻木不仁、随意践踏生命的尊严和"生意"，都是恶的表现。生生是天理，二程以此天理为至善，也即把万物之生生看成最大的善或曰至善。换言之，在二程那里，"生生"即是善，且是至善，是故讨论善恶的问题，必须以此为根本原则。

但是，二程虽然在本源上将"善"规定为对生生之理的继承，但二程在具体的善恶问题上，譬如关于人性的善恶问题上，二程的看法却也显得颇为复杂，甚至天理是善的还是非善非恶的，二程的意见似乎也并不一致。因此，欲明了二程有关善恶的观点及其确立的价值原则，还需要针对特定问题进行具体的分析。其中，天理和善恶的关系问题，这无疑是一个更为根本的问题。

[①] （宋）程颢、程颐：《河南程氏遗书卷第二上》，载《二程集》上，王孝鱼点校，中华书局2004年版，第29页。

一 善恶皆天理

对理和善恶之关系的认识，这可以说是二程对一切问题进行善恶评判的根本出发点，也是二程处理生命问题的终极根据。但是二程对理和善恶之关系的处理，由于存在相互矛盾的地方，因而也颇易让人产生困惑。此即二程虽然一方面承认善恶亦出于天理，是天理的自然表现；但另一方面他们又认为理自身是纯然本善的，我们可以说善恶的根源乃在于天理，却又不能说恶也是天理的属性。

首先，二程明确承认了善恶的根源在于理。理既然是万事万物的终极根据，既然万事万物皆出于理，那么从逻辑上看，作为观念性的存在或者说精神产物的善恶必然也是由天理决定、由天理派生的。如二程曰，"天下善恶皆天理"[1]；"人生气禀，理有善恶"[2]；"事有善有恶，皆天理也"[3]。

从二程的这些话来看，善恶也是出自天理，天理当中亦可曰包容着善恶，进一步讲，世间之所以有善有恶，也是"理当然如此"的一种表现。程颐的话进一步表明，善恶现象也是阴阳相须为用、对待而生、自然而然的一种表现，属于自然之理。二程认为，万物皆由阴阳之气所创生，而阴阳本身是既同一又斗争的矛盾统一体，阴阳之间即存在对抗的性质，又具有互相依赖的性质，所以由阴阳之气创生的万物也具有对待而生、相须为用的性质。如程颐曰："如天地阴阳，其势高下甚相背，然必相须而为用也。有阴便有阳，有阳便

---

[1] （宋）程颢、程颐：《河南程氏遗书卷第二上》，载《二程集》上，王孝鱼点校，中华书局2004年版，第14页。

[2] （宋）程颢、程颐：《河南程氏遗书卷第一》，载《二程集》上，王孝鱼点校，中华书局2004年版，第10页。

[3] （宋）程颢、程颐：《河南程氏遗书卷第二上》，载《二程集》上，王孝鱼点校，中华书局2004年版，第17页。

有阴。"① 程颢亦曰:"天地万物之理,无独必有对,皆自然而然,非有安排也。"② 二程认为,万物之所以产生,也正是缘于阴阳之间这种对立统一的结构关系。故程颐曰:"盖天下无不二者,一与二相对待,生生之本也。"③ 天地万物阴阳对待、相须为用,有此即有彼,彼与此相互对立、又互相统一,这都是天理之自然。所以,从这个角度看,有善则有恶,这也是理当然如此。由阴阳生生而来的万物,不只有善的存在,也有恶的存在。正是在这个意义上,故可曰"善恶皆天理"。

不过,这里我们需要特别注意的是,二程虽然承认善恶源自天理,但他们却又不认为天理本身是有善有恶两种规定性的,我们不能说天理是恶的,相反,在二程看来,天理纯然本善,且具有至善的规定性。之所以二程讲善恶皆天理,主要是从理是派生万物之本的角度说,万事万物皆出于天理,故此具体的善恶当然也是出于理。然而,这并不意味着理自身也有恶的属性。具体的善恶只是理本体的发用和呈现,但它并不影响理自身的性质。这就像水本身是清的,但它在流动过程中,可能会发生如下现象——有的水自始清流,而有的水则会变得污浊。水在流动过程中总有清浊这也是理当然如此,但不可谓水自身也是浊的。水有清浊这是理,但理不可谓有清浊之分。因此,从理自身的规定性角度而言,万物并非生来就一定是有善有恶的,也并不一定表现为一个善恶的矛盾体,"有自幼而善,有自幼而恶"的。如程颢

---

① (宋)程颢、程颐:《河南程氏遗书卷第十八》,载《二程集》上,王孝鱼点校,中华书局2004年版,第225页。
② (宋)程颢、程颐:《河南程氏遗书卷第十一》,载《二程集》上,王孝鱼点校,中华书局2004年版,第121页。
③ (宋)程颢、程颐:《周易程氏传卷第三》,载《二程集》下,王孝鱼点校,中华书局2004年版,第910页。

曰："不是善与恶在性中为两物相对，各自出来。此理，天命也。"①因此，二程虽然承认"理有善恶"，但并不是说理具有善和恶两种属性，不是说理是善恶兼容的矛盾统一体，而仅仅是承认善恶的根源从根本上来说也是由天理决定的这一自然事实。而天理自身，则纯然本善，不能以恶来定义作为大本的理。这正如程颐所说，"天下之理，原其所自，未有不善"②。

但二程的这种看法，也存在着显而易见的矛盾，很容易造成新的问题。其一，"理有善有恶"和"天下之理，未有不善"的说法，仅从字面上看，就是一种矛盾的说法，在逻辑上也难以自洽。因为我们不能一方面说天理中包容着善恶的因素，恶的现象也是天理决定的；但另一方面却又说理自身是大全之善。其二，如果说理是至善，是大本大全之善，那它又怎么会造成恶呢？所以对于二程的上述说法，自古至今，人们都存有疑问。朱熹曾试图给予一个合理的解释。他认为二程所说的"理有善恶"之"理"，不是就作为客观本体的精神实理而言，而只是"道理"之"理"。如朱熹曰："此'理'字不是说实理，犹云理当如此。"③ 这也即是说，天地万物阴阳对待，有善就有恶，善恶相对而生，从道理上讲就是如此。但是朱熹这种说法，也很难为人所完全认可。因为二程，尤其是程颢多次明确提道"天理中物，须有美恶"，天理是同时包容善恶的，善恶对于天理而言，是天理自身的实然，而非天理如同宇宙主宰神一样具有主观为善或择善处之的意志。对善恶能够主观进行抉择，这只是相对于人而言的，对天地来说，天

---

① （宋）程颢、程颐：《河南程氏遗书卷第一》，载《二程集》上，王孝鱼点校，中华书局2004年版，第11页。
② （宋）程颢、程颐：《河南程氏遗书卷第二十二上》，载《二程集》上，王孝鱼点校，中华书局2004年版，第292页。
③ （宋）朱熹：《朱子语类卷第九十五·程子之书一》，载（宋）黎靖德编，王星贤点校《朱子语类》六，中华书局1986年版，第2426页。

地则无心拣别善恶。如程颢曰:"天地中何物不有?天地岂尝有心拣别善恶,一切涵容覆载,但处之有道尔。若善者亲之,不善者远之,则物不与者多矣,安得为天地?"①

不过,程颢的这一看法并不是程氏兄弟统一的认识。此即是说,在理之善恶问题上,程氏兄弟其实存在认识上的偏差,二者观点不尽一致。程颢似不甚重视在确定的意义上说明理的善恶属性问题,而更侧重从自然实存的意义上说明理与善恶的关系。而程颐则要明确区分理的善恶属性,形成切实的道德判断。这正如日本学者土田健次郎所说,"在程颢的思想中,并无善恶相对的严格伦理观念。但程颐则不同,他要严格地分辨善恶"②。但是对于土田健次郎的这种说法,我们仍然持有保留意见。程颢固然没有在严格意义上区分理之善恶问题,但他的思想中仍然表露出理具有"善的意志"的思想倾向。如程颢曰:

> 万物皆只是一个天理,己何与焉?至如言"天讨有罪,五刑五用哉!天命有德,五服五章哉!"此都只是天理自然当如此。人几时与?与则便是私意。有善有恶。善则理当喜,如五服自有一个次第以章显之。恶则理当恶(一作怒),彼自绝于理,故五刑五用,曷尝容心喜怒于其间哉?舜举十六相,尧岂不知?只以佗善未著,故不自举。舜诛四凶,尧岂不察?只为佗恶未著,那诛得佗?举与诛,曷尝有毫发厕于其间哉?只有一个义理,义之与比。③

---

① (宋)程颢、程颐:《河南程氏遗书卷第二上》,载《二程集》上,王孝鱼点校,中华书局2004年版,第17页。
② [日]土田健次郎:《道学之形成》,朱刚译,上海世纪出版股份有限公司、上海古籍出版社2010年版,第210页。
③ (宋)程颢、程颐:《河南程氏遗书卷第二上》,载《二程集》上,王孝鱼点校,中华书局2004年版,第30页。

在这段话里，程颢一方面肯定了天理不依人的意志而存在的客观必然性；另一方面也倾向于把理看成义的化身，包含着"去恶扬善"的意识倾向，"善则理当喜，恶则理当怒"。不仅如此，程颢还认为"惩恶扬善"这本身就是天理，是"天理自然当如此"。程颢还说过，"天下善恶皆天理，谓之恶者非本恶，但或过或不及便如此，如杨、墨之类"①。这似乎也是一方面承认了善恶亦天理之表现；但另一方面亦承认理自身并非本恶，而只是事物自身偏离了天理之中而导致的。"斯天理，中而已"②，天理"性中"，故恶非理之自性，"过或不及便如此"。

可见，二程对于理的善恶认识在总体上还是一致的。程颢之所以更多地强调理有善有恶的观点，可能更多的还是对人类自身本身就具有善恶的自然因素这一事实的确认，也可以说是"对人力无法改变的这个世界无可奈何的现实的确认"③。承认了善恶亦皆出于天理，实际上也就等于承认了善恶现象之于人类社会具有客观必然性。这就是说，善恶乃理之自然如此，因而人类实际上并不能从根本上消除或杜绝善恶现象。承认这一客观事实，对于程颢而言，当然不是要我们消极顺应自然，相反，而是为了更好地凸显人的主体力量，凸显人的主体能动性对于建构人类自身的积极意义。如程颢曰："事有善有恶，皆天理也。天理中物，须有美恶，盖物之不齐，物之情也。但当察之，不可自入于恶，流于一物。"④

土田健次郎认为，"程颢的这种'天理'，具有对人类营为范围之

---

① （宋）程颢、程颐：《河南程氏遗书卷第二上》，载《二程集》上，王孝鱼点校，中华书局2004年版，第14页。
② （宋）程颢、程颐：《河南程氏粹言卷一》，载《二程集》下，王孝鱼点校，中华书局2004年版，第1182页。
③ [日]土田健次郎：《道学之形成》，朱刚译，上海古籍出版社2010年版，第167页。
④ （宋）程颢、程颐：《河南程氏遗书卷第二上》，载《二程集》上，王孝鱼点校，中华书局2004年版，第17页。

外的现实加以确认的意义。也就是说，人类的学问修养，都必须建立在此种现实的基础上"①。这种判断也不无道理。因为承认人类营为之外的现实，也即承认了人类的先天限制，从而促使人以更为审慎的态度对待人类自身的不足。比如程颢在谈到人性的不足时，即强调要"敬以治之"②。但是尽管如此，程颢的说法仍然显示出对理之善恶判断的模糊性。然而对于程颐而言，对天理善恶的这种模棱两可的态度必须予以修正，必须明确天理的绝对的善的性质。只有如此，才能为人性追寻至善确立起明确的价值导向，为人类澄治其恶提供充足的本源依据和根本的动力支持。对于程颐而言，理自身并无善恶问题，善恶问题只是从形而下的气禀而言。构成万物的气质不同，从而导致了善恶的产生。理是形而上者，气是形而下者，理在气先，故恶相对理而言，并非先在的。如程颐曰："凡言善恶，皆先善而后恶。"③事实上，不独程颐，程颢也主要是从气禀角度看待人性中的善恶问题。比如他说："有自幼而善，有自幼而恶，是气禀有然也。"④ 气禀不同，人就会有善恶分野。有人因气禀所限，天生即恶，而有人禀赋优良，故生而即善。自然也有人是善与恶交错而生的。

　　二程对于理与善恶之关系的阐述，目的在于揭示人性之善恶问题，是为了更好地说明生命的价值以及对人类行为进行善恶价值评判。而二程对于性的基本界定，即是从理之于人和物的规定性而言，所谓"自理言之谓之天，自禀受言之谓之性"⑤，故二程怎么看待理之善恶

---

① [日] 土田健次郎：《道学之形成》，朱刚译，上海古籍出版社2010年版，第168页。
② （宋）程颢、程颐：《河南程氏遗书卷第一》，载《二程集》上，王孝鱼点校，中华书局2004年版，第1页。
③ （宋）程颢、程颐：《河南程氏遗书卷第二十二上》，载《二程集》上，王孝鱼点校，中华书局2004年版，第292页。
④ （宋）程颢、程颐：《河南程氏遗书卷第一》，载《二程集》上，王孝鱼点校，中华书局2004年版，第10页。
⑤ （宋）程颢、程颐：《河南程氏遗书卷第二十二上》，载《二程集》上，王孝鱼点校，中华书局2004年版，第296页。

问题，亦直接影响到二程如何看待性之善恶的问题。

二 性之善恶

善恶作为伦理学的核心范畴，是依人而产生的概念，无人也就无所谓善恶问题。大千世界，万物随机而化，无论其品类如何，由于自然生命本质上都是遵循着自然的生命律令而行，因而其纯粹合自然目的性的生活方式和存在状态并不适宜直接以善恶评判。因此，性之善恶问题，实质上也即人性之善恶问题。不过，在中国哲学中，"性"这个概念，并不只是针对人而言，而是一个对万物普遍适用的概念，是对包括人在内的万物之生之所是之根据和规律性的追问和把握。万物以何种方式而生，即属于此物之性的规定。故人有人性，物亦有物性。二程对于性的认识，其出发点也首先是从普遍性角度加以言说的，其次才有人性、物性的殊性问题，以及人性之善恶的问题。

首先，二程对性的基本认识，来源于他们对理之于万物的普遍规定性之认识。理是万物的普遍规定者，万物禀受理的规定而获得其性，所谓"自禀受言之谓之性"。在这个意义上，性和理是同一的，性即理，而理亦即性。这个与理同一之性，可以简约称为"理之性"或曰"理性"，二程亦称此性为"天命之性"，这个性是就人与万物的普遍性而言的，是人与物均有的。如程颢曰："'天命之谓性，率性之谓道'者，天降是于下，万物流行，各正性命者，是所谓性也。循其性而不失，是所谓道也。此亦通人物而言。"[1] 从天命或天理对万物的普遍规定性而言，"天命""天理""性""道"也都可以说是同一的概念。如程颐曰，"理也，性也，命也，三者未尝有异"[2]；"在天曰

---

[1] （宋）程颢、程颐：《河南程氏遗书卷第二上》，载《二程集》上，王孝鱼点校，中华书局2004年版，第29—30页。

[2] （宋）程颢、程颐：《河南程氏遗书卷第二十一下》，载《二程集》上，王孝鱼点校，中华书局2004年版，第274页。

命，在人曰性"①；"有道有理，天人一也，更不分别"②。在性理同一的意义上，实际上不仅天人一也，天人物我实际上也都可以说"一也"。

其次，万物之间还存在由特殊的气质构成而决定的"气质之性"。气质之性是指事物受先天的气质局限而呈现出来的具体生命之性，不同的事物是由不同的气质构成的，因而表现出事物的特殊之性，它决定着事物之间的差异性、多样性。"气质之性"，可以简约为"气性"。这种"气性"与"理性"并不是同一层面之性，"气性"是经验层面的性，是生命展示出来的具体的生命"个性"，它是生命之所以是其所是表现出来的直接的、彼此显示出差异性的生命特征。如牛有牛之性、犬有犬之性、人有人之性，亦如不同之人有性情上的刚柔缓急之差异。程颐认为孔子"性相近"的说法即是就人的气质之性而言。如有人问程颐"'性相近也，习相远也'，性一也，何以言相近？"程颐回曰："此只是言气质之性。如俗言性急性缓之类，性安有缓急？"③

"理性"和"气性"，这是二程对性的基本认识和质的区分。理性是万事万物的普遍规定性，而气性则决定着事物的殊性。二程对性的这种认识和区分，与他们的理、气综合作用创造万有的宇宙本体论息息相关。理性直接对应着理自身，因而这种性如果从价值角度规定，就只能说是善的。因为理未尝不善，故此性亦无不善。故二程曰："性则无不善也。"④ 而气性是形而下的气禀之性，这种性则既可能表现为

---

① （宋）程颢、程颐：《河南程氏遗书卷第二十四》，载《二程集》上，王孝鱼点校，中华书局 2004 年版，第 315 页。
② （宋）程颢、程颐：《河南程氏遗书卷第二上》，载《二程集》上，王孝鱼点校，中华书局 2004 年版，第 20 页。
③ （宋）程颢、程颐：《河南程氏遗书卷第十八》，载《二程集》上，王孝鱼点校，中华书局 2004 年版，第 207 页。
④ （宋）程颢、程颐：《河南程氏遗书卷第二十一下》，载《二程集》上，王孝鱼点校，中华书局 2004 年版，第 274 页。

善，亦可能表现为恶，为善为恶，全在于气禀如何，故曰"气有善不善"①。因此人性的善恶问题，在二程那里，既表现为人人皆有理之善性，同时亦可能因气禀所限，而在实际生活中表现为或恶或善。本原之性没有不善，但气可能使人有善和不善。所以人的恶，不能说它本性即恶，故程颢有曰"谓之恶者非本恶"②。二程认为，《中庸》所谓"天命之谓性"和孟子所曰"性善"讲的都是天理本原之性，《论语》中所谓"性相近"之"性"说的则是气禀之性。是故程颐曰："'性相近也'，此言所禀之性，不是言性之本。孟子所言，便正言性之本。"③

显然，从儒家"成人"的实践追求来看，成人的根本即在修持所谓天理本原之性。二程认为，人之为人的根本，就在于人能够自觉到其"理性"的天赋，能够自觉到人是天理的承继者、实践者、发扬者，从而自觉复归天理之善性。只有理性才体现出人之生命的本质特征，才体现出人之生命的根本的价值和意义所在。理是至善，它就是生命存在的最高目的，生命价值和意义也体现在对天理的体认和追寻过程之中。故程颐曰："若实穷得理，即性命亦可了。"④ 在这个意义上，"理""性""命"并没有实质的区别。因而程颢曰："穷理尽性至命，只是一事。才穷理便尽性，才尽性便至命。"⑤ 程颐亦曰："穷理则尽性，尽性则知天命矣。"⑥

---

① （宋）程颢、程颐：《河南程氏遗书卷第二十一下》，载《二程集》上，王孝鱼点校，中华书局2004年版，第274页。
② （宋）程颢、程颐：《河南程氏遗书卷第二上》，载《二程集》上，王孝鱼点校，中华书局2004年版，第14页。
③ （宋）程颢、程颐：《河南程氏遗书卷第十九》，载《二程集》上，王孝鱼点校，中华书局2004年版，第252页。
④ （宋）程颢、程颐：《河南程氏遗书卷第二上》，载《二程集》上，王孝鱼点校，中华书局2004年版，第15页。
⑤ （宋）程颢、程颐：《河南程氏遗书卷第十八》，载《二程集》上，王孝鱼点校，中华书局2004年版，第193页。
⑥ （宋）程颢、程颐：《河南程氏遗书卷第二十一下》，载《二程集》上，王孝鱼点校，中华书局2004年版，第274页。

第三章 二程的生命伦理思想

在二程看来，穷理尽性，对人而言，不仅必要，而且可能。这主要是因为人本身就内蕴充足的理之性，而且具有自觉这一理性并复归这一理性的先天禀赋。如程颢曰：

> 道即性也。若道外寻性，性外寻道，便不是。圣贤论天德，盖谓自家元是天然完全自足之物，若无所污坏，即当直而行之；若小有污坏，即敬以治之，使复如旧。所以能使如旧者，盖谓自家本质元是完足之物。①

在这里，程颢虽然说人的"自家本质元是完足之物"，但这句话并没有否认其他生命就其本源来看也是"完足之物"，所谓"天地生物，各无不足之理"②。但何以其他生命不成其为人，不能自觉向善？那是因为动物等自然生命并不像人一样能够知觉到天理的至善并自觉做体认和复归天理的工夫。如二程曰："'万物皆备于我'，此通人物而言。禽兽与人绝相似，只是不能推。"③ 为什么禽兽不能推呢？即因为其气禀所限。"犬、牛、人，知所去就，其性本同，但限以形，故不可更。如隙中日光，方圆不移，其光一也。"④ 这也就是说，动物因为其特殊的形体构造之局限，完全受制于其形体，因而不具备改变其气性的能力，这就像受制于特定空间的光的形状，虽然说光是一个光，但因为空间形状的限制，其光的形状亦只能如此。而人受天地之秀气而生，因而具有主体的能动性，从而具备改造其气性的先天能力。人的生命

---

① （宋）程颢、程颐：《河南程氏遗书卷第一》，载《二程集》上，王孝鱼点校，中华书局2004年版，第1页。
② （宋）程颢、程颐：《河南程氏遗书卷第一》，载《二程集》上，王孝鱼点校，中华书局2004年版，第2页。
③ （宋）程颢、程颐：《河南程氏遗书卷第二下》，载《二程集》上，王孝鱼点校，中华书局2004年版，第56页。
④ （宋）程颢、程颐：《河南程氏遗书卷第二十四》，载《二程集》上，王孝鱼点校，中华书局2004年版，第312页。

■■■ 宋代儒家生命伦理思想研究

价值和意义，也正体现在这一特殊能力上。不过，人虽然具备这种能力，但也并不意味着人人都会自觉运用这种能力以始终保持其天理之性。人经常会"气昏"，从而自觉或不自觉地遮蔽了天理之性，致使天理不能呈现，人不成其为真正意义上的人。故程颐亦曰："人之所以不知善者，气昏而塞之耳。"①

造成"气昏"的原因，与人纵欲逞能、不坚持"理性"等因素相关。如二程曰："人于天理昏者，是只为嗜欲乱着它。"② 又曰："人心莫不有知，唯蔽于人欲，则亡天德（一作理）也。"③ 程颐认为人之所以不能总是让自身天理呈现，也有"形体限量"的因素。但是虽然"人之形体有限量"，性则无限量，"若云有限量，除是性外有物始得"④。在二程看来，人是有能力把这个"无限量"的"性"通过"学"或"养"的方式加以呈现的。"气性"虽然对人有所限量，"然亦有可移之理，惟自暴自弃者则不移也"⑤。而自认先天"气昏"而放任气性自流，则与动物也就没有什么区别了。故程颐曰："苟纵其心而不知反，则亦禽兽而已。"⑥

不过这里要注意的是，二程这里讲的"气昏"，不是指人天生的气质就是昏的，这种昏是后天的，就像水本来是清的，浊是后天的，是依环境而形成的现象。如果气先天就是昏的，那么人做返归理之本

---

① （宋）程颢、程颐：《河南程氏遗书卷第二十一下》，载《二程集》上，王孝鱼点校，中华书局2004年版，第274页。
② （宋）程颢、程颐：《河南程氏遗书卷第二上》，载《二程集》上，王孝鱼点校，中华书局2004年版，第42页。
③ （宋）程颢、程颐：《河南程氏遗书卷第十一》，载《二程集》上，王孝鱼点校，中华书局2004年版，第123页。
④ （宋）程颢、程颐：《河南程氏遗书卷第十八》，载《二程集》上，王孝鱼点校，中华书局2004年版，第204页。
⑤ （宋）程颢、程颐：《河南程氏遗书卷第十八》，载《二程集》上，王孝鱼点校，中华书局2004年版，第204页。
⑥ （宋）程颢、程颐：《河南程氏遗书卷第二十五》，载《二程集》上，王孝鱼点校，中华书局2004年版，第323页。

性的工夫就不可能。人与动物的根本不同在于,动物生命是先天"气昏"或材质不佳且无法改变,而导致人的不善的气质则有后天的因素,因而正如人的本性由至清可以变浊一样,浊气也可以复清,所以人只要自觉以天理大本之性为目标,针对气昏加以澄治,那么就可以战胜浊气的影响而恢复到大本之性。如二程曰:"才乃人之资质,循性修之,虽至恶可胜而为善。"① 将理之性规定为善,也即明确了人之生命修养的根本方向和终极的境界。为更加明确这一生命之道的现实所指,二程从生生之理出发,亦对性理之善给予了更为具体的规定和说明,这就是二程将对"生生"的体悟和践履规定为"善",所谓"继生理为善"者也。

三 继生理为善

以继生理为善,应当说,这样一种善就是一种本体之善,而非就人实际的善恶表现而言。程颢曰:

> "生生之谓易",是天之所以为道也。天只是以生为道,继此生理者,即是善也。善便有一个元底意思。"元者善之长",万物皆有春意,便是"继之者善也"。"成之者性也",成却待它万物自成其性须得。②

程颢这段话说得比较清楚,"善"从根本上说,就是对"生生之理"的继承,万物依此生生之理而行,即是成就其性的过程。因为这种善直接来自对天理生生的体悟和践履,所以这样一种善,就是根本

---

① (宋)程颢、程颐:《河南程氏遗书卷第二十二上》,载《二程集》上,王孝鱼点校,中华书局2004年版,第292页。
② (宋)程颢、程颐:《河南程氏遗书卷第二上》,载《二程集》上,王孝鱼点校,中华书局2004年版,第29页。

的善。一切善都源于此，故此本体之善亦构成一切价值的根源，因此可以称为"元善"。因为这种善的实质是天地生生之道，故观万物之生生当可见此本体之善。是故程颢亦曰："万物之生意最可观，此元者善之长也。"①

从程颢对生生之体的这一定性来看，因为万物莫不有生，莫不具此生生之理，因而万物就其自然之生而言，实际上亦可以说皆具善的规定性。换言之，凡物有所生，则此生即有善的规定性，故可曰万物生而皆善，皆有其存在的先天价值和合理性。程颢的"万物生而皆善"这一思想倾向，后被张栻所继承并给予了进一步的发展。（具体请参阅本书第六章）

不难看出，程颢以继生理为善，实际上也表现出一定的"性善论"的思想倾向，但这种"性善"与孟子所言"性善"并不相同，而是包容了万物的性本善论。万物皆具有内在的价值，这种价值并不是谁赋予万物的，而是万物生来即有的。但问题是，如果说万物之性都是先天之善，那么恶又何来，我们又何以判定人禽之别，何以处理生命的自然本性与生命的价值之关系，又怎么具体看待人性中的善恶等问题呢？客观地讲，二程对这些问题的讨论相当复杂，也颇有不够浃洽的地方。限于篇幅和本书主旨，这里我们不准备详细讨论这一问题，而只根据二程的文献和学界的一般认识，简要说明二程所持的根本的生命价值原则和立场。

以生言善，这一点我们实际上可以将之视为儒家传统上"即生言性"的一种特殊内容或表达。也就是说，从生的角度看待生命的价值和原则的问题，实际上是跟古人怎么看待生与性的关系这一问题紧密相关的。古人所说的"性"与"生"存在着密切的关系，这

---

① （宋）程颢、程颐：《河南程氏遗书卷第十一》，载《二程集》上，王孝鱼点校，中华书局2004年版，第120页。

是当今学界公认的事实。从字源学的角度说,性即来源于生,性是对万物存在和生长特性的一种主体认知和体验,是对事物按照自然规律生长的一种意向性的理解。一物之所生即有一物之所向,性即意味着一生命之所以生长为该生命的"内在倾向、趋势、活动和规定"①。性与生的这种关联性,也是古人常常以生言性的重要原因。但有关生与性之间的争论,并不在于二者之间存在的关联性,而在于是否可以根据生而规定出性之善恶。告子认为生之自然即为万物之性,此性因为源于自然,故具有客观性、"中性",故告子只讲"生之谓性",并未明确讲性是善是恶的问题。荀子持一种"性之资朴论",仅就其对性的定义而言,荀子亦未就性之善恶给予明确回答。②但荀子虽然没有直接说先天之性是善是恶,但他表明了一种态度,即认为先天之性就其自然发展倾向而言则容易导致人们常说之"恶"。孟子所曰之"性善",则似乎只是就人性而言,而不包括万物之性。到底应该怎么看待生与性的关系及其人性善恶问题,这可谓一直是儒门公案,争论不休。二程对人性善恶的看法,也和这一争论紧密相关。但二程在这一问题上,观点虽大略相合,亦不完全一致。

首先,二程在讲人性时,亦吸收了张载"性其总合两而论"的观点,认为人性中有一种先天的普遍的本体之性,二程曰之为"天命之性";亦有一种受气质局限的特殊之性,此即所谓"气质之性"。"天命之性"二程常常简曰为"性";"气质之性"则常常简曰为"气"。

---

① 梁涛:《"以生言性"的传统与孟子性善论》,《哲学研究》2007年第7期。
② 当代学界,周炽成、林桂榛等人都力主荀子的人性论是性朴论。具体观点请参见周炽成《荀子乃性朴论者,非性恶论者》,《邯郸学院学报》2012年第4期;周炽成《再论儒家的性朴论——兼与日本学者和国内同行商榷》,《社会科学》2015年第8期;周炽成《荀子人性论:性恶论,还是性朴论》,《江淮论坛》2016年第5期;等等。以及参见林桂榛《关于荀子"性朴"论的再证明》,《临沂大学学报》2018年第1期。

二程认为讨论性的问题必须合这两种性而论,所谓"论性,不论气,不备;论气,不论性,不明。二之则不是"①。

其次,二人在处理生与性的关系上,有所不同,这充分表现在二人对告子"生之谓性"的评判上。相较而言,程颢更多肯定告子观点的合理性。如程颢曰:"生之谓性',告子此言是。"② 又曰:"告子云'生之谓性'则可。凡天地所生之物,须是谓之性。"③ 程颢认为告子讲"生之谓性"是对的。为什么是对的呢?因为"凡天地所生之物,须是谓之性",因为性本身就是对生的继承、内化和成就。"才有生识,便有性"④,无生则无性,性就是对生的方式和方向的规定性。所以说,有什么样的生,即意味着拥有什么样的性。天地所生之物,皆具有生的规定性,因而皆可因此言性,故云"生之谓性"无不可。生之谓性,也表明性首先是指先天的规定性。从这种认识出发,程颢亦认为"善固性也,然恶亦不可不谓之性也"⑤。在这个意义上,人的"天理之性"和"气质之性"亦都不过是"生之性"的表现,都是一种生。因此从普遍之生的角度而言,性亦生,气亦生,故程颢亦认为"'生之谓性',性即气,气即性,生之谓也"⑥。但是程颢也不完全认同告子的看法。因为按照告子的看法,告子并没有明确回答人物之殊性的问题,也即何以牛有牛之性、犬有犬之性、人有人之性的问

---

① (宋)程颢、程颐:《河南程氏遗书卷第六》,载《二程集》上,王孝鱼点校,中华书局2004年版,第81页。
② (宋)程颢、程颐:《河南程氏遗书卷第十一》,载《二程集》上,王孝鱼点校,中华书局2004年版,第120页。
③ (宋)程颢、程颐:《河南程氏遗书卷第二上》,载《二程集》上,王孝鱼点校,中华书局2004年版,第29页。
④ (宋)程颢、程颐:《河南程氏遗书卷第十八》,载《二程集》上,王孝鱼点校,中华书局2004年版,第204页。
⑤ (宋)程颢、程颐:《河南程氏遗书卷第一》,载《二程集》上,王孝鱼点校,中华书局2004年版,第10页。
⑥ (宋)程颢、程颐:《河南程氏遗书卷第一》,载《二程集》上,王孝鱼点校,中华书局2004年版,第10页。

题。换言之,告子讲的性,只是就万物之普遍的先天规定而言,但没有解决事物的特殊性问题,从而导致人物混同,这就不对了。所以程颢曰:

> 告子云"生之谓性"则可。凡天地所生之物,须是谓之性。皆谓之性则可,于中却须分别牛之性、马之性。是他便只道一般,如释氏说蠢动含灵,皆有佛性,如此则不可。"天命之谓性,率性之谓道"者,天降是于下,万物流行,各正性命者,是所谓性也。循其性而不失,是所谓道也。此亦通人物而言。循性者,马则为马之性,又不做牛底性;牛则为牛之性,又不为马底性。此所谓率性也。人在天地之间,与万物同流,天几时分别出是人是物?①

在这段话中,程颢指出告子讲的"生之谓性"是从"天命之谓性"的角度来说性,这自有其合理性。但只注意从一般性角度说性就陷入了佛教所言"众生皆有佛性"之窠臼,这就是没有注意到性的普遍与特殊的关系问题。讨论性的问题,需要兼顾普遍之性与特殊之性,这一点程颐和其兄看法完全一致,但他并不认同其兄将告子的"生之谓性"归结为"天命之性"的看法。他认为"生之谓性"只是就气禀而言,因而不可将之与"天命之谓性"相混同。程颐曰:"'生之谓性',与'天命之谓性',同乎?性字不可一概论。'生之谓性',止训所禀受也。'天命之谓性',此言性之理也。"②"生之谓性"和"天命之谓性"在程颐看来是有质的区别的。与之相联系,这也导致二程对

---

① (宋)程颢、程颐:《河南程氏遗书卷第二上》,载《二程集》上,王孝鱼点校,中华书局2004年版,第29—30页。
② (宋)程颢、程颐:《河南程氏遗书卷第二十四》,载《二程集》上,王孝鱼点校,中华书局2004年版,第313页。

人性之善恶判断的不同。程颢从"生之谓性"所包含的一般性规定出发，认为善恶皆可谓性，因为善恶均具有与生俱来的情况。而程颐则明确将二者区分，指出善乃天命之性的本质规定，故可谓性，而恶则源于后天之气禀，故不可一般地论性。"性出于天，才出于气，气清则才清，气浊则才浊"①，善恶之本自必须区分清楚。这样，程颐也就维护了性理本善的价值之源的地位，也更为明白地指出了人之向善的本体根据和可能境界。

总体来看，二程对这一问题认识上的偏差，和他们对"生之谓性"之"生"的不同理解有关。程颢主要是从一般的天赋生理之性来理解"生之谓性"之"生"，而程颐则将之理解为由气禀决定的具体之生。但暂且抛开二程的这个差异不论，我们其实也可以注意到，二程对于"继生理为善"这一说法基本上都是认同的，都是以对"生理之继"作为讨论善恶问题的根基，并且二者均倾向于将对"生理之继"规定为善。性的本质即是对此"善生之理"的成就，故性就其本而言则是善的。如程颐曰："若性之理也则无不善。"② 但这里我们也要注意的是，程颐说的是"性之理"，而不是"理之性"。"理之性"是纯粹就天理自身之性而言，"性之理"则强调的是性的当然的善恶倾向或道理。性是对生生的承继和成就，故其理为善。也正是在这个意义上，程颐认为"称性之善谓之道，道与性一也。以性之善如此，故谓之性善"③。"性之善"指向生生，生生即天地之道，故就性的这一指向而言，可以说"性之善谓之道"。道亦生生，性亦生生，故又可曰"道与

---

① （宋）程颢、程颐：《河南程氏遗书卷第十九》，载《二程集》上，王孝鱼点校，中华书局2004年版，第252页。
② （宋）程颢、程颐：《河南程氏遗书卷第二十四》，载《二程集》上，王孝鱼点校，中华书局2004年版，第313页。
③ （宋）程颢、程颐：《河南程氏遗书卷第二十五》，载《二程集》上，王孝鱼点校，中华书局2004年版，第318页。

性一也"。"性之善"是就生生而言,生生即是善。而生生即天理,天理即生生,天理无有不善,而此理被人、物所禀受即为人、物之性,故依此性而行,则无有不善。是故二程曰:"自性而行,皆善也。"①

综上所述,二程虽然对于性、理与善恶问题的论述较为复杂,观点亦有不够圆融的地方,但二程对于善的核心观点还是较为一致和突出的。生生是天理的本性,善即对此生性的领悟和继承,这种善是本体之善,因而亦是人类生命最高的追求和价值原则。但这种善虽然内在于人类生命,却有赖于人的意识的觉醒和主动地修持与维护。人应该对这一本体之善有充分的自觉,并能自觉克服气禀对实践这一本体之善的障碍。气禀是导致人类可能作恶的自然因素,它无法杜绝,因而对之"不可以不加澄治之功"②,只有"敬而治之",人类才能达于天地万物生生的一体之善。因此,二程"继生理为善"的观点,无疑突出了人的在场性、主体性。善之认定和达成,离不开人的主体性的参与,因此对于人而言,在命运面前不做被动的天命规定者是至关重要的。何者为善,怎样达成善,都有赖于人的主体自觉和积极抉择。只有当人类充分认识到"天理生生"这一天地本然和内在之性时,人类也才能意识到自身生命存在的最佳状况和发展条件,"观生理可以知道"③,而"天道"与"人道","其实只是一个道"④,"道一也,未有尽人而不尽天者也"⑤。是以在"天理生生"的本体意识支配下,二程

---

① (宋)程颢、程颐:《河南程氏遗书卷第二十五》,载《二程集》上,王孝鱼点校,中华书局2004年版,第318页。
② (宋)程颢、程颐:《河南程氏遗书卷第一》,载《二程集》上,王孝鱼点校,中华书局2004年版,第11页。
③ (宋)程颢、程颐:《河南程氏粹言卷第一》,载《二程集》下,王孝鱼点校,中华书局2004年版,第1171页。
④ (宋)程颢、程颐:《河南程氏遗书卷第十八》,载《二程集》上,王孝鱼点校,中华书局2004年版,第204页。
⑤ (宋)程颢、程颐:《河南程氏粹言卷第一》,载《二程集》下,王孝鱼点校,中华书局2004年版,第1170页。

也发展出特有的生命境界意识和追求，这就是仁者浑然与物同体、天地万物乃一体之仁的生命观点。

第三节　仁者以天地万物为一身

人的生命问题是生命伦理学的中心问题，但这也并不意味着我们人类必须要把自身置于一个绝对超越的地位而俯视其他生命。为人类生命寻求更好的价值原则，需要我们认真对待人与自身生存环境、人与各种其他生命的关系。在处理人与生存环境和自然生命的关系上，二程的思想颇有特色，这就是他们不仅将人与万物之关系的本然状态价值本体化，将整个宇宙万物视为一种价值的存在，而且把万物之存在视为"一身之在"。

所谓"一身之在"，即是他们把整个宇宙万物视为一个大的生命体，这个大的生命体就如同一个人的身体、万物之关系，就如同一个身体内部诸构成部分之间的关系，彼此是高度相关、互相依存、共生共在的。宇宙万有共在如一身，一物之缺，则犹如失吾身体一部分。在这个意义上，宇宙也是有"生命"的，构成其生命的万物如有缺失，即意味着宇宙整体的生命机能的下降，而这又直接影响到作为内部有机构成的诸生命的生长状态。反之，万物整体的生命和谐，则意味着宇宙生命处于优良状态之中，而这也是作为其构成的诸生命之所以能够生生不息的根本条件。把人与万物置入"一身之在"来考察彼此之间的关系，万物对于人来说，即不是"异己"的存在，而是和自身生命"共呼吸"的，二者是命运休戚与共、一体的关系。二程把这样一种包括人在内的万物之间生生与共的有机生命体视为"仁体"，视为宇宙的本体，这样二程在赋予儒家之"仁"以新的内涵的同时，也极大提升了儒家追求的生命境界。

应当说，二程在万物一体的视域中对仁的本体性诠释，这是二程极富理论创造性的内容，也构成二程生命伦理思想的根本内容，极大彰显着二程生命伦理思想的精神追求。因此，要充分理解二程生命伦理思想，诚如二程以"识仁"为功夫首要一样，我们亦需对二程所论之仁有充分体认。

一 生生之仁体

仁作为儒学的核心范畴，历代儒家都给予了特别重视，宋代儒家也不例外。但是宋代儒家论仁显然极大区别于以往的儒家，这表现在宋儒诠释仁的基本理路和思想内涵较之以往都发生了实质改变。余治平认为，"仁在先秦、汉初儒家那里，尽管并不缺乏高屋建瓴的本体论架构，如孟子、董仲舒之所为，但仍然保留着鲜活而浓厚的感性色彩"。而宋儒则"彻底扬弃了仁在原始儒家那里所具有的直观感性与心理学内容"，他们着力追求的是论证仁的绝对性和超越性，尤为强调仁之为道的可能与意义。① 简单来说，与原始儒家尚主要停留在经验层面指示仁德不同，宋代儒家则尤为强调在本体论意义上建构仁。在宋儒的视域中，仁是宇宙之本体，是万物生生不已的根本动力，也指内在关联的宇宙万物构成的存在之全体。应当说，在宋代儒家中，在本体视域中真正建构起"仁体"的，正是始自二程。② 二程以仁为本体，亦以识仁为学者的首要问题。是以程颢曰，"学者须先识仁"③；"学者

---

① 参见余治平《宋明儒家对仁的本体化提升——以周敦颐、二程、朱熹、王阳明为例》，《中共宁波市委党校学报》2018 年第 3 期。

② 陈来先生指出，仁体的观念，至北宋开始显发，其原因是佛道二氏在本体论、心性论上的建构和影响，使得新儒家必须明确做出回应，以守护儒家的价值，发展儒学的生命，指点儒学的境界，抵御佛教的影响。在这个意义上说，是佛道二氏使儒家的仁体论被逼显出来，也是仁体本身在理学时代自我显现的一个缘由。参见陈来《仁学本体论》，生活·读书·新知三联书店 2014 年版，第 169 页。

③ （宋）程颢、程颐：《河南程氏遗书卷第二上》，载《二程集》上，王孝鱼点校，中华书局 2004 年版，第 16 页。

识得仁体，实有诸己，只要义理栽培"①。

在二程那里，仁之所以具有本体地位，主要是因为二程把仁与其所谓理相提并论，将二者视为同一性的概念，所谓"仁，理也"②；"仁即道也"③，仁既然与作为本体的理或道异名而同实，那么，这样的仁当然也是本体性概念。而这一点，也决定了二程所说的"仁体"，本质上也是生生之体。因为二程所论之理或道，如前所述，其实质为生生，故以仁为体，其实质亦是以生生为体。总体来看，二程所曰之仁与其所曰之理，在内涵上是高度一致的。统摄天下万物、兼赅一切，既具有生命产生的终极根据和原动力之义，亦指宇宙万有生生之全体，二程所曰之仁亦是如此。仁在二程那里既是生命得以产生的内在本性和根本动力，所谓"生之性便是仁"④，亦指宇宙万有生生不息之全体，所谓"仁者，全体"，"仁，体也"⑤。仁即理也，理即道也，故二程所说之"仁体"，也即"道体"，"天只是以生为道"，理只是生生之理，故其所言仁体，本质上讲的也是生生之道体。这正如牟宗三先生所言，"仁体就是这样的一个生道。言其本身实是一能创生万事万物之实体也"⑥。

仁是理，而理是万物生长的终极根据、原动力，亦表现为由一切生命构成的宇宙全体，是故以仁为理，则仁亦具有宇宙内在的生机、

---

① （清）黄宗羲：《宋元学案·明道学案上》，载《宋元学案》壹，陈金生、梁运华点校，中华书局1986年版，第561页。

② （宋）程颢、程颐：《河南程氏外书卷第六》，载《二程集》上，王孝鱼点校，中华书局2004年版，第391页。

③ （宋）程颢、程颐：《河南程氏遗书卷第二十二上》，载《二程集》上，王孝鱼点校，中华书局2004年版，第283页。

④ （宋）程颢、程颐：《河南程氏遗书卷第十八》，载《二程集》上，王孝鱼点校，中华书局2004年版，第184页。

⑤ 参见（宋）程颢、程颐《河南程氏遗书卷第二上》，载《二程集》上，王孝鱼点校，中华书局2004年版，第14页。

⑥ 牟宗三：《心体与性体》下，上海古籍出版社1999年版，第213页。

根本的生命力之义，同时也指由整体生命构成的宇宙全体。这样的仁，实质上即生生不绝的生命原动力以及在其支配下的万物之生生。此仁涵摄整个宇宙生命，万物原于仁、生于仁，其生生之全体亦体现为仁。这正如陈来先生在评价二程之仁时所说，"仁在宇宙的体现便是生生，生生便是宇宙之仁"[1]。也正因为生生是仁，是以宇宙中的一切亦无不是仁体之流行。故在人的直觉经验中，这样的仁，也就表现为那充满宇宙的盎然的生意。故程颢曰："万物之生意最可观，此元者善之长也，斯所谓仁也。"[2]

如此可见，二程论仁，亦是以生生为其实质内涵的，或曰是以生生为体的。客观地讲，以生为仁，这在宋儒那里二程亦不算先创，因为周敦颐亦有类似思想倾向。如周敦颐曰："生，仁也。"[3] 但是，周敦颐对生与仁之关系的提示，只具纲要意义，未曾展开。而将仁明确提高到本体境界，完全超越其原有的人伦规范性质，并借助这种提升将人的生命境界和道德修养提升到真正与宇宙生命一体相连、彻底打破物我相隔的思想障碍之境地的，则要归功于二程。二程对仁的生生之蕴的阐发和思想内涵的超越性提拔，突破了原始儒家以仁作为人的本质内涵的核心要义，在宇宙本体的层面彰显仁的意义和价值，从宇宙之必然性角度论说人应当识仁、修仁的绝对义务，这不能不说是二程对儒学的理论贡献。

具体言之，以仁为生命之全体、为生命的动力及其不息之全貌，仁就不能只从道德品性或心理体验角度加以理解。先秦儒家对仁的理解，一般侧重于将仁视为人类的道德生命本质，或者个体的一种道德品性与

---

[1] 陈来：《仁学本体论》，生活·读书·新知三联书店2014年版，第37页。
[2] （宋）程颢、程颐：《河南程氏遗书卷第十一》，载《二程集》上，王孝鱼点校，中华书局2004年版，第120页。
[3] （宋）周敦颐：《通书·顺化第十一》，载《周濂溪先生全集》第一册，河南人民出版社2018年版，第246页。

心理体验，但这样一种仁只能说是仁体在个体生命上的某种体现而已，而不是仁的全体。比如孟子把仁作为人之为人的内在善性，其所论之仁，即只是"人性之本然"，是人区别于动物的根本属性，仁并不指向动物生命的内在性，虽然孟子亦主张仁心的发用可以触及自然生命。在孟子那里，仁是决定人之所以是人的特有的人性内容，是人禽之别的重要标志，而不能说动物先天也具有"仁之性"。因此仁在孟子那里，本质上还只是人心中生发出的一种道德力量，这种仁心的培育虽然也要求我们关爱生命、尊重他者，甚至天地万物无所不爱，但这种仁爱都是以人为中心而讲的仁爱，人与自然生命在价值和对待上都不是处于同一序列，人与其他生命的不平等是显而易见的，人们之所以要关心人类之外的生命，注重自然生态的平衡，主要原因还是出于"利用"的功利心理和目的。这样，儒家的仁爱论就难免是一种特殊形式的"人类中心主义"。以这种所谓"仁爱"处理人与万物之间的关系，人与万物仍然是一种"有对"的关系，这种"仁爱"，也主要还是基于人而有的情感心理体验，而不是在人与万物一体这样一种宇宙本体的视域中看待生命关系。所以在二程看来，不管是孟子基于恻隐之心讲的"仁爱"，还是韩愈讲的"博爱之谓仁"，其实只是抓住了仁的一些表现、一点皮毛，因而都是在非常狭隘的层面理解仁。如程颐曰：

> 孟子曰："恻隐之心，仁也。"后人遂以爱为仁。恻隐固是爱也。爱自是情，仁自是性，岂可专以爱为仁？孟子言恻隐为仁，盖为前已言"恻隐之心，仁之端也"，既曰仁之端，则不可便谓之仁。退之言"博爱之谓仁"，非也。仁者固博爱，然便以博爱为仁，则不可。[①]

[①] （宋）程颢、程颐：《河南程氏遗书卷第十八》，载《二程集》上，王孝鱼点校，中华书局2004年版，第182页。

仁者必爱，指爱为仁则不可。不仁者无所知觉，指知觉为仁则不可。①

对二程而言，仁绝非只是一种爱的心理和品德，仁的个体德性因素仅仅是仁体发用之于个体生命的一种表现，而仁体则是生命之全体，是大本之天理，是生生之道的全幅呈现，仁即是理，即是道，这样的仁即是至善，是百善之源、万理之总。如二程曰："仁即道也，百善之首也。"②站在这样一种宇宙本体、价值本体的立场上，在二程看来，如果只从人的生命特质角度来理解仁，则实在是小看了仁，因为人不过是万物中之一物尔。故程颢曰："万物之生意最可观，此元者善之长也，斯所谓仁也。人与天地一物也，而人特自小之，何耶？"③

毫无疑问，二程这样理解仁，相对于先秦儒家，就极大拓展了仁的内涵，对仁之义做了超拔性的提升。这个提升的重大表现，即在于仁并非只是人性特有的生命标志，而成为万有普遍具有的生命本性，成为宇宙生命全体的本然描述，因之人与万物的关系也得以重新诠释。相对于万物而言，人并非独具仁性的生命存在，而是与万物具有一体之仁，只不过人依其禀赋优良能够显之，物不能显而已。如二程曰：

天地之间，非独人为至灵，自家心便是草木鸟兽之心也，但人受天地之中以生尔。④

---

① （宋）程颢、程颐：《河南程氏粹言卷第一》，载《二程集》下，王孝鱼点校，中华书局2004年版，第1173页。
② （宋）程颢、程颐：《河南程氏遗书卷第二十二上》，载《二程集》上，王孝鱼点校，中华书局2004年版，第283页。
③ （宋）程颢、程颐：《河南程氏遗书卷第十一》，载《二程集》上，王孝鱼点校，中华书局2004年版，第120页。
④ （宋）程颢、程颐：《河南程氏遗书卷第一》，载《二程集》上，王孝鱼点校，中华书局2004年版，第4页。

"万物皆备于我",不独人尔,物皆然。都自这里出去,只是物不能推,人则能推之。①

人受天地之中以生,故有其他生命不具有之特有灵性,这个特有灵性的标志,就是人类能识此仁、修养此仁、实践此仁,而物不能尔!但二程这种说法,并没有否认天地万物生而亦具有仁性这一事实。万物皆有理,而性即理、仁即性,故万物亦可曰皆有仁。承认万物皆有仁,实际上即是承认了万物生而即具有先天价值,各种生命在存在价值上其实都是平等的,所以二程事实上亦表现出一种生命平等论的思想倾向。不过,把人与万物平等而论,这种思想也并非儒学主流,儒学总体上更为看重人的特殊生命价值,强调人在万物中的特殊地位,而不轻言人与万物平等,甚至认为这样一种观点还有消弭人的主体性、降低人在宇宙中的主体责任之嫌。故对于二程这种观点,后儒多有不以为然者。如黄百家即曰:"此则未免说得太高。人与物自有差等,何必更进一层,翻孟子案,以蹈生物平等?"②

可见,二程这种思想虽然可以说是对儒家之仁的丰富性发展,但在某种意义上我们也可以说,这也是对原始儒家以仁为"人之特有的、固有之性"的传统认识的开新与反叛。在原始儒家那里,仁之于人而言,是内在的,虽然它有先天的基础,但这个所谓的"先天"是指仁心的与生俱来性,而非强调仁自身的超越性、独立性。但在二程那里,仁即是客观的万物生生、客观的宇宙本体,而完全不是依人才有的观念。相反,人也是仁体发用流行的产物,是受仁支配和制约的。仁是宇宙生生之性,也是生生全体。在这个角度上理解仁,仁作为一种价

---

① (宋) 程颢、程颐:《河南程氏遗书卷第二上》,载《二程集》上,王孝鱼点校,中华书局 2004 年版,第 34 页。
② (清) 黄宗羲:《宋元学案卷十三·明道学案上》,载《宋元学案》壹,陈金生、梁运华点校,中华书局 1986 年版,第 562 页。

值就被绝对化了，在这个意义上，仁对于人之生存来说，即非只是应然要求，而是一种必然，因为非如此，也就没有人类的未来。

客观地讲，二程在宇宙本体的角度对仁体的建构，对推进儒学的发展具有重大的理论意义，在现实上也有助于促进人们更为深刻地思考人与万物之关系的问题。可以说，二程在生生之宇宙本体的角度释仁，又以识仁、践仁作为工夫目标和生命境界，这不仅为个体修身确立了终极的生命目标，也为人类的整体生存指明了方向，尤其是在现实性上，为人类如何正确对待生命确立了基本的价值原则。"仁者浑然与物同体"，有生则有仁，生生方为仁，以这种至广至大的仁体生生的生命视界返照自身、涵养德性，人即容易培养起心胸广阔的生命气度和处事态度。天下万物无一物不生生，无一物非仁，故人不要执着于小我，当大心体物，如此也才能真正彻悟天理，从容中道。故二程曰："观天理，亦须放开意思。"① 仁体即万物生生，这也决定了识仁、践行的途径须注重体察"万物之生意"，通过与生命的感通自得而反照自家心灵，从而唤起仁心仁意而与天地相通，如此人才能成为真正的"大人"。万物生生，此乃天地之仁，二程认为将此生生之仁合于己身，即是人之为人之道。"仁，理也。人，物也。以仁合在人身言之，乃是人之道也。"② 是故对于有德之人来说，观万物之生意、关爱生命，这既是体会天地之德，亦是涵养德性之道，在某种意义上说，也是天人合一之正途。是故二程亦颇为强调通过"观天地生物气象"③ 来体认天理、涵养自身之德。观物可察己，察己亦可观物，这正是内外兼修

---

① （宋）程颢、程颐：《河南程氏遗书卷第二上》，载《二程集》上，王孝鱼点校，中华书局2004年版，第33页。
② （宋）程颢、程颐：《河南程氏外书卷第六》，载《二程集》上，王孝鱼点校，中华书局2004年版，第391页。
③ （宋）程颢、程颐：《河南程氏遗书卷第六》，载《二程集》上，王孝鱼点校，中华书局2004年版，第83页。

之道。如二程曰：

> 物我一理，才明彼即晓此，合内外之道也。①
>
> 苟以外物为外，牵己而从之，是以己性为有内外也。且以性为随物于外，则当其在外时，何者为在内？是有意于绝外诱，而不知性之无内外也。既以内外为二本，则又乌可遽语定哉？②

正因为"性不可以内外言"③，"天地人只一道也。才通其一，则余皆通"④，所以明道才有"观鸡雏此可观仁"⑤"物理最好玩"⑥之教。明道窗前茂草不芟，"常欲见造物生意"，置盆池畜小鱼数尾，"欲观万物自得意"⑦，这些事例也都是程颢以万物生生为"一体之仁"的精神写照。总之，仁是天地生生之全体，二程正是基于此种认识，遂亦形成以天地万物为一身的境界意识和对生命的极致处境的价值观照。

二 以天地万物为一身

二程讲的仁体是真实的客观存在，其实体性即在于此仁体即是由万物生生构成的宇宙生命整体。这个生命整体并非指万物的简单组合，

---

① （宋）程颢、程颐：《河南程氏遗书卷第十八》，载《二程集》上，王孝鱼点校，中华书局2004年版，第193页。
② （宋）程颢、程颐：《河南程氏文集卷第二》，载《二程集》上，王孝鱼点校，中华书局2004年版，第460页。
③ （宋）程颢、程颐：《河南程氏遗书卷第三》，载《二程集》上，王孝鱼点校，中华书局2004年版，第64页。
④ （宋）程颢、程颐：《河南程氏遗书卷第十八》，载《二程集》上，王孝鱼点校，中华书局2004年版，第183页。
⑤ （宋）程颢、程颐：《河南程氏遗书卷第三》，载《二程集》上，王孝鱼点校，中华书局2004年版，第59页。
⑥ （宋）程颢、程颐：《河南程氏遗书卷第二上》，载《二程集》上，王孝鱼点校，中华书局2004年版，第39页。
⑦ （清）黄宗羲：《宋元学案卷十四·明道学案下》，载《宋元学案》壹，陈金生、梁运华点校，中华书局1986年版，第578页。

而是指天地万物彼此高度关联、相互依赖、相互支撑而形成的生命体。这个生命体内部的诸生命之间的关系，以及诸生命与这个生命体的关系，就如同身体内部诸器官与这个身体之间的关系，故由此万物构成的宇宙整体，本身亦成为一个"有生命"的存在，具有自我创生、演化、发展的生命性。天地万物俱是一体之仁、一身之在，所以人如果认识不到这一仁体，也就不可能在根本上形成正确的处理天人物我之关系的方式和原则，是故程颢的为学工夫首先强调"学者须先识仁"，而识仁的关键即在于领悟"仁者，浑然与物同体"。① 天地万物乃一身之共在，诸生命之间具有相生无间之关系，二程对宇宙生命的这种本然判断，也指示出人类行事的伦理原则。因为人类生命与万物具有一体共生的关联性，故人类就不能只以私心处事，否则，必违天道，也必将遭受上天之报应，故二程格外强调行事要"公"，认为"公"最近仁、最贴近天理。如程颐曰，"仁之道，要之只消道一公字"②，"只是一个公字。学者问仁，则常教他将公字思量"③。但是这个"公"，不是指特定范围的"公共之事物"，而是指"心尽天地万物之理"之公。④ 所以人有"公心""公德"，如非全尽天理，亦不能说全其仁德，而只能说"近仁"。"仁道难名，惟公近之，非以公便为仁。"⑤ 仁道广大，求仁、践仁是个无止境的事业，是无限趋近的生命境界，所以有道之君子，无一时而去仁。

---

① （宋）程颢、程颐：《河南程氏遗书卷第二上》，载《二程集》上，王孝鱼点校，中华书局2004年版，第16页。
② （宋）程颢、程颐：《河南程氏遗书卷第十五》，载《二程集》上，王孝鱼点校，中华书局2004年版，第153页。
③ （宋）程颢、程颐：《河南程氏遗书卷第二十二上》，载《二程集》上，王孝鱼点校，中华书局2004年版，第285页。
④ （宋）程颢、程颐：《河南程氏遗书卷第十四》，载《二程集》上，王孝鱼点校，中华书局2004年版，第142页。
⑤ （宋）程颢、程颐：《河南程氏遗书卷第三》，载《二程集》上，王孝鱼点校，中华书局2004年版，第63页。

不能不说，二程的这些观点确实具有自我理论创造性，虽然二程自认为其理论受到了张载《西铭》的特别影响。①但问题是，张载虽然将天地生物之德视为"天地之仁"，但他并未明确仁体之义，而且二程对生命的一体性、完整性的揭示，显然也不同于张载。在张载那里，天地万物虽然是同本同构的，但万物之关系，恰如一家之关系，天地是父母，万物为其子女，因而万物可谓"一家之共在"。人类社会中人与人的关系也是如此。比如张载的"乾称父，坤称母""大君者，吾父母宗子；其大臣，宗子之家相也""尊高年，慈孤弱"等说法②，都是将人类社会视为"一家"的表现。而在"一家"的视域中，生命之间仍然是"有间"的存在，"我"与"他者"的主宾之辨仍然显而易见。家庭成员虽然存在血缘上的天然纽带，具有友爱互助的"自然义务"和自然的心理基础，但仍然是独立的个体单位。但在二程仁体观念支配下的生命之关系，则是"一身之共在"，个体与整体之间是一种无间的关系，个体只是整体的有机构成部分，和其他个体存在一体协同关系，不能独立存在，整体也不能随意离弃个体，任何个体的缺乏，都意味着生命完整性受到破坏。在这个意义上，"生命的力量"源自这个生命整体的完整。"我"和"整体"是"一"，"整体"即是"我"，"我"即是"整体"，二者融通无间，一旦有间，则意味着个体偏离了"正道"，此生命的整体亦处于伤害之中。

万物的这种一身共在之关系，在二程看来，此乃意味着万有生命

---

① 二程极为推崇张载的《西铭》，认为《西铭》讲的就是"仁体"之义。如程颢曰："订顽一篇，意极完备，乃仁之体也。学者其体此意，令有诸己，其地位已高。"参见（宋）程颢、程颐《河南程氏遗书卷第二上》，载《二程集》上，王孝鱼点校，中华书局2004年版，第15页。

② （宋）张载：《正蒙·乾称篇》，载《张载集》，章锡琛点校，中华书局1978年版，第62页。

第三章 二程的生命伦理思想

之间具有一种贯通的生命力，它表现为一切生命的蓬勃生意、生生而终始无穷，而这种生命之全体的流行，亦正是所谓仁体的体现。故人若能感觉到这一身之在，能够感知这种生命力，对他者之在具有同情共感能力，这在二程看来，也即可谓有天地之仁的表现，具有"大仁"之风。二程常以医者所谓"手足麻木为不仁"比喻这一身共在之关系，并以此指示人当如何对待他者、如何处理人与诸生命之关系，从而进行自我生命的修养。如程颢曰：

> 医书言手足痿痹为不仁，此言最善名状。仁者，以天地万物为一体，莫非己也。认得为己，何所不至？若不有诸己，自不与己相干。如手足不仁，气已不贯，皆不属己。[1]
>
> 若夫至仁，则天地为一身，而天地之间，品物万形为四肢百体。夫人岂有视四肢百体而不爱者哉？圣人，仁之至也，独能体是心而已，曷尝支离多端而求之自外乎？故"能近取譬"者，仲尼所以示子贡以为仁之方也。医书有以手足风顽谓之四体不仁，为其疾痛不以累其心故也。夫手足在我，而疾痛不与知焉，非不仁而何？世之忍心无恩者，其自弃亦若是而已。[2]

仁是一体之仁，贯通一切生命，是内蕴于生命的生机、生意，人若对生命缺乏感知能力，丧失同情共感的心理，就如同人的肢体麻痹不知痛痒一样，即是不仁的表现。"人之一肢病，不知痛痒，谓之不仁。人之不仁，亦犹是也。盖不知仁道之在己也。知仁道之在己而由

---

[1] （宋）程颢、程颐：《河南程氏遗书卷第二上》，载《二程集》上，王孝鱼点校，中华书局2004年版，第15页。
[2] （宋）程颢、程颐：《河南程氏遗书卷第四》，载《二程集》上，王孝鱼点校，中华书局2004年版，第74页。

之，乃仁也。"①

天地万物乃一身之在，因而不可物我两观、天人异处。物非非我，我亦非非物，天人本是一身，故物我无间，天人无间，因而以己合彼，追求天人之合就错了。二程认为，如《中庸》言"参赞天地之化育"，已经是区分了一个我、一个天地，我与天地是有隔的，故此方有主体"参赞"的行为，然而在二程看来，天人一身，言参赞天地，反而把人本是自足之体看得小了。如二程曰：

> 除了身只是理，便说合天人。合天人，已是为不知者引而致之。天人无间。夫不充塞则不能化育，言赞化育，已是离人而言之。②

把人与天地和万物区别来看，又如何真正把握作为全体的仁体，又如何真正将己身之根本的仁之自性充分彰显出来，从而最大可能提升人类的生命境界？于二程，人类的生命自由正是在人类"以天地万物为一身"的境界意识中得以培育出来的，人类生命亦由此获得解放，不再受外物的局限和奴役。反之，物我两隔，天人异处，自有主宾之辨，即使认识到统一与合作的意义，然而追求统一与合作的过程也必是艰难而痛苦的过程，人类仍然要为此付出身体和精神诸方面的代价。在二程看来，这就是"反身未诚，则犹是二物有对，以己合彼，终未有之"③。二程认为，"人与天地一物也"④，"有道有理，

---

① （宋）程颢、程颐：《河南程氏外书卷第三》，载《二程集》上，王孝鱼点校，中华书局2004年版，第366—367页。
② （宋）程颢、程颐：《河南程氏遗书卷第二上》，载《二程集》上，王孝鱼点校，中华书局2004年版，第33页。
③ （宋）程颢、程颐：《河南程氏遗书卷第二上》，载《二程集》上，王孝鱼点校，中华书局2004年版，第17页。
④ （宋）程颢、程颐：《河南程氏遗书卷第十一》，载《二程集》上，王孝鱼点校，中华书局2004年版，第120页。

天人一也，更不分别"①，故"天人本无二，不必言合"②。"言合"未认识到天人本是一身之在、一体共生的关系。"体天地之化"的说法亦是一般错误。己身即天地之化，天地之化即己身生命本质，认识不到这一点，也就认识不到人类与诸生命同体共生的必然关系，也就不能形成万有命运一体相连的生命意识。故程颢曰："言体天地之化，已剩一体字。只此便是天地之化，不可对此个别有天地。"③ 总之，人类只有认识到天地万物为一身，才可能真正确立终极的生命之道，才可谓确立起人类生生不已的根本的精神信念支撑以及思想上的根本保证。

　　客观地讲，二程这种思想对于今天人类该怎么对待自然生命，该怎么对待整个地球，该如何处理人与人、民族与民族、国家与国家乃至人与万物之关系，具有深刻的启示意义。人类的生生相续与自然万物的生生不息是一体相关的，人类固然不可将自身看得太小，但也绝不能将自身看得太大。人类只有习惯于把自己放到天地中与他者生命一般看待，才能真正切实感受自我生命的价值和存在意义，否则不过本能存在而已。人与他者并不是非此即彼的关系，不应当人为制造生命的对立，反之，人应当如同看待自己手足一般看待众生。生命之间是血脉贯通的，割断这种联系，人类也没有未来。二程曾有喻言："切脉最可体仁。"④ 对此，明儒刘宗周释曰："脉脉不断，正此仁生生之体无间断，故无痿痹。一断，便死了。不仁者，如邵子所谓'不知死

---

① （宋）程颢、程颐：《河南程氏遗书卷第二上》，载《二程集》上，王孝鱼点校，中华书局2004年版，第20页。
② （宋）程颢、程颐：《河南程氏遗书卷第六》，载《二程集》上，王孝鱼点校，中华书局2004年版，第81页。
③ （宋）程颢、程颐：《河南程氏遗书卷第二上》，载《二程集》上，王孝鱼点校，中华书局2004年版，第18页。
④ （宋）程颢、程颐：《河南程氏遗书卷第三》，载《二程集》上，王孝鱼点校，中华书局2004年版，第59页。

过几万遍，却是不曾生'一般。"① 故人为制造人己之隔，区别对待，以及对自然的"自信地"破坏性利用，于二程，难为人矣！如此，人类徒有其形，亦不知乃将死之在矣！然识得仁体，或未晚矣！识得仁体，"人能放这一个身公共放在天地万物中一般看，则有甚妨碍？虽杀身，曾何伤"②？于个体，便可"廓然而大公，物来而顺应"③；于国家，制礼创法，便可"皆本诸人情，极乎物理"④，从而合天心、顺民意而可国固邦宁、社会和乐；于人类，便可为人类和谐共生、合作共赢创立坚实的理念；于宇宙万有，我们便可更加审慎地开发和利用，从而做到与天地的共生共荣。总之，"顺理则无忧"⑤，二程之仁体生生、天地万物为一身的生命思想，其义大矣哉！

本章结语

在终极问题上，二程诉诸理，以理为万事万物的本原，强调理对一切生命的根本规定性，这一点是没有任何疑问的。从这个意义上说，生命的产生、生命的价值和存在的根本原则，都是由理来加以根本规定的。但是二程讲的理，事实上又是以生生为体的，亦即理是个生生之理，生生是它的本然、体段，是理之性。这表明二程所谓"理"，乃一蕴含着生生的动力和机制的理，也正因如此，才有了充满盎然生意

---

① （清）黄宗羲：《宋元学案卷十三·明道学案上》，载《宋元学案》壹，陈金生、梁运华点校，中华书局1986年版，第553页。

② （宋）程颢、程颐：《河南程氏遗书卷第二上》，载《二程集》上，王孝鱼点校，中华书局2004年版，第30页。

③ （宋）程颢、程颐：《河南程氏文集卷第二》，载《二程集》上，王孝鱼点校，中华书局2004年版，第460页。

④ （宋）程颢、程颐：《河南程氏文集卷第一》，载《二程集》上，王孝鱼点校，中华书局2004年版，第452页。

⑤ （宋）程颢、程颐：《河南程氏粹言卷第一》，载《二程集》下，王孝鱼点校，中华书局2004年版，第1180页。

的宇宙万物及其生生不息的生命特质。在这个意义上说，天地宇宙也即一生生的生命体，是一永恒的富有绵绵不绝生命创造力的存在。万事万物处于永恒的创造和生成过程当中，其根由正在于理自身蕴含着无穷的生命冲动和原动力，是个生生之理。生生之理本质上是对万物生生的抽象，但二程又颇为强调不能脱离万物生生之现实而言理。有此理，则有万物之生生，此理也必须通过万物生生来呈现自身。二程认为对理的体认必须要通过具体的生命，生生的信仰才会在具体的生命经验感知中生根发芽，从而发挥导引人的实际生活、提升人的德性和生命境界的作用。"体用一源，显微无间"，生生即是理，理即是生生。理解二程的生命伦理思想及其生命精神，对此生生之理的体认实为关键。因为论及生命本原和生存状态，在二程那里，在终极意义上都必须诉诸生生之理。生命的价值，以及处理生命关系的应然准则，对生命及其行为的善恶价值评判，从根本而言，也都需要从这一生生之理出发。

二程以理为究极本体，回答了生命本原问题，但在生命的统一性和差异性问题上，二程并非完全诉诸理，而是如张载一样，引入了气的概念。但二程对于气的看法与张载又具有显而易见的区别。二程将气看成理派生之物，是形而下的，气的运动变化是由理推动的，但同时又是对理的显现和证明。张载讲的气则有形上、形下之分，并且张载认为气是永恒的，气聚而物生，气散而物消亡，物的存在与否，都不影响气的永恒性。但在二程那里，构成具体之物的气则是有始终的，物在气在，物亡气亡，气并非如张载所说那样乃"常存不死"。总体而言，在理气关系上，二程持理本气用、理一气殊、理气一体共同创造万有的观点，并以这种观点处理生命的多样性、差异性与统一性问题，以及说明人性之善恶的问题。

在人性论和生命价值论上，二程亦明显吸收了张载天地之性和气质之性的观点，可以说是在结合其"理"的基础上对张载人性论的再阐释。从理气综合作用创造万物的角度出发，二程将性区分为天命之性和气质之性，天命之性对应着理自身，具有价值上的纯然本善的规定，在这个意义上，理即性，性即理；气质之性则既可能表现为善，亦可能表现为恶，为善为恶，全在于具体生物之气禀如何。二程以"理之性"为善，而"理之性"的实质又是生生，因而二程事实上是把生生规定为善。从实际行为上说，人们对于生生的体悟和践履即是对善的实践，此即所谓"继生理为善"。人只要按照生生的要求而行动，即是在实践善，即可谓有德之人。而且，人们基于这样一种认识行善，也表明人们心中其实具备了某种生命信仰。也就是说，在二程那里，人应该爱惜生命、重生、厚生，这不仅是一种出于类似恻隐之心的"善的本能"或情感的行为，也是来自绝对的本体命令，是人理所当然的行为。

不过，继生理为善虽然规定出人类生命最高的追求和价值原则，但由于先天气禀的限制，人类亦常常对此生生之理、生生之性日用而不知，缺乏自觉的实践，因而它的实践亦必须借助人类理性的觉醒以及人类对自身先天"气性"加以"澄治"的工夫。二程"继生理为善"的观点，也突出了人的在场性、主体性，高扬了人类弘道的责任意识和使命，在这点上，二程和张载等众多儒家一样，都恪守了孔子"人能弘道、非道弘人"的古训。

不过，二程的生命思想最有价值和富有现代启示意义，应当为我们特别重视的，大概还是二程的"仁者以天地万物为一身"的观点。正是这一观点，启示人类要更加关注宇宙生命的完整性这一根本性的问题。在当代，生命的完整性，或者说"生物的完整性"，是生命伦理学讨论的一个前沿问题。二程有关生命完整性的思考，主要是基于宇宙系统生命的思考，而非个体生命完整性和物种完整性，但二程的思

第三章 二程的生命伦理思想

考亦有助于我们进一步思考保持个体生命完整性和物种完整性的价值和意义问题。在二程的思维意识当中，宇宙大生命的健康长久，与其内部诸生命的完整，乃至个体生命的健康都是直接相关联的。二程并不排斥个体生命与物种生命的自然损耗，但二程认为天之生物都是有自我调节能力和自我平衡能力的，所谓"天地生物常相称"①，故这种自然的生命损耗因为是在保证系统大生命健康和谐运行的前提下发生的，因而是允许的，也是合乎天理的。但二程反对非自然的干预导致的系统生命运行失衡。在根本的生命伦理原则问题上，二程的基本主张是大原则应当顺应造化之理，不应违背天地自然规律，强调顺天方能"休命"，但似又不完全排斥"人力可以胜造化"。如《河南程氏遗书》载：

> 陈贵一问："人之寿数可以力移否？"曰："盖有之。"棣问："如今人有养形者，是否？"曰："然，但甚难。世间有三件事至难，可以夺造化之力：为国而至于祈天永命，养形而至于长生，学而至于圣人。此三事，功夫一般分明，人力可以胜造化，自是人不为耳。"②

这段话虽然是程颐针对人是否能通过工夫而"养身""养生"以延年而做的回答，但在这段话中，二程还是透露出自然天命虽不可违但人力亦有"施展空间"之义。但人力施展的界限是什么呢？通过二程整体的思想来看，此系当以维护整体的系统生命健康为准则，人们应当在生命一体相生的系统生命原理下思考具体的针对生命的正当性

---

① （宋）程颢、程颐：《河南程氏遗书卷第二十二上》，载《二程集》上，王孝鱼点校，中华书局2004年版，第291页。
② （宋）程颢、程颐：《河南程氏遗书卷第二十二上》，载《二程集》上，王孝鱼点校，中华书局2004年版，第291页。

问题。二程的这一思想是颇具现实意义的，特别是在人类正经受大自然无情攻击的当下，对这一问题进行更为深入的思考，尤显得迫切和紧要。这一问题，也广泛影响到我们如何评判生殖技术、基因工程、人工智能技术的开发和应用的伦理正当性。在这种情况下，二程基于一体之仁、仁者以天地万物为一身的观点所阐释的"生命完整性"的理论，值得我们特别重视和进一步思考。

第四章 朱熹的生命伦理思想

1127年，金兵攻克北宋首都开封，掳走徽、钦二帝及皇室宗亲3000余人，北宋灭亡。同年，徽宗第九子康王赵构于应天府（河南商丘）称帝，后定都杭州，南宋建立。两宋之际，肇兴于北宋的理学也开始了向南传播的态势。从学术形态来看，理学由北向南的传播，主要是由二程创立的"伊洛之学"的传播。可以说，二程的弟子们是北宋理学向南宋发展的重要中介。不过，由于他们恪守师说而缺少创新，因而在理学"南渡"及其后续发展的过程中，他们的主要作用也主要限于将其师说南传。伊洛之学向南宋的传播，按照南宋学者真德秀的说法，主要形成了由朱熹代表的"闽学"和由胡宏、张栻代表的"湖湘学"。这两支学派，学界一般笼统称为"道南学派"。① 此外，与之鼎立的，还有陆九渊创立的"江西之学"。这三派，是南宋时期理学发展的最重要三派，他们的思想对周敦颐、张

---

① 按照真德秀的说法，二程之学向南的传播，主要有两条路线。一路由杨时经罗从彦、李侗到朱熹而形成的"闽学"；另一路是经由谢良佐至胡氏父子（胡安国和胡宏）、张栻而形成的"湖湘学派"。"二程之学，龟山得之而南，传之豫章罗氏，罗氏传之延平李氏，李氏传之考亭朱氏，此一派也。上蔡传之武夷胡氏，胡氏传其子五峰，五峰传之南轩张氏，此又一派也。"参见（宋）真德秀《西山读书记》卷三十一，载《影印文渊阁四库全书》，（台湾）商务印书馆1986年版，第105页。

▌宋代儒家生命伦理思想研究

载、二程的哲学思想，都有很大程度的吸收、借鉴，并有统合各家思想的倾向，从而促进了宋代儒学的整体性发展。因此，我们对南宋时期儒家生命伦理思想的研究，即主要以这三派为主。鉴于在这三派中，朱熹与湖湘学者、陆九渊均发生了密切的学术交流，对朱熹理学的理解，极有助于我们对湖湘之学与江西之学的理解，且朱熹素被认为是理学之大成者，故对南宋儒家生命伦理思想的研究，本书即以朱熹为始。

朱熹不仅是理学的集大成者，在一定程度上，也可谓中国古代思想之大成者。陈钟凡认为，"朱熹学说之特色，在网罗古今，融会贯通，自成系统。举凡《论语》之言仁，《大学》之言致知、格物，《中庸》之言诚，《孟子》之言仁义，汉儒之言阴阳五行；下逮周敦颐之《太极图说》，张载之心性说，邵雍之先天易说，程颢之仁说，程颐之理气二元说，旁及佛老之书，莫不兼容并包，冶诸一炉，加以系统的组织，自成一家之言"①。不过，朱熹的哲学思想内容十分庞杂，而且从其思想发展过程来看，其思想亦经历过重大变化，其前后的哲学观点并不尽一致。并且朱熹的哲学命题往往兼摄多方面的内容，这就像陈来先生所说，"组成这一学说总体的命题大都不是意义单一的命题，朱熹哲学中的哲学命题和他对许多问题的讨论在内容上大都具有多方面、多层次的不同含义"②。故研究朱熹的生命伦理思想，一方面我们要注意到朱熹哲学命题内涵的多样性、丰富性，另一方面更要注意前后的变化，从中发现其思想发展的逻辑一贯性、整体性和朱熹较为成熟的观点。有鉴于此，本章在研究朱熹生命伦理思想时，较为侧重朱熹晚年时期的"思想定论"，同时亦注重对其一贯性观点的考察。

---

① 陈钟凡：《两宋思想述评》，东方出版社1996年版，第200页。
② 陈来：《朱子哲学研究》，华东师范大学出版社2000年版，第9页。

第四章 朱熹的生命伦理思想

第一节 理气统体

朱熹是理学大宗师，其思想特色和地位之奠定，无疑都和他对理的推崇和阐释相关。但朱熹对理的阐释，往往不离气。陈来先生说："在朱熹哲学中，'理'和'气'成为其哲学体系的最基本的范畴，理气关系也就成为最重要的哲学问题。"① 朱熹言谈心性义理诸问题，必以理气及其关系为根本、为前提。从生命伦理学的角度说，涉及生命的本原、价值以及对待生命的伦理原则等问题的讨论，在朱熹那里亦皆以理气及其关系的讨论为先导。理和气在朱熹哲学中均具有统体意义，二者及其关系问题贯穿朱熹哲学的方方面面，它们一体两面、有机融合，共同决定着朱熹对生命问题的基本看法，故此本节曰"理气统体"云云。

"统体"之谓，在朱熹的哲学中经常出现，它有"统一全体""根本""核心""贯穿全部"之义，涉及"统体"的范畴，也往往都具有中国哲学中所谓"本体"的内涵。在朱熹的语言系统中，"理""仁""太极"等概念均具有"统体"意义。如朱熹曰：

"气禀有偏而理之统体未尝有异"②；"盖合而言之，万物统体一太极也"③；"仁是天理之统体"④。

本节以理和气为统体，即是在世界本原等根本问题上，认为理和气共同决定了宇宙万物之生成和存在的问题，没有理和气的一体作用，

---

① 陈来：《宋元明哲学史教程》，生活·读书·新知三联书店2010年版，第164页。
② 朱熹：《晦庵先生朱文公文集卷六十二·答杜仁仲》，《朱子全书》第23册，第3001页。
③ 参见（宋）周敦颐《周敦颐集》，陈克明点校，中华书局1990年版，第6页。
④ （宋）朱熹：《朱子语类卷第六·性理三》，载（宋）黎靖德编《朱子语类》一，王星贤点校，中华书局1986年版，第112页。

就没有真实的生命世界。理气赅载万物，贯通万有，二者浑沦不可分，是宇宙万物得以产生和存在的根本依据和直接原因。故研究朱熹生命伦理思想，需深谙朱熹理气统体之义，如此才能更好地理解朱熹有关生命问题的基本观点和思想倾向。这正如钱穆所言，"朱子论宇宙万物本体，必兼言理气。气指其实质部分，理则约略相当于寄寓在此实质内之性，或可说是实质之内一切之条理与规范。朱子虽理气分言，但认为只是一体浑成，并非两体对立。此层最当深体，乃可无失朱子立言宗旨"[①]。

一 统体之理

在一般的观念中，朱熹的"理"无疑在其哲学体系中居于绝对的本体地位，是一个至高无上的本体范畴，它构成万有之根源，在价值上也是一个自足至善的概念。对于这样的说法，如果笼统地说朱熹所曰之理是一个本体范畴，学界大概不会有多大异议。但是如果进一步追问，朱熹讲的理是何种意义上的本体，理是不是唯一的本体，学界却存在不小的争议。长期以来，关于朱熹哲学的本体论问题，学界现在还不能说已经取得完全一致的意见。有关朱熹是理一元论者，还是理气二元论者；朱熹讲的理是"只存有不活动"，还是"即存有即活动"，抑或理是"死理"还是"活理"等问题，甚至朱熹讲的理是不是一个最高的本体概念，学界都存在一定争议。由于这一问题直接关系到我们对朱熹生命伦理精神和根本原则的判断，故厘清朱熹之"理"的内涵及其在其哲学思想中的地位问题就颇为必要。

在一般的认识当中，人们常以"理"作为朱熹哲学最高的本体范畴，甚至将之等同于西方哲学的本体范畴。这种看法，很有可能是受到了冯友兰、牟宗三等人的影响。冯友兰和牟宗三对朱熹之理的

---

① 钱穆：《朱子新学案》一，九州出版社2011年版，第33页。

第四章　朱熹的生命伦理思想

认识，大致都有此思想倾向。比如冯友兰认为朱熹讲的理大致如同希腊哲学所讲的"形式"，并将之与柏拉图所谓"理念"类比。这个理是超时空而潜存者，它单独构成了一个形而上的理世界，并且这个世界，在冯友兰看来，亦是"实已极完全之世界"。而实存可感的世界则是由形而下的气构成的世界，这个世界属于"在时空而存在者也"。[①] 牟宗三对朱熹之理的认识虽然和冯友兰有所不同，但基本的观点类似。他认为朱熹之理主要讲的是"所以然之理"，但这个"所以然之理"并非形而下的描述意义上的"自然之理"，而是"形而上的、超越的、本体论的推证的、异质异层的'所以然之理'。此理不抒表一存在物或事之内容的曲曲折折之征象，而单是抒表一'存在之然'之存在，单是超越地、静态地、形式地说明其存在"[②]，故其曰"存在之理"或"实现之理"。这个理是"只存有不活动的"，它虽然与柏拉图、亚里士多德所言"上帝"或"造物主"不同，"然属于同一层次则无疑"。[③]

冯友兰和牟宗三都是以中西哲学比较的视域来看待朱熹之理的，他们的观点在学界很有代表性。这种以西方哲学本体论的视域分析朱熹之理的进路，也影响了很多人。比如张立文就更为明确地将朱熹之理归结为超越的精神实体。他说，"在朱熹的世界图式中，'理'不仅是形而上的本体，而且是人类社会的最高原则。在他看来，本体'理'自身是独一无二的、寂然不动的"，"它是超越于自然界、不依赖于自然界而存在的东西"。[④] "这个理是先验的、超越的、独立的、形而上的观念性的精神实体。是一个一般观念，或者说是存在于事物

---

① 参见冯友兰《中国哲学史》下册，华东师范大学出版社2000年版，第255页。
② 牟宗三：《心体与性体》上，上海古籍出版社1999年版，第77页。
③ 牟宗三：《心体与性体》上，上海古籍出版社1999年版，第85页。
④ 张立文：《宋明理学研究》，中国人民大学出版社2016年版，第315页。

'之上''之先'的一般理念。"①

但是这种以西方哲学本体论之"本体"为标准分析朱熹之理的做法在当代亦受到不少学者的质疑。比如蒙培元就明确指出，朱熹所谓"理"，"决不是超自然的绝对观念或绝对精神……对于物质的自然界而言，它有超越性，是精神性的，但决不是绝对超越的实体"②。刘述先似乎也不认为朱熹之理是一种类似西哲所谓的"精神实体"。比如他认为冯友兰以柏拉图的"理念"类比朱子之"理"是错误的，因为在他看来朱熹之理并不是超时空的潜存者，非立于时间流变之外之上，而是基于朱熹理气"不离不即"之说认为理是与形而下世界统一于一起的，朱熹所曰形而上之理是只"在"而不"有"，理只是"现实存有的所以然之超越的形上的根据"，这似乎也否定了理之实体义。③

与上述争议相关的一个问题是有关朱熹所曰之理是"死理"还是"活理"的问题。这一问题，古人早有所论，不过在其时，这个问题主要表现为理是否有动静的问题。④把朱熹所谓"理"当作"死理"看，主要是从静止的眼光看待理的存在性质。理是超越的、永恒的精神本体，它自身没有运动变化，因而一旦它有变化，它也就不能"胜任"

---

① 张立文：《宋明理学研究》，中国人民大学出版社2016年版，第317页。
② 蒙培元：《朱熹哲学十论》，中国人民大学出版社2010年版，第69页。
③ 参见刘述先《朱子哲学思想的发展与完成》，（台北）学生书局1982年版，第270页。
④ 古人有关"死理""活理"的说法及其争论，可参见明儒曹端所作《辨戾》。其曰："先贤之解《太极图说》，固将以发明周子之微奥，用释后生之疑惑矣。然而有人各一说者焉，有一人之说而自相龃龉者焉，且周子谓'太极动而生阳，静而生阴'，则阴阳之生，由乎太极之动静。而朱子之解极明备矣，其曰'有太极，则一动一静而两仪分。有阴阳，则一变一合而五行具'，尤不异焉。及观《语录》，却谓'太极不自会动静，乘阴阳之动静而动静'耳，遂谓'理之乘气，犹人之乘马，马之一出一入，而人亦与之一出一入'，以喻气之一动一静，而理亦与之一动一静。若然，则人为死人，而不足以为万物之灵，理为死理，而不足以为万化之原，理何足尚而人何足贵哉？今使活人乘马，则其出入、行止、疾徐，一由乎人驭之何如耳。活理亦然。不之察者，信此则疑彼矣，信彼则疑此矣，经年累岁，无所折中，故为《辨戾》，以告夫同志君子云。"参见（明）曹端《曹端集》，王秉伦点校，中华书局2003年版，第23—24页。

第四章 朱熹的生命伦理思想

本体的角色,不具有了本体资格。这样一种观点,基本上仍然是以西哲本质主义思维看待朱熹之理。而把朱熹之理看成"活理",则表现为两个方面。其一,是从理派生万物这个角度将理看成"活的"。理是宇宙万物之本体,一切生命都由理决定和派生,从这个角度看,理无疑表现出一种主宰性,似乎本身具有某种"生命的意志",它自身是有生命力的,故而理能生出构成万物的基础材料——气,继而气又构成具体事物。理能生物,故当归结为"活理",不能视其为纯粹的、形式上的、静止的"原理"。其二,认为理本身就是一种"生生之理"。理是就气化万物以及万物生生不已之宇宙实然而言的,万物之生生,就是天理的流行,在这个意义上,理就是万有产生、演化、存在之理,亦是阴阳造化之本身。这个"生生之理"是兼着活动性的"气"而说的"理"。

认为朱熹之理主要是"生生之理",唐君毅是力主此说的代表。他说:"中国哲学家中,最重生生之道之理,而视之为万物之一原所在,而详发其蕴者,则为宋儒之朱子。朱子之所论,既近承周张二程之言生生之理生生之道,远本于易传之言生生之易,与中庸之言天之生物之道,而亦遥契孟子之言'生则恶可已',与孔子之言天道之见于'四时行百物生'之旨。"[①] 在唐君毅看来,朱熹所论之理虽然包含西哲"形式之理"之义,但主要是以"生生之道"为内涵的统体之理,因而不能完全以西哲形式之理或"实现原则"加以检视。唐君毅还提出一个颇有启发性、值得我们特别重视的一个观点,那就是他认为朱熹的理,实乃立基于儒家传统之"天本论"的立场、是对儒家天之创生义的理学阐释,因而理解朱熹的理,不应该脱离儒家"天之生道"这一本源义。他说:"中国思想重此天之创造性之本身,方发展出此朱子

---

① 唐君毅:《中国哲学原论·导论篇》,中国社会科学出版社2005年版,第282页。

之直以此道此理，为人物之生生之原，以说天命流行之思想也。"① 从天地创生万物的角度而言，理无非天地创生万物之法则及其具体生物之性的抽象概括。故理虽可抽象言之，但不能完全以先验理性形式论之，理是因物而在的，甚至可能后于物而生，因为离"物之生生"就无所谓"理"。故即物而言理，这是理解朱熹之理的基本方式。故唐君毅说：

> 在朱子之思想中，其言统体之生生之理生生之道，固亦为先天地万物而自有者。然朱子唯直言天地万物之依此道此理而生。至对物之形式之理，则视为后于物之生而有，以为人所知者。故语类卷九十四谓："未有一物时，是有天下公共之理，而未有一物所具之理。"则朱子无形式之理先在之说，亦无形式之理先为上帝所知，由其意志加以实现之说。其以人物直依此道此理而生，此道此理亦即直接为人物之所以生之理由或实现原则。故此道此理，即可视为人物所以生之性，而直接内在于人物者。②

蒙培元的观点与唐君毅的看法大致相同。他同样认为朱熹所曰之理非西方哲学所说的"本体"，而将之归结为生命创造的原理。他说："朱子有'实理''实体'之说，但这不是西方哲学所说的本体即实体，而是真实之理，真实之体。"③ 这个"真实之理"主要表现为自然宇宙万物的创生过程，因而它从根本上说，是个生命创造之理。"'生理'或'生生之理'。这是理的核心内容，也是理的价值意义所在。"④ 蒙培元同时认为，朱熹之理的本体意义亦体现为"理只是气，即物所

---

① 唐君毅：《中国哲学原论·导论篇》，中国社会科学出版社2005年版，第286页。
② 唐君毅：《中国哲学原论·导论篇》，中国社会科学出版社2005年版，第286页。
③ 蒙培元：《朱熹哲学十论》，中国人民大学出版社2010年版，第37页。
④ 蒙培元：《朱熹哲学十论》，中国人民大学出版社2010年版，第70页。

依据的原理或'道理'","这所谓'本',可以说是生命存在的本体,但不是独立存在的实体",因而"如果讲本体论,这是不同于西方哲学的一种很特别的本体论,即存在本体就在存在之中而成为存在之所以存在者"。① 不过,牟宗三并不赞同这种观点,而且明确否定了朱熹之理是一个动态的生命本体之理。他认为程颢所谓"理"才是一个等同于"易之道体"之"动理",这样的理才是"创造之真几,亦曰创造实体"②,而朱子讲的理则"减杀"了理的动态生生之义。他说:"总天地万物而本体宇宙论地言之之道体(实体)原本是'于穆不已'之天命实体、'为物不贰生物不测'之创生之道,而今则只成静态的存有,至多是本体论的存有,而不能起妙运万物之创生之用者。"③

与以上立足于对朱熹之理的本体地位和性质的分析不同,唐文明则认为将朱子哲学局限在理气二元这一基本架构来分析,可能本身就是有问题的。唐文明基于对朱熹哲学中的"天地"和"天地之心"的分析,认为"天地之心"在朱熹哲学体系中是一个可能比"理"更具有超越意义和统合功能的概念,因而以理气二元为基本架构来理解朱熹哲学的做法就应该加以调整。与这种论断相一致,唐文明提出理解朱熹哲学的宇宙论,更合理的做法不是以理气二元为架构,而是"必须始终在心、理、气三者相统一的架构中理解朱子的宇宙论"④。

总体来看,学界对于朱熹之理是否是其哲学思想中的最高本体以及性质问题是有很大争议的。而造成这种争议的一个重要原因很可能

---

① 蒙培元:《朱熹哲学十论》,中国人民大学出版社2010年版,第176—177页。
② 牟宗三:《心体与性体》上,上海古籍出版社1999年版,第60页。
③ 牟宗三:《心体与性体》上,上海古籍出版社1999年版,第70页。
④ 参见唐文明《朱子论天地以生物为心》,《清华大学学报》(哲学社会科学版)2019年第1期。

是缘于学者们的"本体"视域之不同或者混淆了中西哲学中的本体观念所致。受西学之影响，以西方哲学本体论视域分析中国哲学之概念在当代仍然是一个普遍的做法，很多学者自觉或不自觉地都受着这一分析进路的影响。然而中国古代哲学家言说哲学问题，往往并没有明确地将世界分为"本质界"和"现象界"之二重世界图式的思维习惯，把世界分成一个超越的、独立的本体界和一个仅为其表象的现象界，二者存在泾渭分明的界限，这非但是中国古代哲学家的普遍自觉，亦非其认可的做法。我们没有否认以西方哲学模式为进路研究中国哲学的意义，但也无法回避这种研究方法的局限。因为按照这种方法分析中国古代哲学的概念范畴，必然会带来许多难以回避但同时也是难以说明的问题。譬如对朱熹之理的认识，朱熹所曰之理或许确实具有某些西哲所谓先验理性形式的特征，但它又不同于纯粹的如所谓"绝对精神"那样的理念。离开儒家哲学"即体即用"的思维传统去单独论证某个概念的"最高本体"地位，都难免陷入材料上的自相矛盾。比如朱熹确实经常讲到"理为本"，如他说"有是理便有是气，但理是本"[1]，"以本体言之，则有是理，然后有是气"[2]，但如果我们依此即认为朱熹所曰之理就是西哲本体论意义上的"最高本体"，就必然也要面对诸如以下材料所带来的困惑。

  天命流行，所以主宰管摄是理者，即其心也。[3]
  气虽是理之所生，然既生出，则理管他不得。[4]

---

[1] （宋）朱熹：《朱子语类卷第一·理气上》，载（宋）黎靖德编《朱子语类》一，王星贤点校，中华书局1986年版，第2页。
[2] （宋）朱熹：《四书或问·孟子或问》，载朱杰人、严佐之、刘永翔主编《朱子全书》第6册，上海古籍出版社、安徽教育出版社2002年版，第934页。
[3] （宋）朱熹：《朱子语类卷第九十五·程子之书一》，载（宋）黎靖德编《朱子语类》六，王星贤点校，中华书局1986年版，第2423页。
[4] （宋）朱熹：《朱子语类卷第四·性理一》，载（宋）黎靖德编《朱子语类》一，王星贤点校，中华书局1986年版，第71页。

第四章 朱熹的生命伦理思想

道，须是合理与气看。理是虚底物事，无那气质，则此理无安顿处。①

天下未有无理之气，亦未有无气之理。②

天道者，天理自然之本体。③

道是统名，理是细目。④

理既然是最高本体、统筹一切的概念，居于一切观念之上，何以它还要受到心的主宰和管摄？何以由其决定的气却又管它不得，并且需要气来作安顿处？既然道即理也，何以又说道是天理自然之本体？同样的困惑也出现在我们对周敦颐和张载本体观念的争议上。以西方本体论视域分析周敦颐的"无极"和"太极"以及张载的"太虚"和"气"的关系，都存在类似的问题。所以，克服某种意义上的有关西方哲学本体论的"主见"或"偏见"，回归到中国哲学家言说其思想固有的模式上来，以中国古代哲学家习惯的思维模式阐释他们对"现代问题"的看法，或许更容易让我们把握他们的精神实质和思想原则。这里绝非否定借用他者言说模式讨论问题的重要意义，而是尝试以中国古代哲学家架构起来的观念范畴体系来讨论一些特定的哲学问题，这里可以运用"格义"的方法大致说明中西哲学概念之同异，但不必非要以明确的西方本体观念为基础架构解释中国古代哲学家的思想体系，因为这样做，就势必面临着材料上的大量矛盾。

---

① （宋）朱熹：《朱子语类卷第七十四·易十》，载（宋）黎靖德编《朱子语类》五，王星贤点校，中华书局1986年版，第1896页。
② （宋）朱熹：《朱子语类卷第一·理气上》，载（宋）黎靖德编《朱子语类》一，王星贤点校，中华书局1986年版，第2页。
③ （宋）朱熹：《四书章句集注》，中华书局1983年版，第79页。
④ （宋）朱熹：《朱子语类卷第六·性理三》，载（宋）黎靖德编《朱子语类》一，王星贤点校，中华书局1986年版，第99页。

依此，笔者同意这样的观点，朱熹所曰之理，确实具有本体义，但这个"本体"，并非西方哲学所讲的"本体"，而是中国特有的一种本体论。理在朱熹哲学中居于核心地位、本体地位，是一个统体性的观念，这是没有问题的。这个观念也体现出朱熹对传统儒家哲学与北宋诸子理学观念的继承与创造性发展，体现着朱熹哲学的基本特征。但我们不能说它是一个凌驾于"天""道""性""心"等概念之上的一个观念，毋宁说它是一个统贯这些概念的观念。如朱熹曰：

> 天之所以为天者，理而已。①
> 天下只有一个正当道理，循理而行，便是天。②
> "命"之一字，如"天命谓性"之"命"，是言所禀之理也。③
> 仁是天理。④
> 性只是理。⑤
> 心固是主宰底意，然所谓主宰者，即是理也，不是心外别有个理，理外别有个心。⑥

总之，"宇宙之间，一理而已。天得之而为天，地得之而为地，而

---

① （宋）朱熹：《朱子语类卷第二十五·论语七》，载（宋）黎靖德编《朱子语类》二，王星贤点校，中华书局1986年版，第621页。
② （宋）朱熹：《朱子语类卷第二十五·论语七》，载（宋）黎靖德编《朱子语类》二，王星贤点校，中华书局1986年版，第621页。
③ （宋）朱熹：《朱子语类卷第四·性理一》，载（宋）黎靖德编《朱子语类》一，王星贤点校，中华书局1986年版，第77页。
④ （宋）朱熹：《朱子语类卷第六·性理三》，载（宋）黎靖德编《朱子语类》一，王星贤点校，中华书局1986年版，第118页。
⑤ （宋）朱熹：《朱子语类卷第四·性理一》，载（宋）黎靖德编《朱子语类》一，王星贤点校，中华书局1986年版，第67页。
⑥ （宋）朱熹：《朱子语类卷第一·理气上》，载（宋）黎靖德编《朱子语类》一，王星贤点校，中华书局1986年版，第4页。

凡生于天地之间者，又各得之以为性，其张之为三纲，其纪之为五常。盖皆此理之流行，无所适而不在"①。

如斯可见，"天""命""性""道""心""仁"等诸概念，或与理在内涵上具有某种意义上的同一性，或可依理为中心而得以说明。故此理统贯全体，这一点在朱熹的思维逻辑中，是没有多大问题的。但问题是，理何以具有这种统体义，这就又涉及对理有无实质规定的理解。朱熹所讲的理，内涵十分复杂。蒙培元概括了七种朱子本人对理的解释和用法，且亦概括出学界对理的七种主要不同解释。这种概括未必尽为学人所赞同，但亦足以体现出朱熹之理内涵的复杂性。②

讨论朱熹之理的复杂内涵并非本书研究之重点，因此，本书并不准备在此充分辨析朱熹之理之内涵和用法，但是我们有必要指出朱熹之理的主要内涵和其实质性的内容。朱熹讲的理，包含在静态意义上、在抽象角度言说的万物存在之道理或者说根据、实现原则、规律之义，这是没有问题的，也是学界普遍公认的。但是朱熹之理并非只是形而上的抽象原理、规律或根据，它同时也是具有实质内容或规定的，这就是"生"。"生"是兼抽象的"生之理"与动态的"生生"而言的。万物之有生，即有其存在的根据、原理和规律，这是从抽象意义上说的"生之理"；万物之生总是表现为实际的生生，如花开花落，这是从动态角度描述生生之理。此生生之理来自天地的创生之道或宇宙万物生生之实然，是与万物生生之"真有"相统一的，生生是宇宙天地之实，因此生生之理亦是实有之理，是客观的真实存在。故朱熹之理并非只是纯粹的超越的精神观念，它也指向真实的生命世界，指向生命

---

① （宋）朱熹：《晦庵先生朱文公文集卷七十·读大纪》，载朱杰人、严佐之、刘永翔主编《朱子全书》第23册，上海古籍出版社、安徽教育出版社2002年版，第3376页。
② 参见蒙培元《朱熹哲学十论》，中国人民大学出版社2010年版，第63—73页。

的流行。理既以生生规定自身，那么，理之存在和呈现，在实际层面即表现为天之生物由微到著以至生生不已、"生理循环"的过程。如朱熹曰：

> 自太极至万物化生，只是一个道理包括，非是先有此而后有彼。但统是一个大源，由体而达用，从微而至著耳。①

> 此理处处皆浑沦，如一料粟生为苗，苗便生花，花便结实，又成粟，还复本形。一穗有百粒，每粒个个完全；又将这百粒去种，又各成百粒。生生只管不已，初间只是这一粒分去。②

万物生之又生，均有其"生理循环"。譬如"枇杷具四时之气：秋结菩蕾，冬花，春实，夏熟。才熟后，又结菩蕾"，"如此看去，意谓生理循环也"。③ 理乃生生之理，此种意思在朱熹文本中还有大量表现。如以下材料所示：

> 天地之心，别无可做，"大德曰生"，只是生物而已。谓如一树，春荣夏敷，至秋乃实，至冬乃成。虽曰成实，若未经冬，便种不成。直是受得气足，便是将欲相离之时，却将千实来种，便成千树，如'硕果不食'是也。方其自小而大，各有生意。到冬时，疑若树无生意矣，不知却自收敛在下，每实各具生理，更见生生不穷之意。④

---

① （宋）朱熹：《朱子语类卷第九十四·周子之书》，载（宋）黎靖德编《朱子语类》（六），王星贤点校，中华书局1986年版，第2372页。
② （宋）朱熹：《朱子语类卷第九十四·周子之书》，载（宋）黎靖德编《朱子语类》（六），王星贤点校，中华书局1986年版，第2374页。
③ （宋）朱熹：《朱子语类卷第四·性理一》，载（宋）黎靖德编《朱子语类》一，王星贤点校，中华书局1986年版，第62页。
④ （宋）朱熹：《朱子语类卷第六十九·易五》，载（宋）黎靖德编《朱子语类》五，王星贤点校，中华书局1986年版，第1729页。

第四章　朱熹的生命伦理思想

一丛禾，他初生时共这一株，结成许多苗叶花实，共成一个性命；及至收成结实，则一粒各成一个性命。只管生生不已，所谓"日新"也。"富有之谓大业"，言万物万事无非得此理，所谓"富有"也。日新是只管运用流行，生生不已。①

总之，在朱熹看来，"天地生生之理，这些动意未尝止息"②。由此可见，从中国哲学特有的本体视角来看，朱熹所谓"理"，主要是承天之创生之道而来，是就万物生化所言之理。朱熹虽然对它做了理论上的抽象，但此理仍然主要是即物而言之之理，因而不能完全从抽象的本质主义角度来理解，它不同于西方哲学中纯粹先验的普遍原则或独立的精神实体，而是"即物见道"之理，是与自然万物统一之理。这表现在朱熹非常强调形而上的理与形而下的气的统一性，强调"道"为"物之道"，"物"为"道之物"，如说"物自物，道自道"，便已是离"道"弃"理"而去。朱熹"恐人说物自物，道自道，所以指物以见道"③，因此朱熹一方面强调理的形上本体地位，另一方面也格外强调要从"理气一体"的角度来理解万物的创生及其存在性质。如朱熹曰："天地之间，有理有气。理也者，形而上之道也，生物之本也；气也者，形而下之器也，生物之具也。是以人物之生，必禀此理，然后有性，必禀此气，然后有形。"④

在朱熹那里，宇宙天地之间，理与气均可谓构成万物之根本，理是从形而上的角度说，气是从形而下的角度说，理是万物推本所从来

---

① （宋）朱熹：《朱子语类卷第七十四·易十》，载（宋）黎靖德编《朱子语类》五，王星贤点校，中华书局1986年版，第1900页。
② （宋）朱熹：《朱子语类卷第五十三·孟子三》，载（宋）黎靖德编《朱子语类》四，王星贤点校，中华书局1986年版，第1297页。
③ （宋）朱熹：《朱子语类卷第三十六·论语十八》，载（宋）黎靖德编《朱子语类》三，王星贤点校，中华书局1986年版，第975页。
④ （宋）朱熹：《晦庵先生朱文公文集卷五十八·答黄道夫》，载朱杰人、严佐之、刘永翔主编《朱子全书》第23册，上海古籍出版社、安徽教育出版社2002年版，第2755页。

之根据，气是万物成形的具体质料，无理则无万物产生，无气同样没有万物的产生，唯有理气共同参与、即时应用，二者浑沦一体才有万物的生长化育。"生生之理"正是兼气而言之理。没有气之运动，就没有万物实际的生命形成和变化多端。生生之理也正是体现在万物的生生上，是以万物的生生为实体的。故生生之理是兼静态的"生之理"与动态的"气之生生无穷"两方面而言的。把握这个生生之理，必须放眼实体的万物生生，于其生机处和"生"的规律性、目的性来参悟此理，否则此理就流于虚妄空疏。这也是为什么朱熹格外强调"即物见道"的原因。

不过，虽然说生生之理必须即气而论，但是理也可以在思维中抽象地被把握。因为从逻辑上说，有一物之理，才有一物之产生。无此理，断无此物。"做出那事，便是这里有那理。凡天地生出那物，便都是那里有那理。"[①] 所以理相对于具体事物而言，理就有逻辑先在性。有生物则有其生理，即是说一物之生，必有其所以生之故，亦有其所生之当然之则。朱熹也常常从这个角度强调理的内涵。如朱熹曰："至于天下之物，则必各有所以然之故，与其所当然之则，所谓理也。"[②] "所以然之故"是强调事物存在的理据或终极原因，"当然之则"强调的是事物自身存在的客观性、规律性，二者均包含"理当如此""必然如此"之意。事物之所以生，有其必生之理由，也有其必然的存在特性。换一种说法，事物之创生和存在，有它合自然的目的性和规律性，有其当然的存在根据或曰存在的道理，这个就是"理"。所以，单纯从思维中把握的这个"理"并不是实在之物，而是指一物之产生和存在的自然理据或原理。自然之物与人为之物都被含纳其中。

---

① （宋）朱熹：《朱子语类卷第一百一·程子门人》，载（宋）黎靖德编《朱子语类》七，王星贤点校，中华书局1986年版，第2582页。
② （宋）朱熹：《四书或问·大学或问上》，载朱杰人、严佐之、刘永翔主编《朱子全书》第6册，上海古籍出版社、安徽教育出版社2002年版，第512页。

譬如轮船之制造，必然有制造轮船之理，否则轮船就不能被制造出来。自然之物之存在亦然，任何自然之物之产生，均有它"所以然之故"和"当然之则"。万物皆有这种产生和存在之理，将此理抽象出来，此理即指万有之产生和存在的普遍原理或法则，即万有之"生之理"。故这个理虽然不是独立的实在，但从逻辑上说，有一物之理，才有一物之产生。然而仅从这一角度理解"理"，此理就成为悬空的物事。"生之理"是气之生生之理，是即气即物而所见之道理，从这个意义上说，没有气之生生，何来此生之理？生之理为性，"性即理也"①，而离开气之生生，"性理"就纯粹是思维上的概念。"生"是实，非是虚。故朱熹曰："然只有'生'字，便带却气质了。但'生'字以上又不容说，盖此道理未有形见处。故今才说性，但须带著气质，无能悬空说得性者。"②

要言之，在朱熹那里，理有"能然"义，即从逻辑思维来看，万物之生成，是理之使然；理亦有"必然"义，即物之生有其必然律的支配，此必然法则即可曰之为理；理还有"当然"义，即万物之所以如此存在，是它合下当然如此，无须证明其为什么这样；理复有"自然"义，即理是自然天道，物之自然生长、化育，本不待主宰而自见其理。四者当中，朱熹认为理之"所当然"，是为要切。③

但理毕竟是"虚底物事"，所以理要呈现自身，就只能通过气的运动变化及其形成的具体事物。离开气及其构成的具体事物，理就无从

---

① （宋）朱熹：《朱子语类卷第四·性理一》，载（宋）黎靖德编《朱子语类》一，王星贤点校，中华书局1986年版，第67页。
② （宋）朱熹：《朱子语类卷第九十五·程子之书一》，载（宋）黎靖德编《朱子语类》六，王星贤点校，中华书局1986年版，第2430页。
③ 朱熹的这个意思参见（宋）朱熹《晦庵先生朱文公文集卷五十七·答陈安卿》。朱熹肯定了陈淳"理有能然，有必然，有当然，有自然处，皆须兼之，方于'理'字训义为备"的说法，说"此意甚备。且要见得所当然，是要切处"。参见朱杰人、严佐之、刘永翔主编《朱子全书》第23册，上海古籍出版社、安徽教育出版社2002年版，第2736页。

显现，这是朱熹一贯强调的。尤其在晚年，朱熹格外强调理气之间互证互显、互相支持和互相依赖的关系。如朱熹曰："理又非别为一物，即存乎是气之中；无是气，则是理亦无挂搭处。"① 理是存乎气之中的，并依气而证显其自身，故从这个角度说，理其实是不能脱离气而言说的。事实上，从实际的生命角度看，生命的产生、发展和变化，以及存在的状态和性质，也都是由气决定和完成的。故气在实然层面，亦可谓万物之本原，同样对万物具有统体意义，甚至在实然层面，气对于具体生命的影响比理更为直接、更具有先决意义。因此，讨论朱熹的生命伦理思想，除了要对朱熹所曰之"理"给予特别关注，亦要对朱熹所讲的"气"有一个充分的认识。

二 统体之气

在宇宙万有之生成上，朱熹明确将气界定为"生物之具"，此即把世界万物在构成上统一于气。气是构成万有的直接材料，故一切事物从存在而言，其实只是气的存在。整个宇宙固然在抽象层面可以说"宇宙之间，一理而已"，但在实然层面，也可以说是"一气而已"。因为在朱熹看来，"盖天地之间，只有动静两端，循环不已，更无余事"②，也即整个宇宙天地无非永恒的气之运动变化。世界万物就是气在这种永恒的运动变化中创造出来的，万物也是由气这种质料构成的。气是"活的"，有生命力的，它自身处于活动中，事物的形质由气构成，事物的产生、运动和变化，也都体现为气的运动和变化。故大千世界，虽形态万千，然就其构成和存在、发展、变化而言，在实然层面，无非一气之流行。故朱熹曰："自一气而言之，则人物皆受

---

① （宋）朱熹：《朱子语类卷第一·理气上》，载（宋）黎靖德编《朱子语类》一，王星贤点校，中华书局1986年版，第3页。
② （宋）朱熹：《晦庵先生朱文公文集卷四十五·答杨子直》，载朱杰人、严佐之、刘永翔主编《朱子全书》第22册，上海古籍出版社、安徽教育出版社2002年版，第2071页。

是气而生。"①"非气，则何以为人物？"②

既然一切实有或曰客观的物质世界都是由气构成的，并且事物的存在变化也都体现为气的运动变化，故从这个角度来看，气在万物生成这个问题上，事实上也具有万物之本原的地位，发挥着统合万物的本体功能。气统体形下世界，万物一气相贯，朱熹虽未明言，但其所论却包含此意。抛开我们对"本体"内涵的成见，朱熹所曰之理和气，均可视为本体性的概念，二者共同发挥着创造宇宙万物并决定其存在变化的本体作用。从朱熹晚年对理气关系的论述来看，朱熹也是格外强调理气一体作为宇宙本体的意义，而不是单独强调理和气孰更为根本、更为重要。理和气非要说谁更重要、谁更根本的话，也只能从逻辑思维中去把握，在时间上则不存在这个问题。并且，从认识发生的辩证运动原理来看，理性认识来源于对物质世界感性认识的抽象和提升，作为一种理性认识的成果，朱熹所谓理，也是建立在对气之运动变化及其创造的形下世界之原理的概括之上。简言之，理无非对气之存在的条理和统绪的抽象，其实质是指气之运动变化及其构成的具体事物所显之存在之理、生生之理。此理只能即气而言之，因物而显之，离开气及其构成的具体事物，此理并不能孤立存在。理的"在"，只是就思维逻辑而言，事实上，理气本无先后可言，朱熹晚年反复强调这一点。曰："理与气本无先后之可言。但推上去时，却如理在先，气在后相似。"又曰："此本无先后之可言。然必欲推其所从来，则须说先有是理。"③ 理的要义在朱熹那里乃在于强调万物生生之根据和原理，一物之生，缘于有一物所生之理，故一物之毁灭或消亡，亦不能说此

---

① （宋）朱熹：《朱子语类卷第四·性理一》，载（宋）黎靖德编《朱子语类》一，王星贤点校，中华书局1986年版，第65页。
② （宋）朱熹：《朱子语类卷第四·性理一》，载（宋）黎靖德编《朱子语类》一，王星贤点校，中华书局1986年版，第63页。
③ 均参见朱熹《朱子语类卷第一·理气上》，《朱子语类》（一），第3页。

物所生之理亦随之毁灭或消亡，甚至整个实存万有均毁灭消亡了，天地生生之理仍然可以说"在"。如朱熹曰："要之，也先有理。只不可说是今日有是理，明日却有是气；也须有先后。且如万一山河大地都陷了，毕竟理却只在这里。"①

如果说朱熹之理具有超越性，其超越性也即体现在这里，即理在逻辑上具有不依具体事物而存在的特性，我们不能说具体事物毁灭了，理亦会随之毁灭。理是宇宙生生之理，它是恒定的、永远的。宇宙也正是有此恒定之生生之理，才有其万物的生生不息。也正因为理的本质是生生之理，它自然不息，所以在朱熹看来，具体事物乃至整个生命界都毁灭消亡了，亦会重新来过而断无有绝对的生之中止。生理循环不息，物灭物会再起。实存世界的一时毁亡，亦不过此生生之天道的某个发展阶段表现出来的特定状态而已。宇宙生理自是生生不已，此是天地之所以为天地的客观本性，人力无从改变。譬如人若无道，滥施人力（如发动毁灭性战争）而导致世界毁灭，亦不会从根本上中止宇宙天地之生生。《朱子语类》卷第一载：

> 问："自开辟以来，至今未万年，不知已前如何？"曰："已前亦须如此一番明白来。"又问："天地会坏否？"曰："不会坏。只是相将人无道极了，便一齐打合，混沌一番，人物都尽，又重新起。"②

不过，理对于气而言虽然具有逻辑在先性，但这也并不意味着理可以脱离物质世界而存在。朱熹认为"理未尝离乎气"③，也必须依

---

① （宋）朱熹：《朱子语类卷第一·理气上》，载（宋）黎靖德编《朱子语类》一，王星贤点校，中华书局1986年版，第4页。
② （宋）朱熹：《朱子语类卷第一·理气上》，载（宋）黎靖德编《朱子语类》一，王星贤点校，中华书局1986年版，第7页。
③ （宋）朱熹：《朱子语类卷第一·理气上》，载（宋）黎靖德编《朱子语类》一，王星贤点校，中华书局1986年版，第3页。

气而存,因为这个理就其实体呈现而言,只是气之运动变化及其创生万物之理。万物生生,皆源于气及其永恒地运动变化,没有这气的运动变化,也就不存在宇宙万物的生生不息。因此万物生生的实质,其实只是气的运动变化。理的生生实体义,也正是依此气及其运动变化而来。没有这生生之气,也就无所谓生生之理。理就是气之运动变化从而创生万物之理,或曰是对生生之气之所以然的抽象与概括。这正如唐君毅所说:"朱子言生生之理,则直就此气之生生之所以然而言,此理乃贯而主乎此生生之气之流行中,而为其理者,故曰理行乎气之中。"① "无此万物之生生不已,则无气之流行;无气之流行,亦不能说有生生之理。"② 理是生生之气之理,理的流行也体现为生生之气的流行,理是在气的运动变化中获得实体性规定的,因此,离开气,其自身存在也就无所依凭和安顿,其实也就无所谓理了。故朱熹曰:

无是气,则是理亦无挂搭处。③

理是虚底物事,无那气质,则此理无安顿处。④

有这气,道理便随在里面,无此气,则道理无安顿处。如水中月,须是有此水,方映得那天上月;若无此水,终无此月也。⑤

可见,朱熹晚年虽然一再强调理相对气或宇宙实有的逻辑先在性,但并不主张理是可以完全脱离气而存在的那种实体性的独立存

---

① 唐君毅:《中国哲学原论·导论篇》,中国社会科学出版社2005年版,第289页。
② 唐君毅:《中国哲学原论·导论篇》,中国社会科学出版社2005年版,第288页。
③ (宋)朱熹:《朱子语类卷第一·理气上》,载(宋)黎靖德编《朱子语类》一,王星贤点校,中华书局1986年版,第3页。
④ (宋)朱熹:《朱子语类卷第七十四·易十》,载(宋)黎靖德编《朱子语类》五,王星贤点校,中华书局1986年版,第1896页。
⑤ (宋)朱熹:《朱子语类卷第六十·孟子十》,载(宋)黎靖德编《朱子语类》四,王星贤点校,中华书局1986年版,第1430页。

在，理的超越性和独立性只是在抽象的逻辑层面言说的，离开气它也就无法获得实体性规定。在抽象的逻辑层面，我们固可说理为气之本，但在实有层面，理却是以气为体的。是故论理不可离气而论理，离气而论理，理就流于虚妄空疏，而没有实际意义。理必须依气而显，以气安顿自身，没有气的运动，也就无所谓理。理之存在及其呈现对气的这种依赖性，一方面使得理与气之间的关系变得极为微妙，另一方面无形中也强化了气的存在地位和意义，甚至会出现如朱熹所说的"气强理弱"的现象。如朱熹曰："气虽是理之所生，然既生出，则理管他不得。如这理寓于气了，日用间运用都由这个气，只是气强理弱。"①

在朱熹那里，"气强理弱"有多种表现。

其一，气在实际的万物生成中，居于主动地位，似是有生命力的存在，它自会造化万物，而不是理如"人格神"那样有思虑地营为。如朱熹曰：

> 盖气则能凝结造作，理却无情意，无计度，无造作。只此气凝聚处，理便在其中。且如天地间人物草木禽兽，其生也，莫不有种，定不会无种子白地生出一个物事，这个都是气。若理，则只是个净洁空阔底世界，无形迹，他却不会造作；气则能酝酿凝聚生物也。但有此气，则理便在其中。②

从这段话来看，气不仅在创造万物时居于主体地位，而且是理的载体。有了气的造作，理就蕴于其中。或许正是基于这种认识，钱穆

---

① （宋）朱熹：《朱子语类卷第四·性理一》，载（宋）黎靖德编《朱子语类》一，王星贤点校，中华书局1986年版，第71页。
② （宋）朱熹：《朱子语类卷第一·理气上》，载（宋）黎靖德编《朱子语类》一，王星贤点校，中华书局1986年版，第3页。

才认为:"朱子论宇宙万物本体,必兼言理气。气指其实质部分,理则约略相当于寄寓在此实质内之性,或可说是实质之内一切之条理与规范。"①

其二,"气强理弱"的现象也表现在气在创造具体事物时表现出来的自然性、随机性,甚至某种意义上的"无理性"。在朱熹那里,一切事物都是由气形化而成,但是事物的产生,似乎也并无主宰,只是自然而生、随机而化,不似有个"善的意志"主宰、规划现实的世界。如朱熹曰:

> "无极二五,妙合而凝。"凝只是此气结聚,自然生物。②
>
> 天地之初,如何讨个人种?自是气蒸结成两个人后,方生许多万物。所以先说"乾道成男,坤道成女",后方说"化生万物"。当初若无那两个人,如今如何有许多人?那两个人便如而今人身上虱,是自然变化出来。③

万物均由气的恒久运动创造出来,气的运动虽然说表现出一定的条理和规律性,似有必然法则支配其中,但这只是"自然之理",而不是有个"主宰"基于善的意识有意为之,所以气化万物,常常表现出一定的盲目性、"无理性"。《朱子语类》卷第九十八载:

> 问"游气"、"阴阳"。曰:"游是散殊,比如一个水车,一上一下,两边只管滚转,这便是'循环不已,立天地之大义'底;一上一下,只管滚转,中间带得水灌溉得所在,便是'生人物之

---

① 钱穆:《朱子新学案》一,九州出版社2011年版,第33页。
② (宋)朱熹:《朱子语类卷第九十四·周子之书》,载(宋)黎靖德编《朱子语类》六,王星贤点校,中华书局1986年版,第2379页。
③ (宋)朱熹:《朱子语类卷第九十四·周子之书》,载(宋)黎靖德编《朱子语类》六,王星贤点校,中华书局1986年版,第2380页。

万殊'。天地之间，二气只管运转，不知不觉生出一个人，不知不觉又生出一个物。即他这个斡转，但是生物时节。"①

按照朱熹的解释，人、物之产生，都是偶然现象，气的不停运动，一会儿创造出一个人，一会儿创造出一个物，都是"不知不觉"随机自然而生的。也正因如此，圣贤亦非必然，而是偶然出现的，是气数凑巧而生的。如《朱子语类》卷第四载："又问：'如此，则天地生圣贤，又只是偶然，不是有意矣。'曰：'天地那里说我特地要生个圣贤出来！也只是气数到那里，恰相凑著，所以生出圣贤。'"②

事实上，按照朱熹的说法，任何事物的产生，包括万物所禀赋的气质不同从而形成的个体差异，亦都可以说是偶然现象。如《朱子语类》卷第五十五载："问：'气禀是偶然否？'曰：'是偶然相值著，非是有安排等待。'"③朱熹还说过，"造化之运如磨，上面常转而不止。万物之生，似磨中撒出，有粗有细，自是不齐"④。何以万物自是不齐？朱熹并未明确交代这种生物过程和机制，只是说"是他合下有此理"，正像"朽木无所用，止可付之爨灶"，"这是理元如此"⑤。此语似是说，气之如此，也是一种理的表现。

---

① （宋）朱熹：《朱子语类卷第九十八·张子之书一》，载（宋）黎靖德编《朱子语类》七，王星贤点校，中华书局1986年版，第2508页。

② （宋）朱熹：《朱子语类卷第四·性理一》，载（宋）黎靖德编《朱子语类》一，王星贤点校，中华书局1986年版，第80页。

③ （宋）朱熹：《朱子语类卷第五十五·孟子五》，载（宋）黎靖德编《朱子语类》四，王星贤点校，中华书局1986年版，第1307页。

④ （宋）朱熹：《朱子语类卷第一·理气上》，载（宋）黎靖德编《朱子语类》一，王星贤点校，中华书局1986年版，第8页。

⑤ 见《朱子语类》卷第四："枯槁之物，谓之无生意，则可；谓之无生理，则不可。如朽木无所用，止可付之爨灶，是无生意矣。然烧甚么木，则是甚么气，亦各不同，这是理元如此。"参见（宋）朱熹《朱子语类卷第四·性理一》，载（宋）黎靖德编《朱子语类》一，王星贤点校，中华书局1986年版，第61页。

第四章　朱熹的生命伦理思想

"气强理弱"的第三种表现，是气质对天理的呈现具有局限作用。朱熹认为，物物皆有理，但万理只是一个理。抽象地言理，理当然含纳万有、恢宏广大，生生之理是指向一切存在的。凡存在，皆有其存在之理、生生之理，故从这个意义上说，理是自足的概念。但理的自足性并不会体现在一切事物当中，有的事物体现的是"这样的理"，有的事物体现的是"那样的理"，也就是任何事物都有其独特的"生理"，从而使事物呈现出差异性、特殊性和多样性。故理也不能一概而论，不能抹杀事物的特殊性、个别性而统论一个理。万物各有各的生理，牛有牛的生理，马有马的生理，万物之生理并不相同。而造成万物生理不同的根本原因，在朱熹看来则是由于气质对天理的局限。人与物由何种气质构成，就会表现出不同的生之理。依朱熹，气在形化为事物时，存在气质的多少、厚薄、清浊、昏明的差异，这种差异性导致事物表现出不同的生命之理、物之理。气化事物时，理即蕴含于所生成的事物当中，但由于受不同气质的局限，天理在不同事物上的呈现也有所不同。所以，理虽然只是一个理，万物所禀赋之理并无不同，可是受气质局限，这个理却不能完整呈现，其呈现的程度如何，则由其特定的气质决定。如朱熹曰：

> 人物之生，天赋之以此理，未尝不同，但人物之禀受自有异耳。如一江水，你将杓去取，只得一杓；将碗去取，只得一碗；至于一桶一缸，各自随器量不同，故理亦随以异。①

气质不同，其构成的特定事物的生理亦随之不同。在朱熹看来，这种情况也是先天所定，很难改变。如朱熹曰："人物被形质局定了，

---

① （宋）朱熹：《朱子语类卷第四·性理一》，载（宋）黎靖德编《朱子语类》一，王星贤点校，中华书局1986年版，第58页。

· 177 ·

也是难得开广。"① 特定的事物"惟其所受之气只有许多，故其理亦只有许多。如犬马，他这形气如此，故只会得如此事"②。对于气之于事物的这种"强硬规定"，理也是无可奈何。如朱熹曰："形质也是重。且如水之气，如何似长江大河，有许多洪流！金之气，如何似一块铁恁地硬！形质也是重。被此生坏了后，理终是拗不转来。"③ 当然，气对事物之"理性"呈现的局限，也可以说成一种"理"。即是说，事物之所以具有先天的不同的气质以及由此决定的事物之特殊性，也可以说是"理合当如此底"。

可见，在朱熹那里，理固然具有逻辑先在性，但在实有层面，气也不能不说是万物之本体、具有统体万物的功能。而且相对于理而言，这个直接决定生命形态的气，对于生命而言，可能更具有直接的意义和影响。因而万有与气的关联性，可能反倒会成为生命实际更应优先处理的问题。譬如说我们以天地为父母，此是以理论之，而生身者，则实际有血肉之可亲父母也。在实际的生活中，尽管天地可以说是吾身之终极本根，但我们与父母的关系，显然构成了我们生命更为实际的内容。故探究朱熹的哲学思想，必须充分认识理气一体、统体万物的作用。因为在万物本原、宇宙生成之问题上，朱熹试图以理气统率一切，以理气统体万有，理是在逻辑上言说生物之本，而气则是就实然层面论说生命本原。人物之生，有理有气，二者不可或缺。如朱熹曰：

> 人之所以生，理与气合而已。天理固浩浩不穷，然非是气，

---

① （宋）朱熹：《朱子语类卷第四·性理一》，载（宋）黎靖德编《朱子语类》一，王星贤点校，中华书局1986年版，第58页。
② （宋）朱熹：《朱子语类卷第四·性理一》，载（宋）黎靖德编《朱子语类》一，王星贤点校，中华书局1986年版，第57页。
③ （宋）朱熹：《朱子语类卷第四·性理一》，载（宋）黎靖德编《朱子语类》一，王星贤点校，中华书局1986年版，第74页。

则虽有是理而无所凑泊。故必二气交感，凝结生聚，然后是理有所附着。①

所谓天命之与气质，亦相衮同。才有天命，便有气质，不能相离。若缺一，便生物不得。既有天命，须是有此气，方能承当得此理。若无此气，则此理如何顿放！②

理与气不离不弃，合体而有万物，二者在万物生成上是互证、互显、互相支持的关系，绝对不能舍气而论理，或弃理而言气。理是虚的，气是实的，虚实统一，才有这生生不已的大千世界。故言说生命问题，在朱熹那里，必须要理气一体而言之，方可能获得对生命本质及其应然原则的认识。这正如唐君毅所说，"吾人说朱子所谓理气是二物，决非理可离气，气可离理而存在之谓。自存在上说，则理气二者，为乃一互为依据，而互相保合以存在之关系"，"此二者之存在性，实当一齐并论"。③

三 理气同异

在朱熹那里，理与气及其关系问题，也涉及生命的多样性和统一性的问题。生命是理与气共同作用而造就的，理与气不仅决定着生命的产生，也决定着生命的存在性质和样态。在理与气的共同作用下，生命不仅呈现出千姿百态的殊性，也具有统一性的基础，而非各自孤立的生命。整个世界都统一于理与气，因而世界虽然呈现出纷繁复杂性，却也呈现出一体相关性。朱熹有关生命的多样性、差异性和统一

---

① （宋）朱熹：《朱子语类卷第四·性理一》，载（宋）黎靖德编《朱子语类》一，王星贤点校，中华书局1986年版，第65页。
② （宋）朱熹：《朱子语类卷第四·性理一》，载（宋）黎靖德编《朱子语类》一，王星贤点校，中华书局1986年版，第64页。
③ 唐君毅：《中国哲学原论·导论篇》，中国社会科学出版社2005年版，第295页。

性的认识，同样蕴含在他对理与气及其关系的思考当中，这主要体现在理气同异这一问题上。

生命有没有统一的基础？从朱熹理气统体的思维逻辑来看，这个问题是毋庸置疑的。这是因为，万物在形而上的层面皆由理出、皆受理的规定，而在形而下的层面，亦都是由气构造而成的，一切生命，都出自作为生物之本的理，也都是出自阴阳之气，因而万物在生成上具有完全的一致性。这也就是说，万物之由生和构造，都出自相同的理和相同的气，因而万物在存在本质上具有先天的同一性，理同气同，构成了生命统一的坚实基础，也促成万物一体、结成命运共同体的自然基础。

所谓"理同"，是指万物皆出于同一之理，皆有作为普遍原则的生之理。如朱熹曰："万物皆有此理，理皆同出一原。"[①] "这理是天下公共之理，人人都一般，初无物我之分。不可道我是一般道理，人又是一般道理。"[②] 在朱熹那里，一切存在，都有其存在的当然之则、生生之理。不管是有机生物，还是无机界的存在，皆是如此。人有人之生理，草木鱼虫亦有草木鱼虫的生理，即使是砖石枯槁之物，也都有它合当存在之理，有它的生理。《朱子语类》载：

> 曰："物物皆有性，但皆有其理。"曰："枯槁之物，亦有理乎？"曰："不论枯槁，它本来都有道理。"因指案上花瓶云："花瓶便有花瓶底道理，书灯便有书灯底道理。水之润下，火之炎上，金之从革，木之曲直，土之稼穑，一一都有性，都有理。"[③]

---

① （宋）朱熹：《朱子语类卷第十八·大学五》，载（宋）黎靖德编《朱子语类》二，王星贤点校，中华书局1986年版，第398页。
② （宋）朱熹：《朱子语类卷第十八·大学五》，载（宋）黎靖德编《朱子语类》二，王星贤点校，中华书局1986年版，第399页。
③ （宋）朱熹：《朱子语类卷第九十七·程子之书三》，载（宋）黎靖德编《朱子语类》七，王星贤点校，中华书局1986年版，第2484页。

第四章　朱熹的生命伦理思想

　　问："枯槁之物亦有性，是如何？"曰："是他合下有此理，故云天下无性外之物。"因行街，云："阶砖便有砖之理。"因坐，云："竹椅便有竹椅之理。枯槁之物，谓之无生意，则可；谓之无生理，则不可。"①

　　理作为生物之本，是完满自足之物，包容万有，贯通一切，万有皆为生生之理所统体，因而无机物虽无血气之生，"但其所以为是物之理，则未尝不具尔。若如所谓才无生气便无此理，则是天下乃有无性之物，而理之在天下乃有空阙不满之处也，而可乎"②？故朱熹曰："物物各具其理，而物物各异其用，然莫非一理之流行也。"③

　　"气同"是指万物在实体构成上只是阴阳之气的作用变化，皆可谓一气之所为，这一阴阳之气也是万物形构的物质基础。万物在具体形态上和存在功能上虽然表现各异，但在构成上都是气，只不过此气存在量的多少、密度大小、清浊、厚薄、偏正之异罢了。

　　从"理同气同"这个角度看，万物同出一理，亦同出一气，是以世界具有统一性。这也就意味着一切生命不管其形态如何，其实都具有本原上的同一性，因之一切生命也具有实现共同发展的先天根据和可能。不过，理同气同，也并不意味着一切生命都必须按照同一模式而存在、按照同一生理而生活，更不意味着一切生命在存在样态上的整齐划一。生命本身是多样的、复杂的，彼此具有生之差异。牛有牛的特殊生理和形态，马有马的特殊生理和形态，物类万千，莫不如是。在朱熹看来，造成这种情况的，不是作为本体的理和气有异，而是由于此气在构成

---

　　① （宋）朱熹：《朱子语类卷第四·性理一》，载（宋）黎靖德编《朱子语类》一，王星贤点校，中华书局1986年版，第61页。
　　② （宋）朱熹：《晦庵先生朱文公文集卷五十九·答余方叔》，载朱杰人、严佐之、刘永翔主编《朱子全书》第23册，上海古籍出版社、安徽教育出版社2002年版，第2854页。
　　③ （宋）朱熹：《朱子语类卷第十八·大学五》，载（宋）黎靖德编《朱子语类》二，王星贤点校，中华书局1986年版，第398页。

具体事物时存在清浊、厚薄、多少、偏正等差异，从而导致理在由之构造而成的具体事物身上呈现不一，从而表现出特定事物的特定存在之理。这种情况，也即朱熹所谓"理异""气异"的情况。

所谓"理异"，是指作为万物之本的理在不同事物身上的表现是不同的，各个具体事物，都有其物之所是之理，其生之理有其独特的表现，而不是指理自身有性质的差异。比如人有人的特殊生理，牛有牛的特殊生理，马有马的特殊生理，物物各具其一生理，这个生理表现形式各个不同。而事物生理表现之所以不同，则源于构成事物的"气质"不同，此即所谓"气异"。"气异"亦非指存在不同性质的气，气只是一个"阴阳二五之气"，一切生命均有此气构造而成，故此气在质上并无不同，但气在构造万有时，有量的多少、密度的大小、成分的清浊以及气构造成形时的偏正等不同，故而由此形态不一之气质构成的万物也有所不同。

具体事物的构造气质是不同的，而其特殊的气质又决定了其"内蕴之理"的呈现有其特殊性，从而使具体事物亦呈现出特殊的"生理"。万物品类不同，同一类事物其个体之差异，即均由此特定气质而决定。换言之，气质如何，则生理如何，事物生之特性便如是，而由此则有一特殊的人、特殊的事物。人、物之万殊，皆由此气异而决定。所以从这个角度看，气异是实，理异是虚，并不存在真正的不同的理，所谓"理异"只是就特定事物因其特定气质对其内蕴之理的呈现有所不同而言之而已。理在特定事物身上呈现不同，貌似即存在不同的理，其实只是理的表现不同而已。真正导致事物不同的，或者说造成大千世界人物之万殊的，其实是气。故当有人问"天地之气，当其昏明驳杂之时，则其理亦随而昏明驳杂否"时，朱熹回曰："理却只恁地，只是气自如此。"[1] 万物类的分别和个体的差异，都是缘于气异，人禽之别

---

[1] （宋）朱熹:《朱子语类卷第四·性理一》，载（宋）黎靖德编《朱子语类》一，王星贤点校，中华书局1986年版，第71页。

亦当如是，只不过构造人类之气整体上"清且正"而已。如朱熹曰：

> 人得其气之正且通者，物得其气之偏且塞者。惟人得其正，故是理通而无所塞；物得其偏，故是理塞而无所知。①
>
> 气质之清者、正者，得之则全，人是也；气质之浊者、偏者，得之则昧，禽兽是也。气有清浊，人则得其清者，禽兽则得其浊者。人大体本清，故异于禽兽；亦有浊者，则去禽兽不远矣。②
>
> 人物之生，同得天地之理以为性，同得天地之气以为形；其不同者，独人于其间得形气之正，而能有以全其性，为少异耳。虽曰少异，然人物之所以分，实在于此。③

人与人的区别亦是如此。"就人之所禀而言，又有昏明清浊之异"④，"禀气之清者，为圣为贤，如宝珠在清冷水中；禀气之浊者，为愚为不肖，如珠在浊水中"⑤。总之，人、物之分别，并非其生物之本相异所导致，而是缘于气构形万物时的运动状态和性质所致。又如朱熹曰：

> 夫太极动而二气形，二气形而万化生。人与物俱本乎此，则是其所谓同者；而二气五行，氤氲交感，万变不齐，则是其所谓异者。同者，其理也；异者，其气也。⑥

---

① （宋）朱熹：《朱子语类卷第四·性理一》，载（宋）黎靖德编《朱子语类》一，王星贤点校，中华书局1986年版，第65页。
② （宋）朱熹：《朱子语类卷第四·性理一》，载（宋）黎靖德编《朱子语类》一，王星贤点校，中华书局1986年版，第73页。
③ （宋）朱熹：《四书章句集注》，中华书局1983年版，第293—294页。
④ （宋）朱熹：《朱子语类卷第四·性理一》，载（宋）黎靖德编《朱子语类》一，王星贤点校，中华书局1986年版，第66页。
⑤ （宋）朱熹：《朱子语类卷第四·性理一》，载（宋）黎靖德编《朱子语类》一，王星贤点校，中华书局1986年版，第73页。
⑥ （宋）朱熹：《朱子语类卷第四·性理一》，载（宋）黎靖德编《朱子语类》一，王星贤点校，中华书局1986年版，第59页。

>方付与万物之初，以其天命流行，只是一般，故理同；以其二五之气有清浊纯驳，故气异。①

朱熹讲的理气同异的问题，包含普遍与特殊、一般与个别的哲学问题。万物从普遍性、一般性上说，都是由理决定、派生的，也都是由气构成的，此理是天下万物之大本，此气均是阴阳二五之气，因此，从普遍性、终极的本原上说，万物均是由此同一理、同一气构成的，这是"理同气同"的一面。但此理在具体的事物身上有其特殊的表现，从而表现为决定物之所是的特殊"生理"，从这个意义上说，理又是不同的。构成具体事物的气因为亦有偏正、昏明、厚薄、清浊等具体的差异，从而决定了事物特定的气质，因而在这个意义上，气也可以说是不同的，所以我们又可以说"理异气异"。事实上，依照不同的角度，我们既可以说"理同气同""理异气异"，亦可曰"理同气异""气同理异"。此诚如朱熹自己所曰，"论万物之一原，则理同而气异；观万物之异体，则气犹相近，而理绝不同"②。在这里，朱熹把理视为万物的终极本体，气是具有不同表现的构造具体事物之气，此气是形下范畴，亦以理为本，故从万物产生的根本上说，万物同出一理，而构形之气则异；但从决定事物特殊的生理角度和构成事物之气同为阴阳之气而言，则又可以说"理不同而气犹相近"③。

由上可见，在朱熹那里，天下万有同出一理，同构一气，理气统

---

① （宋）朱熹：《朱子语类卷第四·性理一》，载（宋）黎靖德编《朱子语类》一，王星贤点校，中华书局1986年版，第57页。
② （宋）朱熹：《朱子语类卷第四·性理一》，载（宋）黎靖德编《朱子语类》一，王星贤点校，中华书局1986年版，第57页。
③ "气犹相近"的说法，按照朱熹的解释，"是就万物已得之后说，以其虽有清浊之不同，而同此二五之气，故气相近；以其昏明开塞之甚远，故理绝不同"。参见（宋）朱熹《朱子语类卷第四·性理一》，载（宋）黎靖德编《朱子语类》一，王星贤点校，中华书局1986年版，第57页。

体，不仅清晰地揭示出生命得以产生的根据、本原，也较好地说明了生命的统一性和多样性、差异性的问题。理气关系问题，是朱熹哲学的基础性问题，朱熹对生命的伦理思考，俱可说建基于此。但朱熹和张载、二程等人一样，其对生命的言说，亦主要体现在其对性命的言说上。朱熹对性命问题的认识，可谓完全建立在其理气论基础之上。由理气而说性命，这也是朱熹言说性命问题的基本理路。朱熹言性命，必兼言理气；言理气，必兼说性命。事实上，在朱熹那里，性命问题与理气问题本是一体，故探究朱熹生命伦理思想，当理气兼合性命而论，方始得朱熹生命伦理精神之概貌。此亦如钱穆所言，"朱子之论心性，亦犹其论理气。其论性，上承伊川'性即理也'一语，自宇宙界落实到人文界。如是而后其理气两分之说始见完足。学者当兼观焉，庶可以窥朱子立义之大全"[1]。

第二节　性天命理

和张载、二程一样，朱熹有关生命问题的思考，也主要体现在他对性命问题的言说上。朱熹谈性命，和他对理与气及其关系的认识存在紧密联系。朱熹论理气，统分相合，朱熹论性命，也与之相适应，具有"统分相合"的特征。"统"，是说朱熹论"性"与"命"具有统一性；"分"，则指二者亦有相对独立性；"相合"是指朱熹所论"性"与"命"是朱熹论说生命问题的一体两面，须合而论之，才能完整地理解朱熹对生命的性质、价值、意义及其生命修养等诸生命问题的观点。

朱熹对性与命及其关系的论述，是以其理气关系论为基础的，"理""气""性""命"四者杂合而论，内容颇为复杂。但就其言

---

[1] 钱穆：《朱子新学案》二，九州出版社2011年版，第1页。

说性、命的大方向来说，我们大致可以将之分为两个方面。一则是依理言说性命问题，依此即有"理之性""理之命"的问题；二则是依气而论性命问题，依此则有"气之性""气之命"的问题。通过朱熹言说性、命的这两种基本进路，我们大致可以概括出朱熹言说性命问题的基本观点和思想特色。由于朱熹格外强调理作为万化之本和价值之原的绝对地位，因而依理所说的性与命，即是可欲之善，是生命当有之性命，它体现着生命的理想状态、应然状态，因而也是生命自我完善的方向和目标；而依气所说的性与命则主要揭示的是现实生命的复杂性和自然事实，它在价值上也具有善恶的不确定性，它意味着生命的某种先天缺陷，是需要加以改变或修正的。是以性命于理，则人有理之性命，人的生命就有价值、有意义，人就是真正意义上的人；性命于气，则生命充满不确定性。故人的生命价值和目的都在于"性天德、命天理"，即以涵养"天德"为"性"，以实践"天命"为"命"。此即朱熹言说性命的精神义旨。

一 性命于理

在生命的问题上，朱熹晚年尤其强调理气一体对生命的意义，但这并不意味着理和气在朱熹那里获得了完全相等的地位，更不意味着朱熹把理和气完全混同。朱熹晚年亦强调理相对于气的逻辑在先性、第一性的地位，同时亦强调理的价值本体地位。在朱熹那里，理作为价值本体，它本身是完足至善的。如朱熹曰："这个理在天地间时，只是善，无有不善者。"[①] 理既是万化之本，亦是价值之本，它统体一切，从根本上决定着朱熹言说性命的方向，也决定着朱熹以理建构起来的

---

① （宋）朱熹：《朱子语类卷第五·性理二》，载（宋）黎靖德编《朱子语类》一，王星贤点校，中华书局1986年版，第83页。

性命对于人与物的绝对意义。

(一) 天理之性

朱熹以理为天下大本，亦以理为人、物之性的根源和根据，无理则无性，理是朱熹言性和界定性的基本前提。在朱熹看来，所谓"性"，并非一独立存在之物，它的实质即是人和物对于天理的禀受。如朱熹曰："人物皆禀天地之理以为性"①；"性者，人所受之天理"②。这也就是说，所谓"性"，并非他物，不过是人、物禀自天理所获得的规定性，其实质就是人与物之"内在化之理"。故从这个角度来说，性和理具有同一性，"性即理也"，"性只是此理"。③ 从性和理同一的角度规定性，这是朱熹论性的基本特色，也是基本内容。不过，这个观点倒也不是朱熹的创造，而是朱熹对二程"性即理"观点的继承和推进。朱熹非常推崇二程所说的"性即理"。如朱熹曰：

> 程子云："性即理也"，此言极无病。④
>
> 程子"性即理也"，此说最好。⑤
>
> 如"性即理也"一语。直自孔子后，惟是伊川说得尽。这一句便是千万世说性之根基！⑥

不过，从性理同一的角度规定性，并不意味着朱熹把性与理二者

---

① (宋)朱熹：《朱子语类卷第四·性理一》，载(宋)黎靖德编《朱子语类》一，王星贤点校，中华书局1986年版，第57页。
② (宋)朱熹：《四书章句集注》，中华书局1983年版，第79页。
③ (宋)朱熹：《朱子语类卷第五·性理二》，载(宋)黎靖德编《朱子语类》一，王星贤点校，中华书局1986年版，第83页。
④ (宋)朱熹：《朱子语类卷第五·性理二》，载(宋)黎靖德编《朱子语类》一，王星贤点校，中华书局1986年版，第92页。
⑤ (宋)朱熹：《朱子语类卷第四·性理一》，载(宋)黎靖德编《朱子语类》一，王星贤点校，中华书局1986年版，第63页。
⑥ (宋)朱熹：《朱子语类卷第九十三·孔孟周程张子》，载(宋)黎靖德编《朱子语类》六，王星贤点校，中华书局1986年版，第2360页。

完全等同，我们不能把朱熹说的性和理随意加以置换。在朱熹那里，理的超越性、先在性始终是理的基本性质，从逻辑上、概念上说，理是超越于具体生命世界的独立存在（"在"而非实有之物），是可以单独言说的。而性则必须依附于人、物而言，脱离具体的人与物，则无所谓性的问题。也就是说，单纯从理的超越性抽象言之，只可谓之理，而不可谓之性，不能说此理即是性，甚至脱离具体的生物，也无所谓性这个说法。性只是"生物得来，方始名曰'性'。"①"性，是就人物上说。"②"生人物便成个性。"③"人物未生时，只可谓之理，说性未得。"④

故此，从实有层面来看，朱熹讲的性，主要是指人物对于天理的禀受，是就理内化于事物身上而使事物获得某种规定性而言的。这个由事物禀自天理而有之性，我们即可称之为"天理之性"或"理之性"。理是本体，是宇宙之本然，故由此理直接规定的性，即是大本大全之性，是"本然之性"。因为理亦可谓天的本质规定，所谓"天之所以为天者，理而已"⑤，所以朱熹亦将此"天理之性"称为"天地之性"或"天命之性"。"天地之性"或"天命之性"都是从理本体的角度专言"天理之性"，是专就理本体而言的。故朱熹曰，"'天命之性'，是专言理"⑥；"论天地之性，则专指理言"⑦。

---

① （宋）朱熹：《朱子语类卷第五·性理二》，载（宋）黎靖德编《朱子语类》一，王星贤点校，中华书局1986年版，第83页。
② （宋）朱熹：《朱子语类卷第二十八·论语十》，载（宋）黎靖德编《朱子语类》二，王星贤点校，中华书局1986年版，第725页。
③ （宋）朱熹：《朱子语类卷第五·性理二》，载（宋）黎靖德编《朱子语类》一，王星贤点校，中华书局1986年版，第83页。
④ （宋）朱熹：《朱子语类卷第九十五·程子之书一》，载（宋）黎靖德编《朱子语类》六，王星贤点校，中华书局1986年版，第2430页。
⑤ （宋）朱熹：《朱子语类卷第二十五·论语七》，载（宋）黎靖德编《朱子语类》二，王星贤点校，中华书局1986年版，第621页。
⑥ （宋）朱熹：《朱子语类卷第六十二·中庸一》，载（宋）黎靖德编《朱子语类》四，王星贤点校，中华书局1986年版，第1490页。
⑦ （宋）朱熹：《朱子语类卷第四·性理一》，载（宋）黎靖德编《朱子语类》一，王星贤点校，中华书局1986年版，第67页。

第四章　朱熹的生命伦理思想

性是事物对天理的禀受，是事物内在化之理，是故理的性质自然也决定了性的性质。在朱熹那里，理是价值本体，具有纯然至善的规定性，所谓"当然之理，无有不善者"①，故而事物禀受此理而有之天理之性，亦具有纯然至善的规定性。如朱熹曰："性者，人所禀于天以生之理也。浑然至善，未尝有恶。"②"盖本然之性，只是至善。"③ 这个纯然至善的本体之性，在朱熹那里，是万物普遍具有的，而非为某类生命（如人类）所独占。此性之所以为万物普遍拥有，乃源于理对万物具有普遍的规定性，凡物必有理，有理必有性，天下既无无理之物，自然亦无无性之物。在这个意义上，金石草木、枯槁之物都可以说是有性的，因为"是他合下有此理，故云天下无性外之物"④。"盖有此物，则有此性。"⑤ 不仅如此，万物皆生而具有此本然之性，这说明万物的先天性分也都是相同的，并无质的区分。是故朱熹曰，"人物性本同"⑥，"性分是以理言之"，"若性分则又都一般"。⑦

朱熹肯定万物皆具大本之性，而此大本之性又具有纯然至善的规定性，所以从这个角度来看，万物生来都具有至善之性体，故可曰一切生命均生而即善，均具有先天的善性。而肯定万物皆具善性，也即承认"善性"并非为人类所独有之性，不是人之生命的特有规定。在

---

① （宋）朱熹：《朱子语类卷第四·性理一》，载（宋）黎靖德编《朱子语类》一，王星贤点校，中华书局1986年版，第67页。
② （宋）朱熹：《四书章句集注》，中华书局1983年版，第251页。
③ （宋）朱熹：《朱子语类卷第五十九·孟子九》，载（宋）黎靖德编《朱子语类》四，王星贤点校，中华书局1986年版，第1387页。
④ （宋）朱熹：《朱子语类卷第四·性理一》，载（宋）黎靖德编《朱子语类》一，王星贤点校，中华书局1986年版，第61页。
⑤ （宋）朱熹：《朱子语类卷第四·性理一》，载（宋）黎靖德编《朱子语类》一，王星贤点校，中华书局1986年版，第56页。
⑥ （宋）朱熹：《朱子语类卷第四·性理一》，载（宋）黎靖德编《朱子语类》一，王星贤点校，中华书局1986年版，第58页。
⑦ 朱熹：《朱子语类卷第四·性理一》，载（宋）黎靖德编《朱子语类》一，王星贤点校，中华书局1986年版，第77页。

这个意义上，如果说仁义礼智就是"善"的普遍形式和内容，那么，在逻辑上说，万物亦当具此仁义礼智之性或具有成就实际仁义礼智之善行的先天根据，而不能说只有人才具备这一根基。对此，朱熹其实并不讳言。比如朱熹把"仁义礼智"归结为"性之大体"，曰："盖性中所有道理，只是仁义礼智，便是实理。"① 又曰："性是太极浑然之体，本不可以名字言。但其中含具万理，而纲理之大者有四，故命之曰仁义礼智。"② 既然万物皆具此大本之性，而此性之大体为仁义礼智，故当然也可以说万物皆先天具备仁义礼智之性。是以朱熹曰："仁义礼智，则物固有之。"③

一切生命均具有天理本体之性，此理性具有至善规定性，是以万物皆生而具有至善之性体，具有天赋之善性，从而具有成就善德善行的天赋根基。朱熹的这个看法，单纯从形式上看，颇近似于佛教所言"众生皆有佛性、众生皆可成佛"的观点。从儒家思想传统来看，朱熹这种看法也表现出某种"性善论"的思想特征，或者可以归结为某种意义上的"性善论"。但是朱熹所言这种"性善"，相较于孟子所言之"性善"，无疑也具有显著的区别。在孟子那里，性善只是针对人而言的，善只是人才可能具备的先天禀赋，不管是作为实际的善行，还是促使人成善的先天的"善的基质"，这种东西只有人才具备。也正因如此，在孟子那里，善才能成为人之为人的显著标志，才能成为人禽之别的根本。但在朱熹那里，人与禽兽乃至万物都是具有"本体之善性"的。如朱熹曰，"万物禀受，莫非至

---

① （宋）朱熹：《朱子语类卷第四·性理一》，载（宋）黎靖德编《朱子语类》一，王星贤点校，中华书局1986年版，第64页。

② （宋）朱熹：《晦庵先生朱文公文集卷五十八·答陈器之》，载朱杰人、严佐之、刘永翔主编《朱子全书》第23册，上海古籍出版社、安徽教育出版社2002年版，第2779页。

③ （宋）朱熹：《朱子语类卷第四·性理一》，载（宋）黎靖德编《朱子语类》一，王星贤点校，中华书局1986年版，第59页。

善者，性"①；"至于禽兽，亦是此性"②。仁义礼智之性是万物皆备的（然有能显之，有不能显之者），而非为人类所独有，故其不能作为人禽之别的根本标志。

应当说，朱熹把仁义礼智之性视为人物所固有，肯定万物先天皆有至善之性体，承认一切生命先天即善，虽然这种善并非指生物生来即具备实际的善德善行，而是指具有先验的善的规定，但不得不说，朱熹这种观点还是颇具理论创造性，也极大突破了传统儒家对性的一般理解。从现实意义来说，朱熹这种观点对于人们更为深刻地思考生命问题也颇有启发意义，有助于培养人们尊重生命、善待生命、平等对待生命的思想意识和价值原则。因为朱熹这种观点，显而易见包含着一种生命生而平等的思想意蕴。万物皆原出于理，皆禀受此理而有至善本体之性，万物性分相同，皆具存在的先天价值和合理性，也皆具成就自身生命价值的先天根据，所以生命就其根本而言，并无高低贵贱之分。是故朱熹曰："万物一原，固无人物贵贱之殊。"③

理之性是天地本然之性，又有至善的规定性，所以毫无疑问，对朱熹来说，生命存在的价值和意义、生命修养的根本方向和终极目的，也即在于存养和彰显此天理之性。人们积极存养此天理之性，按照此性的要求而行动，此亦即恪守天德、实践天命，如此人类也就能够获得自身之"正命"。而所谓"正命"，在朱熹那里，简言之，即是按照天理的要求而行，是指人对天理之性的涵养和复归，所谓"命之正者出于理"④。

---

① （宋）朱熹：《朱子语类卷第六十二·中庸一》，载（宋）黎靖德编《朱子语类》四，王星贤点校，中华书局1986年版，第1492页。

② （宋）朱熹：《朱子语类卷第四·性理一》，载（宋）黎靖德编《朱子语类》一，王星贤点校，中华书局1986年版，第58页。

③ （宋）朱熹：《朱子语类卷第四·性理一》，载（宋）黎靖德编《朱子语类》一，王星贤点校，中华书局1986年版，第59页。

④ （宋）朱熹：《朱子语类卷第四·性理一》，载（宋）黎靖德编《朱子语类》一，王星贤点校，中华书局1986年版，第78页。

从理的角度说"命",即有所谓"天理之命"。

(二) 天理之命

朱熹对命的理解,延续了传统儒家的基本观点,同时又有自己的思想特色。传统儒家论命有一个基本的向度,即由天说命,朱熹在这一点上和传统儒家并无二致,如朱熹亦认为"天之付与人物者为命"①。但是朱熹论命同时结合了他的理气说,所以即有"以理言命"和"以气言命"的"两般命"。《朱子语类》载:

> 或问"命"字之义。曰:"命,谓天之付与,所谓天令之谓命也。然命有两般,有以气言者,厚薄清浊之禀不同也,如所谓'道之将行、将废,命也','得之不得曰有命',是也;有以理言者,天道流行,付而在人,则为仁义礼智之性,如所谓'五十而知天命','天命之谓性',是也。"②

以理言之之命,即所谓"理之命"。理之命体现的是天理本体的要求,因而这种命就是生命的终极取向,是生命价值所在,生命的价值和意义即在于实践此理之命。而按照天理的要求完成生命,实际上也即尽了天理之性,是对天理之性的复归和呈现。在朱熹那里,"理之命"和"理之性"具有同一性,或简单说"性"与"命"在本体意义上具有同一性。比如朱熹谓"天命之谓性"之"性"即"极本穷原之性"③,此即从理本体的角度说性;而"天命之谓性"中的"命"亦是就理本体而言之,故朱熹曰,"'天命谓性'之'命',是纯乎理言

---

① (宋)朱熹:《朱子语类卷第五·性理二》,载(宋)黎靖德编《朱子语类》一,王星贤点校,中华书局1986年版,第88页。
② (宋)朱熹:《朱子语类卷第六十一·孟子十一》,载(宋)黎靖德编《朱子语类》四,王星贤点校,中华书局1986年版,第1463页。
③ (宋)朱熹:《朱子语类卷第四·性理一》,载(宋)黎靖德编《朱子语类》一,王星贤点校,中华书局1986年版,第69页。

之","'天命谓性'之'命',是言所禀之理也"①。在朱熹那里,"天""命""理""性"具有本体意义上的同一性,只是言说角度不同而已。如《朱子语类》载:

> 问:"天与命,性与理,四者之别:天则就其自然者言之,命则就其流行而赋于物者言之,性则就其全体而万物所得以为生者言之,理则就其事事物物各有其则者言之。到得合而言之,则天即理也,命即性也,性即理也,是如此否?"曰:"然。"②

以此观之,朱熹以"理之性命"为人之正命,实际上也即强调人的生命价值和意义从根本上说,即是尽此天命之性、达致天理之命,用朱熹的话来说,即是所谓"性天德,命天理"。"'性天德,命天理',则无不是元来至善之物矣"③,是故以恪守天德为性,以实践天理为命,万物也就能达于至善。

但问题在于,虽然一切生命均先天赋有大本天理之性,按理亦当有其天理之命,也就是说,万物皆有至善之性体,皆有其成就自我生命价值的先天根据。故从逻辑上说,一切生命亦当有一个好的归宿或命运,但为什么现实世界却人、物分殊,性命各异?且除人之外,其他生命亦不能通过生命修养的工夫尽显其先天"善性"从而"羽化成仙"?又何以人与人亦不得尽善尽美而有善有恶?对此,朱熹的解释是这全系气质对现实生命的影响。从气质的角度看待性与命,人、物之性命则又呈现为另一番景象。

---

① (宋)朱熹:《朱子语类卷第四·性理一》,载(宋)黎靖德编《朱子语类》一,王星贤点校,中华书局1986年版,第77页。
② (宋)朱熹:《朱子语类卷第五·性理二》,载(宋)黎靖德编《朱子语类》一,王星贤点校,中华书局1986年版,第82页。
③ (宋)朱熹:《朱子语类卷第五·性理二》,载(宋)黎靖德编《朱子语类》一,王星贤点校,中华书局1986年版,第82页。

二 性命于气

正如朱熹强调论理必须兼言气、言气必须兼言理一样，朱熹论说性命，实际上也是强调必须要从理气统体的角度来言说。论性命，不能只就理而论，同时必须注意气对性命的影响。由气而说性、命，就有"气质之性"或"气性"与"气质之命"或"气命"的问题。

（一）气质之性

"气质之性"，亦可简称"气性"，是指事物因其特殊的气质构造而表现出来的特殊的"生之理"或"生性"。这个"气质之性"是专就"理堕入气中"受特定的气质局限而有所不同表现而言之性。从朱熹对性的基本界定来说，性其实只有一个，即指人、物对于天理的禀受。在这个意义上，性并无不同。凡言性，即是对天理的禀赋，此理完足"驻于"人与物身上，是以凡人、物皆具"理之性"，可是由于每一事物之具体气质构造不同，故而此天理之性并不能完整地在每一事物身上呈现，因而具体事物亦表现出各自不同的生命特性，这个受特定气质局限而在事物身上表现出来的不同程度的天理之性，即是所谓"气质之性"。由此可见，"气质之性"这个说法，其实比较勉强，因为它并不是指真有一个独立于本体之性之外的所谓"气质之性"，性其实只有一个，即"理之性"，所谓"气质之性"不过是就天理之性在不同事物身上有所不同呈现而言。所以朱熹曰："性只是理。气质之性，亦只是这里出。"[①]

理唯一不可分，是以蕴含在事物身上的天理之性体本身也是完整的，事物的特定气质并不会真正影响到天理之性体的完整性，不会改变天理之性，却能影响到事物自身呈现其天理之性的能力和程度，从

[①] （宋）朱熹：《朱子语类卷第四·性理一》，载（宋）黎靖德编《朱子语类》一，王星贤点校，中华书局1986年版，第67页。

而使具体事物之性便不相似。如朱熹曰:"性即太极之全体。但论气质之性,则此全体堕在气质之中耳,非别有一性也。"①"性也只是一般。天之所命,何尝有异?正缘气质不同,便有不相似处。"② 但是世人有时并未清晰认识到这一点,而曰"天命之性""气质之性",似有两种截然不同之性,针对这种情况,朱熹提醒务需注意"气质之性"与所谓"本性"的统一性,二者其实只是从不同角度言性,并非指本原之性体有所分裂。《朱子语类》卷第九十五载:

> 问:"《近思录》中说性,似有两种,何也?"曰:"此说往往人都错看了。才说性,便有不是。人性本善而已,才堕入气质中,便熏染得不好了。虽熏染得不好,然本性却依旧在此,全在学者着力。今人却言有本性,又有气质之性,此大害理!"③

朱熹认为将"本性"与"气性"相剥离而认识不到二者的统一性,这是"大害理"的。理统体万物,唯一纯粹,万物禀受之而有其性,是以万物虽繁,亦"本性"无隔,只是由于各自构造气质不同,是以此理此性呈现不一而已,而以"本性"与"气质之性"相分立,则是在理论认知上没有看到理统体万事万物的绝对性,在实践中也容易在处理人与万物、人与人的关系当中将人与物、人与人隔绝与对立起来,人为制造人物之殊、人与人的等级对立。

不过朱熹也承认,由于"气强理弱"这种情况的存在,人们在日常生活中亦多是就气质而论性,一谈性,往往是带着气质说,而

---

① (宋)朱熹:《晦庵先生朱文公文集卷六十一·答严时亨》,载朱杰人、严佐之、刘永翔主编《朱子全书》第23册,上海古籍出版社、安徽教育出版社2002年版,2960页。
② (宋)朱熹:《朱子语类卷第四·性理一》,载(宋)黎靖德编《朱子语类》一,王星贤点校,中华书局1986年版,第69页。
③ (宋)朱熹:《朱子语类卷第九十五·程子之书一》,载(宋)黎靖德编《朱子语类》六,王星贤点校,中华书局1986年版,第2432页。

不是全论性之本体。朱熹曰："大抵人有此形气，则是此理始具于形气之中，而谓之性。才是说性，便已涉乎有生而兼乎气质，不得为性之本体也。"① 尽管如此，我们仍然要注意，事物受其气质局限而不能完整呈现其性，因而表现出"不得为性之本体"，但这也绝非说事物没有大本之性，凡人与物皆有天理本然之性，而不能说只有人才具有本体之性，而物不具此大本之性。至于说只有人身兼本体之性和气质之性这两种性而物只有所谓气质之性这样的说法，就尤其可笑了。如朱熹曰：

> 谓枯槁之物只有气质之性而无本然之性，此语尤可笑。若果如此，则是物只有一性，而人却有两性矣。此语非常丑差，盖由不知气质之性只是此性堕在气质之中，故随气质而自为一性，正周子所谓各一其性者。向使原无本然之性，则此气质之性又从何处得来耶？②

"气质之性"之得名，首先是因为有本然之性、有此"性体"，只是此性被气质局限、"熏染"，故有所谓"气质之性"。但气质之性的内核还是性之本体，无非性之本体寓于气质之中而已。故朱熹曰："气质之性，便只是天地之性。只是这个天地之性却从那里过。好底性如水，气质之性如杀些酱与盐，便是一般滋味。"③

如此可见，对于朱熹而言，人物之殊并不在于其性体有差，而是由于此性体受气质的局限而表现程度不一。有能完整呈现此性体之生

---

① （宋）朱熹：《朱子语类卷第九十五·程子之书一》，载（宋）黎靖德编《朱子语类》六，王星贤点校，中华书局1986年版，第2430页。
② （宋）朱熹：《晦庵先生朱文公文集卷五十八·答徐子融》，载朱杰人、严佐之、刘永翔主编《朱子全书》第23册，上海古籍出版社、安徽教育出版社2002年版，第2768页。
③ （宋）朱熹：《朱子语类卷第四·性理一》，载（宋）黎靖德编《朱子语类》一，王星贤点校，中华书局1986年版，第68页。

物，有不能完整呈现此性体之生物，故天下之生物，虽然"本体之理性"没有差别，但由于其形质不同，这个"理之性"在不同事物身上亦有不同体现，从而使万物分殊各异、各有其性命。故朱熹曰："盖天之生物，其理固无差别，但人物所禀形气不同，故其心有明暗之殊，而性有全不全之异耳。"①"性有全不全之异"，是指性体在事物身上的呈现有所不同，并不是指性体自身有全和不全之分。"性体"是恒久的完足至善之性体，它不可分割，亦不会增减，并无"全不全"的问题，所以此性体在具体事物身上因其特殊气质构造尽管呈现程度不一，但并不是说此性体会因事物特定的气质构造而使其完整性受到破坏。故朱熹曰："人性本善而已，才堕入气质中，便熏染得不好了。虽熏染得不好，然本性却依旧在此。"② 又曰："才是说性，便已涉乎有生而兼乎气质，不得为性之本体也。然性之本体，亦未尝杂。要人就此上面见得其本体元未尝离，亦未尝杂耳。"③

综上，朱熹虽然有所谓气质之性的说法，实际上他并不认为真的存在一个独立于大本之性之外的所谓气质之性，气质之性不过是就"性"因特殊气质局限会有不同呈现而言，所以人与物之性其实并无不同，不同的只是气质而已。故朱熹曰："人物性本同，只气禀异。"④因为这个特殊的"气禀"，万物才表现出各自不同的生命特性，但不能因此否认万物"基本"略同。如果说仁义礼智之性是"本然之性"，那么就不能说只有人才具备此性而动物不具备，动物也是有此仁义礼

---

① （宋）朱熹：《晦庵先生朱文公文集卷五十八·答徐子融》，载朱杰人、严佐之、刘永翔主编《朱子全书》第 23 册，上海古籍出版社、安徽教育出版社 2002 年版，第 2767—2768 页。
② （宋）朱熹：《朱子语类卷第九十五·程子之书一》，载（宋）黎靖德编《朱子语类》六，王星贤点校，中华书局 1986 年版，第 2432 页。
③ （宋）朱熹：《朱子语类卷第九十五·程子之书一》，载（宋）黎靖德编《朱子语类》六，王星贤点校，中华书局 1986 年版，第 2430 页。
④ （宋）朱熹：《朱子语类卷第四·性理一》，载（宋）黎靖德编《朱子语类》一，王星贤点校，中华书局 1986 年版，第 58 页。

智之性的，只不过限于气质而呈现不一而已。故朱熹曰：

> 蜂蚁之君臣，只是他义上有一点子明；虎狼之父子，只是他仁上有一点子明；其他更推不去。恰似镜子，其他处都暗了，中间只有一两点子光。大凡物事禀得一边重，便占了其他底。

> 惟其所受之气只有许多，故其理亦只有许多。如犬马，他这形气如此，故只会得如此事。①

相对而言，人类受气优良，故有能完整呈现此大本之性的能力。不过，人类的个体亦可能因"物欲、气禀所昏"，而其行为有近于禽兽者，只是人类所受气质在总体上是"正"且具"可通之理"的，所以人可以凭借"理性的自觉"主动做返本复原的工夫，而动物则不能，从而人终究是人，动物则终究归于动物。如朱熹曰：

> 然在人则蔽塞有可通之理；至于禽兽，亦是此性，只被他形体所拘，生得蔽隔之甚，无可通处。至于虎狼之仁，豺獭之祭，蜂蚁之义，却只通这些子，譬如一隙之光。至于猕猴，形状类人，便最灵于他物，只不会说话而已。到得夷狄，便在人与禽兽之间，所以终难改。②

人物因为有不同的气质，故表现为不同生命个性。所以从现实性上看，人会有一个什么样的命，在很大程度上是由其先天气质影响或决定的。由气质影响或决定的命，即所谓"气质之命"或曰"气命"。

---

① （宋）朱熹：《朱子语类卷第四·性理一》，载（宋）黎靖德编《朱子语类》一，王星贤点校，中华书局1986年版，第57页。
② （宋）朱熹：《朱子语类卷第四·性理一》，载（宋）黎靖德编《朱子语类》一，王星贤点校，中华书局1986年版，第58页。

(二) 气质之命

"气命"和"气性"都是从气质角度而言说人之性命。虽然人人皆有"理之性",故从这个角度来说,每个人也都应该具有"理之命",但事实却并非如此。因为并不是每个人的气禀都是相同的,气禀不同,人的命也就不同,所以气禀差的,往往难以完全获得其"正命"。如朱熹曰:"人之气禀有清浊偏正之殊,故天命之正,亦有浅深厚薄之异。"① 气禀不同,命就不同。换言之,一个人有什么气禀,也就会有何种命。这种由先天气质决定或影响所致之具体生命之"命",即可曰"气命"。在朱熹看来,一个人具体的生命遭际和命运以及生命特征,比如善恶、贫贱、寿夭、富贵、贤愚等,其实都和人的先天气禀相关,故都可以归入"气命"的范围。② 如朱熹曰:

> 都是天所命。禀得精英之气,便为圣,为贤,便是得理之全,得理之正。禀得清明者,便英爽;禀得敦厚者,便温和;禀得清高者,便贵;禀得丰厚者,便富;禀得久长者,便寿;禀得衰颓薄浊者,便为愚、不肖,为贫,为贱,为夭。天有那气生一个人

---

① (宋)朱熹:《朱子语类卷第四·性理一》,载(宋)黎靖德编《朱子语类》一,王星贤点校,中华书局1986年版,第67页。

② 不过,朱熹也有一个看上去与此相矛盾的说法。在《朱子语类卷第四·性理一》中,朱熹说:"命有两种:一种是贫富、贵贱、死生、寿夭,一种是清浊、偏正、智愚、贤不肖。一种属气,一种属理。"参见(宋)朱熹《朱子语类卷第四·性理一》,载(宋)黎靖德编《朱子语类》一,王星贤点校,中华书局1986年版,第77页。"清浊""偏正"等当是针对气而言,理是不能说有清浊、偏正的,而朱熹却说"属理",这一点颇让人感觉困惑。朱熹的意思大概是强调气之有清浊、偏正等亦是"理使之如此",故曰"属理",而不是说这种命乃"理之命"。尽管如此,该说法仍不免造成疑问。如其弟子沈僩即对朱熹这种说法产生了疑问。他说:"以僩观之,两种皆似属气。盖智愚、贤不肖、清浊、偏正,亦气之所为也。"参见(宋)朱熹《朱子语类卷第四·性理一》,载(宋)黎靖德编《朱子语类》一,王星贤点校,中华书局1986年版,第77页。

出来，便有许多物随他来。①

　　人之生，适遇其气，有得清者，有得浊者，贵贱寿夭皆然，故有参差不齐如此。②

不过，朱熹虽然认为气命亦有先天因素，却并不认为这种命就是不可改变、无可移之理。朱熹承认，气命因有其先天因素，故其难以更改、移易，因之存在那种看上去似是"本性如此"、难以移易之人。如朱熹曰："且看孔子说底，如今却自有不移底人。如尧舜之不可为桀纣，桀纣之不可使为尧舜。"③ 但难以移易不是不可移易，朱熹认为，人的气质总体上具有可变通之理，故人的气命亦有可变之处。如朱熹曰：

　　盖习与性成而至于相远，则固有不移之理。然人性本善，虽至恶之人，一日而能从善，则为一日之善人，夫岂有终不可移之理！当从伊川之说，所谓"虽强戾如商辛之人，亦有可移之理"是也。④

不过，这里我们要注意的是，朱熹所说的"可变之命"，只是就"气命"而言，而不是说"理之命"可变。理之命不存在变与不变的问题，性体自足，永恒至善，可变的都是就人之气质而言，所谓"命之正者出于理，命之变者出于气质"⑤。也正因为气命可变，所以人也

---

① （宋）朱熹：《朱子语类卷第四·性理一》，载（宋）黎靖德编《朱子语类》一，王星贤点校，中华书局1986年版，第77页。
② （宋）朱熹：《朱子语类卷第一·理气上》，载（宋）黎靖德编《朱子语类》一，王星贤点校，中华书局1986年版，第8页。
③ （宋）朱熹：《朱子语类卷第四十七·论语二十九》，载（宋）黎靖德编《朱子语类》四，王星贤点校，中华书局1986年版，第1179页。
④ （宋）朱熹：《朱子语类卷第四十七·论语二十九》，载（宋）黎靖德编《朱子语类》四，王星贤点校，中华书局1986年版，第1178页。
⑤ （宋）朱熹：《朱子语类卷第四·性理一》，载（宋）黎靖德编《朱子语类》一，王星贤点校，中华书局1986年版，第78页。

才有通过修身的工夫以通达天理之可能。人通过修身克服气禀所限而使其本体之性呈现,这时也即"天德"充沛其身,人也就能够实现其"正命"。反之,人不能突破气质局限,其性命也就只能任其气质摆布。故此是让"理之性"主宰生命,还是任凭气质左右生命,这对于生命而言,其结果是大为不同的。以"理之性"主宰身心,人即走在正命之途,而纯任先天气质主宰人的行为,则人近于禽兽,甚至非命而亡。修养生命的工夫目的和意义,也正在于此,也即使天理之性充斥身心,从而战胜气质对人生命的不良影响。总之,在朱熹看来,天理胜,则人性命于理。气性胜,则人性命于气。只有让理之性充沛全身,以理之性克服气质局限,人才能穷理尽性以至于命。故朱熹曰:

> 德性若不胜那气禀,则性命只由那气;德性能胜其气,则性命都是那德;两者相为胜负。
>
> 自家之德,若不能有以胜其气,则只是承当得他那所赋之气。若是德有以胜其气,则我之所以受其赋予者,皆是德。故穷理尽性,则我之所受,皆天之德;其所以赋予我者,皆天之理。[①]

综上可见,朱熹虽然以理气关系的讨论为基础,建构起一套复杂的具有本体论意义的哲学理论,但其在人生哲学层面,论证的不过是自原始儒家即践行的以天德为人生导向的生命原则,只不过朱熹为坚守这种原则提供了更为深刻和系统的理论说明。在朱熹那里,天德、天理,皆是至善,因而对天德、天理的实践,也即构成生命的根本原则。生命当以实践天德、顺应天理为根本原则,此即生命价值和意义的来源,亦是生命存在的应然目的。

不过,虽然在一般意义上,我们可以说朱熹恪守的生命原则,也

[①] (宋)朱熹:《朱子语类卷第九十八·张子之书一》,载(宋)黎靖德编《朱子语类》七,王星贤点校,中华书局1986年版,第2516页。

是以实践天德为根本特征，但是朱熹对"天德"与"人德"之关系的理解，实际上也极大超出了原始儒家所理解的思想范围，这突出表现在朱熹对于"仁"这一沟通天人的价值观念之内涵的不同理解之上。朱熹对仁的理解和诠释，是朱熹理学思想中极具特色和创造性的内容，也是朱熹伦理思想中的关键性内容，甚至在某种意义上我们也可以说，朱熹的理气性命统合一体的生命理论，其中心点即在于朱熹对于仁的理解和诠释。是以要充分把握朱熹生命伦理精神和原则，更为重要的是理解朱熹仁论之要义。

第三节　至尚之仁

经过北宋诸儒对于仁的本体化提升，仁的观念发展到朱熹这里，已经成为一个兼具本体论、宇宙论、价值论和工夫境界论的思想体系。朱熹极为重视仁这一观念，对仁的深刻理解，也充分体现着朱熹哲学的精神旨趣和理论诉求。在朱熹的整体哲学中，仁这个观念，可谓是统摄一切的观念，总纲朱子之学的方方面面。钱穆尝曰："此一仁字，乃成为朱子讲学一大总脑。"[1] 蒙培元亦认为朱子之仁乃"朱子理学的核心"，认为它是"朱子哲学的最终归趣"[2]。陈荣捷在《朱学论集》中还称朱熹所论之仁是"仁之观念发展之极致"，并将朱熹仁论视为朱子新儒学体系完成之重要标志。[3] 陈来甚至认为"说朱子学总体上是仁学，比说朱子学是理学的习惯说法，也许更能突显其儒学体系"[4]。由是观之，仁在朱熹哲学中"其尊无比"，是以本节贯之以"至尚之仁"为题。

---

[1]　钱穆：《朱子新学案》二，九州出版社2011年版，第134页。
[2]　蒙培元：《朱熹哲学十论》，中国人民大学出版社2010年版，第115页。
[3]　参见陈荣捷《朱学论集》，台北学生书局1982年版，第11页。
[4]　陈来：《仁学本体论》，生活·读书·新知三联书店2014年版，第46页。

一　仁兼统理气

朱熹论仁，非常独特。这个独特性首先在于，朱熹讲的仁乃是一个统筹一切的观念，理和气这种本体性的概念，也在仁的统摄之下。如前所述，理和气均是朱熹哲学中具有本体意义的范畴，如果说仁能兼摄、统合理气，这无疑说明仁在朱熹哲学中的极端重要性。但仁何以能兼摄、统合理气呢？从朱熹的论述来看，关键即在于此仁乃全体是一个"生底意思"。而朱熹所说的理本质上是"生生之理"，气是"生生之气"，所以在"生"或"生生"的意义上，仁能兼摄、统合理气。对此，钱穆先生很早就有所注意。他说："朱子论理气，必以其所以论仁者为之画龙点睛。至是而知此理乃是一生生之理，此气乃是一生生之气，此宇宙理气之统体，乃是一生生之体。"[1] 仁在生生的意义上兼摄理气，仁理气三者在生生的意义上亦可曰一体通贯，朱熹虽然"理气之对举"，但"亦以仁字兼摄并包，会通而合一焉"[2]。陈来先生在《仁学本体论》中也提出过相似的看法。他说："如果说理气是二元分疏的，则仁在广义上是包括乎理气的一元总体。"[3]

以"生"或"生生"论仁，如前文所述，周敦颐和二程等人均有相关论述，但客观地讲，这层意思还是朱熹说得最为明白。在朱熹看来，仁全体即是一个"生底意思"，所谓"生底意思是仁"[4]。这个作为"生底意思"的仁，既包括抽象的"生之理"、天地之生性、生机或"生意"，也包括万物生生之实际，所谓"仁只是天理生生

---

[1] 钱穆：《朱子新学案》一，九州出版社2011年版，第397页。
[2] 钱穆：《朱子新学案》一，九州出版社2011年版，第377页。
[3] 陈来：《仁学本体论》，生活·读书·新知三联书店2014年版，第46页。
[4] （宋）朱熹：《朱子语类卷第六·性理三》，载（宋）黎靖德编《朱子语类》一，王星贤点校，中华书局1986年版，第107页。

宋代儒家生命伦理思想研究

全体"①。这些意思，广泛见诸朱熹的文本。如以下材料所示。

> 仁是个生底意思，如四时之有春。彼其长于夏，遂于秋，成于冬，虽各具气候，然春生之气皆通贯于其中。②
> 或问："仁有生意，如何？"曰："只此生意。"③
> 仁，浑沦言，则浑沦都是一个生意。④
> 如谷种、桃仁、杏仁之类，种着便生，不是死物，所以名之曰"仁"，见得都是生意。⑤

仁全体都是个"生底意思"，仁是生理、生机、生性，是以有仁才会有生，无仁则不生，反之，有生才有仁，不生亦无仁。如朱熹曰："盖仁是个生底物事。既是生底物，便具生之理。"⑥"仁是个生理，若是不仁，便死了。"⑦仁是个生理，这个生理就其表现而言，万物蓬勃向上的生机和生意，春华秋实的自然生长的规律性，都可以说是这个生理的呈现，因而也可谓仁之显处。如朱熹曰："譬如一树，一根生许多枝叶花实，此是'显诸仁'处；及至结实，一核成一个种子，此是'藏诸用'处。生生不已，所谓'日新'也；万物无不具此理，所谓

---

① （清）黄宗羲：《宋元学案卷六十八·北溪学案》，载《宋元学案》叁，陈金生、梁运华点校，中华书局1986年版，第2221页。
② （宋）朱熹：《朱子语类卷第二十·论语二》，载（宋）黎靖德编《朱子语类》二，王星贤点校，中华书局1986年版，第474页。
③ （宋）朱熹：《朱子语类卷第二十·论语二》，载（宋）黎靖德编《朱子语类》二，王星贤点校，中华书局1986年版，第468页。
④ （宋）朱熹：《朱子语类卷第六·性理三》，载（宋）黎靖德编《朱子语类》一，王星贤点校，中华书局1986年版，第107页。
⑤ （宋）朱熹：《朱子语类卷第六·性理三》，载（宋）黎靖德编《朱子语类》一，王星贤点校，中华书局1986年版，第113页。
⑥ （宋）朱熹：《朱子语类卷第二十一·论语三》，载（宋）黎靖德编《朱子语类》二，王星贤点校，中华书局1986年版，第498页。
⑦ （宋）朱熹：《朱子语类卷第二十·论语二》，载（宋）黎靖德编《朱子语类》二，王星贤点校，第468页。

第四章 朱熹的生命伦理思想

'富有'也。"①

朱熹以仁为生之理，而所谓性，则是对此生之理的禀受，所谓"生之理为性"②，"性者，人所禀于天以生之理也"③。既然性是对生理之禀受，而仁即生之理，是故"仁固性也"④。如前文所述，朱熹肯定万物皆有性，是故仁固性，则从逻辑上我们亦可曰，万物亦皆有仁。也即仁性不单为人所独有，而是人与万物先天共有之生命本性。对此，朱熹也并不讳言。朱熹曰："仁义礼智，则物固有之。"⑤

不过，这里需要我们注意的是，仁、理、性虽然在朱熹那里具有高度同一性，但是根据朱熹本人的论述，朱熹讲的仁和理其实也存在细微差别，二者并非完全等同的概念。譬如朱熹说过"仁是天理"⑥，这里似有以仁为天理之意，但朱熹亦说过"大抵仁者，正是天理流动之机"⑦"仁是天理之统体"⑧"仁是天理根本处"⑨等之类的话，把仁视为天理流动之机，或者认为仁对天理具有统体意义，这实际上即非把仁和理视为完全等同的概念，二者在内涵上是有差别的。仁不仅是抽象的生之理，也是宇宙万物生生不已的动力因。这就像陈来先

---

① （宋）朱熹：《朱子语类卷第七十四·易十》，载（宋）黎靖德编《朱子语类》五，王星贤点校，中华书局1986年版，第1898页。
② （宋）朱熹：《朱子语类卷第五·性理二》，载（宋）黎靖德编《朱子语类》一，王星贤点校，中华书局1986年版，第82页。
③ （宋）朱熹：《四书章句集注》，中华书局1983年版，第251页。
④ （宋）朱熹：《朱子语类卷第二十·论语二》，载（宋）黎靖德编《朱子语类》二，王星贤点校，中华书局1986年版，第469页。
⑤ （宋）朱熹：《朱子语类卷第四·性理一》，载（宋）黎靖德编《朱子语类》一，王星贤点校，中华书局1986年版，第59页。
⑥ （宋）朱熹：《朱子语类卷第六·性理三》，载（宋）黎靖德编《朱子语类》一，王星贤点校，中华书局1986年版，第118页。
⑦ （宋）朱熹：《西铭解》，载朱杰人、严佐之、刘永翔主编《朱子全书》第13册，上海古籍出版社、安徽教育出版社2002年版，第146页。
⑧ （宋）朱熹：《朱子语类卷第六·性理三》，载（宋）黎靖德编《朱子语类》一，王星贤点校，中华书局1986年版，第112页。
⑨ （宋）朱熹：《朱子语类卷第五十一·孟子一》，载（宋）黎靖德编《朱子语类》四，王星贤点校，中华书局1986年版，第1227页。

生所说,"在朱子哲学中,仁确乎是生生之理,同时,仁也是活动流通的内在动因,是宇宙活动力的动源,是生命力的源泉,动之'机'就是动力因"。更为重要的是,仁和理之所以不完全等同,在朱熹那里,更在于仁不仅是个生之理,它同时也是生之气。以仁为气,这样仁就不仅是抽象的形上本体概念,它同时亦具有形下意蕴,是被实体化了的概念。① 这种思想倾向,在朱熹的文本中亦多有体现。如朱熹曰:

> 要识仁之意思,是一个浑然温和之气,其气则天地阳春之气,其理则天地生物之心。②
>
> 春时尽是温厚之气,仁便是这般气象。③
>
> 仁是天地之生气,义礼智又于其中分别。然其初只是生气,故为全体。④
>
> 仁义如阴阳,只是一气。⑤

此外,朱熹亦把仁视为"天德之元",这个"元"也包含着"元气"之义,故朱熹有"一元之气,运转流通,略无停间,只是生出

---

① 把仁理解为气,这体现出朱熹将仁也理解为一种"实在",这一点陈来先生在《仁学本体论》中也提到过。他说:"对我们而言,仁是气或不是气,并不是我们所关注的,重要的是,在这样的理解中仁已经实体化了,仁已经成为实体意义上的仁体了。'流行统体'是一重要哲学观念,流行统体即是实体、道体,显现出朱子的仁学更关注实体、总体的意义了。"参见陈来《仁学本体论》,生活·读书·新知三联书店2014年版,第45页。

② (宋)朱熹:《朱子语类卷第六·性理三》,载(宋)黎靖德编《朱子语类》一,王星贤点校,中华书局1986年版,第111页。

③ (宋)朱熹:《朱子语类卷第六·性理三》,载(宋)黎靖德编《朱子语类》一,王星贤点校,中华书局1986年版,第112页。

④ (宋)朱熹:《朱子语类卷第六·性理三》,载(宋)黎靖德编《朱子语类》一,王星贤点校,中华书局1986年版,第107页。

⑤ (宋)朱熹:《朱子语类卷第六·性理三》,载(宋)黎靖德编《朱子语类》一,王星贤点校,中华书局1986年版,第121页。

许多万物而已"① 的说法。朱熹还有"木气为仁"② 的说法。这些说法，在一定程度上也都表明朱熹讲的仁包含"仁亦是气"的思想倾向。

把仁理解为实体性的生生之气，而万物生生不过此气之流行，是以宇宙全体即不过是"仁意"的表达，或者说整个宇宙的生命涌动、生生不已这一客观实然世界，不过是仁自身的呈现而已。这样在二程那里表现出来的仁乃万物生生之宇宙全体的思想倾向，在朱熹这里即获得更为具体的说明和论证。仁不仅是生之理，也是生之气，故仁不仅是天地造化之根据或动力因，它事实上也是天地造化之本身。如此一来，天地万物的生机涌机、生意无限、生生不穷，实际上亦可视为仁自身的运动和呈现。仁真实存在而普照万物，儒家追求的仁这一伦理价值因之也成为永恒的实体存在。如果说程颢的"仁者浑然与物同体"还只是一个纯粹精神上的人文理想，在朱熹这里，仁者与万物的一体共在，则不过是宇宙生命实体的本然面目。

仁既是生之理，又是生之气，它既包括抽象意义上的生命原理，又指生命实际的整个过程以及生生不息的生命全体。所以仁这个概念，在朱熹那里，即表现为生命的根据、根本动力、万物之"生意""生理""生气"等多种意涵。这样，宇宙万物的生生实际及其表现出来的规律性、万物生长的自然生命力，都在仁的统筹范围之内。从具体的生命来说，生命产生的根源、动力及整个生命过程表现出来的生命原理、规律性，这其实也都是仁自身的显用。生理循环，生命不息，这都是仁。朱熹认为《周易》所讲的"元亨利贞"实际上揭示的也是生命的过程和原理，是一个仁生之理。如朱熹曰："'元亨利

---

① （宋）朱熹：《朱子语类卷第一·理气上》，载（宋）黎靖德编《朱子语类》一，王星贤点校，中华书局1986年版，第4页。
② （宋）朱熹：《朱子语类卷第四·性理一》，载（宋）黎靖德编《朱子语类》一，王星贤点校，中华书局1986年版，第75页。

贞'，理也。"① 元、亨、利、贞代表的是生命过程的不同发展阶段，它自身构成一生理循环，四者周而复始，其中"元"又具有统包"亨""利""贞"的意思，它蕴含着生命的原动力，亨、利、贞则是这种生命原力的流行与发用。朱熹认为仁即是这"生命之元"，是故一切生命的流行发用，也无非此"仁元"之流行。如朱熹曰：

> 元者，天地生物之端倪也。元者生意，在亨则生意之长，在利则生意之遂，在贞则生意之成。若言仁，便是这意思。②
>
> 盖尝统而论之，元者物之始生，亨者物之畅茂，利则向于实也，贞则实之成也。实之既成，则其根蒂脱落，可复种而生矣。此四德之所以循环而无端也。然而四者之间，生气流行，初无间断，此元之所以包四德而统天也。③

朱熹还把仁义礼智与元亨利贞对应来讲，认为"仁义礼智，便是元亨利贞"④。仁元既然统摄亨利贞，是以义礼智三德亦可谓仁之发用，它们也都是由仁德统摄并发源于仁的。⑤ 仁统体是一个"生底意思"，是以仁义礼智此四者亦是在不同角度诠释"生"，"仁生"统包四者，而四者统体又不过是在讲一个"生之意"。如《朱子语类》卷第九十五载：

---

① （宋）朱熹：《朱子语类卷第六十八·易四》，载（宋）黎靖德编《朱子语类》五，王星贤点校，中华书局1986年版，第1689页。

② （宋）朱熹：《朱子语类卷第六十八·易四》，载（宋）黎靖德编《朱子语类》五，王星贤点校，中华书局1986年版，第1691页。

③ （宋）朱熹：《周易本义·周易象上传第一》，载朱杰人、严佐之、刘永翔主编《朱子全书》第1册，上海古籍出版社、安徽教育出版社2002年版，第90—91页。

④ （宋）朱熹：《朱子语类卷第六·性理三》，载（宋）黎靖德编《朱子语类》一，王星贤点校，中华书局1986年版，第107页。

⑤ 朱熹讲的"仁"有两般义，有作为"本体"之仁，也有"偏言一事"之仁。作为本体的仁是仁元，而作为偏言一事的仁、义、礼、智则是仁体的发用。换言之，义、礼、智只是各言仁之一端。

"仁包四者,只就生意上看否?"曰:"统是一个生意。如四时,只初生底便是春,夏天长,亦只是长这生底;秋天成,亦只是遂这生底,若割断便死了,不能成遂矣;冬天坚实,亦只是实这生底。"①

仁流行到那田地时,义处便成义,礼、智处便成礼、智。且如万物收藏,何尝休了,都有生意在里面。②

总之,朱熹讲的仁是一个统摄全体的概念,它既是总括万物生生的根本原理,也是气之流行的生生实际,所以仁能兼摄、统合以生生为体的理气。朱熹这种观点,我们可以简单概括为"仁兼理气,统体于生"的观点。把仁视为兼统理气、贯通形上和形下领域的全体性观念,按照这种理解,仁自然就成为贯穿和支配自然、社会和人生诸方面的根本,这样的仁自然也成为统体生命的根本原则和决定力量。仁是万事之本,是一切生命展开和趋就的终极目标,无仁则不生,人类只有奉行和坚守这一原则,求仁、践仁,才是根本的生存之道。

二 仁者天地生物之心

朱熹论仁的另一大特点,是他把天地之心和仁相联系、以天地生物之心为仁,从而在将宇宙万物一体化、价值化的过程中,也使仁这一基于自然心理基础而形成的道德规范进一步绝对化、本体化。在朱熹那里,仁是宇宙天地的本性和生命意志,是众善之源、绝对的价值本体,而其之所以能成为绝对的价值本体,成为生命的根本法则,亦正在于仁乃天地生物之心,是生命力量的源泉。把仁直接规定为天地

---

① (宋)朱熹:《朱子语类卷第九十五·程子之书一》,《朱子语类》六,第2416页。
② (宋)朱熹:《朱子语类卷第六·性理三》,载(宋)黎靖德编《朱子语类》一,王星贤点校,中华书局1986年版,第113页。

之心,并明确为"生物之主",这在朱熹那里,乃至对于整体儒家伦理来说,都具有重大的理论价值和意义。

天地之心这一问题,本是自先秦以来儒家即已关注的话题,但严格来讲,这一问题作为一个自觉的哲学问题而被重视,还是始于宋代儒家。宋代以前,儒家虽然也关注天地之心,并提出一些重要说法,如《礼记·礼运》讲的"人者,天地之心",但总体来看,"天地之心"这个说法主要是虚指,而非一个实体概念,它的主要功能是用作状词,是基于人心来比拟或形容天地之所为。也就是说,这个词在宋代以前主要是一个拟人的说法,离开人心这一维度,也就无所谓天地之心。如孔颖达说:"天地非有主宰,何得有心?以人事之心,托天地以示法尔。"[①] 此语很清楚地表明,所谓"天地之心",无过是假人心以状天地之为的一个说法而已。但宋代儒家并非如此。宋代儒者讨论天地之心的问题,已经较为明确地把"天地"视为本体、突出天地创生万物的本原地位和主体地位,也注重对天地本性及其价值属性的考察,因而他们对天地之心的讨论,涉及本体论、价值论以及生命境界论等多个哲学问题。但是宋儒对天地之心的看法,也有一个逐渐深入的过程。朱熹对天地之心的看法,也是在承接已有的观点特别是张载、二程等人相关论述的基础上,所作出的创造性诠释。

从宋儒讨论天地之心这一问题的实际来看,宋儒对天地之心的讨论,主要是基于对《易·复卦·象传》所曰"复,其见天地之心乎?"这一说法的关注。从宋代儒家普遍性的观点来看,宋代儒家主要是把天地之心理解为天地的一种"生意",即天地创生万物的自然意志。如二程在解释"复见天地之心"时说:"一阳复于下,乃天地生物之心也。先儒皆以静为见天地之心,盖不知动之端乃天地之心也。非知道

---

① 阮元主编:《十三经注疏》上,中华书局1980年影印本,第39页。

者，孰能识之？"① 按照程颐的这个说法，天地之心就是"天地生物之心"。张载也说过，"天地之心惟是生物，天地之大德曰生也"②。朱熹对天地之心的理解，与张载、二程等人的说法存在一定的关联性、相似性，但也有所不同。

首先，朱熹对天地之心的理解和二程等人一样，也主要是从天地创生万物的角度来界说的。比如朱熹明确指出："'天地以生物为心'。天包著地，别无所作为，只是生物而已。"③ "某谓天地别无勾当，只是以生物为心。"④ "别无勾当""只是""别无所作为"这些强调之词的使用，表明在朱熹眼中，天地是有心的，但这个"心"只是天地的"创生意志"。除此之外天地之心别无所是，它并不是如同人类那样的会思虑、营为之心，而是"无心之心"，它主要强调的是天地自然创化的一种客观规律和必然性，是一种纯粹的"自然意志"。这种生物意志之表现具有特定的规律性和必然性，而不是如人心那样可以自由地思考和随意变动。所以我们不能简单以"人心"状拟"天地之心"。天地是本体，自有其生物之内在本性和"定则"，此正是见天地之心处。但天地并非"人格神"般的存在，因而也不能将此心说成像人心那样会自主思虑、营为之心。如果天地之心如人心一般，大可尽造尽善尽美之物，而不必让万物之间相食利用而使某些个体不得尽其性命。天地生物，只是自然而化，它有定理、定则，却不似人心那般思虑营为。故朱熹认为，如果以人心状拟天地生物之"自然意志"，则天地似有心

---

① （宋）程颢、程颐：《周易程氏传卷第二》，载《二程集》下，王孝鱼点校，中华书局 2004 年版，第 819 页。
② （宋）张载：《横渠易说·上经》，载《张载集》，章锡琛点校，中华书局 1978 年版，第 113 页。
③ （宋）朱熹：《朱子语类卷第五十三·孟子三》，载（宋）黎靖德编《朱子语类》四，王星贤点校，中华书局 1986 年版，第 1280 页。
④ （宋）朱熹：《朱子语类卷第一·理气上》，载（宋）黎靖德编《朱子语类》一，王星贤点校，中华书局 1986 年版，第 4 页。

又似无心。

说天地有心，是指天地有其合自然的目的性、规定性，天地生物有其章法或法则，并不是杂乱无理的。这就像牛之为牛，马之为马，桃李不互华。否则，天地"若果无心，则须牛生出马，桃树上发李花，他又却自定"①。说天地无心，则是指天地并非如人心那样自主地思虑、安排，其生化万物是自然而化，非是特别规划、刻意营为。因此，在朱熹看来，从天地生物有定理、法则而言，我们不能说天地之心不灵，因为天地生物自有其必然生性或特定指向，所生之物亦各适其生；但从万物之生并非如人所期许的那样尽善尽美而言，作为创生本体的天地其创生万物的过程又似无心而为，只是自然而然、随机而创化。所以天地之心和人心在性质和功能上的相似与不类，正要人见得分明。朱熹曰：

> 苍苍之谓天。运转周流不已，便是那个。而今说天有个人在那里批判罪恶，固不可；说道全无主之者，又不可。这里要人见得。②
>
> 天地之心不可道是不灵，但不如人恁地思虑。③

万物自然生化，有其定则、章法，这只是天理自然如此。人们尊其理，故拟为"帝"之主宰，但并不是真有个人格神在发号施令。万物"只是从大原中流出来，模样似恁地，不是真有为之赋予者。那得个人在上面分付这个！《诗》《书》所说，便似有个人在上恁地，

---

① （宋）朱熹：《朱子语类卷第一·理气上》，载（宋）黎靖德编《朱子语类》一，王星贤点校，中华书局1986年版，第4页。
② （宋）朱熹：《朱子语类卷第一·理气上》，载（宋）黎靖德编《朱子语类》一，王星贤点校，中华书局1986年版，第5页。
③ （宋）朱熹：《朱子语类卷第一·理气上》，载（宋）黎靖德编《朱子语类》一，王星贤点校，中华书局1986年版，第4页。

如'帝乃震怒'之类。然这个亦只是理如此。天下莫尊于理，故以帝名之"①。

总之，天地唯以生物为心，其自然生长、随机而化是其无心时，其生意萌动处是其有心时，故观万物生处即是可观天地之心处。如朱熹曰："万物生长，是天地无心时；枯槁欲生，是天地有心时。"② 天地自然而然、随机创化万物，而其所生之物又有生之定向、定理，故天地之心若糅合人心而观之，自是似有心又无心。如朱熹曰：

> 天下之物，至微至细者，亦皆有心，只是有无知觉处尔。且如一草一木，向阳处便生，向阴处便憔悴，他有个好恶在里。至大而天地，生出许多万物，运转流通，不停一息，四时昼夜，恰似有个物事积踏恁地去。天地自有个无心之心。③

其次，朱熹讲的天地之心与以往人们对天地之心的理解也存在重大不同。这就是朱熹讲的这个作为"生物之主"的天地之心同时也是一个含纳一切、统摄理气的整体性观念。它不仅是抽象的生之理，也包含实体的生气，是一个合形上的"生之理"与形下的"生之气"的统合性观念。这个天地之心是实实在在的独立性概念，而不是如牟宗三所说的那样"或吞没于理""或吞没于气"的"虚说"。④

朱熹讲的天地之心包含"天地之理"，甚至在某种意义上也可以说天地之心即天地之理，这在朱熹文本中是客观事实。如前所述，理本

---

① （宋）朱熹：《朱子语类卷第四·性理一》，载（宋）黎靖德编《朱子语类》一，王星贤点校，中华书局1986年版，第63页。
② （宋）朱熹：《朱子语类卷第一·理气上》，载（宋）黎靖德编《朱子语类》一，王星贤点校，中华书局1986年版，第5页。
③ （宋）朱熹：《朱子语类卷第四·性理一》，载（宋）黎靖德编《朱子语类》一，王星贤点校，中华书局1986年版，第60页。
④ 参见牟宗三《心体与性体》下，上海古籍出版社1999年版，第216页。

质上是一生生之理，它既指天地万物的终极理据和普遍法则，也指天地内蕴的永恒生性或曰万物的生机、生意，理的实质即生生，是以天理的流行，无非万物的生生不息，而万物生机的涌动和无限的生意，这也正是天地之心之朗现。天地之心和天地之理均具有天地的生机、生意和万物生生之义，是以从"生"或"生生"所揭示的生命的普遍根据和生意流行这一角度看，天地之心和天地之理都具有这个含义，故从这个角度看，可谓天地之心即天地之理。天地之心和天地之理的实体流行，都表现为万物的生长化育，是以万物之生意，此即是理之显露处，故通过观万物之生意，亦可观天地之心，反之亦然。如朱熹曰：

> 盖万物生时，此心非不见也。但天地之心悉已布散丛杂，无非此理呈露，倒多了难见。若会看者，能于此观之，则所见无非天地之心矣。惟是复时万物未生，只有一个天地之心昭然著见在这里，所以易看也。①

理是形而上的生物之本，有此理，则有万物之生生，这个作为生物之本的理是万物普遍所具有的，物物皆有理，万物之所以能够生、并且生而又生，皆是因为其生而即具有禀自生之理的"生性"，具有天赋的内在生命力。朱熹讲的天地之心同样具有这个意思，在朱熹那里，天地之心也正是人与物生而又生、生生无穷的根本动力和原因。这种"生物之心"，人得之而为人之生生之心，物得之而为物之生生之心，在"主生"的意义上，人心、物心、天地之心，都是一个心，都是指一种根本的生命本性、动力和根据。如朱熹曰：

---

① （宋）朱熹：《朱子语类卷第七十一·易七》，载（宋）黎靖德编《朱子语类》五，王星贤点校，中华书局1986年版，第1790页。

第四章 朱熹的生命伦理思想

生物便是天之心。①

天地以生物为心者也。而人物之生,又各得夫天地之心以为心者也。②

天地以此心普及万物,人得之遂为人之心,物得之遂为物之心,草木禽兽接着遂为草木禽兽之心,只是一个天地之心尔。③

天地之心是本、是一,人、物得之而为人、物之心,而心只是一个心,恰如理只是一个理,万物得之而各有各的理,其实都是指万物生而即有的一种天赋生性或生命力,万物由之而各有各的生存之道,所以说"心乃生之道"④。从天地之心和理皆为生物之本这个角度来看,天地之心亦可曰天地之理。天地之心和理在生物之本的意义上具有同一性,或许朱熹也正是在这个意义上讲"心即理"。如朱熹曰:"心固是主宰底意,然所谓主宰者,即是理也,不是心外别有个理,理外别有个心。"⑤ 从理一分殊的角度说,万事万物之各自生理俱统摄于天地之心,故可曰:"心包万理,万理具于一心。"⑥

由上可见,朱熹讲的天地之心和其所曰之理实具有高度同一性,在特定的意义上,我们完全可以说朱熹讲的天地之心即是其所曰之理,但这里我们要注意的是,天地之心和理的同一性只是有条件地同一,

---

① (宋)朱熹:《朱子语类卷第九十五·程子之书一》,载(宋)黎靖德编《朱子语类》六,王星贤点校,中华书局1986年版,第2440页。
② (宋)朱熹:《晦庵先生朱文公文集卷六十七·仁说》,载朱杰人、严佐之、刘永翔主编《朱子全书》第23册,上海古籍出版社、安徽教育出版社2002年版,第3279页。
③ 朱熹:《朱子语类卷第四·理气上》,载(宋)黎靖德编《朱子语类》一,王星贤点校,中华书局1986年版,第5页。
④ 朱熹:《朱子语类卷第九十五·程子之书一》,载(宋)黎靖德编《朱子语类》六,王星贤点校,中华书局1986年版,第2440页。
⑤ 朱熹:《朱子语类卷第一·理气上》,载(宋)黎靖德编《朱子语类》一,王星贤点校,中华书局1986年版,第4页。
⑥ 朱熹:《朱子语类卷第九·学三》,载(宋)黎靖德编《朱子语类》一,王星贤点校,中华书局1986年版,第155页。

而不是绝对地同一。这是因为，朱熹所讲的天地之心同时还具有形而下的气的属性，它不只是生生之理，同时也是一种生生之气。所以我们可以在特定的意义下说心即理，但不能无条件地说"天地之心就是天地之理"①。朱熹讲的天地之心包含有气的属性，具有实体的规定性，而并非纯粹抽象的精神存在，朱熹的这种思想倾向在其文本中亦多有所见。如朱熹曰：

> 心者，气之精爽。②
>
> 神即是心之至妙处，滚在气里说，又只是气，然神又是气之精妙处，到得气，又是粗了。精又粗，形又粗。③
>
> 发明"心"字，曰："一言以蔽之，曰'生'而已。'天地之大德曰生'，人受天地之气而生，故此心必仁，仁则生矣。"④
>
> "天地以生物为心"。譬如甑蒸饭，气从下面滚到上面，又滚下，只管在里面滚，便蒸得熟。天地只是包许多气在这里无出处，滚一番，便生一番物。他别无勾当，只是生物，不似人便有许多应接。⑤

朱熹讲的心有气的属性，或曰心亦属于形而下之气的范畴，这在

---

① 比如王锟就持这样一种观点，他认为在朱熹那里，"天地之心的本质就是天地生生之理"，所以"天地之心就是天地之理"。参见王锟《"天地以生物为心"——朱熹哲学的"生本论"》，《哲学研究》2006年第2期。但依笔者之见，这样的说法只是一个"假言命令"，而不是绝对的。

② 朱熹：《朱子语类卷第五·性理二》，载（宋）黎靖德编《朱子语类》一，王星贤点校，中华书局1986年版，第85页。

③ （宋）熹：《朱子语类卷第九十五·程子之书一》，载（宋）黎靖德编《朱子语类》六，王星贤点校，中华书局1986年版，第2422页。

④ （宋）朱熹：《朱子语类卷第五·性理二》，载（宋）黎靖德编《朱子语类》一，王星贤点校，中华书局1986年版，第85页。

⑤ （宋）朱熹：《朱子语类卷第五十三·孟子三》，载（宋）黎靖德编《朱子语类》四，王星贤点校，中华书局1986年版，第1281页。

当今学界多有共识，尽管这种观点也存在争议。但朱熹讲的天地之心并非一个纯粹的抽象概念，而表现为实体性的生命流行，是把万物之"生理"和"生气"兼而论之的观念，这应当是符合朱熹思想实际的。朱熹常曰"心者，体用周流，无不贯彻"①，这里即隐含着心兼体用、赅载一切的意思。从这个意义上说，天理流行，万物生生，莫不在此心之内，故可曰"一心具万理"②；天理流行，万物生生，亦莫不归于此心之主宰，故亦可曰"天命流行，所以主宰管摄是理者，即其心也"③。所以从这些方面来看，朱熹讲的天地之心，正像唐君毅所说的那样，"朱子之言心，实以心为贯通理气之概念"④。

综上，朱熹讲的天地之心，即含具生之理，又具有生之气之义，它既表现为内蕴于宇宙的根本生命力、万物生长的普遍法则和终极理据，也表现为实体的气的流行，它的全体呈现即是由这"生理"和"生气"决定的万物生生之实际。如此可见，朱熹讲的天地之心和他讲的仁在内涵上其实别无二致，天地之心即仁，仁即天地之心，二者同样统体于生。朱熹曰："天地生这物时，便有个仁。它只知生而已。"⑤又曰："天地之心，只是个生。凡物皆是生，方有此物。如草木之萌芽，枝叶条干，皆是生方有之。人物所以生生不穷者，以其生也。才不生，便干枯杀了。这个是统论一个仁之体。"⑥ 如此看来，仁与天地

---

① （宋）朱熹：《晦庵先生朱文公文集卷四十·答何叔京》，载朱杰人、严佐之、刘永翔主编《朱子全书》第22册，上海古籍出版社、安徽教育出版社2002年版，第1824页。
② （宋）朱熹：《朱子语类卷第九·学三》，载（宋）黎靖德编《朱子语类》一，王星贤点校，中华书局1986年版，第154页。
③ （宋）朱熹：《朱子语类卷第九十五·程子之书一》，载（宋）黎靖德编《朱子语类》六，王星贤点校，中华书局1986年版，第2423页。
④ 唐君毅：《中国哲学原论·导论篇》，中国社会科学出版社2005年版，第310页。
⑤ （宋）朱熹：《朱子语类卷第一七·大学四》，载（宋）黎靖德编《朱子语类》二，王星贤点校，中华书局1986年版，第383页。
⑥ （宋）朱熹：《朱子语类卷第一百五·朱子二》，载（宋）黎靖德编《朱子语类》七，王星贤点校，中华书局1986年版，第2634页。

之心在朱熹那里，不过是一体之别名，其实一物。"仁即心也，不是心外别有仁。"①

总体来看，朱熹是把"生物"作为"天地之心"的本质内涵，而又把这种天地的生物之心，说成是仁，如此一来，仁也即获得了如同天地之心一样的属性。仁之所以至高无上、是绝对的本体，即在于它本质上是天地的根本属性，是天地之心。"天地生物之心是仁"，"仁者，天地生物之心"②，而天地之心至广至大、周流贯彻、无所不包，所谓"心是贯彻上下，不可只于一处看"③，是以仁也具有如此属性和功能。如朱熹曰："又谓仁之为道无所不体，而不本诸天地生物之心，则是但知仁之无所不体，而不知仁之所以无所不体也。"④ 仁何以是绝对的价值本体、是至善？也是源于仁在根本上乃天地生物之大德。故朱熹又曰："仁乃天地生物之心而在人者，故特为众善之长……今欲极言'仁'字而不本于此，乃概以'至善'目之，则是知仁之为善，而不知其为善之长也。"⑤

显然，朱熹以天地之心为仁，将仁看作天地之心，这不但使儒家之仁具有了天地之心的本体规定，也使儒家的仁在内容上更为明确和广泛，极大彰显了仁不仅对于人生，也对于整个世界的根本意义，从而为人们坚守仁的价值提供了更为坚实的理论根据，也为人们追求仁

---

① （宋）朱熹：《朱子语类卷第六十一·孟子十一》，载（宋）黎靖德编《朱子语类》四，王星贤点校，中华书局1986年版，第1459页。
② （宋）朱熹：《朱子语类卷第九十五·程子之书一》，载（宋）黎靖德编《朱子语类》六，王星贤点校，中华书局1986年版，第2440页。
③ （宋）朱熹：《朱子语类卷第九十五·程子之书一》，载（宋）黎靖德编《朱子语类》六，王星贤点校，中华书局1986年版，第2439页。
④ （宋）朱熹：《晦庵先生朱文公文集卷三十二·答张钦夫论仁说》，载朱杰人、严佐之、刘永翔主编《朱子全书》第21册，上海古籍出版社、安徽教育出版社2002年版，第1410页。
⑤ （宋）朱熹：《晦庵先生朱文公文集卷三十二·答张钦夫论仁说》，载朱杰人、严佐之、刘永翔主编《朱子全书》第21册，上海古籍出版社、安徽教育出版社2002年版，第1409页。

和实践仁,提供了更为广阔的路径。仁是天地之心,是万物生生之根本动力,它是一切生命的根源,有仁才有生命,无仁则生命凋零,是以对个体而言,求仁、践仁这就是根本的生之道。"天地生物之心是仁,人之禀赋,接得此天地之心,方能有生。"① 仁是天地之心,万物各得其心以为心,一切生命俱是此仁体之呈现,一切生命也俱是一体之仁,仁即生命全体。在朱熹看来,这也正是"天人无间断处"②。按照朱熹这种理解,宇宙生命之间是彼此相关的,人的生命状况与宇宙自然生命的完整性具有莫大关联,因为一切生命统是一个"仁体"。故此"仁体"的健全与否亦直接关系到人类的生存。所以人类要获得根本的生存条件,必须懂得在万物一体的视域中观照自身生存,在维护万物一体的生态意识当中,为自身的生存创造最佳环境,而要做到此,亦需充分识认此仁,故曰"惟仁,然后与天地万物为一体"③。

总之,仁是生命的根本,有仁才有生意、生机,无仁万事皆休。仁是万事万物之本,是最高的价值,是一切意义产生的根本所在,是实现个体美好人生的精神动力,是建设理想社会的观念保障,是追求人与自然和谐共生的理念根基。所以,孔门之教必以教人识仁、求仁为先。如朱熹曰:

> 孔门之学所以必以求仁为先,盖此是万理之原,万事之本。④

---

① (宋)朱熹:《朱子语类卷第九十五·程子之书一》,载(宋)黎靖德编《朱子语类》六,王星贤点校,中华书局1986年版,第2440页。

② 如朱熹说:"熹所谓'仁者天地生物之心,而人物之所得以为心',此虽出于一时之臆见。然窃自谓正发明得天人无间断处稍似精密。"参见(宋)朱熹《晦庵先生朱文公文集卷四十·答何叔京》,载朱杰人、严佐之、刘永翔主编《朱子全书》第22册,上海古籍出版社、安徽教育出版社2002年版,第1829页。

③ (宋)朱熹:《朱子语类卷第四·性理三》,载(宋)黎靖德编《朱子语类》一,王星贤点校,中华书局1986年版,第117页。

④ (宋)朱熹:《朱子语类卷第六·性理三》,载(宋)黎靖德编《朱子语类》一,王星贤点校,中华书局1986年版,第114页。

盖仁之为道，乃天地生物之心，即物而在，情之未发而此体已具，情之既发而其用不穷，诚能体而存之，则众善之源、百行之本，莫不在是。此孔门之教所以必使学者汲汲于求仁也。①

本章结语

　　朱熹是理学之集大成者，其哲学不仅对周敦颐、张载、二程的哲学思想多有继承和发展，亦有与南宋诸儒如湖湘学者、陆九渊等人之哲学思想的切磋、交合和彼此影响，其视野广阔，规格宏大，撷采众长而又极具创意，在将儒学推向新的高度的同时，也充分表现出其综摄百家的大气象。从朱熹的整体哲学来看，朱熹特别富有创造性和思想特色的地方，还是在于他对天地之心和仁之内涵的特殊理解。而这里面蕴含的生命伦理思想，也正体现出朱熹生命伦理思想颇为独到的地方。

　　首先，朱熹之仁兼摄理气，贯通形上和形下领域，既有抽象之生命原理之义，又指向于实际万物的生生不息，它是生生之理，亦是生生之气，如此则天地万物无一事不依仁，无一物不归仁，仁总括天地万有、贯通一切，从而确立起仁的绝对地位，也使仁成为生命修养的根本目的和行动的绝对原则。仁是众善之源、百行之本。从仁的这一地位和特质来说，人类求仁、践行就成为人类能够确证自身生命价值和意义、完善自我生命的唯一的、根本的路径，此外别无选择。换句话说，人类之所以要追求仁、实践仁、依仁而行，此乃必然要求、绝对律令。离开对仁的追求，人就不能获得真正的合于道体的生活，也

---

① （宋）朱熹：《晦庵先生朱文公文集卷六十七·仁说》，载朱杰人、严佐之、刘永翔主编《朱子全书》第23册，上海古籍出版社、安徽教育出版社2002年版，第3280页。

不可能真正建立起有质量的属人生活。按照朱熹这种看法，人之所以要追求仁、实践仁，这并不是出于经验层面的功利考量，不是出于求仁、践仁能够带来什么所谓"好处"，而是人类必须如此。朱熹此论彻底抽掉了假仁以行、将仁工具化的"合理性"，揭去了"功利之仁"的外衣，而使行仁成为人类生存绝对的义务。但这种义务，亦非出于抽象的教条，而是基于真实的生命体悟。仁即生命之本，是内在的生命力量，故人最好的生存方式、根本的生命原则，即在于依此天地之仁而行。

天地之仁，是天地生物的普遍法则和必然命令，从朱熹对天地生物之心的推崇来看，朱熹应当是反对违背天地生物意志、破坏天地生物法则和规律的行为。从这个角度看，朱熹应当对一切人为改变天地创生规律的行为，诸如基因技术、克隆技术等多项生命技术的开发和运用，原则上会持保留意见或否定态度，至少是十分谨慎的态度。

其次，朱熹的仁说包含着浓郁的以生命为本、重生、厚生的道德情怀和价值立场，虽然这种生命情怀和价值立场，乃儒者之共有，但朱熹显然为此提供了更为深刻的理论说明。于朱熹，人类之所以要以生命为本，要重生、厚生，这并非出于"利用"生命的功利考量，而是上天赋予人之为人之性的必然要求。在朱熹那里，天地宇宙乃一生生至仁之体，万物的一体共生而形成的生命世界，无非宇宙之仁的呈现。此诚如钱穆先生所说，"由朱子言之，则此宇宙大整体，乃是一至仁之体"[1]。故此人类破坏自然之生生，亦是伤害人类赖以生存的这一宇宙大生命。人之"生意"和宇宙内在的"生机""生意"本是"无间断的"一体，故对自然生命的破坏，理论上也是对人类生机的破坏，是对人类整体的生存条件和环境的破坏，因而是不当的行为。

最后，朱熹的生命思想中亦包含一种万物平等的生命意识，但这

---

[1] 钱穆：《朱子新学案》一，九州出版社2011年版，第61页。

种平等主要不是指法权意义上的个体性的生命权利,而是强调万物先天价值平等,以及人们有义务尊重一切生命存在、善待一切生命,在万物一体的生命意识当中维护整体宇宙生命系统的平衡。在朱熹那里,固然人道在于其仁心的发用,但是朱熹并不认为"仁心"乃人所独有。天地之仁是一切生命的根源,一切生命均有此仁体、仁性。如朱熹曰,"仁者,天地生物之心,而人物之所得以为心"①;"天地之生万物,一个物里面便有一个天地之心"②。既然"仁心""仁性"为万物所固有,那么,如果说"不忍人之心"或"恻隐之心"乃此仁心、仁性的另词表达或固有内容的话,那么在逻辑上动物也都是具有"不忍人之心""恻隐之心"的。这种观点听起来有些不可思议,但从朱熹思想的逻辑来看,却也是自然而然、顺理成章的结论。如朱熹曰:"天地生物,自是温暖和煦,这个便是仁。所以人物得之,无不有慈爱恻怛之心。""人物皆得此理,只缘他上面一个母子如此,所以生物无不肖他。"③万物一理,同此一心,故人物生而无贵贱之分。这样,朱熹也就从理论上否定了那些自认为先天高贵、自命不凡的观点,并将此等意识和言论归入无德之举,从而也在一定程度上透露出尊重普通人民的民本立场。真正的仁人君子,必能识万物一体之仁,视生命先天平等而不刻意增设条件人为制造人与人、生命与生命的对立,不会刻意寻求压制他者的优越感。因为以各种理由制造人与人的对立、生命与生命的对立,通过各种标准确立起不同的生命等级并借此获得生命优越感,这种行为本身是有违天理、有违仁德的。

---

① (宋)朱熹:《朱子语类卷第九十五·程子之书一》,载(宋)黎靖德编《朱子语类》六,王星贤点校,中华书局1986年版,第2440页。
② (宋)朱熹:《朱子语类卷第二十七·论语九》,载(宋)黎靖德编《朱子语类》二,王星贤点校,中华书局1986年版,第689页。
③ (宋)朱熹:《朱子语类卷第五十三·孟子三》,载(宋)黎靖德编《朱子语类》四,王星贤点校,中华书局1986年版,第1280页。

第四章 朱熹的生命伦理思想

应当说，在朱熹的生命伦理思想中，最富有现代意义的，还是他有关人类生命与宇宙整体生命之关系的观点。朱熹把整体宇宙生命视为一体之仁，即在价值上肯定了万物一体、生命一体的意义。宇宙生命统是一个生生之体，万物的一体共生是宇宙的本然和应然，人的生命与自然生命都是这一宇宙大生命的有机组成部分，这表明人类的命运与自然万物的命运实具有一致性、一体性。因而人类对自然的破坏，对他者生命无情的践踏，实际上也等于作践自己的生命，是一种"自残"行为。故人类要使自我生命包括宇宙大生命之"健康"常在，就必须要特别审慎地对待自然生命系统，敬畏天命、敬畏生命。如朱熹曰："天命者，天所赋之正理也。知其可畏，则其戒谨恐惧，自有不能已者。而付界之重，可以不失矣。"[①] 生命从总体上具有一体共生性，其生意、生理或生性是互相贯通的，是故万物和谐共生，这本是天道，如果人类认识不到这个道理，人类也就不可能真正找到生存的根本之道，也就难以在根本上解决人类面临的生存危机。只可惜人类多囿于私欲私利，而不肯正视人与万物一体共生这一现实，总是试图以人为中心而置他者生存于不顾，在追求消灭"异类"的过程中，也使自我生存之路愈加狭窄，此是失其仁之本心矣。故朱熹曰：

> 盖谓仁者，天地生物之心，而人物所得以为心，则是天地人物莫不同有是心，而心德未尝不贯通也。虽其为天地，为人物，各有不同，然其实则有一条脉络相贯。故认得此心，而有以存养之，则心理无所不到，而自然无不爱矣。
>
> 故世之忍心无恩者，只是私欲蔽锢，不曾认得我与天地万物心相贯通之理。故求仁之切要，只在不失其本心而已。[②]

[①] （宋）朱熹：《四书章句集注》，中华书局1983年版，第172页。
[②] （宋）朱熹：《朱子语类卷第九十五·程子之书》，载（宋）黎靖德编《朱子语类》六，王星贤点校，中华书局1986年版，第2424—2425页。

总之,"修德行仁,则天命在我"①。人类的聪明智慧不应该体现在对众生的绝对支配和任意处置的能力上,而应该体现在如何促进天地之仁的普遍流行之上。人无道之特别表现,就是任性逞能,任意对待他者生命以及自然万物。不考虑民众的实际生存需要,残民以逞,这在儒家看来当然属于伤天害理、背仁之甚的行为,但从朱熹的见识来看,人类还应该把视野进一步拓展,涵养与万物一体共生的道德意识。真正的仁人君子,除了仁民爱物、对生命一视同仁,也必有主体责任的担当意识以推进万物的生生和谐。真正的仁人君子不会只去赞叹自然生命之美,而忘记主体在维护这种自然的和谐之美上应当负有的道德责任。个体生命境界的提升,人类整体的长久生存,都须深刻体认宇宙整体生命和谐的重要性,并为维护和促进这种和谐做出自己的努力,因为生命的生生之道,尽在这生命的一体和谐当中。人类生活在同一地球家园中,处在同一生命机制之下,是以如果人类不懂得保持与其他生命的和谐关系,不懂得自身命运与他者命运的一体相关,也就不可能建立真正理想的生活环境。从这个角度看,"共享"应成为我们认真对待的一个伦理观念。

---

① (宋)朱熹:《朱子语类卷第五十六·孟子六》,载(宋)黎靖德编《朱子语类》四,王星贤点校,中华书局1986年版,第1328页。

第五章　陆九渊的生命伦理思想

南宋建立以后，朱熹无论是在学术的规模气象，还是在理论的深度和影响方面，都堪称时贤中的"学之大者"，一般儒者在学术上则难列其右。如果说还有能够和朱熹之学分庭抗礼且势力相对均衡的，大概只有始自陆九渊的"心学"能够担当此位。相较于周敦颐、张载、二程、朱熹等理学家，陆九渊的哲学尤其突出"心"或"本心"的观念，故此学界多称呼其学为"心学"。"心学"后由王阳明发扬光大。自此，"陆王心学"几占自宋以降中国哲学半壁江山，它与"程朱理学"分庭鼎立，构成近古中国哲学基本格局。因之，无论是从陆九渊在宋代儒家中的学术地位还是历史影响来看，研究宋代儒家思想，陆九渊都属于重中之重的人物。陆九渊存世的文字今有中华书局出版的《陆九渊集》，本书的研究即以此文献为据。

第一节　宇宙实理

在一般的认识当中，"心"或"本心"无疑是陆九渊哲学的核心范畴或本体范畴，陆九渊的学问之所以被称为"心学"，缘由也主要基于此。但时至今日，诚如人们开始质疑二程和朱熹所曰之理究竟是否类同西方哲学"ontology"意义上的本体概念一样，人们同样开始怀疑将陆九渊所曰之心归结为西方哲学本体论意义上之本体的合宜性。依笔者之见，陆九渊固然在某种意义上可以说是"心本论者"，但其所曰之心却也并非现代哲学意义上的本体概念。在陆九渊那里，更接近当代哲学"ontology"意义上的本体观念其实是理，而不是心。但这个理也只是相对于心而言更具根本性，它事实上也不是西哲本体论意义上的本体。在陆九渊那里，心和理具有同一性，但不是完全同一，二者均有特殊的规定。理是既内在于人而又具有相对超越性的客观存在，但心则只是一个依人才有的观念。陆九渊把理视为宇宙的本质规定，视为宇宙之实体，他对心的内涵的体悟和规定，也是基于对此"宇宙之实理"的认识。从陆九渊哲学思想的形成历程来看，对宇宙本性或本质的思考，也构成其哲学思考的背景和基始性的问题。《陆九渊集·年谱》载：

> 先生自三四岁时，思天地何所穷际不得，至于不食。宣教公呵之，遂姑置，而胸中之疑终在。后十余岁，因读古书至宇宙二字，解者曰："四方上下曰宇，往古来今曰宙。"忽大省曰："元来无穷。人与天地万物，皆在无穷之中者也。"乃援笔书曰："宇宙内事乃己分内事，己分内事乃宇宙内事。"又曰："宇宙便是吾心，吾心即是宇宙。东海有圣人出焉，此心同也，此理同也。西海有圣人出焉，此心同也，此理同也。南海北海有圣人出焉，此心同也，此理同也。千百世之上至千百世之下，有圣人出焉，此心此理，亦莫不同也。"故其启悟学者，多及宇宙二字。[①]

从这一段话中可以看出，陆九渊的哲学思考始于他对天地宇宙问

---

① （宋）陆九渊：《陆九渊集卷三十六·年谱》，载《陆九渊集》，钟哲点校，中华书局1980年版，第482—483页。

题的追问,《年谱》说他"因宇宙字义,笃志圣学"①,亦是此义。有鉴于此,我们即以对天地宇宙问题的讨论为进路,切进陆九渊的生命哲思。

一 天地宇宙

陆九渊的哲学,是以对天地宇宙之问题的思考为基本进路得以建构的,也可以说,对天地宇宙的认识,构成了陆九渊哲学的早期视域。通过对天地宇宙问题的开悟,而认识到生命本性与天地宇宙的统一关系,并继而揭示出"心即理"的命题,此即陆九渊哲学思想形成的实际历程。在这一历程中,对天地宇宙问题的思考,构成了其初始环节,可谓之其哲学思想逻辑展开的基础性问题。学者多认识到"宇宙"字义在陆九渊思想中的重要地位,却很少触及"天地"字义。但实际上,天地这一观念在陆九渊哲学建构中同样重要,亦需给予特别关注。"天地"这一观念,作为儒家一传统的观念,在陆九渊的思想中,其实是一个不言自明的基础性观念,并且其意义也收摄在他所说的"宇宙"这一观念当中。

我们前文提到,儒家的学说从根本的立论依据来说,乃出于对天人关系的追问和反思。天在儒家学说的建构中,起着根本的决定作用,它是万物之本,是万事万物存在的终极根据和普遍法则。作为一个高度抽象的哲学本体观念,"天"也常常被说成"天地"。天或天地都有天文学上的意义,即所谓自然之天或天地,但作为抽象的本体概念,天或天地亦可谓异名而同实的概念,它们均指创化的本体、价值的根源,其运行法则亦是万物应当普遍遵循的根本法则(基于此,为了叙述的方便,以下凡涉及"天"或"天地"的地方,均以"天地"一词

---

① (宋)陆九渊:《陆九渊集卷三十六·年谱》,载《陆九渊集》,钟哲点校,中华书局1980年版,第482页。

代称)。对天地的这一本体性理解,应当说,这是儒家的普遍共识,是儒家共有的知识背景。这一点,对于宋代儒家来说,也不例外。在宋代儒家那里,天地除了在自然的意义上被频繁使用,作为根本性的观念,无疑也参与他们的理论建构。也正因为理学家在"默认"状态下,将天地这样的本体观念置于其思想体系的构成当中,所以,他们的许多命题也是基于这一观念而提出的,比如"天地之性""天地之心"等。同理,宋代儒家虽然突出了很多本体性的观念,比如"太极""太虚""理"等,但这些本体观念其实与天地均具有贯通性。这种情况,也同样出现在陆九渊的思想当中。这也就是说,天地同样作为不言自明的本体观念参与到他的哲学思想建构当中。如陆九渊曰:

道之行不行,固天也、命也。[1]

道遍满天下,无些小空阙。四端万善,皆天之所予,不劳人妆点。[2]

天之所以为天者,是道也。故曰"唯天为大"。[3]

三极皆同此理,而天为尊。[4]

人乃天之所生,性乃天之所命。[5]

类似引文,在陆九渊的文本中大量可见。从总体上看,陆九渊所曰之天与孟子所曰之天类似,都是指价值之天、义理之天。不过,时

---

[1] (宋)陆九渊:《陆九渊集卷十·与刘志甫》,载《陆九渊集》,钟哲点校,中华书局1980年版,第137页。
[2] (宋)陆九渊:《陆九渊集卷三十五·语录下》,载《陆九渊集》,钟哲点校,中华书局1980年版,第448页。
[3] (宋)陆九渊:《陆九渊集卷十三·与冯传之》,载《陆九渊集》,钟哲点校,中华书局1980年版,第180页。
[4] (宋)陆九渊:《陆九渊集卷十二·与赵詠道》,载《陆九渊集》,钟哲点校,中华书局1980年版,第161页。
[5] (宋)陆九渊:《陆九渊集卷十二·与赵詠道》,载《陆九渊集》,钟哲点校,中华书局1980年版,第161页。

至宋代,宋儒在日常语言中亦在天文学意义上大量使用"天"或"天地"一词,这在陆九渊那里表现得亦较为明显。如陆九渊曰:"自形而上者言之谓之道,自形而下者言之谓之器,天地亦是器,其生覆形载必有理。"[1] 这也就是说,陆九渊一方面将天地作为终极形上本体;另一方面也在惯常意义上将之视为天文学意义上的自然存在。天地兼有自然和伦理本体的双重属性,这也是宋代儒家使用这一词汇的一般表现。作为自然存在的天地,它是有界限的;而作为精神性、义理性的天地,则是无限的。这个兼容义理与自然两种性质的"天地",在陆九渊那里,则以"宇宙"这一概念被格外凸显。也即,陆九渊与其他宋代儒家不同,他并不是泛泛而言天地,而是引入了宇宙概念以涵摄传统上的天地观念。宇宙在陆九渊那里,实质上是合自然属性和价值属性的天地的代称。不过,二者也存在细微的差别。

首先,在形上层面,宇宙和天地并没有质的区别,二者均指由"理"或"道"支配的价值实体,是万物创生的主体,其存在法则亦是万物必须遵循的普遍法则。其次,在自然意义上,宇宙和天地亦均可指包括人在内的万物生长化育的空间,也指由天地万物构成的存在整体。在这个意义上,我们可以说盈天地之间者皆万物,人与万物皆在宇宙之中。但是从自然意义上理解宇宙和天地,宇宙的外延要大于天地。宇宙包容狭义上的自然之天和地(即头顶之天、脚踩之地),在这个意义上,天地以及万物都是宇宙的构成部分。宇宙无穷广大,天、地、人和万物都为其所包容。故陆九渊曰:"元来无穷,人与天地万物,皆在无穷之中者也。"[2]

---

[1] (宋)陆九渊:《陆九渊集卷三十五·语录下》,载《陆九渊集》,钟哲点校,中华书局1980年版,第476页。
[2] (宋)陆九渊:《陆九渊集卷三十六·年谱》,载《陆九渊集》,钟哲点校,中华书局1980年版,第483页。

但是，综观陆九渊的整体思想，其所曰宇宙，显然突破了一般的在自然意义上的理解，自然意义上的宇宙也并不是陆九渊凸显宇宙这一概念的主要意义。陆九渊刻意凸显的宇宙，主要是一精神性的实体，其实质相当于孟子的"形上之天、德化之天"。也就是说，宇宙在陆九渊那里，主要不是由天、地、人、万物构成的物质实体，而是一个伦理性的价值实体，它同时表现为一个无限的、动态不息的生命体，终始无极，生生无穷。在陆九渊的视域当中，宇宙并非一个静态的物质场所，而呈现为一个由理支配、体现为天地万物的生生无穷之系统性、动态性的生命存在。陆九渊视这天地万物的生生无穷为宇宙的本体，视之为理的存在和呈现，故曰"塞宇宙一理耳"①，"充塞宇宙，无非此理"②。陆九渊认为这个"理"就是宇宙的本质，是宇宙的实体，故其又称此理为"实理"，所谓"宇宙间自有实理"③。这样，"宇宙"和"理"就成为异名而同实的存在，理即是宇宙，宇宙即是理。陆九渊认为整个天地宇宙其实均是此一理支配，也只是此理之呈现。此理绝对、唯一、独立、客观，万事万物俱为其支配，俱本诸此理，故此理乃万事万物之"本体"。陆九渊对心的认识，和此理密切相关，在陆九渊的整体哲学义理架构中，这个理也特别重要，因此，要弄明白陆九渊生命哲学义旨，不能不特别重视这个理。

二 乾坤一理

把心作为陆九渊哲学的核心范畴甚至本体范畴，这是学界长期以

---

① （宋）陆九渊：《陆九渊集卷十二·与赵詠道》，载《陆九渊集》，钟哲点校，中华书局1980年版，第161页。
② （宋）陆九渊：《陆九渊集卷二·与朱元晦》，载《陆九渊集》，钟哲点校，中华书局1980年版，第28页。
③ （宋）陆九渊：《陆九渊集卷十四·与包详道》，载《陆九渊集》，钟哲点校，中华书局1980年版，第182页。

第五章 陆九渊的生命伦理思想

来一个普遍的看法。如张立文就认为陆九渊的哲学"是以'心'为世界本原,在解决思维与存在关系问题时,以'心'为第一性的哲学"①。然而综观陆九渊的文本,其所曰之理似乎是一个比心更为根本的观念。一来理在陆九渊文本中的使用频率不仅和心相当;二来陆九渊对于心的哲学阐释,离开理也根本得不到说明。并且,陆九渊所曰之理,就其存在特征而言,看上去也更为接近西方哲学本体论意义上的本体观念。

首先,陆九渊十分明确地强调此理具有不依人的意志为转移的客观性、独立性和绝对至上性。如陆九渊曰:

> 此理在宇宙间,固不以人之明不明、行不行而加损。②
> 此理塞宇宙,如何由人杜撰得?③
> 理之在天下,至不可诬也。④
> 古之君子,知固贵于博。然知尽天下事,只是此理。所以博览者,但是贵精熟。知与不知,元无加损于此理。⑤

其次,此理乃万物存在的终极根据和必须遵循的普遍法则,它涵盖自然、社会一切领域,万物生长的自然规律、人间律法与典章制度,莫不出于此理,事事物物概莫能外。万物顺之则吉,逆之则凶。如陆九渊曰:

---

① 张立文:《心学之路——陆九渊思想研究》,人民出版社 2008 年版,第 20 页。
② (宋)陆九渊:《陆九渊集卷二·与朱元晦》,载《陆九渊集》,钟哲点校,中华书局 1980 年版,第 26 页。
③ (宋)陆九渊:《陆九渊集卷三十五·语录下》,载《陆九渊集》,钟哲点校,中华书局 1980 年版,第 461 页。
④ (宋)陆九渊:《陆九渊集卷四·与王德修》,载《陆九渊集》,钟哲点校,中华书局 1980 年版,第 55 页。
⑤ (宋)陆九渊:《陆九渊集卷三十五·语录下》,载《陆九渊集》,钟哲点校,中华书局 1980 年版,第 452 页。

> 天覆地载，春生夏长，秋敛冬肃，俱此理。①
>
> 天下事事物物只有一理，无有二理。②
>
> 典礼爵刑，莫非天理，《洪范》九畴，帝实锡之，古所谓宪章、法度、典则者，皆此理也。③
>
> 此理塞宇宙，谁能逃之，顺之则吉，违之则凶。其蒙蔽则为昏愚，通彻则为明知。昏愚者不见是理，故多逆以至凶。明智者见是理，故能顺以致吉。④

正因为此理客观、独立，乃万事万物生长化育之普遍原则、根本的规定者，是万法之根、宇宙之总则，人与万物皆是顺此理而得生，这也决定了人类生存的终极法则，即在于体认和遵循此理。

总之，此理作为宇宙之实体，它具有独立性、客观性，"非人私意可差排杜撰也"⑤；也具有绝对性和普遍性，所谓"乾坤同一理也……尧舜同一理也"⑥。此理赅载一切，既含有自然存在之理，亦包容社会存在之理，天地宇宙的一切俱为此理支配、以其为必须遵循的普遍法则。故学者为学，明此理即为首务。故陆九渊曰："塞宇宙一理耳，学者之所以学，欲明此理耳。"⑦

---

① （宋）陆九渊：《陆九渊集卷三十五·语录下》，载《陆九渊集》，钟哲点校，中华书局1980年版，第450页。

② （宋）陆九渊：《陆九渊集卷三十五·语录下》，载《陆九渊集》，钟哲点校，中华书局1980年版，第453页。

③ （宋）陆九渊：《陆九渊集卷十九·荆国王文公祠堂记》，载《陆九渊集》，钟哲点校，中华书局1980年版，第233页。

④ （宋）陆九渊：《陆九渊集卷二十一·易说》，载《陆九渊集》，钟哲点校，中华书局1980年版，第257页。

⑤ （宋）陆九渊：《陆九渊集卷十二·与赵詠道》，载《陆九渊集》，钟哲点校，中华书局1980年版，第161页。

⑥ （宋）陆九渊：《陆九渊集卷十二·与赵詠道》，载《陆九渊集》，钟哲点校，中华书局1980年版，第161页。

⑦ （宋）陆九渊：《陆九渊集卷十二·与赵詠道》，载《陆九渊集》，钟哲点校，中华书局1980年版，第161页。

陆九渊不否认理的客观性、绝对至上性及其对万事万物而言的普遍必然性，这说明在陆九渊那里，他实际上是把理视为一切生命得以产生和存在的根本法则和终极根据的。从这个角度看，虽然说陆九渊可能并不关心世界本原问题，但实际上他对于生命之本原问题，也给出了答案。① 万物，包括人的生命在内，就其本原而言，实都出自理，理是万化之根本，也是一切生命存在的根据。这一层意思，在陆九渊与朱熹有关"太极""无极"的辩论当中，表现得尤为清晰。陆九渊曰：

> 夫太极者，实有是理，圣人从而发明之耳，非以空言立论，使后人簸弄于颊舌纸笔之间也。其为万化根本固自素定，其足不足，能不能，岂以人言不言之故耶？《易大传》曰："易有太极。"圣人言有，今乃言无，何也？作大传时不言无极，太极何尝同于一物，而不足为万化根本耶？②

从这里我们看到，陆九渊视太极为理，并且认为太极乃万物之根本，这个"根本"是恒常之终极本体，它是"固自素定"的，自圣人作《易传》迄于今，人们普遍以太极为万化之根本，这一点素来无疑问，根本不需要像朱熹那样，言之太极的本体义，还非要加上一个"无极"以明示。在这里，陆九渊虽然不是专门讨论万物生化之根本问题，但还是清晰地表达了一种有关万物之本原的观点，即他认为"太极"，也即"理"，乃万物之本原。

---

① 在陆九渊的文本中，像生命本原这样的形而上问题，陆九渊的确很少讨论，鲜见直接论述。可能正是基于这个原因，有学者认为，"象山不再关心宇宙本原或宇宙生成这样无限性的问题，但他对万物的生长变化以及天体运行等属于有限性的自然哲学或自然科学问题还是偶有论及"。参见彭永捷《朱陆之辩——朱熹陆九渊哲学比较研究》，人民出版社2002年版，第103页。

② （宋）陆九渊：《陆九渊集卷二·与朱元晦》，载《陆九渊集》，钟哲点校，中华书局1980年版，第23页。

陆九渊亦称"太极"为"中"。"太极""中""理"这些概念，在陆九渊那里也都是名异而实同的概念，它们本质同一，而非二物。因为理为宇宙之实体，所以太极、中也可视为宇宙之实体，皆可称之宇宙之"实理"。如陆九渊曰：

"极"字亦如此，太极、皇极，乃是实字，所指之实，岂容有二。充塞宇宙，无非此理，岂容以字义拘之乎？中即至理，何尝不兼至义？《大学》《文言》皆言"知至"，所谓至者，即此理也。语读《易》者曰能知太极，即是知至；语读《洪范》者曰能知皇极，即是知至；夫岂不可？盖同指此理。则曰极、曰中、曰至，其实一也。①

这也就是说，太极也好、中也罢，实质均是指宇宙中唯一的、客观的、永恒的、绝对至上之理。而"中者，天地之大本也"②，中即此"实理"，所以陆九渊以中为理，也包含着他将理视为万物本体之义。如陆九渊曰：

极亦此理也，中亦此理也，五居九畴之中而曰皇极，岂非以其中命之乎？民受天地之中以生，而《诗》言"立我烝民，莫匪尔极"，岂非以其中命之乎？《中庸》曰："中也者，天下之大本也，和也者，天下之达道也，致中和，天地位焉，万物育焉。"此理至矣，外此岂更复有太极哉？③

---

① （宋）陆九渊：《陆九渊集卷二·与朱元晦》，载《陆九渊集》，钟哲点校，中华书局1980年版，第28—29页。
② 《礼记·中庸》。
③ （宋）陆九渊：《陆九渊集卷二·与朱元晦》，载《陆九渊集》，钟哲点校，中华书局1980年版，第28页。

由此可见，虽然陆九渊并没有就万物生成这样的问题有专门性的讨论，但是我们还不能说陆九渊没有相关的认识。大概在陆九渊那里，理是万化之根本，是一切存在之必须遵循的普遍法则和必然律令，此乃不须明言的一般性认识或知识背景。客观地讲，陆九渊所处的南宋，理的观念其实已经成为当时学者普遍具有的思想背景，这一观念自觉不自觉地支配着他们的哲学思考，甚至对其思想建构起着奠基作用。从陆九渊的思想渊源来看，其思想虽然主要来自孟子心性之学的启发，但也深受二程哲学之影响。清代学者全祖望曰："程门自谢上蔡以后，王信伯、林竹轩、张无垢至于林艾轩，皆其前茅，及象山而大成，而其宗传亦最广。"[1] 陆九渊本人也说过："至伊洛诸公，得千载不传之学。但草创未为光明，到今日若不大段光明，更干当甚事?"[2] 这些材料均表明，陆九渊的思想，也是对"伊洛诸公"之思想的继承和发展。二程以理为核心宣扬其教，随后经其高足发展，至南宋已产生广泛影响，因此，理的观念成为陆九渊建构其哲学或明或暗的知识背景，其实也是自然之事。

作为万物生化根本和普遍法则的理，陆九渊又称之为道。在陆九渊那里，道与理亦名异而实同。比如陆九渊说"理塞宇宙""充塞宇宙只是一理"这样的说法，亦可换成"道塞宇宙""充塞宇宙只是道"。如陆九渊曰："此道充塞宇宙，天地顺此而动，故日月不过，四时不忒；圣人顺此而动，故刑罚清而民服。"[3] "道塞宇宙，非有所隐遁。"[4]

---

[1] （清）黄宗羲：《宋元学案卷五十八·象山学案》，载《宋元学案》叁，陈金生、梁运华点校，中华书局1986年版，第1884页。

[2] （宋）陆九渊：《陆九渊集卷三十五·语录下》，载《陆九渊集》，钟哲点校，中华书局1980年版，第436页。

[3] （宋）陆九渊：《陆九渊集卷十·与黄康年》，载《陆九渊集》，钟哲点校，中华书局1980年版，第132页。

[4] （宋）陆九渊：《陆九渊集卷一·与赵监》，载《陆九渊集》，钟哲点校，中华书局1980年版，第9页。

陆九渊讲的理是其所谓"公理""正理",道亦具备此义,所谓"道者,天下万世之公理"①。道和理一样,都具有不依人的意志为转移的客观性、独立性、永恒性。如陆九渊曰:"道在天下,加之不可,损之不可,取之不可,舍之不可,要人自理会。"② 因为道和理异名而同质,故整个宇宙,莫不是一理之流行,亦可视为道之本在,故曰"此理塞宇宙,所谓道外无事,事外无道"③。宇宙别无所是,唯以此理、此道为实。它恒久、独立、客观、公正,是宇宙万物之实体,亦是根本法则。故陆九渊曰:"吾所明之理,乃天下之正理、实理、常理、公理,所谓'本诸身,证诸庶民,考诸三王而不谬,建诸天地而不悖,质诸鬼神而无疑,百世以俟圣人而不惑者也。'"④

此理为万事万物普遍遵循之大法,是万有共生、共遵之理,故可曰"公理";此理与宇宙同一,恒常无限,故可曰"常理";因为它是万有生生之理、生命之理,顺此理万物才能得其性命之正,否则难免流于"非命",因之它亦可曰"正理"。此正理之说,颇似孟子所谓"尽道而正命"之论。此理公、正、恒常,故此理乃天地万物所共由之理,人类当然也不例外。故陆九渊曰:"道者,天下万世之公理,而斯人之所共由者也。"⑤ "人与天地并立而为三极,安得自私而不顺此理哉?"⑥

---

① (宋)陆九渊:《陆九渊集卷二十一·论语说》,载《陆九渊集》,钟哲点校,中华书局1980年版,第263页。
② (宋)陆九渊:《陆九渊集卷三十五·语录下》,载《陆九渊集》,钟哲点校,中华书局1980年版,第434页。
③ (宋)陆九渊:《陆九渊集卷三十五·语录下》,载《陆九渊集》,钟哲点校,中华书局1980年版,第474页。
④ (宋)陆九渊:《陆九渊集卷十五·与陶赞仲》,载《陆九渊集》,钟哲点校,中华书局1980年版,第194页。
⑤ (宋)陆九渊:《陆九渊集卷二十一·论语说》,载《陆九渊集》,钟哲点校,中华书局1980年版,第263页。
⑥ (宋)陆九渊:《陆九渊集卷十一·与朱济道》,载《陆九渊集》,钟哲点校,中华书局1980年版,第142页。

第五章　陆九渊的生命伦理思想

由上可以看出，陆九渊所曰之理，就其基本内涵来看，其实和二程、朱熹所谓理也并无实质区别。正因如此，有学者认为陆九渊所曰之理其实和程朱所曰之理基本上是一致的。如蒙培元就认为，"就其基本内容而言，陆九渊仍然是理学形而上论者，他对理的解释同朱熹基本一致，只是不像朱熹那样毫分缕析，进行客观化的论述"①。所以从这个角度来看，如果说陆九渊也是理本论者，也不是没有道理。并且，虽然说陆九渊格外凸显"宇宙"字义，但此宇宙其实质不过是儒家奉为万物之根据和精神价值之本的天或天地，是把客观本体和价值本体合而论之的观念。此宇宙以理为实，故在价值上说，宇宙亦不过是天理本身。这样的意思，其实在二程和朱熹那里，也有大致看法。如朱熹曰，"天之所以为天者，理而已"；"天下只有一个正当道理，循理而行，便是天"。② 陆九渊也说过，"天之所以为天者，是道也"③；"天地之所以为天地者，顺此理而无私焉耳"④。由此可见，陆九渊和朱熹等人在天和理的关系上，看法大略相同。故单纯就文本来看，陆九渊所曰之理与程朱之理并无实质差异。双方的差异，主要还是体现在二者如何对待"心""性"和"理"的关系上，尤其是对"心"和"理"之内涵和关系的理解，集中体现着二者的差异。陆九渊到底是在何种意义上说"心"，这个"心"和"理"又存在什么关系，这一问题，可谓陆九渊哲学的关键问题。陆九渊有关生命本质和价值等生命问题的一些核心观点，亦蕴含在这一问题当中。

---

① 蒙培元：《理学范畴体系》，人民出版社1989年版，第21页。
② （宋）朱熹：《朱子语类卷第二十五·论语七》，载（宋）黎靖德编《朱子语类》二，王星贤点校，中华书局1986年版，第621页。
③ （宋）陆九渊：《陆九渊集卷十三·与冯传之》，载《陆九渊集》，钟哲点校，中华书局1980年版，第180页。
④ （宋）陆九渊：《陆九渊集卷十一·与朱济道》，载《陆九渊集》，钟哲点校，中华书局1980年版，第142页。

第二节 心与理一

无论我们是否把陆九渊之心视为其哲学的最高本体，心都可以说是陆九渊哲学的一个核心范畴，这一点，恐怕没有人存有异议。但是陆九渊论心，不是单纯从个体的精神角度而论，而是将之与理相挂搭，是在与理同一的层面论心，由此陆九渊提出心即理的命题。但问题在于，这个"心即理"究竟是何意义上的"心即理"，古往今来人们却多有争议。早在陆九渊所处的时代，朱熹即对这一命题提出异议。当今学界也多把此问题作为研判朱陆之学的分歧点之一。朱陆之间的分歧并不是本书讨论的重点，但是厘清陆九渊心即理这一哲学命题的基本内涵，则事关我们对陆九渊生命伦理思想的深度理解，故这里专门开辟一节讨论这一问题。

一 心和本心

"心"是中国哲学文本中常用的一个概念，早在先秦时期，上古先民已经在其具有哲学意蕴的思考中大量使用了这个心字，并提出一些重要的观点。比如孟子很早就给予心以重视，并提出了"四心""存心""求放心"这些有影响的说法。两汉以降，心作为一哲学术语，更是普遍被古代思想家所使用。佛教在中土兴起后，其"万法唯心""明心见性"的观点，影响亦颇为广泛。至宋代，宋代诸儒更是把心作为其哲学建构的基础性概念之一加以讨论。在陆九渊之前，张载、邵雍、二程等人都已经广泛讨论了心的问题，并提出许多重要命题，比如张载提出的"合性与知觉，有心之名"、邵雍提出的"心为太极"等命题。所以，陆九渊的学说虽然号称"心学"，但我们不能认为只有陆九渊才重视心，更不能将心视为陆九渊的专属概念。陆九渊的心学，在

第五章 陆九渊的生命伦理思想

很大程度上其实是对以往心论的创造性发明,尤其是对孟子思想的创造性发展。这诚如陆九渊自己所言,"窃不自揆,区区之学,自谓孟子之后至是而始一明也"[①]。这种情况,使得陆九渊的心论既存在与以往诸贤论心相一致的地方,亦有其独到之处。

首先,陆九渊讲的心沿袭了传统上人们关于心的一些一般看法。从人们的习惯性用法来看,心这一概念除了用以指那作为"一团血肉"的生理脏器,大致具有以下三个含义。一指思维器官,如孟子所说"心之官则思"[②];二指人的精神意志或意识活动,此一义包括人脑的机能表现,比如人们常说的"有心""用心""动心"等,动物的意识,有时也用"心"来表示,在这个意义上,凡是血气构成之生命,都可谓有"心";三指身体的主宰。如董仲舒说:"身以心为本,国以君为主。"[③] 除去作特定概念使用,陆九渊所曰之心也包含上述各种含义。比如陆九渊说"人有五官,官有其事"[④],又说"心于五官最尊大"[⑤],这就是把心看作思维器官。人脑的机能表现不一,存在灵敏与否、智愚与否的问题,所以"人心"的表现并不一样,这表现在人的"私意""成见"不一而足。如陆九渊曰:"人生天地间,气有清浊,心有智愚,行有贤不肖。"[⑥] 心是身体的主宰,则意味着人有什么样的心,就会有什么样的行为,人的行为是由其心支配和指挥的。故此心

[①] (宋)陆九渊:《陆九渊集卷十·与路彦彬》,载《陆九渊集》,钟哲点校,中华书局1980年版,第134页。
[②] 《孟子·告子上》。
[③] 董仲舒:《春秋繁露·通国身》,见曾振宇、傅永聚注《春秋繁路新注》,商务印书馆2010年版,第132页。
[④] (宋)陆九渊:《陆九渊集卷二·与王顺伯》,载《陆九渊集》,钟哲点校,中华书局1980年版,第17页。
[⑤] (宋)陆九渊:《陆九渊集卷十一·与李宰》,载《陆九渊集》,钟哲点校,中华书局1980年版,第149页。
[⑥] (宋)陆九渊:《陆九渊集卷六·与包详道》,载《陆九渊集》,钟哲点校,中华书局1980年版,第80页。

思善，则人的行为趋于善；此心思恶，则人的行为趋于恶。心顺理思善而以善行，那是"心正"；心违理思恶而偏于恶，那是"心邪"。所以，人心是有正邪之分的。因而陆九渊认为"心当论邪正"①。"为善为公，心之正也。为恶为私，心之邪也。"② 这些均表明，陆九渊也是在多重意义上使用心这一概念的。

其次，陆九渊虽然也在一般的意义上使用心，但他也赋予了心以特殊的内涵，这就是"本心"概念的提出。本心这一提法亦非陆九渊首创，但陆九渊无疑赋予了本心更为深刻的内涵。陆九渊以本心观念为基础，力倡发明本心的生命工夫，从而与当时"留情传注""着意精微"的朱熹理学相区别。"本心"，陆九渊亦常简约称为"心"，这个观念，应当看作陆九渊哲学最为突出的观点。这正如陈来先生所说，"'本心'的观念应当是陆学的，也是理解陆学最重要的观念"③。之所以如此，这不仅是由于萌生于先秦以来的本心概念，到了陆九渊这里才真正成为一自觉的哲学概念而被加以使用，也是因为陆九渊哲学的宏规义旨都是围绕本心而得以体现的。陆九渊讲学以"先欲复本心以为主宰"④，认为"学问之要，得其本心而已"⑤，这些均表明本心观念在陆氏之学中的特殊地位。所以，理解陆九渊的生命思想，明晓其本心观念，当属基础性问题。

但什么是陆九渊所曰之本心呢？这里，我们先依据陆九渊的文本做一简单概括。在《陆九渊集》中，陆九渊有关本心的解释，有一段

---

① （宋）陆九渊：《陆九渊集卷十一·与李宰》，载《陆九渊集》，钟哲点校，中华书局1980年版，第149页。
② （宋）陆九渊：《陆九渊集卷二十·赠金谿砌街者》，载《陆九渊集》，钟哲点校，中华书局1980年版，第249页。
③ 陈来：《宋明理学》第二版，华东师范大学出版社2004年版，第147页。
④ （宋）陆九渊：《陆九渊集卷三十六·年谱》，载《陆九渊集》，钟哲点校，中华书局1980年版，第502页。
⑤ （宋）陆九渊：《陆九渊集附录一·袁燮序》，载《陆九渊集》，钟哲点校，中华书局1980年版，第536页。

第五章 陆九渊的生命伦理思想

文字最常为学者引用,这就是《年谱》所载陆九渊回应其弟子杨简的本心之问。《年谱》载:

> 四明杨敬仲时主富阳簿,摄事临安府中,始承教于先生。及反富阳,三月二十一日,先生过之,问:"如何是本心?"先生曰:"恻隐,仁之端也;羞恶,义之端也;辞让,礼之端也;是非,智之端也。此皆是本心。"对曰:"简儿时已晓得,毕竟如何是本心?"凡数问,先生终不易其说,敬仲亦未省。偶有鬻扇者讼至于庭,敬仲断其曲直讫,又问如初。先生曰:"闻适来断扇讼,是者知其为是,非者知其为非,此即敬仲本心。"敬仲忽大觉,始北面纳弟子礼。故敬仲每云:"简发本心之问,先生举是日扇讼是非答,简忽省此心之无始末,忽省此心之无所不通。"先生尝语人曰:"敬仲可谓一日千里。"①

单看《年谱》的这段记载,对于杨简之问何谓本心,陆九渊只是回答孟子的"四端"都是本心,但这种回答只是告诉我们"四端"属于本心范畴,并没有直接回答到底什么是本心,这也是杨简反复追问的原因。然而陆九渊亦只是重复此语。从后来杨简的开悟来看,虽然这段话使我们感觉似乎杨简已然明确何谓本心,但其所悟之语,提示的亦不过是本心的一些特征,如"心无始末""此心无所不通",我们其实仍然不能通过杨简的开悟确切得知陆九渊之本心到底何谓。所以借助这段话,我们唯一能够明确的即是,陆九渊所曰之本心,乃是和孟子之四端说相关的东西,尽管我们还不能通过这段话确切明晓陆氏之本心的真实内涵。

除去《年谱》记载的这一段,陆九渊直接谈及本心的内容,主要

---

① (宋)陆九渊:《陆九渊集卷三十六·年谱》,载《陆九渊集》,钟哲点校,中华书局1980年版,第487—488页。

还有以下几处。

道塞宇宙，非有所隐遁，在天曰阴阳，在地曰柔刚，在人曰仁义。故仁义者，人之本心也。孟子曰："存乎人者，岂无仁义之心哉？"又曰："我固有之，非由外铄我也。"①

孟子曰："所不虑而知者，其良知也；所不学而能者，其良能也。""此天之所与我者"，"我固有之，非由外铄我也。"故曰："万物皆备于我，反身而诚，乐莫大焉。"此吾之本心也，所谓安宅、正路者，此也；所谓广居、正位、大道者，此也。②

道行道明，则耻尚得所，不行不明，则耻尚失所。耻得所者，本心也，耻失所者，非本心也。③

孟子曰："心之官则思，思则得之，不思则不得也。"又曰："存乎人者，岂无仁义之心哉？"又曰："至于心，独无所同然乎？"又曰："君子之所以异于人者，以其存心也。"又曰："非独贤者有是心也，人皆有之，贤者能勿丧耳。"又曰："人之所以异于禽兽者几希，庶民去之，君子存之。"去之者，去此心也，故曰："此之谓失其本心"。④

通过这些材料，初看上去，陆九渊讲的本心，似乎就是孟子所曰之"先天善性"，至少在形式上二者高度相似。孟子有"良知良能""仁义之心""天爵"等之谓，陆九渊所曰之本心，似乎与这些观念相

---

① （宋）陆九渊：《陆九渊集卷一·与赵监》，载《陆九渊集》，钟哲点校，中华书局1980年版，第9页。
② （宋）陆九渊：《陆九渊集卷一·与曾宅之》，载《陆九渊集》，钟哲点校，中华书局1980年版，第5页。
③ （宋）陆九渊：《陆九渊集卷二十二·杂说》，载《陆九渊集》，钟哲点校，中华书局1980年版，第273页。
④ （宋）陆九渊：《陆九渊集卷十一·与李宰》，载《陆九渊集》，钟哲点校，中华书局1980年版，第149页。

第五章 陆九渊的生命伦理思想

当,都是指先天赋予人的一种内在的道德基质或者说初始的道德意识与情感。这个本心是内在于人的,而且是天赋的,其在价值规定、义理规定上,都同一于天。从这个角度来看,陆九渊所说的本心,确实和孟子之性天合一思想高度相合。我们知道,孟子有一种先验的道德本体论的思想倾向,在孟子那里,人人皆有一颗先天所赋有的"道德本心"(孟子所谓"四心"),这一道德本心是人之为人的成人基础、先天基质,是人之所以为人的根据,此心为天所赋,在性质上与天亦是同一的存在。与孔子和荀子眼中具有浓郁的天文学意义上的自然之天不同,孟子眼中的天主要是一"形上的天、德化的天"[1],这样的天是伦理本体,它赋予人以"良心",此良心即人之本体,此本体上通于天,故孟子讲性天合一,是"从本体论意义上言天人合一,赋天道以价值本原的意义"[2]。从这样的思路来看,陆九渊对本心的界定似乎完全合于孟子性善论的路数。

首先,陆九渊也把本心视为人之为人的根本,是人之所以为人和人能够通过自我修养"成人"的先天的内在因素。如他说:"仁,人心也,心之在人,是人之所以为人,而与禽兽草木异焉者也。"[3] 又说:"人之所以为人者,惟此心而已。"[4] 本心是人之为人的根本,是人的本质特征。因而只要是人,就有此本心。

其次,本心的实质是人所共有的,也是人与生俱来的道德天赋,此即"仁义之心"。这个仁义之心是人先天所固有的,是人类的普遍共性,它不是指人类个体的心,而是就人类的类本质而言的普遍之心。

---

[1] 牟宗三:《历史哲学》,(台北)学生书局1988年版,第113页。
[2] 李景林:《中西文化研究系列之三——思孟五行说与思孟学派》,《吉林大学社会科学学报》1997年第1期。
[3] (宋)陆九渊:《陆九渊集卷三十二·拾遗》,载《陆九渊集》,钟哲点校,中华书局1980年版,第373页。
[4] (宋)陆九渊:《陆九渊集卷六·与傅全美》,载《陆九渊集》,钟哲点校,中华书局1980年版,第76页。

这恰如人生而有食色本能，人生而也有本心。这个普遍的本心，并不会因个体的差异而有所不同，也不会因为环境的改变而真正从人体割离。也即无论人类个体处于何种时代、何种境遇，这个本心都是内在于其身的。故陆九渊曰："心只是一个心，某之心，吾友之心，上而千百载圣贤之心，下而千百载复有一圣贤，其心亦只是如此。"①

最后，此本心根源在天，是天所赋予人类的。如陆九渊多次强调"本心非外铄"，"吾所谓心，天之所予我者也"②，"义理之在人心，实天之所与，而不可泯灭焉者也"③。从这个角度来看，陆九渊所说的本心，其实就是"义理在人心"而形成的人与生俱来的"义理之心"。

由以上几点来看，陆九渊的本心说，似乎并未超出孟子心性论的理论高度，甚至在某种意义上来说，就是孟子心性论的翻版，但这么说恐怕亦未恰当。因为陆九渊所说的本心，是把本心与理合一而论的本心。本心与理的合一，使本心也具备了客观本体的性质，而不再局限于人类的主体意志。在孟子那里，作为人类先天的成人基质的道德本心，虽然出自"形上之天、德化之天"，但不能说此性即是天。人性的根据来自天，但二者之间不能画等号，否则，也就失去了人做生命工夫的意义。这正像董仲舒所指出的那样，性出于天，但并不等于天，这正如米出于禾，但不等于禾一样。④ 但在陆九渊"心即理"的思想中，心事实上拥有了和理同等的地位，本心即充塞宇宙的实理，相当

---

① （宋）陆九渊：《陆九渊集卷三十五·语录下》，载《陆九渊集》，钟哲点校，中华书局1980年版，第444页。

② （宋）陆九渊：《陆九渊集卷二十·赠丁润父》，载《陆九渊集》，钟哲点校，中华书局1980年版，第247页。

③ （宋）陆九渊：《陆九渊集卷三十二·拾遗》，载《陆九渊集》，钟哲点校，中华书局1980年版，第376页。

④ 董仲舒说："性比于禾，善比于米。米出禾中，而禾未可全为米也。善出性中，而性未可全为善也。善与米，人之所继天而成于外也，非在天所为之内也。天之所为，有所至而止。止之内谓之天性，止之外谓之人事。"（汉）董仲舒《春秋繁露·深察名号》，见曾振宇、傅永聚注《春秋繁路新注》，商务印书馆2010年版，第213页。

于义理之天、价值之天。故牟宗三说:"象山亦有超过孟子者。然此超过亦是孔孟之教之所涵,未能背离之也。此超过者何?曰:即是'心即理'之达其绝对普遍性而'充塞宇宙'也。"① 此即是说,陆九渊对于孟子的超越,乃在于陆九渊明确了对道德原则普遍性的追寻,把道德本心确立为宇宙最高道德法则和价值本体。这个观点,如前所述,亦正是陆九渊因宇宙开悟而得出的基本认识。如果说陆九渊少年开悟而得出的这个观点,还带有顿悟的特点,其后陆九渊对心即理这一观点的不断强化,则表明他本人对此实已有了成熟的思考。如他说:"盖心,一心也,理,一理也,至当归一,精义无二,此心此理,实不容有二。"② 陆九渊对程朱以"天理"为"道心""人欲"为"人心"之看法的不满,也说明了这一点。本心即天理,心是一心,理是一理,心同理同,岂可裂天人为二。故陆九渊曰:"天理人欲之言,亦自不是至论。若天是理,人是欲,则是天人不同矣。"③ "天理人欲之分论极有病。"④

陆九渊在与理同一的层面论心,这样的心自然也就拥有了和理一样的性质。在孟子那里,心无论如何都只是就人的内在而言,孟子并没有把心确定为绝对的道德本体和普遍的道德法则,虽然它通于上天这一绝对的道德本体。人们"存心"的过程,即是"养性"的过程,因为心、性俱以天为大本,性质上是合一的,故通过存心、养性即可知天。通过存心、养性以"知天""事天",从而挺立人的"正命",这是孟子生命伦理的基本理路。但陆九渊讲的本心显然突破了这一理

---

① 牟宗三:《从陆象山到刘蕺山》,上海古籍出版社2007年版,第13页。
② (宋)陆九渊:《陆九渊集卷一·与曾宅之》,载《陆九渊集》,钟哲点校,中华书局1980年版,第4—5页。
③ (宋)陆九渊:《陆九渊集卷三十四·语录上》,载《陆九渊集》,钟哲点校,中华书局1980年版,第395页。
④ (宋)陆九渊:《陆九渊集卷三十五·语录下》,载《陆九渊集》,钟哲点校,中华书局1980年版,第475页。

路，他直接将"本心"定义为"天理"，而跨越了孟子强调的人性需要存养这一过程。在孟子那里，人性有个发展和渐进的问题；而在陆九渊这里，本心则是自足完备的，它只需发明、呈现。把绝对的天理拉入心中，并把心中因天理的规定形成的所谓本心客体化、普遍化，这确实是陆九渊的一大创举。但是，陆九渊讲的理毕竟具有世界本原之义，是一个独立而超越的客观本体，那么，本心是否也可看作世界本原、是否也可以视为一个独立而超越的客观存在呢？回答这一问题，即涉及我们如何理解陆九渊的"心即理"。

二 本心即天理

"心即理"是陆九渊哲学的一个十分重要的命题，也是我们研究陆九渊哲学的一个十分关键的问题。不过，对于这一命题的认识，人们向来存在争议。心和理在陆九渊那里到底是完全同一的概念，还是在特定条件下成立的命题，对此人们看法并不相同。客观地说，心即理这个命题作为陆九渊哲学的基本内容甚至核心内容虽然广为人知，但是在陆九渊的文本中，这个说法其实并不多见。在整本《陆九渊集》当中，这一说法主要见于陆九渊在《与李宰书》中所说的一段话。

"吾何容心"之说，即无心之说也，故"无心"二字亦不经见。人非木石，安得无心？心于五官最尊大。《洪范》曰："思作睿，睿作圣。"孟子曰："心之官则思，思则得之，不思则不得也。"又曰："存乎人者，岂无仁义之心哉？"又曰："至于心，独无所同然乎？"又曰："君子之所以异于人者，以其存心也。"又曰："非独贤者有是心也，人皆有之，贤者能勿丧耳。"又曰："人之所以异于禽兽者几希，庶民去之，君子存之。"去之者，去此心也，故曰"此之谓失其本心"。存之者，存此心也，故曰"大人者，不失其赤子之心"。四端者，即此心也。天之所以与我者，即此心也。人皆有是心，心皆具是理，心即理也，故曰"理义之悦我心，犹刍豢之悦我口"。所贵乎学者，为其穷此理，尽此心也。①

从这段话中可以看出，"心即理也"这句话其实并非一个独立的命题，而是陆九渊在阐释"人之有心"时，提示李宰人皆有心，此心即天之所与我的仁义之心，仁义之心乃为人所普遍拥有，此仁义之心即是陆九渊在此信随后部分所谓"正理"，所谓"正理在人心，乃所谓固有"②。按照这个说法，仁义之心即本心，理乃所谓"正理"，故"心即理"在这段话中的内涵即是说本心即正理。本心乃天之所赋，这个天所赋予人的本心，亦内在地具有所谓正理。在这里，心即理的前提是"心具是理"，而"心具是理"这个说法则表明，心并不直接等同于理，而是心具备这个理；或者说，这个心是以理为规定的心，心即理只是在这个意义上讲的心和理的同一。从这一点来看，陆九渊讲的心即理，并不是说心和理完全等同，因而不能简单地理解为心就是理，二者是有条件的同一，而非绝对的、不分彼此的同一。

首先，这里的心和理，显而易见都是有特殊规定的，此心乃仁义之本心，此理乃所谓正理，此心不同于一般意义上所谓"心"，此理也不完全等同于朱熹等人所曰作为本体之"理"。"本心"是有伦理性规定的概念，"正理"也不是如朱熹所论具有超越万物之上的绝对存在之理。这一点，陆九渊自己说得很清楚。

> 看晦翁书，但见糊涂，没理会。观吾书，坦然明白。吾所明

---

① （宋）陆九渊：《陆九渊集卷十一·与李宰》，载《陆九渊集》，钟哲点校，中华书局1980年版，第149页。
② （宋）陆九渊：《陆九渊集卷十一·与李宰》，载《陆九渊集》，钟哲点校，中华书局1980年版，第150页。

之理，乃天下之正理、实理、常理、公理，所谓"本诸身，证诸庶民，考诸三王而不谬，建诸天地而不悖，质诸鬼神而无疑，百世以俟圣人而不惑者也"。学者正要穷此理，明此理。

天下正理不容有二。若明此理，天地不能异此，鬼神不能异此，千古圣贤不能异此。若不明此理，私有端绪，即是异端，何止佛老哉？①

不过，陆九渊虽然明确地指出了其所曰之理具有特殊内涵，但是他所说的理是不是真的不同于朱熹所曰之理，我们也不能简单地下结论。这是因为陆九渊所曰之理，诚如我们前面所分析的那样，事实上和朱熹所曰之理并无实质区别，朱熹阐释理之各项内涵，陆九渊所曰之理亦包含这些内涵。但是我们也不能忽视陆九渊本人对于朱熹所曰之理的不满。上引这段话，是陆九渊正面强调其所曰之理与其所谓"异端之说"的区别。从其语气来看，其学不仅异于时儒公认的"异端"——佛老之学，而且其所曰之理也是不同于朱熹等人所曰之理的。这表明，陆九渊讲的理虽然存有程朱之理的痕迹，在某种程度上沿袭了当时的一些看法，但是其所曰之理显然是有所强调的，在内涵上是有别于程朱所曰之理的"理"。至少从陆九渊所说"心即理"的文脉语气来看，其所曰心即理，其实说的是"本心即正理"。本心是有伦理属性的本心，即所谓仁义之心，这一点陆九渊说得明明白白，因而本心不能理解为那种决定万物生化的、绝对的、超越的形上本体。以这样的本心等同于理，则此理亦非朱熹眼中的客观本体之理，而是与本心一样具有伦理属性的理，二者同属于伦理范畴。故脱离伦理规定性来理解"心即理"，这并不符合陆九渊的思想实际。综观陆九渊的文

---

① （宋）陆九渊：《陆九渊集卷十五·与陶赞仲》，载《陆九渊集》，钟哲点校，中华书局1980年版，第194页。

本，陆九渊在讲"心理同一"时，事实上也都是在伦理道德的意义上讲本心和理的同一的。如陆九渊曰：

> 仁即此心也，此理也。求则得之，得此理也；先知者，知此理也；先觉者，觉此理也；爱其亲者，此理也；敬其兄者，此理也；见孺子将入井而有怵惕恻隐之心者，此理也；可羞之事则羞之，可恶之事则恶之者，此理也；是知其为是，非知其为非，此理也；宜辞而辞，宜逊而逊者，此理也；敬此理也；义亦此理也；内此理也，外亦此理也。故曰："直方大，不习无不利。"①
>
> 此天之所以予我者，非由外铄我也。思则得之，得此者也；先立乎其大者，立此者也；积善者，积此者也；集义者，集此者也；知德者，知此者也；进德者，进此者也。同此之谓同德，异此之谓异端。②

其次，"心即理也"这一说法我们亦不能简单将之理解为"心就是理"，陆九渊的这一说法并非强调心和理的无差别，而主要是在工夫意义上强调人做生命工夫的根本依据及其终极目标乃在于与理的合一。本心是人所专属的概念，离开人就不能讲本心。这一点充分表明陆九渊所说的"心即理也"，不能简单地理解为心和理是完全地同一性存在。"心即理"这个说法，就其字面意义来看，当然可以理解为心就是理。而从陆九渊这个提法的内涵来看，在特定的条件下，陆九渊的心即理之说也的确包含着心就是理这层意思。

依陆九渊之见，本心即是义理之在人心而形成的义理之心，此即

---

① （宋）陆九渊：《陆九渊集卷一·与曾宅之》，载《陆九渊集》，钟哲点校，中华书局1980年版，第5页。

② （宋）陆九渊：《陆九渊集卷一·与邵叔谊》，载《陆九渊集》，钟哲点校，中华书局1980年版，第1页。

"仁义之本心"。此种意义上的本心，可以通俗地理解为客观伦理法则"驻扎"于人心而形成的人人生而俱有的本初之心，所以在性质上，本心亦指客观、普遍的道德律，因而其与陆九渊所曰之"正理"意义上的"理"是同一的，二者在性质上并无差别。所以，在这个意义上，我们亦可曰"心就是理"。但是强调心和理在特定条件下的同一性，这并非陆九渊格外强调的意思。陆九渊之所以讲心即理，其主要目的并不在于强调心和理二者的无差别，而是为确定人的生命本质、说明人何以是人以及人类生命修养的根本目标和正确方式提供依据。换言之，陆九渊讲心即理，主要是通过把"吾心"与"天理"的融合，为人类的"成人"提供先天根据、为其确定正确的生命修养方式和终极目标。因为在陆九渊那里，本心和天理虽然在义理上具有一致性，但二者仍然是不同的概念。这主要表现在，本心在陆九渊那里并非如天理那样可以脱离人而言说的概念，而是为人所专属的概念，离开人，也就无所谓本心。本心是人类所独有的，是人之生命的根本属性或本质特征，是人之所以是人的独有的生命标志。如陆九渊曰，"人之所以为人者，惟此心而已"[1]；"心之在人，是人之所以为人，而与禽兽草木异焉者也"[2]。本心为人类所独有，是人禽之别的根本标志，人对本心的独占性，同时也决定了人在宇宙中的特殊地位。人类正是因为独具本心，因而成为天地之生中最贵者。"'天地之性人为贵'，人为万物之灵。人所以贵与灵者，只是这心。"[3]

既然本心只为人类所独有，脱离人即无所谓本心，那么，此心自

---

[1] （宋）陆九渊：《陆九渊集卷六·与傅全美》，载《陆九渊集》，钟哲点校，中华书局1980年版，第76页。

[2] （宋）陆九渊：《陆九渊集卷三十二·学问求放心》，载《陆九渊集》，钟哲点校，中华书局1980年版，第373页。

[3] 朱（宋）熹：《朱子语类卷第一百二十四·陆氏》，载（宋）黎靖德编《朱子语类》八，王星贤点校，中华书局1986年版，第2970页。

第五章 陆九渊的生命伦理思想

然也就不是那种超越于万物之上的客观本体之理。因为理作为宇宙实理、终极实在，并不是依人而存在的，相反，人和万物都受此理的普遍规定。在这个意义上，理是既内在于人又外在于人的，而不是为人所专属的概念。所以，陆九渊讲心即理，此心此理都是有特殊规定、特殊内涵的"心"和"理"，而非讲二者无条件的、完全的同一。是故心即理我们不能简单将之理解为"心就是理"。陆九渊虽然视本心为人的生命之本、价值之源，但它并不是对万物具有普遍规定的本体概念，更非派生和决定万物生化的本原存在。本心虽然具有普遍性、客观性等特征，但这种客观性、普遍性都是就人的生命存在而言的客观性和普遍性。本心是天赋于人的根本属性，只要是人，就拥有本心，每个人生而即具有本心，并且这个本心也不会因为人的行为有所损益，对人而言，本心就是客观存在，是以本心具有客观性和普遍性。但这种客观性和普遍性，并非指本心是超越于人和万物之上、可以决定人和万物生化的客观独立本体。所以，把陆九渊所曰之心视为宇宙本体、世界本原，这是有失妥当的。

心和理是有条件的同一，不是绝对的同一，二者的同一性主要是指本心和天理具有伦理的同质性，在价值规定、义理规定上是同一的。在这个意义上，心即理、理即心，心是一心，理是一理，理是绝对的、普遍的道德法则，心是此法则内蕴于人而为人所有的、人类生命的"本体"。故曰："盖心，一心也，理，一理也，至当归一，精义无二，此心此理，实不容有二。"[①] 本心的实质是指人心中生而具有的绝对的、普遍的"道德理性"，它与宇宙蕴含的普遍道德法则完全是同一的。本心人人皆有，是"人所同然"的本质存在，因而本心对于每个人来说，并不存在个体的差异性，亦即不存在性质不同的本心，它是天赋予人

————————
① （宋）陆九渊：《陆九渊集卷一·与曾宅之》，载《陆九渊集》，钟哲点校，中华书局1980年版，第4—5页。

并被每一个人所拥有的同质同然的存在，因而它是普遍的、客观的、绝对的、唯一的，但这并不是在世界本原的意义上而论，而是就人之为人的生命普遍特征而论，是在人的"类本质"角度来说的。"公理""定理""常理""正理"这些说法，也是就宇宙中蕴含的普遍道德法则而言。人心当有之理，即宇宙蕴含的普遍道德法则，本心和理都指向那个绝对的道德本体。本心主要是从主体具备"是理"这个角度说，而不是一个可以离开主体而讲的概念，人心具备是理才有所谓本心，在这个意义上，本心即是天理，故此可曰此心此理乃是"至当归一""精义无二"的。

如此可见，这里的"心"和"理"都不能说是如同西哲本体论意义上的"本体"概念，尤其是陆九渊所说的"本心"，固然有某种本根义（如人之生命的根本），但它与那种能够派生万物、决定万物生化的世界本原概念则相去甚远。理是客观的普遍道德法则，它蕴于人心而形成人类的"本心"，并由此成为人之为人的生命本质。本心即是人先天赋有的普遍道德法则，是上天赋予人的绝对"道德理性"，故在这个意义上，本心即天理。但本心与理并不是完全等同的存在，本心是一个兼有主观和客观的概念，离开人即无所谓本心，但理则并非依人而存在，故本心和理性质虽一，却不能说完全是一。本心和理的合一，只是义理上的合一、性质上的合一，但并非同指一客观实体。在相同的意义上，我们也可以说"吾心便是宇宙，宇宙即是吾心"，但宇宙显然不能直接等同于人心。故此，我们与其说陆九渊心即理这一命题，是为了突出本心的本体意义，毋宁说是为了凸显人之生命的特殊性和存在价值。人在本质规定上，是和天理完全同一的，故宇宙之理，即我生命之本。由于此理亦即宇宙之实体，是万物生生无穷之普遍法则，所以吾心固有之理，亦可谓万物生生之理，吾心全体所发，亦无非此万物生生无穷之理。在这个意义上，故可曰

第五章 陆九渊的生命伦理思想

"万物皆备于我","万物森然于方寸之间,满心而发,充塞宇宙,无非此理"。① 万物生生无穷之理与吾生命之理是一致的,此生生之理内俱吾心之中,心俱是理,故可曰"万物森然于方寸之间",但这只是讲万物生生之理与吾生命之理的同一性,而绝非说心是万物之本原、万物可以从心中派生出来。人心独具此天地生生无穷之理,而万物只是被动受此理之支配。本心即天理,而此心只为人拥有,故此,人的生命就不是一般的存在,而是如同天地宇宙般的存在,故陆九渊曰:"天地人之才等耳。"② 陆九渊如此规定人,自然也赋予人特殊的责任和使命,那就是人必须时刻注意使本心呈现,发明本心,本心不明,意味着天理在人身上不彰,那么,人就不足以为人。故陆九渊曰:

> 儒者以人生天地之间,灵于万物,贵于万物,与天地并而为三极。天有天道,地有地道,人有人道。人而不尽人道,不足与天地并。③
>
> 人惟不立乎大者故为小者所夺,以叛乎此理,而与天地不相似。④

本心是人之为人的根本,而这个根本,来源于那个普遍的天理。人的存在之所以不会因为个体生命的差异性而失去其普遍性,就因为本心在终极意义上,是与天理合一的。换言之,人类的生存之道,在普遍而终极的意义上,即是与此理的完全合一。陆九渊的这个认识,也是其在不断地生命实践中感悟到的。《朱氏子更名字说》记载了一件

---

① (宋)陆九渊:《陆九渊集卷三十五·语录上》,载《陆九渊集》,钟哲点校,中华书局1980年版,第423页。
② (宋)陆九渊:《陆九渊集卷三十五·语录下》,载《陆九渊集》,钟哲点校,中华书局1980年版,第463页。
③ (宋)陆九渊:《陆九渊集卷二·与王顺伯》,载《陆九渊集》,钟哲点校,中华书局1980年版,第17页。
④ (宋)陆九渊:《陆九渊集卷十一·与朱济道》,载《陆九渊集》,钟哲点校,中华书局1980年版,第142页。

事，体现了陆九渊的这种生命感悟。

> 淳熙丁未，暮春之初，予抵城闉，后生学子来从余游者日以益众。余与之悼时俗之通病，启人心之固有，莫不惕然以惩，跃然以兴。前辈长者往往辱临教之，举无异辞。余于是益信此心此理充塞宇宙，谁能间之？①

这段话表明，陆九渊根据前辈长者教人之共有之理，进一步领悟到为人之道的普遍性、客观性，由此更为坚信古圣今贤之为人别无二理，为人本有之心即那普遍恒久之宇宙实理，人同此心，心同此理，心与理一，无所间焉。但此心为人所独有，故此理之呈现的责任主体亦在于人。人以其独特的"心"之存在，成为完整的理之承载者，因之也成为理本体的体证者、弘扬者。理以人显，人以理立，人与理之间的关系，从而成为宇宙之根本的实在关系。这应当才是陆九渊讲"宇宙便是吾心，吾心即是宇宙"和"心即理"的根本用意。由是观之，陆九渊的这些命题，从其理论宗旨来看，都是为了凸显人的生命价值和意义。在这个世界上，只有人才能弘扬天理，故曰："道在天下，固不可磨灭，然人能弘道，非道弘人。"②

通过如上分析，我们大致可以得出一个结论，即陆九渊的心即理这个说法，主要是一个工夫论意义上的命题，而非本体命题，至少这不是其特别强调的地方。这个命题强调的是人做生命功夫的本然依据和应然方向，它里面涉及对心和理的本体意义的认识，但这并不是陆九渊的理论目的。通过心即理的说明，陆九渊十分明确地指明了生命

---

① （宋）陆九渊：《陆九渊集卷二十·朱氏子更名字说》，载《陆九渊集》，钟哲点校，中华书局1980年版，第252页。
② （宋）陆九渊：《陆九渊集卷十八·删定官轮对劄子》，载《陆九渊集》，钟哲点校，中华书局1980年版，第222页。

修养的功夫方式。把本心看作特有的人性，把真正的人性看作对此理的占有。这样，人性的彰显就在于本心的呈现，而本心呈现，也就是此理在人身上的显明，故"一性之外无余理"，所谓存心养性的过程，无非就是觉明此理的过程。此理内在于人，故反求诸己以发明本心即可，而无须假以外物，如此则性达于天，从而成就自己的生命。此当是陆九渊"心即理"这一主张的真实意蕴。如陆九渊曰：

> 孟子言"知天"，必曰"知其性，则知天矣"；言"事天"，必曰"养其性，所以事天也"。《中庸》言"赞天地之化育"，而必本之"能尽其性"。人之形体，与天地甚藐，而《孟子》《中庸》，则云然者，岂固为是阔诞以欺天下哉？诚以吾一性之外无余理，能尽其性者，虽欲自异于天地，有不可得也。①

"心即理"主要强调的还是人应当如何通过发明本心以达于天理这一功夫路数，在这里，理显然更具有根本意义，因为本心的性质正是此理规定的，学界有人认为"象山之理出于本心之发用"②，这应当是颠倒了本心和理在陆九渊思想形成过程中的逻辑顺序。合乎其思想逻辑的是，陆九渊是通过对宇宙的开悟，认识到万物皆出一理，整个宇宙就是由此理支配的万物之生生无穷这一实然，而人是此"无穷"的一部分，因而亦完全受此理支配。理是无限量的，"此理之大，岂有限量"③？陆九渊所作的，即是把这个"无限量的普遍之理"与人的精神自由高度统一起来。万有之中唯有人的精神才具备超越物质局限的特

---

① （宋）陆九渊：《陆九渊集卷三十·天地之性人为贵论》，载《陆九渊集》，钟哲点校，中华书局1980年版，第347页。
② 参见田超《陆象山"心"、"理"关系新释——从阳明评象山"只还粗些"出发》，《河南师范大学学报》（哲学社会科学版）2010年第4期。
③ （宋）陆九渊：《陆九渊集卷十二·与赵咏道》，载《陆九渊集》，钟哲点校，中华书局1980年版，第161页。

性而能与这个普遍之理完全会通，陆九渊不过是把人的这种特殊的理性能力道德化并与宇宙实理等同起来，用以证明和凸显人之生命的特殊性和存在的意义。

  人的生命本质和价值都在于与客观的普遍理则的合一，都在于完全按照这个理而行动，否则人就不成其为人。天理蕴于吾心（本心），此乃人之为人的先天根据和成人绵绵不绝的动力，人只有明白这一点，才能明确生命大本和正确的生命修养方式。在这个认识前提下，再去研究"物理"，就不会迷失生命大本，而且益能增进对人类的信心。万物之理俱在本心，本心与万物之理一致，故"物理"可究以为人道，亦能反证人道、证明人类之伟大。反之，如不能认识到本心即此理，则研究"物理"即为与生命不相干之事，是谓"末"矣。故陆九渊在讲伏羲"仰象俯法"时说，"格物者，格此者也。伏羲仰象俯法，亦先于此尽力焉耳。不然，所谓格物，末而已矣"[1]。陆九渊在这里强调的并非"所谓物理不过出于本心所发，并不具备独立于心外的客体性质"[2]，"物理"是客观存在的，世界上有没有人，"物理"都在，而是强调"物理"具于人心，人应当先立足为人之本，如此再去格物，才不至于因为事物之理的"个体性"而迷惑，而始终注重追求普遍的天理。也就是说，陆九渊在这里实际上彰显的是"人心"和"天理"的同一性，强调人心合乎天理，以人心指导具体的物理研究等具体人生诸事，而非否认客观世界的真实性。人和宇宙天地本为一理之存在，陆九渊孜孜以求的，不外是借助天理的权威论证人类生命的伟大，理本是客观独立的宇宙之实体，陆九渊却将之拉入人心，将"人类的本体"与"宇宙的本体"等而视之，于是人类就成为"与天地并立"的

---

[1] （宋）陆九渊：《陆九渊集卷三十五·语录下》，载《陆九渊集》，钟哲点校，中华书局1980年版，第478页。
[2] 田超：《陆象山"心"、"理"关系新释——从阳明评象山"只还粗些"出发》，《河南师范大学学报》（哲学社会科学版）2010年第4期。

生命，这样的生命，岂可轻之！故陆九渊曰："天地人之才等耳，人岂可轻？人字又岂可轻？"①

综上，陆九渊所曰之本心，我们不能简单地理解为宇宙本体，虽然在某种意义上因为它和理的合一而具有了某种本体的意义和特征。天地万物之理俱可容纳于一心之中，并由此心发用和呈现，但它本质上是一个依人而有的观念，是内在于人的，它的普遍性和客观性，仅就此心是天赋于人而为每个人所固有而言。陆九渊的心即理的命题，也不是说此心、此理是完全同一的、不分彼此的，而是站在儒家天人合一的哲学立场上，强调人道与天道的合一，强调人以天理为法、为终极根据，实质是对传统天人合一观念的另类表达，是强调人成为人的先天根据和现实生命修养的终极方向，并不代表陆九渊有将心凌驾于理之上的思想倾向。陆氏的本心观念及其心即理这一命题，从根本上说都是为了论证人之为人而提出的观念，它的理论目的是说明人何以是天地之生中最贵的生命存在，人何以是人以及人应当如何做功夫才能完善自我生命。由于陆九渊把人之为人的根本及其人生的目的归结为对天理的觉明和体认，而天理即本心，故其在生命工夫上，一方面说"发明本心"，另一方面也说"明理"，二者实质相同，只是名称有异。不过，在陆九渊那里，本心虽然可视为人的生命本质，但并不是人的生命全部，人的生命中还有"私欲"的成分，也即是说，"身体"和"心"在陆九渊那里其实存在张力，因为身体中有"私欲"，亦有"本心"，本心是生命之本，决定生命的价值，但私欲却是其限制因素。陆九渊以此心此理为大，而以私欲为小，故在生命工夫上，陆九渊亦强调"先立乎其大"。"发明本心""先立乎其大""觉明此理"等说法，在陆九渊那里，其实都是名异而实同的工夫论命题。

---

① （宋）陆九渊：《陆九渊集卷三十五·语录下》，载《陆九渊集》，钟哲点校，中华书局1980年版，第463页。

第三节　明心觉理

　　陆九渊以本心为生命之本，而本心即天理，故生命之挺立，亦在于"发明本心""觉明此理"，故其生命工夫论可概括为"明心觉理"。"发明本心"和"明理"主要是就功夫目的而言，二者只是说法不同，实质一样，而非说二者指两种不同的功夫方式和功夫目的。天理纯然本善，本心自然也没有不善，是以陆九渊曰"人受天地之中以生，其本心无有不善"①，故此人若要让生命有价值、挺立生命的意义，根本即在于"明心觉理"。发明本心，也即体悟和呈现天理，使天理光明呈现于人心，如此则人才能善其生、挺立其生命。是故本心不立、天理不明，人则流于小人甚至禽兽。本心本是人内在固有，故所谓"发明本心"，不过是使其固有之本心显现为人的实际道德行为，因此生命工夫的根据和目的，也可以说是"因其本然，全其固有"②。在陆九渊看来，发明本心是人之能否充分实现其真正性命的根本方式方法，故其亦曰"发人本心，全人性命"③。

　　但是怎么才能发明本心、觉明此理呢？陆九渊尤为强调三点。其一，人一定要明白人之所以为人的根本、生命的价值所系，即所谓"人当先理会所以为人"；其二，要认识到影响本心发明的关键要素乃在于人欲，故"欲去则心自存"；其三，一定要采取正确的修养生命的工夫方式，生命的意义只在于本心之发明，故应"尊德性""先立乎其

---

　　① （宋）陆九渊：《陆九渊集卷十一·与王顺伯》，载《陆九渊集》，钟哲点校，中华书局1980年版，第154页。
　　② （宋）陆九渊：《陆九渊集卷三十·天地之性人为贵论》，载《陆九渊集》，钟哲点校，中华书局1980年版，第347页。
　　③ 此包扬赞陆学之语。参见王国轩《陆九渊的学术宗旨（代前言）》，载《陆九渊集》，钟哲点校，中华书局1980年版，第2页。

大"，废弃枝末之学。

一 人当先理会所以为人

人要"成人"，要成就自我生命，而不至于蝇营狗苟、昏庸度日，甚至自暴自弃、甘于堕落，如行尸走肉、任人宰割，那么，人就要当先理会所以为人。如陆九渊曰：

> 人当先理会所以为人，深思痛省，枉自汩没虚过日月。朋友讲学，未说到这里。若不知人之所以为人，而与之讲学，遗其大而言其细，便是放饭流歠而问无齿决。若能知其大，虽轻，自然反轻归厚。①
>
> 学者所以为学，学为人而已，非有为也。②

而人之为人在有心，此心上通天理，与理如一，所以人倘能发明本心、觉明天理，也就确立了生命之本。此理"在天者为性，在人者为心"③，此心此理，亘古如一，是永恒的生命之源，所以，人能理会此，能够主动涵养此性、发明本心，其生命便有了与天地并立的意义，这就是生命的最高价值和境界之体现。在陆九渊看来，人主动发明其本心，这也是人最高理性的体现，因为人从根本上来说，是受理支配的，人的生命之实现，根本在于是否顺应此理。人如果认识不到理的这一决定意义，自然容易悖理逞凶，易获灾殃。"此理塞宇宙，谁能逃之？顺之则吉，违之则凶，其蒙蔽则为昏愚，通彻则为明知。昏愚者

---

① （宋）陆九渊：《陆九渊集卷三十五·语录下》，载《陆九渊集》，钟哲点校，中华书局1980年版，第451页。
② （宋）陆九渊：《陆九渊集卷三十五·语录下》，载《陆九渊集》，钟哲点校，中华书局1980年版，第470页。
③ （宋）陆九渊：《陆九渊集卷三十五·语录下》，载《陆九渊集》，钟哲点校，中华书局1980年版，第444页。

不见是理，故多逆以至凶；明知者见是理，故能顺以致吉。"① 实理天心，乃生命之本、价值之源，人无论是从其存在的必然性，还是从应然角度而论，都应该觉明此理、发明本心，如是，人即使想自异于天地之大法从而偏离生命之正轨，也是做不到的。故曰："诚以吾一性之外无余理，能尽其性者，虽欲自异于天地，有不可得也。"②

陆九渊认为本心、天理是"至灵""至明"的，所以，人倘能挺立其本心，对其生命的影响是直接而明决的，它能助人决疑去惑，使人始终心境澄明、信念坚定，使人始终走在正确的人生道路上。如陆九渊曰："此心至灵，此理至明，要亦何疑之有？"③ 不过，此心此理的"灵"与"明"，不是如"人心"那样具有能动性、"会思虑"之灵与明，不是指精神意识活动的灵敏与否，而是强调此心此理作为人生之根本大法，按照它去做，人就一定能够实现生命价值、成就自我生命，这一点是不用怀疑的。所以，此心之灵、此理之明，是从实践此心此理的效验性上说的，而非基于"主体能动性"角度而言。也正因如此，此心此理才有可能会被蒙蔽而不显。

总之，在陆九渊看来，"凡事不合天理，不当人心者，必害天下，效验之著，无愚智皆知其非"④。故无论是挺立个体生命，还是寻求社会的和谐、民族国家之族群生命的"可久可大"，其根本都在于人们能够先识此理、发明本心，有此心此理，则生命日新月异、前景广大。故陆九渊曰：

---

① （宋）陆九渊：《陆九渊集卷三十四·语录上》，载《陆九渊集》，钟哲点校，中华书局1980年版，第418—419页。
② （宋）陆九渊：《陆九渊集卷三十·天地之性人为贵论》，载《陆九渊集》，钟哲点校，中华书局1980年版，第347页。
③ （宋）陆九渊：《陆九渊集卷十·与詹子南》，载《陆九渊集》，钟哲点校，中华书局1980年版，第140页。
④ （宋）陆九渊：《陆九渊集卷十八·删定官轮对劄子》，载《陆九渊集》，钟哲点校，中华书局1980年版，第223页。

第五章 陆九渊的生命伦理思想

仁，人心也。人者，政之本也，身者，人之本也，心者，身之本也。不造其本而从事其末，末不可得而治矣。①

此心苟存，则修身、齐家、治国、平天下一也；处贫贱、富贵、死生、祸福亦一也。②

学无二事，无二道，根本苟立，保养不替，自然日新。所谓可久可大者，不出简易而已。③

此亦如蔡仁厚所说，"人之本心是德性之根，价值之源，人文世界之一切价值，亦是本心之仁的不断呈现。天地间若没有吾人之本心，还有什么所谓真、美、善，更何从而有真美善的价值之创造？象山教人'发明本心'，亦只是要挺立这个价值创造之主体而已"④。人无此心，那是"精神在外，至死也劳攘"，反之，"收拾得精神在内时，当恻隐即恻隐，当羞恶即羞恶。谁欺得你？谁瞒得你"？⑤人皆有本心，此心圣凡相同，故人切莫小看了自身，"要当轩昂奋发，莫恁地沉埋在卑陋凡下处"⑥，"人须是闲时大纲思量：宇宙之间，如此广阔，吾立身于其中，须大做一个人"⑦。

但是，人只是认识到此心之于生命的根本意义还不够，还要认识到妨碍此心呈现的因素。在陆九渊看来，妨碍此心光明的最大限制性

---

① （宋）陆九渊：《陆九渊集卷十九·荆国王文公祠堂记》，载《陆九渊集》，钟哲点校，中华书局1980年版，第233页。
② （宋）陆九渊：《陆九渊集卷二十·邓文苑求言往中都》，载《陆九渊集》，钟哲点校，中华书局1980年版，第255—256页。
③ （宋）陆九渊：《陆九渊集卷五·与高应朝》，载《陆九渊集》，钟哲点校，中华书局1980年版，第64页。
④ 蔡仁厚：《宋明理学·南宋篇》，吉林出版集团有限责任公司2009年版，第152页。
⑤ （宋）陆九渊：《陆九渊集卷三十五·语录下》，载《陆九渊集》，钟哲点校，中华书局1980年版，第454页。
⑥ （宋）陆九渊：《陆九渊集卷三十五·语录下》，载《陆九渊集》，钟哲点校，中华书局1980年版，第452页。
⑦ （宋）陆九渊：《陆九渊集卷三十五·语录下》，载《陆九渊集》，钟哲点校，中华书局1980年版，第439页。

因素，即人之欲望。故要做到发明本心、觉明此理、挺立生命之大者，亦必须做去欲的工夫，欲去则心自存。

二 欲去则心自存

在陆九渊的思想意识当中，"本心"和"人欲"乃一对立的范畴。本心即义理之心、仁义之心，人欲则指人逐于物欲之心、利己之心。但是在陆九渊那里，我们需要特别注意的是，陆九渊似乎并不把人欲归入"心"所包容的范围之内。陆九渊所谓心，主要是指他所谓的"本心""正心""良心""为善为公之心"，也即合乎"理"的心，其他的如一般的知觉、智虑、利己之心、名利欲求之心等，陆九渊一律归于"私欲"的范畴，并且认为，私欲是本心发明的最大障碍，也是导致心之不灵、理之不明的根本原因。所以，唯去欲，方能存此本心、觉明此理。如陆九渊说：

> 夫所以害吾心者何也？欲也。欲之多，则心之存者必寡，欲之寡，则心之存者必多。故君子不患夫心之不存，而患夫欲之不寡，欲去则心自存矣。然则所以保吾心之良者，岂不在于去吾心之害乎？[①]
>
> 道塞天地，人以自私之身与道不相入。[②]

人的私欲是出于一己之需要或偏好，而非出于公义、普遍的生命原则，所以私欲与"大道"不相入，与"公理"不相称，因而人要发明本心，就要时时警惕欲望对自身的消极影响。从这个角度说，发明

[①] （宋）陆九渊：《陆九渊集卷三十二·养心莫善于寡欲》，载《陆九渊集》，钟哲点校，中华书局1980年版，第380页。

[②] （宋）陆九渊：《陆九渊集卷三十五·语录下》，载《陆九渊集》，钟哲点校，中华书局1980年版，第462页。

第五章　陆九渊的生命伦理思想

本心的过程，也是抵抗私欲作用于人心的过程。不过陆九渊所说的"人欲"，也并非仅指人的物欲之心、逐利本能之心，它也包含所谓"私智""私见""私说"这些东西，也即与天理、天道相偏离的思想、理论、学说。陆九渊认为这些亦都是人欲，它们也都会导致本心不灵、此理不明。如他说：

> 溺于声色货利，狃于谲诈奸宄，牿于末节细行，流于高论浮说，其智愚贤不肖，固有间矣，若是心之未得其正，蔽于其私，而使此道之不明不行，则其为病一也。①

> 此理非可以私智揣度附会。若能知私智之非，私智废灭，此理自明。若任其私智，虽高才者亦惑，若不任私智，虽无才者亦明。②

陆九渊甚至认为"私智""私见""私说"这些东西，其害处还要大于人们对自然本能欲望之满足的追求之心。如他说："最大害事，名为讲学，其实乃物欲之大者，所谓邪说诬民，充塞仁义。质之懿者，乃使之困心疲力，而小人乃以济恶行私。"③ 人受各种欲望的影响，本心就会被蒙蔽，就会偏离天理的要求，故此生命不得其正，所见所言亦为歪理邪说。故陆九渊曰："有所蒙蔽，有所移夺，有所陷溺，则此心为之不灵，此理为之不明，是谓不得其正，其见乃邪见，其说乃邪说。"④ 因而，若使其本心呈现、达于天理，陆九渊给出的建议就是灭

---

① （宋）陆九渊：《陆九渊集卷十一·与李宰》，载《陆九渊集》，钟哲点校，中华书局1980年版，第150页。
② （宋）陆九渊：《陆九渊集卷十一·与朱济道》，载《陆九渊集》，钟哲点校，中华书局1980年版，第143页。
③ （宋）陆九渊：《陆九渊集卷五·与徐子宜》，载《陆九渊集》，钟哲点校，中华书局1980年版，第67页。
④ （宋）陆九渊：《陆九渊集卷十一·与李宰》，载《陆九渊集》，钟哲点校，中华书局1980年版，第149页。

人欲，如此则天理存，故曰"珍其私而会于理"①。

客观地讲，陆九渊关于本心和人欲的看法，其实和朱熹等人对天理和人欲的看法虽说有一些区别，但总体观点其实是一致的，二者均把人欲视为天理流行的妨碍因素，只是朱熹强调的"天理"，在陆九渊这里则以"本心"取代。二者的不同，主要在于对"心"和"人欲"之关系的处理。朱熹也承认，"心，只是一个心"，但是要"分别两样说，人心便成一边，道心便成一边"②。也即在朱熹那里，心虽一，但心既包容天理之心，又有私欲之心，合于天理的谓之"道心"，受欲望本能支配的谓之"人心"。如朱熹曰："人心亦只是一个……形骸上起底见识，便是人心；义理上起底见识，便是道心。"③"心一也，方寸之间，人欲交杂，则谓之人心；纯然天理，则谓之道心。"④ 所以，对于朱熹来说，心虽一心，但里面却是善恶交杂，表现为多种多样的思想意识活动，故人要成为真正的有道德之人，就要注意这两种心对生命的影响。"只是一人之心，合道理底是天理，徇情欲底是人欲，正当于其分界处理会。"⑤ 人之心只有那么大，此中天理人欲共存，故人思欲多，则向善之心、天理之心即少些；反之，人自强自律、一心向善，则天理之心表现得多，而人欲相应则表现得少。天理和人欲共存于心中，故天理强，则人欲弱；人欲强，则天理弱。朱熹曰：

---

① （宋）陆九渊：《陆九渊集卷三十四·语录上》，载《陆九渊集》，钟哲点校，中华书局1980年版，第401页。
② （宋）朱熹：《朱子语类卷第七十八·尚书一》，载（宋）黎靖德编《朱子语类》五，王星贤点校，中华书局1986年版，第2012页。
③ （宋）朱熹：《朱子语类卷第七十八·尚书一》，载（宋）黎靖德编《朱子语类》五，王星贤点校，中华书局1986年版，第2010页。
④ （宋）朱熹：《朱子语类卷第一百一十八·朱子十五》，载（宋）黎靖德编《朱子语类》七，王星贤点校，中华书局1986年版，第2864页。
⑤ （宋）朱熹：《朱子语类卷第七十八·尚书一》，载（宋）黎靖德编《朱子语类》五，王星贤点校，中华书局1986年版，第2015页。

第五章 陆九渊的生命伦理思想

人只有个天理人欲，此胜则彼退，彼胜则此退，无中立不进退之理。

人之一心，天理存，则人欲亡；人欲胜，则天理灭，未有天理人欲夹杂者。学者须要于此体认省察之。①

并且，朱熹其实和陆九渊一样，他也有"本心为善"的看法。人是天理所生，而朱熹认为天理纯然本善，心具万理，所以从心之本初来看，人心所发当全为天理。"原其初发，都是天理"，"初来本心都自好"。② 但朱熹同时认为人天生亦有气之影响，因而难免人欲夹杂而影响天理毕现。所以，于朱熹，人生而有天理和人欲，天理决定人之为人、决定生命的价值和意义，人欲则使人流于动物本能，故人以天理为信念、自觉以天理为生命根本、服从天理的指引，自觉克制私欲、贪心，做人的意义就凸显出来。从这个角度来看，陆九渊的本心私欲之辨的理论宗旨和朱熹此说并无实质不同。不过，陆九渊的观点则多少有些让人迷惑。这就是陆九渊并不承认朱熹的"人心""道心"之分，似乎不承认人的欲望之心也属于心的内容。如陆九渊曰：

《书》云："人心惟危，道心惟微。"解者多指人心为人欲，道心为天理，此说非是。心一也，人安有二心？自人而言，则曰惟危；自道而言，则曰惟微。罔念作狂，克念作圣，非危乎？无声无臭，无形无体，非微乎？③

---

① （宋）朱熹：《朱子语类卷第十三·学七力》，载（宋）黎靖德编《朱子语类》一，王星贤点校，中华书局1986年版，第224页。
② （宋）朱熹：《朱子语类卷第九十七·程子之书三》，载（宋）黎靖德编《朱子语类》七，王星贤点校，中华书局1986年版，第2487页。
③ （宋）陆九渊：《陆九渊集卷三十四·语录上》，载《陆九渊集》，钟哲点校，中华书局1980年版，第395—396页。

> 天理人欲之言，亦自不是至论。若天是理，人是欲，则天人不同矣。①

陆九渊这里强调的是，把"人心"解为人欲，"道心"解为天理，这样会导致天人不同，而天人本是一体，故刻意区分天理人欲，实际上会"裂天人为二"，因而他只把《书》之"人心惟危，道心惟微"，解为言心的两种角度。从心在人的角度说，人心的表现易危；从心为道的角度而言，心是形上之在，故称为"微"。但是，如前所述，"人心之危"的方面，不正是陆九渊所称为"私欲"的东西吗？真正人之为人之本心，是不存在"危"的情况的，它只有被遮蔽的可能，只有灵不灵的问题，"罔念作狂"的只是"欲"，而"欲"陆九渊则不归之为"心"的范畴。本心只是那纯任天理之心，而不包括人的自私、欲望之心，无"理"则非"心"。此诚如胡家祥所说，"对于陆学，不宜作'心外无理'的生发，而应作'离理非心'的补充——悖理的各种精神因素都不是'心'"②。

不过在这方面，李承贵则有另外一种看法。他认为在陆九渊那里，"'本心'虽然是善的，虽然是天所赋予，但它更偏于主观的属性，也就是说，'本心'主要是从主体的自我觉悟处开发人对道德的自觉，然而同时可能因为主体性膨胀而难以把持，一不小心便跟着感觉走，被外在欲望所诱惑，致使'本心'丧失。因此，'本心'具有双重性，它既可能使本有之善完全彰显出来，也有可能使本有之善完全丧失"③。但是从我们上面讨论的来看，这个看法可能存在问题。我们不能说陆九渊的本心既具有自我彰显善又具有自我遮蔽善的双重功能，善的不

---

① （宋）陆九渊：《陆九渊集卷三十四·语录上》，载《陆九渊集》，钟哲点校，中华书局1980年版，第395页。
② 胡家祥：《陆学之"心"试解》，《中国哲学史》1999年第1期。
③ 李承贵：《陆九渊》，云南教育出版社2009年版，第112页。

彰不是本心的问题，而是私欲的影响。所以在陆九渊看来，本心之所以不彰，关键还是人受各种私欲的影响未能自觉此本心及其价值。换言之，本心和私欲在陆九渊那里，都是一身之在，而且是对立的存在，所以生命的价值和意义即在于主体对二者的抉择。人只有意识到本心乃生命之根本、是普遍之大道，并自我修持此本心，人才能走在正确的人生道路上，也才可能真正成就自我的生命。故此，陆九渊亦明确提出做生命的工夫，必须要"先立乎其大"。

三　先立乎其大

在陆九渊看来，人们甘受生命之"小"者驱使、支配，虽表现不一，实质则均同，都是本心不明、未见生命之大者。普通人流于生理欲望之满足，以此为人生要义；所谓智者、贤者则可能以其"私意""私见"蛊惑其心而不能自拔，以异端邪说阻碍人类归之大本，这些都属于生命之"小"者。如陆九渊曰："志于声色利达者固是小；剿摸人言语的，与他一般是小。"[1] 声色利达、各种"意见"，虽然形式不一，但在障蔽本心方面则作用都一样。如陆九渊曰：

> 愚不肖者之蔽在于物欲，贤者智者之蔽在于意见，高下污洁虽不同，其为蔽理溺心而不得其正，则一也。[2]
> 愚不肖者不及焉，则蔽于物欲而失其本心；贤者智者过之，则蔽于意见而失其本心。[3]

---

[1] （宋）陆九渊：《陆九渊集卷三十五·语录下》，载《陆九渊集》，钟哲点校，中华书局1980年版，第452页。
[2] （宋）陆九渊：《陆九渊集卷一·与邓文范》，载《陆九渊集》，钟哲点校，中华书局1980年版，第11页。
[3] （宋）陆九渊：《陆九渊集卷一·与赵监》，载《陆九渊集》，钟哲点校，中华书局1980年版，第9页。

故此，人若想挺立自我生命，须先学会自家理会，立生命之大者，否则沉溺各种欲望，人亦流于末等，不成其为有人格之人。先立乎其大，人便能抓住生命之重点，不至于缘木求鱼，亦不至于为他人言语所蛊惑，是以陆九渊谆谆以教学者当"先立乎其大"。此正如黄宗羲所说，"先生之学，以尊德性为宗，谓'先立乎其大，而后天之所以与我者，不为小者所夺。夫苟本体不明，而徒致功于外索，是无源之水也'"①。陆九渊的生命工夫其主旨即在于"先立乎其大"，此外别无其他，对此陆九渊本人亦是坦然承认的。如其曰："近有议吾者云：'除了先立乎其大一句，全无伎俩。'吾闻之曰：'诚然。'"②

"先立乎其大"，这本是孟子的一句术语，亦为孟子所主张，但陆九渊此语虽源自孟子，却在内容上有所不同，这就是陆九渊把这一命题和其所曰之心和理联系了起来。于陆九渊，先立乎其大，就其实质内容来看，即是要人挺立其本心、体认其天理，时刻以本心天理的要求而行动。我们看陆九渊的文本，他讲的先立乎其大，都是和"存心""明理"、以"本心为大"、以"天理为大"相联系的。如陆九渊曰：

必有大疑大惧，深思痛省，决去世俗之习，如弃秽恶，如避寇仇，则此心之灵自有其仁，自有其智，自有其勇，私意俗习，如见晛之雪，虽欲存之而不可得，此乃谓之知至，乃谓之先立乎其大者。③

人与天地并立而为三极，安得自私而不顺此理哉？孟子曰：

---

① （清）黄宗羲：《宋元学案卷五十八·象山学案》，载《宋元学案》叁，陈金生、梁运华点校，中华书局1986年版，第1885页。
② （宋）陆九渊：《陆九渊集卷三十五·语录下》，载《陆九渊集》，钟哲点校，中华书局1980年版，第400页。
③ （宋）陆九渊：《陆九渊集卷十五·与傅克明》，载《陆九渊集》，钟哲点校，中华书局1980年版，第196页。

"先立乎大者,则其小者不能夺也。"人惟不立乎大者故为小者所夺,以叛乎此理,而与天地不相似。①

此理即是大者,何必使他人明指大者?②

不过,"先立乎其大"这个说法,从功夫角度而言,相对来说还显得有些笼统,应当说,它主要还是一个方法论上的工夫命题,至于在现实中人们究竟怎么样做才算是先立乎其大,这显然还需要进一步地解释和说明。在这方面,陆九渊教给人的方法颇有一股神秘主义的特征,在形式上也颇似禅悟,他非常强调以安坐冥思的方式,自觉、顿悟到本心天理。③

显而易见,陆九渊这种方法并非把本心或天理作为客观的知识加以追求,而主要诉诸主体对天理、本心的觉醒和体悟。在陆九渊那里,本心和天理具于人心,并非独立于人之外的认知对象,因而不能以知识论的进路去追求本心、天理。本心和天理在陆九渊那里是合一的,并不存在主宾之辨,因为它们内在于人,故可反求诸己即可获得,而无须假以外物。所以陆九渊反对一味通过外索的方式(比如读书、研究物理)来追求对天理、本心的认识。而这一点,也正是他和朱熹理学的一个重要分歧点。在朱熹那里,理在心外,是可以作为认识对象的客体,而心则主要是认识主体,心和理之间是存在主宾之辨的。如朱熹曰:"知者吾心之知,理者事物之理,以此知彼,自

---

① (宋)陆九渊:《陆九渊集卷十一·与朱济道》,载《陆九渊集》,钟哲点校,中华书局1980年版,第142页。

② (宋)陆九渊:《陆九渊集卷十一·与朱济道》,载《陆九渊集》,钟哲点校,中华书局1980年版,第143页。

③ 关于这个方法及其实践实例,其弟子詹阜民的一段记录最广为人知。陆九渊曾曰:"学者常闭目亦佳。"詹阜民于是"因此无事则安坐瞑目,用力操存,夜以继日。如此者半月,一日下楼,忽觉此心已复澄莹。中立窃异之,遂见先生。先生目逆而视之曰:'此理已显也。'"参见(宋)陆九渊《陆九渊集卷三十五·语录下》,载《陆九渊集》,钟哲点校,中华书局1980年版,第471页。

有主宾之辨。"① 但陆九渊在"心与理一"的角度讲本心和天理,把理视为内在于人的存在,这样的理和本心就不需要作为客体来对待,而只需要把人身上妨碍此心此理显现的因素克制住,则此心此理自然就会呈现出来,故陆九渊反对朱熹的"格物穷理",并将之讥讽为"支离事业"。但是,陆九渊的这一做法同样遭到了朱熹的严肃批评,认为陆九渊这种功夫尽废儒家讲学传统,也给儒家的成人事业带来巨大危害。如朱熹曰:"子寿兄弟气象甚好,其病却是尽废讲学而专务践履,却于践履之中要人提撕省察,悟得本心,此为病之大者。"② 朱熹断定陆九渊这一强调道德直觉的修养方法,完全背离了儒家的教人正统,因而所传亦非圣人之道,只不过是变了名号的禅学异端而已。朱熹曰:"近闻陆子静言论风旨之一二,全是禅学,但变其名号耳。竞相祖习,恐误后生。"③

更为重要的是,朱熹不仅认为陆九渊的教人之法有违圣训,而且贻害无穷。其害之一,即是师心自用、盲目自信。而对自己的判断力和直觉能力的盲目自信又极易导致以非为是、以是为非,错把垃圾当宝贝而不明真正天理的谬误。故朱熹曰:"此心固是圣贤本领。然学未讲、理未明。亦有错认人欲作天理处,不可不察。"④ 在朱熹看来,虽然陆九渊在表面上将心理贯通,貌似人人皆可沉潜其心、发挥主观意识便可明理达仁,但实际上没有了与前人成果经验的比较验证和启发,谁又能保证个体悟到的东西就是那终极之理呢?故朱熹认为依陆氏之

---

① (宋)朱熹:《晦庵先生朱文公文集卷四十四·答江德功》,载朱杰人、严佐之、刘永翔主编《朱子全书》第22册,上海古籍出版社、安徽教育出版社2002年版,第2038页。
② (宋)朱熹:《晦庵先生朱文公文集卷三十一·答张敬夫》,载朱杰人、严佐之、刘永翔主编《朱子全书》第21册,上海古籍出版社、安徽教育出版社2002年版,第1350页。
③ (宋)朱熹:《晦庵先生朱文公文集卷四十七·答吕子约》,载朱杰人、严佐之、刘永翔主编《朱子全书》第22册,上海古籍出版社、安徽教育出版社2002年版,第2191页。
④ (宋)朱熹:《晦庵先生朱文公文集卷五十四·答项平父》,载朱杰人、严佐之、刘永翔主编《朱子全书》第23册,上海古籍出版社、安徽教育出版社2002年版,第2541页。

第五章 陆九渊的生命伦理思想

法，根本不可能实现陆九渊所欲实现的道德目的。

总之，朱熹认为陆九渊先立乎其大、发明本心的主张虽然"临事大纲虽好"，但"其弊至于废学不读书"，故"所见道理便有偏处"。这个最大"偏处"也即背离了正统儒家的教义和为学目的。朱子云：

> 有一般人，只说天之所以与我者，都是光明纯粹好物；其后之所以不好者，人为有以害之。吾之为学，只是去其所以害此者而已。害此者尽去，则工夫便了。故其弊至于废学不读书，临事大纲虽好，而所见道理便有偏处。①

不过，客观地讲，朱熹对陆九渊的批评，也有失当之处，或者说言过其实。因为陆九渊并非不重读书、讲学，更谈不上"尽废讲学"，他只是对这一传统的功夫模式做了革新，从而形成了自己独特的读书、讲学风格。② 在陆九渊看来，读书要得其法，否则多读无益，而非一味反对读书。如陆九渊曰："学者须是有志读书，只理会文义，但是无志。"③ 只理会文义，拘泥传注，只能让人精神疲顿而容易离却生命之本，以致徒索无功。故陆九渊主张：

> 某读书只看古注，圣人之言自明白。且如"弟子入则孝，出则弟"。是分明说与你入便孝，出便弟，何须得《传》《注》？学者疲精神于此，是以担子越重。到某这里，只是与他减担，只此便是格

---

① （宋）朱熹：《朱子语类卷第一百一十八·朱子十五》，载（宋）黎靖德编《朱子语类》七，王星贤点校，中华书局1986年版，第2845页。
② 这正如陆九渊自己所说："人谓某不教人读书，如敏求前日来问某下手处，某教他读《旅獒》《太甲》《告子》'牛山之木以下'，何尝不读书来？只是比他人读得别些子。"（陆九渊：《陆九渊集卷三十五·语录下》，《陆九渊集》，第446页。）
③ 陆九渊：《陆九渊集卷三十五·语录下》，《陆九渊集》，第446页。

物。① 凡物必有本末。且如就树木观之，则其根本必差大。吾之教人，大概使其本常重，不为末所累。然今世论学者却不悦此。②

总体来看，陆九渊并非完全不重视读书、讲学，只是他认为这种方法并非成人之教的大者，真正的为学、为人之法，当先立乎其大，否则，方法不当，不得要旨，反而会让人皓首穷经、困于"意见"和各种所谓"事功"而不能成德成人。"学所以开人之蔽而致其知，学而不知其方，则反以滋其蔽。诸子百家往往以仁义道德为说，然而卒为异端而畔于皇极者，以其不能无蔽焉耳。"③ 所以，问题的关键不是不读书、不穷理，而是应当如何读书、穷理。在陆九渊看来，要想真正发挥读书、穷理之功效，其关键则在于明确本末、先立乎其大者，明确了这一点，就不至于迷失方向、徒耗生命。否则，"迷其端绪，操末为本"，只能"苦心劳身，穷年卒岁，不为之日休，而为之日拙"，最终"学绝道丧"④。因此，陆九渊强调先立乎其大，就是要人能够"自立自重，不可随人脚跟，学人言语"⑤，否则，"此理不明，内无所主；一向萦绊于浮论虚说，终日只依借外说以为主，天之所与我者反为客。主客倒置，迷而不反，惑而不解。坦然明白之理可使妇人童子听之而喻；勤学之士反为之迷惑，自为支离之说以自萦缠，穷年卒岁，靡所底丽，岂不重可怜哉"⑥？

---

① 陆九渊：《陆九渊集卷三十五·语录下》，《陆九渊集》，第441页。
② 陆九渊：《陆九渊集卷三十四·语录上》，《陆九渊集》，第407页。
③ （宋）陆九渊：《陆九渊集卷二十·送杨通老》，载《陆九渊集》，钟哲点校，中华书局1980年版，第244页。
④ （宋）陆九渊：《陆九渊集卷十九·武陵县学记》，载《陆九渊集》，钟哲点校，中华书局1980年版，第238页。
⑤ （宋）陆九渊：《陆九渊集卷三十五·语录下》，载《陆九渊集》，钟哲点校，中华书局1980年版，第461页。
⑥ （宋）陆九渊：《陆九渊集卷一·与曾宅之》，载《陆九渊集》，钟哲点校，中华书局1980年版，第4页。

总之，在陆九渊看来，只有先立乎其大，人才不至于脱离生命大本，使生命沉沦于琐事。能立乎其大，也即掌握了宇宙实理这一生命的普遍法则，从而使人回归生命的真实。学者"只用心于枝叶，不求实处"，或者"读书只是解字，更不求血脉"，这都是错误的。真正的学问，"须是血脉骨髓理会实处始得"①。生命的真实，只在于本心的呈明，这就是自家的实处，"若理会得自家实处，他日自明"②。凡事功名利，一旦脱离此生命之本真实理，则皆只是虚。陆九渊为学，谆谆告诫学者的即是此理。故其曰："千虚不博一实，吾平生学问无他，只是一实。"③ 此一句，亦正可谓陆学之精义。

本章结语

在中国哲学史上，陆九渊以其独特的治学方式开启心学一脉，让人收拾精神、以高度的精神自觉挺立起生命之本、主宰自我命运，这在当时由程朱理学占据主流的思想格局中，实是一股清流，有振聋发聩、开启民智之功。从其哲学思想形成的实际历程来看，陆九渊主要是通过对"宇宙无穷"的体悟，认识到天理的恒常与真实，并在这一基础上思考人的本然和应然，由是突出本心观念，从而建立起宇宙⇌天理⇌本心这样一种双向体认和论证、兼摄主观与客观的哲学观念和体系。宇宙在这一哲学逻辑与结构中，具有理论发端的作用，又具有收摄义理、回归天道的终极确定作用。这里面反映出陆九渊对儒家传

---

① （宋）陆九渊：《陆九渊集卷三十五·语录下》，载《陆九渊集》，钟哲点校，中华书局1980年版，第444—445页。
② （宋）陆九渊：《陆九渊集卷三十五·语录下》，载《陆九渊集》，钟哲点校，中华书局1980年版，第444页。
③ （宋）陆九渊：《陆九渊集卷三十四·语录上》，载《陆九渊集》，钟哲点校，中华书局1980年版，第399页。

统天道本体论的坚持，也有融摄时贤理论、重新诠释儒家人本生命立场的思维趣向。而本心观念，无疑是陆九渊之学的根本和核心，因为这个观念才真正体现着象山之学的宗旨。但理解陆九渊的"本心"，则又必须和其所谓"宇宙之实理"相关联，才能得到正确的认识。换句话说，理解陆九渊所谓"本心"，必须置于宇宙这一场域中，在天理的本体意识当中，才能正确掌握其思想内涵及其在陆九渊哲学中的具体作用和意义。在这个意义上，理则具有中介的作用，是理沟通了天人，使天人真正成为一体。可以这么说，"宇宙""理""本心"，这三者之间的同一、互显之关系，构成了陆九渊哲学的基本逻辑结构和思想主干，也可谓陆九渊哲学的"学脉骨髓"。陆九渊有关生命的伦理思考的核心观点，也正蕴含在这三者的同一、互显关系之中。

诚然，陆九渊所曰之"宇宙"具有自然的意义，但这并不是它的主要意义，"宇宙"在陆九渊那里主要是一价值性、义理性的观念，也只有在价值和义理的规定性当中，"宇宙""理""心"三者才能发生会通与合一。万物生生无穷，此乃宇宙的本性，人皆有生生之心，万物皆有生生之理，宇宙即是这广大生理，人心同于此理，故宇宙、理和人心具有生生之义理的合一性。正是在这个意义上，钱穆先生才认为，"象山所谓宇宙，乃至宇宙内事，实指人文大群之历史文化界而言，不指山川草木之自然界而言。象山之所谓心即理，乃是人生哲学上的论题，并非宇宙论方面的论题"[①]。从生命伦理的角度说，陆九渊讲宇宙、理和本心的合一，由此也在道德的意义上论证出人的应然存在及其与万物之间可能的关系。

首先，陆九渊以这一原理证明了人之生命的特殊价值以及人的生命在天地宇宙中的道德地位和发展的可能境界。人的生命和宇宙天地同于一理，而此理永恒地驻于人心而形成人类的本心。本心决定了人

---

① 钱穆：《中国学术思想史论丛》第五册，（台北）东大图书公司1978年版，第263页。

类生命的本质,是人之为人的根本的生命特征,人类正是依据其固有本心,才区别于动物等自然生命,才成为天地生命中最贵、最灵者。但是"本心"本身是伦理性的概念,所以人在宇宙天地中的最贵、最灵,并不体现在人类能够凌驾于自然之上,而是人类对于天地宇宙所应承担的自然义务。本心是那普遍的天理,人的行为不能超越这一普遍法则的规约,并且要为天理的普遍流行尽其自身的义务。天理亦是那万物生生之理,因而作为天地的特殊生命存在,以天理为普遍法则的人类,即应当担负起自身在万物生生中的义务,这是人类本心自然包含的道德原则。本心决定着人类生命的特殊性,赋予人类在天地宇宙中特殊的道德义务,同时也预示着人类生命发展的无限可能。本心即天理、宇宙,故本心虽为人所拥有,却具有如宇宙和理一样的无限规定性,这就意味着本心的发明,同时亦是人类生命境界的无限提升,人的生命境界在终极意义上是与理合一的境界。而且,由于此理据于心中,故每个人天生即具有发明此理的内在基础,人只要肯做功夫,此理就会彰显于外,就会渐趋于天理本身,人的生命也就日新月异,时刻充满天理的光芒。天理内蕴于身,所以天理如果不彰,归根结底不是天赋素质的问题,而是自我是否自觉操存此心、觉明此理的问题,天人本是同性一体的存在,故曰"宇宙不曾限隔人,人自限隔宇宙"[1]。

其次,在宇宙、心、理相互规定的哲学思想当中,陆九渊其实也明确表达了生命伦理的根本原则。本心即天理,"本心无有不善"[2],本心是一切伦理道德行为的根源,所以凡是出于本心的行为,即是合乎伦理道德的行为。人类只有凭本心行事,其行为才合乎天理,才具

---

[1] (宋)陆九渊:《陆九渊集卷三十四·语录上》,载《陆九渊集》,钟哲点校,中华书局1980年版,第401页。

[2] (宋)陆九渊:《陆九渊集卷十一·与王顺伯》,载《陆九渊集》,钟哲点校,中华书局1980年版,第154页。

有正当性，才是根本的善。因此，出于本心的行为，即是应当的行为。以此观之当代生命技术的开发和应用问题，如果人们开发和运用某种技术，是出于本心，那么从动机上看，这是合乎伦理的。反之，如果只是出于"声色利达"之私欲，不管是任智逞能，还是为饱私欲，则都是错误的、恶的。

最后，在宇宙、理和本心三位一体的哲学体系当中，陆九渊也隐约表达了一种生命一体性的观点，尽管这可能并不是陆九渊的本意。陆九渊把天地万物的生生无穷看作理的呈现，将整个宇宙视为一理之表现，这表明在陆九渊那里，天地万物，包括人的生命在内，也都可以说是一体贯通的，因为它们均是理之恒在和发用的体现，从这个角度说，陆九渊也有一种"万物一体"的生命视域。但是我们也注意到，陆九渊并没有刻意去说明万物之间的关系，甚至没有自觉将人与万物之关系作为一个论题，他孜孜以求的是如何证明人之生命的特殊价值和意义，论证"成人"的要义和方法。所以，陆九渊的思想虽然体现出一定的万物一体的生命意识，但他其实更多强调的是人在宇宙万物中的道德担当。因为他认为只有人类才能够与天地宇宙相并立，而并立的根据正在于人类拥有与天地宇宙合一的"理之性"（本心）。这种"理性"是动物所不具备的，人以其独特的"心"之存在，能够成为完整的理之本体的承载者，因之也成为理本体的体证者、弘扬者。换句话说，只有人，才能与理实现完美的整合。这是人类特有的生命价值，也是人类生命高于动物生命的根本原因。因而，决定这个世界能否顺利发展下去、天地万物能否生生和谐的，在根本上仍然取决于人类自身。人与宇宙的关系，才是一切关系的根本。

总体言之，陆九渊的哲学确实可归结为以人为中心的哲学，它对世界本原、万物之自然存在及其原理等问题不甚关心。这正如萧萐父先生所说，"陆九渊的心学，出发点和归宿点都是现实的'人'，实可称之为'人学'或人的哲学"①。张立文也直称"陆氏伦理学为人学伦理学"②。但我们也要注意，陆九渊的心学虽然出发点和落脚点都在于人，是为了凸显人的主体自由和人在宇宙天地中的特殊地位，但他并不是强调人具有战天斗地、征服自然的能力，而是强调人在宇宙中的道德担当。宇宙实理本是那万物生生之理，人类求自我的生生，理所当然不应当不顾万物之生生，万物是一体贯通的。所以陆九渊尽管没有明言人对自然的义务，但其思想也包含着人在追求自我生命时不应当破坏自然整体的生命和谐这样的主张。

然而，尽管如此，陆九渊在处理天人物我之整体生命关系上，在宇宙本体方面逊于张载、二程、朱熹等人，也是不争的现实。

---

① 欧阳祯人主编：《陆九渊思想研究》，武汉大学出版社2019年版，第4页。
② 张立文：《心学之路——陆九渊思想研究》，人民出版社2008年版，修订本序。

第六章　胡宏、张栻的生命伦理思想

道学南传之后，除去朱熹代表的"闽学"，陆氏兄弟代表的"江西之学"，最有影响的学派即是由胡宏和张栻代表的湖湘学派。胡宏是湖湘学统的开创者，也是南宋时期较早消化、吸收周敦颐、张载、二程等人思想并有自我创见的学者。从直接的思想渊源来看，胡宏的思想主要继承于伊洛之学，但胡宏对周敦颐、张载亦十分重视，并给予二人极高的评价。胡宏在消化、吸收周敦颐、张载、二程等人思想的基础上，亦试图统合各家思想，其精思卓绝，自成一言，卒开湖湘之学统，堪称一代宗师。

张栻是胡宏极为称许的弟子，亦是五峰门下最有影响的学者，与当时大儒吕祖谦、朱熹并称"东南三贤"。在学术上，张栻可谓湖湘学派的集大成者。五峰逝世后，张栻不仅"扩展了湖湘学的理学思想体系的规模，使其向理学正宗化道路发展"[1]，也大大扩展了湖湘学派的规模，可谓是耀其门楣者。这正如黄宗羲所评价，"五峰之门，得南轩而有耀"[2]。

---

[1] 朱汉民：《湖湘学派与湖湘文化》，湖南大学出版社2014年版，第42页。
[2] （清）黄宗羲：《宋元学案卷五十·南轩学案》，载《宋元学案》贰，陈金生、梁运华点校，中华书局1986年版，第1635页。

总体来看，湖湘学派"由胡宏开创，而张栻集大成"①，二人的思想代表了湖湘学派的主要理论观点和思想成就，故本章对湖湘学派生命伦理思想的探讨，即以二人为主。

第一节　胡宏的生命伦理思想

胡宏的哲学思想，最主要的内容和特点，是他对性的特别重视以及对性的内涵的独特阐释。"性"是胡宏刻意凸显的一个范畴，也是其哲学思想中的核心范畴，胡宏以性为天下万物之本，视性为含纳一切、统摄一切的概念，是以学界常依此将胡宏的哲学称之为"性学"，而与所谓张载之"气学"、程朱之"理学"、陆王之"心学"对称。胡宏有关生命问题的伦理观点，也主要蕴含在其独具特色的性论思想当中。事实上，胡宏哲学思想的主要观点和基本特色，都是围绕着其对性的独特阐释完成的。是以讨论胡宏的生命伦理思想，首要的问题是弄清胡宏所曰之性的思想内涵。

一　性之意蕴

从胡宏使用"性"这一范畴的具体情况来看，性在胡宏的思想语境中，意义颇为复杂。这一复杂性首先表现在胡宏并不是在固定意义上使用性这一概念，而是从多层次、多角度来使用这一概念的。胡宏既在自然的、经验的层面使用性，也在抽象的形而上层面论性，但作为胡宏刻意凸显的哲学范畴，性在胡宏那里，毫无疑问也是一个至高无上、统贯一切的本体性概念。除此之外，胡宏还赋予性一些十分特殊的意义，它既指永恒的阴阳气化之运动体，也具有"天命之全体"的意义。

---

① 蔡方鹿：《张栻与宋代理学》，《船山学报》1988 年第 2 期。

首先，胡宏并没有像程、朱等人一样，只是把性理解为人与物对理之禀受或是看作上天所赋予人与物的规定性，而是明确将性视为一种具有超越性的、不依人的意志为转移的恒常固在。如胡宏曰："形而上者谓之性"①；"性无加损"②；"莫久于性"③。胡宏还从概念逻辑上论证性是实有。胡宏认为，凡有"名"，则基于一"实"，事物之名和实应该是统一的，有其实，故有其名，有其名，则意味着有其实。所谓"有实，而后有名者也。实如是，故名如是。实如是而名不如是，则名实乱矣"④。从这种认识出发，胡宏认为有性之名，自当有性之实。如其曰："心性，固是名，然名者，实之表著也。"⑤ 按照胡宏的这种说法，性就是真实存在，是真真切切的"有"。故此性即可曰形而上的、永恒的客观实在。胡宏亦明确将此性视为天下万物之本，认为万物皆派出于性，亦皆受此性的普遍规定。如胡宏曰：

性，天下之大本也。⑥

性立天下之有。⑦

万物生于性者也。⑧

---

① （宋）胡宏：《释疑孟·辨》，载《胡宏集》，吴仁华点校，中华书局1987年版，第319页。
② （宋）胡宏：《知言·中原》，载《胡宏集》，吴仁华点校，中华书局1987年版，第48页。
③ （宋）胡宏：《知言·纷华》，载《胡宏集》，吴仁华点校，中华书局1987年版，第25页。
④ （宋）胡宏：《知言·汉文》，载《胡宏集》，吴仁华点校，中华书局1987年版，第43页。
⑤ （宋）胡宏：《书·与曾吉甫书三首》，载《胡宏集》，吴仁华点校，中华书局1987年版，第116页。
⑥ （宋）胡宏：《宋朱熹胡子知言疑义》，载《胡宏集》，吴仁华点校，中华书局1987年版，第328页。
⑦ （宋）胡宏：《知言·事物》，载《胡宏集》，吴仁华点校，中华书局1987年版，第21页。
⑧ （宋）胡宏：《皇王大纪序》，载《胡宏集》，吴仁华点校，中华书局1987年版，第165页。

万物皆性所有也。①

必有性焉，然后能存。②

从以上胡宏论性的特征来看，胡宏所讲的这个作为本体的性，很接近于现代哲学常谓之"本体"，但事实上可能并非如此。因为胡宏讲的"性"和程朱讲的"理"一样，虽然都具有一些现代哲学本体论的本体特征，但胡宏和二程等人一样，也颇为强调此性与物的一体无间性、不可分割性。如胡宏曰：

性外无物，物外无性。③

道不能无物而自道，物不能无道而自物。道之有物，犹风之有动，犹水之有流也，夫孰能间之？故离物而求道者，妄而已矣！④

胡宏所说的"性"亦相当于其所谓"道"，所谓"有是道则有是名也，圣人指明其体曰性"⑤。在胡宏看来，性或道与物的关系，恰如水与其流一样。性或道如水，乃其体，万物如流，乃其用，水与其流本是一体，断然难以分割，性道与万物同样也是无间浑融的关系，不可彼此孤立言之。所以从这个角度看，胡宏和二程等人一样，虽然他刻意突出性的本体意义，但这种本体也还不是现代哲学意义上的本体。

---

① （宋）胡宏：《知言·一气》，载《胡宏集》，吴仁华点校，中华书局1987年版，第28页。
② （宋）胡宏：《知言·纷华》，载《胡宏集》，吴仁华点校，中华书局1987年版，第25页。
③ （宋）胡宏：《知言·修身》，载《胡宏集》，吴仁华点校，中华书局1987年版，第6页。
④ （宋）胡宏：《知言·修身》，载《胡宏集》，吴仁华点校，中华书局1987年版，第4页。
⑤ （宋）胡宏：《宋朱熹胡子知言疑义》，载《胡宏集》，吴仁华点校，中华书局1987年版，第336页。

其次，胡宏所说的性还有一些独特内涵，正是这些独特内涵，不仅进一步表明胡宏所曰之性完全不是西哲"ontology"意义上的本体观念，也极大不同于历代诸儒及时贤所论之性。在胡宏那里，性并非超越于万物之上的独立存在，但它又确实是真实的存在，是客观的形而上之"有"，这个"有"，就其实体表现而言，实际指向于永恒的阴阳气化运动体及其由此造就的整体宇宙存在。胡宏的这个意思，我们可以从三个方面分而论之。其一曰性是太极阴阳之道，其二曰性是"天命之全体"，其三曰"性无定体"。

其一，胡宏将性视为道，而所谓"道"，在胡宏看来也即由"一阴一阳"构成的太极。如胡宏曰："'一阴一阳之谓道'，道谓何也？谓太极也。"① 但这个太极并非静止之存在，而是由一阴一阳构成的永恒运动体。阴阳永恒的运动构成了太极的实体，万物之所以生生不息，即是由于阴阳之间永恒的作用。乾坤阴阳一体共生的交互作用，此即胡宏眼中的"道体"。道之为道，离不开乾坤阴阳一体共生的永恒的交互作用。而此道胡宏认为也即张载所谓"太和所谓道"。如胡宏曰："阳中有阴，阴中有阳，阳一阴，阴一阳，此太和所以为道也。"② 只不过，相较于张载，胡宏更倾向于使用"太极"来表达此道。

按照胡宏的说法，太和之为道，就是因为阴阳的参合交互作用，而这也正是太极之实体。正因为太极之实体乃是永恒的阴阳气化运动体，因而也才有源源不绝之万物化生。在胡宏眼中，太极自身即是由阴阳恒久不已之气化运动构成的整体，而万物生生不已，也正是太极道体的呈现。太极不是超越于或先在于阴阳之上的存在，不是先有所谓太极，再有所谓阴阳，然后再生出万物来，太极就是永恒的阴阳气

---

① （宋）胡宏：《知言·汉文》，载《胡宏集》，吴仁华点校，中华书局1987年版，第41页。
② （宋）胡宏：《知言·大学》，载《胡宏集》，吴仁华点校，中华书局1987年版，第32页。

第六章 胡宏、张栻的生命伦理思想

化,而其具体呈现即是万物的生生不已。阴阳气化的永恒运动以及与之共时而有的万物之生生不息,这就是胡宏眼中的"太极"或者"道之全体"。太极是"一",阴阳及其与之恒久不已的运动共时相生的万物是"三",而不是先有个太极,再有阴阳,从而再"二生三,三生万物"。所以胡宏认为老氏并不真正了解太极的奥义,因而不能说真正懂得道。① 故胡宏曰:"一阴之阳之谓道。有一则有三,自三而无穷矣。老氏谓'一生二,二生三',非知太极之蕴者也。"② "老聃非知道者也。"③

把乾坤阴阳一体共生的交互作用视为道体,并由此来说性,从胡宏的具体描述来看,应当说这也是胡宏深受张载气论哲学影响的结果。道或天地之道在张载那里,其实质即可谓阴阳气化之道。如张载曰,"由气化,有道之名"④;"天惟运动一气"⑤;张载认为,要真正了解道、真正认识性,就不能脱离此阴阳气化而论,否则就不可能真正认识道、认识性。如张载曰:"不知天道则何以语性。"⑥ 由是,张载批评了老氏"有生于无"的看法,认为老子虽然也特别强调道,但

---

① 胡宏以道为太极,所谓"道谓何也,谓太极也",而其所说的道和太极亦非纯粹独立的静止实体,而本身是一种动态的结构。"一阴一阳"是一种动态的生生结构,这个才是所谓"道"或"太极"。譬如天地生万物,这天地犹如父母,万物犹如子女,天地之道只能通过乾坤永恒的交互作用及其万物生生而得以"著见"。"有父母则有子矣,有子则有父母矣,此万物之所以著见,道之所以名也。"参见(宋)胡宏《宋朱熹胡子知言疑义》,载《胡宏集》附录一,吴仁华点校,中华书局1987年版,第336页。这是从天地的角度说。从太极的角度说,太极也是一个由阴阳互相交互作用构成的动态实体,阴、阳、万物是一而三、三而一的共时一体的关系。
② (宋)胡宏:《知言·阴阳》,载《胡宏集》,吴仁华点校,中华书局1987年版,第7页。
③ (宋)胡宏:《知言·阴阳》,载《胡宏集》,吴仁华点校,中华书局1987年版,第10页。
④ (宋)张载:《正蒙·太和篇第一》,载《张载集》,章锡琛点校,中华书局1978年版,第9页。
⑤ (宋)张载:《横渠易说·系辞上》,载《张载集》,章锡琛点校,中华书局1978年版,第185页。
⑥ (宋)张载:《横渠易说·系辞上》,载《张载集》,章锡琛点校,中华书局1978年版,第206页。

他由于不了解此阴阳气化之原理,"不识所谓有无混一之常"①,因而亦不能说真正地了解道。我们看胡宏对于道体的论述及其对佛老二氏的批判,可以说颇得张子之意。

把阴阳气化之恒久不已这种生生实体视为性体,胡宏这种认识,的确显得非常特殊,因为前人与时彦都未曾如此论性。但我们从胡宏对张载的推崇来看,胡宏这种认识,大致可以看作对张载相关观点的推进和深化,只是张载并没有直接将此阴阳气化视为"性之大体"。而在胡宏眼中,此阴阳恒久不已的气化恰恰构成性体的实质内容。也就是说,性之所以是实体性的,是因为它本身就是实体的气化运动。故此在胡宏眼中,性或道体即是真实的存在,而非虚无。

其二,胡宏所曰之性,亦具有"全体"义。在胡宏眼中,宇宙的实体无非永恒的气化运动及由此而产生的万物生生,是以宇宙全体无非性。正因如此,胡宏亦将性视为"天命之全体"。在胡宏那里,性或道都是即体即用的概念。如胡宏曰,"道者,体用之总名";"合体与用,有道之名"。② 从体的方面说,所谓"性体"或"道体"即是指乾坤阴阳之体;从用的方面说,性体之发用也不过是此乾坤阴阳之气的运动变化以及与之处于共时状态的万物生生。乾坤阴阳之气本身就是处于永恒运动变化之中的,是故此体此用本身也是难以分割的,二者本就是一体。这里我们要注意的一点是,胡宏所说的性体,本身就是活动的,而不是纯粹抽象、静止的存在,所谓"性不能不动"③。而性体的活动也即是乾坤阴阳恒久不已的气化,这个过程也正是万物生生

---

① (宋)张载:《正蒙·太和篇第一》,载《张载集》,章锡琛点校,中华书局1978年版,第8页。

② (宋)胡宏:《知言·阴阳》,载《胡宏集》,吴仁华点校,中华书局1987年版,第10页。

③ (宋)胡宏:《宋朱熹胡子知言疑义》,载《胡宏集》,吴仁华点校,中华书局1987年版,第336页。

的过程。乾坤阴阳是性之大体、其运动变化及其万物生生此乃性体之发用。乾坤阴阳之性体是万物生成之本，是生命的原始根源，故曰"始万物而生之者，乾坤之元也"①。而万物之生生亦不过是此乾坤阴阳之气的永恒运动，万物生生和气化本是共时的、融通无间的一体。故胡宏曰："体用合一，未尝偏也。"② 作为天下大本的性，就是这样体用合一之性，是活动不已、创生不息的生生之本体，这就是胡宏所曰性体之真实内涵。圣人之道，兼合体用，是故离体而谈用或去用而谈体，皆非圣人之学。故胡宏曰："学圣人之道，得其体，必得其用。有体而无用，与异端何辨？"③

由上观之，胡宏把乾坤阴阳之恒久不已的运动变化及其万物的生生看作兼合体用的所谓性体或道体，这实际上也即是把由万物生生构成的宇宙自身视为了性体。④ 而这样的性，自然就有了包容宇宙全体的意义。所以，胡宏也把性说成"天地之大全""天命之全体"。在胡宏眼中，宇宙的整体存在不过是天命为之，亦是天命的全体呈现。一切都是天命，天命也只表现为这一切存在。而一切存在亦可曰是由性为之的，性也只呈现为这一切存在。是故在这个意义上，性就是天命。如胡宏曰，"性，天命也"⑤；"天命为性"⑥。

---

① （宋）胡宏：《知言·大学》，载《胡宏集》，吴仁华点校，中华书局1987年版，第32页。
② （宋）胡宏：《书·与原仲兄书二首》，载《胡宏集》，吴仁华点校，中华书局1987年版，第122页。
③ （宋）胡宏：《书·与张敬夫》，载《胡宏集》，吴仁华点校，中华书局1987年版，第131页。
④ 胡宏的这个看法，颇合于陆九渊所曰之"宇宙实理"的内涵。根据我们上一章的分析，陆九渊所曰"宇宙实理"，亦是兼合宇宙生生之本性及其万物生生无穷的实体性观念，胡宏在全体意义上所讲的"性体"，实际上与之并无二致，只是说法不同而已。事实上，不仅胡宏，包括张栻在内，湖湘学者的很多观点，与陆九渊的心学都有相似之处。后文我们还会有所提及。
⑤ （宋）胡宏：《知言·修身》，载《胡宏集》，吴仁华点校，中华书局1987年版，第6页。
⑥ （宋）胡宏：《知言·天命》，载《胡宏集》，吴仁华点校，中华书局1987年版，第4页。

从表面上看，胡宏以性为天命，这似乎和《中庸》讲的"天命之谓性"并无不同，相对于二程等人常曰之"性命一也"，似乎也并无实质区别，但事实不然。从人们对性与天命之关系较为一般的理解来看，传统儒家在理解性与天命的关系时，往往将性理解为对天命的禀赋，天所赋予人和物而为人和物所拥有的禀赋曰性。所以性之为名，乃是对天命的禀赋而言。但是胡宏对于性和天命之关系的理解，却与此不同，胡宏明显表现出将二者等同而论的思想倾向。也就是说，在胡宏那里，性就是天命，天命就是性，二者只是名异而实同的关系。将性直接视为天命，则此性即如天命一样，也是一个自足的概念，是与天同一的绝对本体，至高无上。而从对天命之禀赋论性，这样的性就可能流落为一个"局部"的概念。因为人、物对天命的禀赋，不一定即是禀赋了天命之全部，所以把性视为人、物对天命之禀赋，则难免会以偏概全、管中窥豹，所得所见仅是"一斑之理""一隅之性"。在胡宏看来，"世儒"所谓"性即理"，此即就事物所禀赋之性而言之，这样的性，就不是性之全体。所以他批评"世儒"之言性理是失其大本，是以偏概全，是以部分为整体。"大哉性乎！万理具焉，天地由此而立矣。世儒之言性者，类指一理而言之尔，未有见天命之全体者也。万物皆性所有也。圣人尽性，故无弃物。"[1]

总之，胡宏所说的性是合体与用的"全体"概念，其实质是把天地创生之本性及其创造的一切都归结为性的范畴，万物生生的宇宙全体俱是此一性之朗现。是以这样的性充塞宇宙，含纳万有，万物俱包括在此性之内，故曰"万物皆性所有"[2]。性是天命之全体，因此构成此宇宙全体的万事万物也可以说是"性之质"，如胡宏曰："万物万事，

---

[1] （宋）胡宏：《知言·一气》，载《胡宏集》，吴仁华点校，中华书局1987年版，第28页。

[2] （宋）胡宏：《知言·一气》，载《胡宏集》，吴仁华点校，中华书局1987年版，第28页。

性之质也。"①

不过，胡宏讲的性虽然并不同于其所谓"世儒"所曰之性，但胡宏也有"性即理"的观点，也就是胡宏有时也把性说成理，只是他所讲的理并不是其所谓"一斑之理"，而同样具有天命之全体之义，是就性之大体而言。如胡宏曰，"夫理，天命也"；"理也者，天下之大体也"。② 胡宏认为，性和理都是包容宇宙全体的观念，而"世儒"所说之性和理，往往只是就具体事物对理的禀受而言，因此其所得之性只不过是一事一物之性，所见亦一事一物之特定之理，从而使其看问题的方式和程度亦容易局限在这一事一物的"特定之性"和"特定之理"上，而看不到宇宙全体其实都是一性之有，因而也就不能正确对待各种事物之间的关系，从而难以从容中道，达于至善。胡宏曰："天命之谓性，流行发见于日用之间。患在学道者未见全体，窥见一斑半点而执认己意，以为至诚之道。如是，如是，欲发而中节，与天地相似也，难矣哉！"③ 反之，如能"一见天地之大全、古人之大体"，则"庶几学成有立"。④

其三，因为胡宏所说的性，就其"大体"而言，其实质是指乾坤阴阳恒久不已之气化，"变化"是乾坤阴阳之气的固有属性和基本特征，乾坤阴阳之气自性是动，所以这样的性就很难说有固定的体态，是以胡宏亦强调"性无定体"。但是这里我们要注意的是，"性无定体"这个说法，主要是针对作为万物之本的"性之大体"而言，

---

① （宋）胡宏：《知言·往来》，载《胡宏集》，吴仁华点校，中华书局1987年版，第14页。
② （宋）胡宏：《知言·义理》，载《胡宏集》，吴仁华点校，中华书局1987年版，第29页。
③ （宋）胡宏：《知言·复义》，载《胡宏集》，吴仁华点校，中华书局1987年版，第39页。
④ （宋）胡宏：《杂文·题大学》，载《胡宏集》，吴仁华点校，中华书局1987年版，第194页。

是就"本体之性"而言的，而非指具体事物的具体生命属性之性。胡宏讲的性具有多层次性，他并不总是在本体之性的角度说性，也常常从特定事物的特定属性角度说性。在后者意义上，这样的性，主要是就"事物的个性"而言之性，或者说是就决定一事物之所以是一事物的特殊本质而言之性。这一意义上的性，自是因物而异，所以胡宏才有"其性各异""性不一"等说法。这些说法，只是就事物的特性而言之性，而不是讲的本体之性。不过，万物之性虽然各异，但它们也都是出自乾坤阴阳之性体，都是阴阳气化之结果。故胡宏曰："观万物之流形，其性则异；察万物之本性，其源则一。"[①] 天下万物，不管其形态如何、生性如何特殊，成就这一切的，只此大本之性体。是以胡宏曰："阳中有阴，阴中有阳，阳一阴，阴一阳，此太和所以为道也。始万物而生者，乾坤之元也。物正其性，万古不变，故孔子曰'成之者性。'"[②]

一切事物，就其本源而言，都是出自动态的乾坤阴阳之性体，也正因为这个性体自身处于永恒的运动变化之中，所以也才有变化无穷的大千世界，才有人、物之万殊。这也就是说，造就万物的乾坤阴阳气化之性体，其自身就具有绝对运动的特点，它本身就没有固定形态可言，是以由其创生之物也是变化万千、形态各异的，这就是人、物之所以万殊的根本原因。故胡宏曰："乾道变化，各正性命，命之所以不已，性之所以不一，物之所以万殊也。"

由上我们可以看出，胡宏讲的作为本体之性确实具有其独特内涵。在胡宏那里，性虽然可以视为形上的万物之本，但这个作为万物之本的性与朱熹所谓理的存在性质显然不同。在朱熹那里，理处于绝对静

[①] （宋）胡宏：《知言·往来》，载《胡宏集》，吴仁华点校，中华书局1987年版，第14页。

[②] （宋）胡宏：《知言·大学》，载《胡宏集》，吴仁华点校，中华书局1987年版，第32页。

止状态,动的只是气,理自身是不动的。但胡宏讲的性体不但具有"动"的自性,而且指向实体性的气。也正因为性体具有如此的存在性质,所以它也就没有固定形态可言,它充塞天地、通贯万有,却难以用固定名称或语言加以具体化描述。故胡宏曰:"论其体,则浑沦乎天地,博浃于万物,虽圣人,无得而名焉。"① 不过,本原之性虽然没有"定体",但其创生的具体事物却可以说是有"定性"的,否则也就没有相对固定的各种事物了。乾坤阴阳变化不已,这是天地之本性,它自身为动,是以此大本之性并无定体,但从其创生的结果来看,由其产生的具体事物因分有特定气质而成一相对固定的形态,并依此有了相对固定的存在特性,因此是可以说有"定性"的。故胡宏曰:"论其生,则散而万殊,善恶吉凶百行俱载,不可掩遏。论至于是,则知物有定性,而性无定体矣。"②

总之,在胡宏看来,大本之性,本身无形象、无定体,它只是恒久不已的创化,天地万物的生生不息,都是根源于此。或者说,正是由于大本之性体自身是永恒地运动、变化的,所以也才有这万物生生、无穷变化的大千世界。"皇皇天命,其无息乎"③,是以"天命不已,故人生无穷"④。天地之道的至大至伟,也正体现在天地的无穷生性当中。故胡宏曰:"至哉!吾观天地之神道,其时无愆,赋形万物,无大无细,各足其分,太和保合,变化无穷也。"⑤

---

① (宋)胡宏:《释疑孟·辨》,载《胡宏集》,吴仁华点校,中华书局1987年版,第319页。
② (宋)胡宏:《释疑孟·辨》,载《胡宏集》,吴仁华点校,中华书局1987年版,第319页。
③ (宋)胡宏:《知言·义理》,载《胡宏集》,吴仁华点校,中华书局1987年版,第30页。
④ (宋)胡宏:《知言·修身》,载《胡宏集》,吴仁华点校,中华书局1987年版,第6页。
⑤ (宋)胡宏:《宋朱熹胡子知言疑义》,载《胡宏集》,吴仁华点校,中华书局1987年版,第332页。

以上，我们主要就胡宏论性的主要特点及其刻意凸显的"本体之性"的内涵做了探讨。总体而言，胡宏讲的性包含的内容较为复杂，本身具有多义性，胡宏本人亦未就性的内涵和使用边界作出明确界定。这正如日本学者高畑常信所说，"胡五峰并没有达到采用严密的用语来区别'性'的阶段"①，是以容易给人们造成理解上的一定困难。但依笔者之见，胡宏尽管论性不够严谨，但其主要内涵和思想主旨还是较为清楚的。根据胡宏对大本之性的表述，其实我们可以发现，胡宏在万物之本和天命之全体等角度所论之性，从根本上说，也是对天地蕴含的无穷生性或曰生命原动力的肯定，彰显的也是一种生生不已的生命精神。所以这种性，其实只是以不同方式讲的天地生生之性，是对二程等人"以生为道"思想的更为具体的阐释。这一点，胡宏本人其实也说得较为明白。胡宏以"性""道"为一体之别名，而其所论之道，亦不过指的是"天道"，所谓"天者，道之总名也"②，而他也认为"天以生为道者也"③，故从这个角度看，胡宏讲的"性体"或"道体"，其实也即二程眼中的"生生之天道"。也正因为性本是指天地之生道或生性，故尽性之根本，在胡宏看来亦正在于"奉天而理物"。"奉天而理物者，儒者之大业也。"④ 而天命不息，唯其生生，故人保立天命，自然能生命无穷。是以胡宏曰："故人也者，父乾母坤，保立天命，生生不易也。"⑤

不过，虽然说胡宏讲的"生生之性体"承继自二程之"天之生

---

① [日]高畑常信：《宋代湖南学研究》，田访等译，人民出版社2019年版，第21页。
② (宋)胡宏：《知言·汉文》，载《胡宏集》，吴仁华点校，中华书局1987年版，第42页。
③ (宋)胡宏：《杂文·求仁说》，载《胡宏集》，吴仁华点校，中华书局1987年版，第196页。
④ (宋)胡宏：《知言·汉文》，载《胡宏集》，吴仁华点校，中华书局1987年版，第42页。
⑤ (宋)胡宏：《杂文·皇王大纪序》，载《胡宏集》，吴仁华点校，中华书局1987年版，第163页。

道",但其对"天地之生"的描述还是颇有自己的创造性。胡宏是把动态结构的乾坤阴阳的对立统一体视为性之大体,此性体本身处于绝对运动的状态之中,而万事万物也完全是由它的无穷变化而造就。此乾坤阴阳之性体和其造就的万事万物是共时性的,也就是说此性体本身也只是呈现为无穷变化的万事万物,二者本是一体,没有先后之分,不是先存在一个所谓乾坤阴阳之体,然后再生出万物来,而是乾坤阴阳的运动变化和万物生生是共时的、一体的,世界或宇宙的本然状态即是如此,也正是在这个意义上,这个性才可称为"天命之全体"。天下万事万物根源于性,而此性又充塞宇宙、含纳万有,故其地位在胡宏那里确实就如朱熹所谓"其尊无比"。可能在胡宏那里,性唯有在这个意义上,它才具备本体资格。这一点也恰如向世陵所说,"在胡宏的体系中,性是全体、是大体,具有最大的普遍必然性,因而才具有充当哲学本体的资格"[①]。但问题的关键可能并不在于胡宏是想通过性的本体、全体义以凸显性的地位,而是和他的理论宗旨与实践目的息息相关。

胡宏和张载一样,面对当时佛老二氏对儒学的冲击,他也有一种"立大本、斥异学"从而促进儒学慧命相传的使命感和责任感。佛老二氏对儒学的挑战,主要是通过"空""无"的本体理论消解儒家价值的真实性、合理性。而一旦在理论上证明儒家坚守的价值的虚幻性,也就彻底否定了儒家通过道德实践以成就生命的工夫意义。因此,只有证明儒家价值的真实性、合理性,同时指出佛老二氏本体理论的致命缺陷,才能从根本上克服佛老之学对儒学的负面影响。为此,胡宏以性为实体性的阴阳气化,并依此将万物生生这一宇宙实际作为性之大体,这样的性当然就是切实的"真有"而不是"空无",同时,胡

[①] 向世陵:《理气性心之间——宋明理学的分系与四系》,人民出版社2008年版,第110—111页。

宏明确指出佛老二氏的本体理论是"凌空蹈虚"、不切实际的，从而将之归为谬论，这样胡宏在肯定儒家价值的真实性、恒在性的基础上，也就进一步证明了儒学是真真切切的生命实践，是成就性命之学，从而也充分肯定了儒家生命工夫理论的现实意义。儒学是立足于万物生生之实体，步步著实的学问，不是那种夸夸其谈地浮世虚名。胡宏曰："释氏与圣人，大本不同，故末亦异。何以言之？五典，天所命也；五常，天所性也。天下万物皆有则，吾儒步步著实，所以允蹈性命，不敢违越也。是以仲尼从心而以不逾矩为至，故退可以立命安身，进可以开物成务。"① 反之，佛、老二氏以"空""无"为本，这是去物而非真，故都是脱离真切的生命实际的歪理邪说，非生命之实学。故胡宏曰："即物而真者，圣人之道也；谈真离物者，释氏之幻也。"② "释氏毁性命，灭典则，故以事为障，以理为障"，故其不能"与天下大同也。"③

二　性气关系

胡宏以阴阳气化及其与之共时的万物生生为性之大体、全体，从生命伦理学的角度看，这种观点虽然回答了生命的本原问题，但在由"性"到"物"的过程中，这里面仍然缺乏具体的说明。性是体，是变动的，为什么所生之物又具有"定性"呢？进一步说，如果说大本之性本动，自身无定体，那么生命的价值和意义又如何确立，又如何确立修养生命的方向和目标呢？再者，既然万物不过阴阳气化之结果，

---

① （宋）胡宏：《书·与原仲兄书二首》，载《胡宏集》，吴仁华点校，中华书局1987年版，第122页。
② （宋）胡宏：《知言·往来》，载《胡宏集》，吴仁华点校，中华书局1987年版，第13页。
③ （宋）胡宏：《书·与原仲兄书二首》，载《胡宏集》，吴仁华点校，中华书局1987年版，第122页。

第六章 胡宏、张栻的生命伦理思想

那我们应该如何看待不同生命的价值，如何确立处理不同生命的价值原则？要解决这些问题，胡宏也必须对世界的多样性和差异性问题给予合理解释，并在此基础上说明不同生命的价值问题。对此，胡宏和二程等人一样，也援引了气的概念来说明万物的分殊问题，并以此作为处理生命关系的哲学基础，但就其实际来看，胡宏在这一问题上做得并不成功，远未达到朱子理论的深度和系统性。

从形式上看，胡宏对于生命的本原、形构问题的回答，颇似于朱熹的理气一体的理论架构。在朱熹那里，理是生物之本，气是生物之具，理气一体，不离不即，共同创造了万物。理是万物生成的终极根据和原因，气则是具体之物得以形构的物质基础。理对于气而言具有逻辑在先性，气亦以理为本。理气一体，共同创造了万物。胡宏对于万物之具体生成这一问题的回答，在形式上，与朱熹这种看法颇为相似。只不过，这里面的"理"，在胡宏那里变成了"性"。胡宏把性视为万物生成的终极本体根据，同时又把气视为万物得以形构的直接原因。而在性与气的关系上，胡宏对二者的定位与朱熹对理气的定位也颇为相似，即主张性为气之本。如胡宏曰："非性无物，非气无形。性，其气之本乎！"[1] 万物的形构，是由于气的运动，而气的运动又以性为主宰，所谓"气之流行，性为之主"[2]，"气主乎性"[3]。天地万物，都是由性主宰着气的运动派生出来的，气常运不息，是故万物亦生生不息。反之，如果没有气的运动，则万物亦会随之消亡。气运而物生，气息而物亡。如胡宏曰："一气大息，震荡无垠，海宇变

---

[1] （宋）胡宏：《知言·事物》，载《胡宏集》，吴仁华点校，中华书局1987年版，第22页。
[2] （宋）胡宏：《知言·事物》，载《胡宏集》，吴仁华点校，中华书局1987年版，第22页。
[3] （宋）胡宏：《知言·仲尼》，载《胡宏集》，吴仁华点校，中华书局1987年版，第16页。

动，山勃川湮，人消物尽，旧迹亡灭，是所以为鸿荒之世欤？气复而滋，万物化生，日以益众。"① 但是，气本身是常运不息的，并不存在气停止运动的情况，所以也不会存在生命整体消亡的情况。而气之所以常运不息，其根源则在于性。"水有源，故其流不穷；木有根，故其生不穷；气有性，故其运不息。"② 气运不息，则万物亦生生无穷。

不过，万物的生生无穷，这只是就生命的整体而言，这并不意味着个体生物亦是无有始终、生死和存亡的。既然任何具体之物都是由气之恒生不已的运动所成，那么为何由常运不息的气造就的具体生物会有生死存亡的现象呢？对此，胡宏的解释和张载颇为类似，即认为这主要是由于气之聚散造成的。如胡宏曰："物之生死，理也。理者，万物之贞也。生聚而可见，则为有；死散而不可见，则为无。夫可以有无见者，物之形也。物之理，则未尝有无也。"③ 气聚而有物，气散则物亡，任何具体的生命存在，都不过是气之聚散的"客形"而已。事实上，物之有始有终、有生有死、有存有亡这种循环往复的现象，亦正体现气自身运动变化的恒久不已。换言之，阴阳气化之恒久不已即表现为各种各样的具体存在之物的生生死死、死死生生。气有聚散，则物有始终，气常运不息，故万物终始相续、生生不息。胡宏认为，物之生死这也是"理"，因为存在这个"理"，所以就有这个现象。从胡宏的描述来看，这个"理"也就是气的运动变化之理。气运不息，所以此理不息。具体事物是存在有无、生灭现象的，而此理则是永恒的，故胡宏曰"物之生死，理也"，"物之理则未尝有无也"。换言之，物之聚散生死，这都是万物生生的具体体现，是性体的发用和呈现。

---

① （宋）胡宏：《知言·一气》，载《胡宏集》，吴仁华点校，中华书局1987年版，第27页。
② （宋）胡宏：《知言·好恶》，载《胡宏集》，吴仁华点校，中华书局1987年版，第11页。
③ （宋）胡宏：《知言·阴阳》，载《胡宏集》，吴仁华点校，中华书局1987年版，第8页。

性之全体，即表现为阴阳气化的恒久不已及其万物生生，这也就是宇宙的全体、本体。

不过，胡宏的这种说法，也存在着理论上需要进一步澄清的问题。即胡宏以性为气之主宰，以性为形而上的范畴，而又把阴阳气化之恒久不已的运动这一实体视为性之大体，那么，这是否就是说，性的实体即是气呢？还有，如果说性的大全是"阴阳"，而"气"是另外一种东西，那么"阴阳"和"气"又是什么关系呢？从胡宏的论述来看，这个问题着实有一点复杂。因为从胡宏对"性为气本""气主乎性"这些说法来看，气应当是性之下的一个次级概念，气即以性为本且是万物形构的直接原因，那么这样的气就应该是一个形而下的范畴，但是这么说似乎又不符合胡宏的思想实际。因为胡宏明确表达了不赞成把阴阳视为形而下范畴的看法。

> 又，"形而上者谓之道，形而下者谓之器"。更曾细观《语录》，入思虑否？"阴阳亦形而下者"，此语如何？理趣须是自通贯，随人言语是不可也。某见侯先生说此句，信以为是，更不致思，前日顿省犹未是也。经可易读乎？[1]

胡宏认为，"随人言语是不可"，也就是认为偏信别人说"阴阳亦形而下者"这种看法是不对的。而把阴阳视为形而下的范畴，这在胡宏所处的时代，也的确是一个影响颇大的说法。二程、朱熹等人均持此论。但与二程等人不同，张载则认为"一阴一阳不可以形器拘"[2]，在张载看来，阴阳气化乃是贯通形而上和形而下领域的范畴，

---

[1] （宋）胡宏：《书·与彪德美》，载《胡宏集》，吴仁华点校，中华书局1987年版，第135页。

[2] （宋）张载：《横渠易说·系辞上》，载《张载集》，章锡琛点校，中华书局1978年版，第206页。

兼具形上和形下双重意蕴。胡宏对阴阳气化性质的界定大略如同张载。单纯就阴阳气化而言，它本身无形迹可感，在化为具体事物之前，它是"形而在上者"，所以不能简单"随人言语"认定它为形而下的范畴。但是这样一来，也难以避免会造成胡宏理论上的矛盾。一方面，胡宏承认性之大体为阴阳，而阴阳是形而上者，这一点确实符合胡宏对性之"形而在上者"的定位；但另一方面，承认阴阳是气，而性之大体为阴阳的话，则"性"和"气"其实就是异名而同实的概念，而这则必然和"气之流行，性为之主"的说法相矛盾。因为按照"气主乎性"的说法，性应当是气之上的推动者或主宰者，这样一来，性和气在逻辑上又绝然是二物。我们不能一方面说性之实体即阴阳气化之恒久运动；另一方面又说性超越于阴阳气化运动之上，是气之运动的主宰者、支配者，因为这种说法本身就是矛盾的。

此外，从逻辑上看，在"性""气""万物"三者之关系中，按照胡宏的解释，有性，则有气之流行，有气之流行，则有万物产生。但这只是从逻辑上说，而从事实上看，胡宏显然又是主张三者是一体的、无法分割的。在胡宏那里，性外无物，物外无性；无阴阳之气，则无性体之流行，性体亦只能以气之流行、万物生生为载体、为体现，它自身并不能独立于事物之外。所以按照胡宏的这种思路，性和气又是一体性的存在，它们之间很难决然分开，也不存在绝对的界限。性相对于气而言，颇似朱子对理气的定位，只是在逻辑上具有优先性，而事实上则不分先后。所以在胡宏那里，气事实上也是一个通贯形而上领域和形而下领域的概念，它和性实具有一体性。而这样一来，则难免造成性气关系上的理论矛盾。或许胡宏有意突出性的绝对地位，但出于辟佛老的需要，他又努力避免将性说成如同"空""无"那样纯粹思辨的本体概念，从而使其对性之内涵及其性气关系的处理，表现出逻辑不够自洽的一面。

第六章　胡宏、张栻的生命伦理思想

总体来看，胡宏所说的性与气其实是一对整体的概念，它们之间并没有严格的界限，它们只能在思维上加以区分主次，事实上却不可分说。性气实际上是一体的，它们并不能截然分开，性体即阴阳气化之实体，它的运动变化则呈现为万物生生，故此气化亦可曰万物生生之体，是故以"以性为本、以气为用"来概括胡宏的性气关系理论未必准确。在胡宏那里，性和气到底是什么关系，也许张载所说的"太和所谓道"更逼近胡宏的真实主张。张载曰："太和所谓道，中涵浮沉、升降、动静、相感之性，是生氤氲、相荡、胜负、屈伸之始。"①道之体自身含有活动之性，依此性则呈现为气之氤氲、相荡、胜负、屈伸的运动，二者之全体，此即胡宏眼中的性体、天命之全体。故胡宏曰："天道保合而太极立，氤氲升降而二气分。天成位乎上，地成位乎下，而人生乎其中。"② 万物就生于这性气不可分割的一体共在的理论结构当中。

不过，性气一体的理论结构虽然能够说明世界本原和万物生成的问题，但是这里面还有一个问题，即万物既然本性为一，都是阴阳气化的结果，那么，何以万物具有千姿百态的物理形态和生长特性呢？如果说万物皆为性所有，万物皆具有性的普遍规定，那么，这一作为普遍规定的性，与具体的生物之性又是什么关系？诸生命之间又存在着怎样的关系？对于这些问题，相较于张载、二程、朱熹等人，胡宏给予的回答相对牵强。对于万物何以本原为一，而却形态各异、气质万千这个问题，理学家们通常是从本一而气殊的角度来回答。所谓"本一"，是说万物大本为一，即万物皆生于同一本原；所谓"气殊"，不是说气有不同的气，而是说气在构造具体万物时，有多少、厚薄、

---

① （宋）张载：《正蒙·太和篇第一》，载《张载集》，章锡琛点校，中华书局1978年版，第7页。
② （宋）胡宏：《杂文·皇王大纪序》，载《胡宏集》，吴仁华点校，中华书局1987年版，第163页。

清浊等方面的差异，从而导致了万物的不同。张载、二程、朱熹等人，基本上采取的都是这一理论模式。但胡宏在处理这个问题上，却不甚相同。胡宏虽然也强调气在构造具体之物方面的作用，但他并没有明确以气之清浊、多寡等来解释万物的多样性问题。在胡宏看来，万物之所以具有不同的生性，具有多样性，这只是性体流行的自然结果，也即阴阳气化自然而然的结果。如胡宏曰："乾道变化，各正性命，命之所以不已，性之所以不一，物之所以万殊也。"①

这句话是胡宏对于万物何以生性不一、形态不一的直接解释。但仅凭这句话，我们其实依然不能确切得知万物何以"性不一"、何以"万殊"。因为按照这句话，性之所以不一，物之所以万殊，其根源乃在于乾道变化，也就是这些都是天道变化自然而然的结果。万物在乾坤变化中，各自形成自己的性，所谓"乾坤变化，则万物各正性命"②。万物在乾坤变化中所成就的自我之性彼此相异，它们仅是出于相同的本源，却各自不同，所以说"观万物之流形，其性则异；察万物之本性，其源则一"③。天下万物无不本源于阴阳气化这一恒久不已的宇宙实体，故从这个角度来说，万物皆本性为一，但万物在气化过程中，则均被赋予了特有的生物之性，此生物之性却是不同的。但这一切在胡宏看来，都不过是性体自然而然的流行，即万物之殊是一种自然生成。客观地讲，胡宏把宇宙万物的生成和殊异性解释为天命不已流行的自然结果，这种观点听上去固然没有多大问题，但对于解释何以生命同出一性却千差万别，还是显得有些笼统和含混。不过，尽

---

① （宋）胡宏：《知言·汉文》，载《胡宏集》，吴仁华点校，中华书局1987年版，第41页。
② （宋）胡宏：《皇王大纪论·天产地产》，载《胡宏集》，吴仁华点校，中华书局1987年版，第277页。
③ （宋）胡宏：《知言·往来》，载《胡宏集》，吴仁华点校，中华书局1987年版，第14页。

管如此，胡宏也试图在其性气关系的理论框架中说明生命的价值问题，尤其是人的生命价值问题。在这方面，胡宏延续了儒家的一贯立场，充分肯定了人的生命的特殊性及其在宇宙中的特殊位置。

三 人者天地之全

儒家自先秦时代，就非常强调人的生命存在的特殊性，并以此作为建构真正的"属人"生活以及处理人与自然万物之关系的自然前提或哲学基础。人是天地创造的精华，人最为天下贵，人是万物之灵，只有人才具备知天命并自立其命的能力，也只有人才具备体天悟道、促进天道流行的主体资格，这种观点可谓儒家一以贯之的观点。到了宋代，宋代儒家虽然在一般形式上仍然坚持了人是天地造化的"最佳作品"的观点，但在处理人与万物的关系上，宋儒则主要强调的是人对万物和谐共生应当负有的道德使命和责任，而非特别强调人类利用和支配自然的优越性。人与天地万物同出一原，本是一体共生，因此人类应当懂得协调自我生命与万有之关系，在追求万物生生的永恒生命情境中展开自我生命的建构。这一点，可以说是宋儒普遍主张的观点。对此，胡宏也不例外，胡宏一方面肯定了人的生命价值特殊性，强调"人者天地之全"；另一方面，他同样强调人的德性涵养和生命境界追求亦正在于与天地万物的一体共生当中。只不过，胡宏对此的阐释，亦主要包容在其独特的性论思想当中。

按照胡宏的说法，人与万物就其本源而论，都可谓性体流行之结果，故人与万物从本源上来说并没有实质不同，但这仅仅是指包括人在内的世界万物乃同出于一原，而非说具体事物之生命性也是完全相同的。具体的生命，都有其具体的生命特点，都有使其是其所是的特殊性，而导致生命之所以万殊的，在胡宏看来，即在于不同生命分有性体之不同。万物各类不同，乃在于分有性体程度参差不一。而在一切生命中，唯有人类得其性体之大全，从而决定了人类在天地宇宙中极其特殊的生命价值和地位。如胡宏曰："性有大体，人尽之矣。一人之性，万物备之矣。"①又曰："中和变化，万物各正性命而纯备者，人也，性之极也。"②此即是说，人是拥有天地之大全的存在，统贯整体的本原之性完备于人，人正是因为具备了这一特性，才使人成其为人。而动物等其他自然生命之所以异于人类，则在于它们不具备天地之全，不拥有性之大体。如胡宏曰："然谓之禽兽而人不与为类，何也？以其不得其全，不可与为类也。"③

按照胡宏的这种解释，人和动物的根本区别并不在于人与动物是否有性无性，而是在于是否能够充分占有性之大体、性之全体。人天生即内蕴有性之大体，或者说拥有全体之性，但动物等自然生命却只占有部分性体，其性是残缺不全的。换言之，人是天命之全体的杰出代表，是天地造化最完整的存在，"人者，天地之精也"④，而动物等自然生命却没有这种殊幸，所以动物终归是动物。

不过以性有大体唯人尽之来论证人类生命的伟大和特殊，固然所持有理，但胡宏这种说法其实也颇易让人产生困惑。因为如果说性的全体可以为人类所独占，那么这个意义上的"性体"就不可能是指实体性的气化运动，更不是在全体的意义上指万物生生之宇宙全体，而只能是一种抽象的概念。因为我们绝无可能在实际层面把宇宙生生之实体直接等同于人性。人的生命无论如何特殊，人也只是宇宙的一部

---

① （宋）胡宏：《释疑孟·辨》，载《胡宏集》，吴仁华点校，中华书局1987年版，第319页。
② （宋）胡宏：《知言·往来》，载《胡宏集》，吴仁华点校，中华书局1987年版，第14页。
③ （宋）胡宏：《知言·往来》，载《胡宏集》，吴仁华点校，中华书局1987年版，第14页。
④ （宋）胡宏：《知言·纷华》，载《胡宏集》，吴仁华点校，中华书局1987年版，第26页。

分，而不是宇宙全体，所以胡宏所说的作为天地之大全而被人所全体占有的性，就只能是抽象的"本性"，这一"本性"与抽象意义上的"宇宙本性"是同一的。所以从这个角度看，胡宏尽管一再强调性的"实有"，但这个性仍然表现出唯心主义的性质，没有摆脱抽象思辨中的"本体"迹象。从"实有"角度说，性是指阴阳气化恒久不久的运动及其万物生生；而从抽象本体角度说，性亦是指抽象意义上的决定万有的某种神秘力量和根据，是一种抽象的根本的生命本性。这种抽象的生命本性人得之为人、物得之为物，但唯人独具全体之性，而物只拥有部分之性，从而导致人物之分殊。

但是，如果说人禽之别的根本乃在于是否拥有大全之性体，那么这是不是等于说，既然人类是因为拥有健全的性体而成为人类的，人人也就是完全的生命存在从而不需要做修养生命的工夫？答案是否定的。因为在胡宏看来，人虽然天生拥有性体之大全，但这仅仅是确证了人区别于动物的"类本质"，而并非意味着每一个具体的人在现实性上亦是完整的、充分实现了生命价值的生命。因为在胡宏那里，人若要成为真正意义上的人，还有一个性的实现问题。在胡宏看来，人虽然生而具有区别于动物的性之全体，但此性却只是潜在于人，而并非自然而然地完整地在每一个具体的生命身上呈现出来，而只有此性全体呈现，一个人也才能说是一个真正意义上的、实现了人之当有之生命价值的人。所以针对潜藏于内的性体，除非生而性体毕现的圣人，否则人人都应当自觉做修养生命的工夫。没有个体修养自我生命的主体自觉，性体就不会完整地呈现于生命。因此，胡宏亦尤为强调"心"的作用。有心，性才能显，主体的精神自觉决定和支配着生命修养的持续性和最终效果，是故胡宏虽然以性为天下本，但基于性需心显的这一认识，胡宏亦提出了"性主乎心""性动为心"的观点。

所谓"性主乎心"①，不是说心是比性更为根本、更具有决定意义的概念，不是说性本体之上还有一个更高的范畴——心。如果是这样，那么性就不足以作为天下之大本，而应让位于心。"性主乎心"这个说法，主要是从功夫论角度而言的，强调的是性体呈现离不开人的主体精神的自觉和支配。人缺少修养生命的功夫自觉和信念支持，性体则只是潜隐于内，无法成为支配生命的实际力量，真正的属人的生命就无从建立，故曰性主乎心。胡宏有时也把性体的呈现或活动说成心，所谓"性不能不动，动则心矣"②。在这个意义上，性是体，而心是性的呈现，因而可以归结为性之用。如胡宏曰："圣人指明其体曰性，指明其用曰心。"③ 心虽然是性之用，但就现实生命而言，胡宏这样处理性心关系，实际上也是特别肯定了心对于成就个体生命的直接意义，是把心作为了成就现实生命的精神决定力量。性虽然人人均备，但它却不会自然而然地、自发地成为支配人生的力量，它需要心对它的"调动"和显发。性是人之为人的本质要素，而心则是人的生命的形著因素，没有心，性体就可能成为沉埋于大地深处的金石，未必就能对人生的建构产生积极力量。故离开了心，人未必成其为人。所以真正的人生，在现实性上实系于此心，心就是人性的本质印证，是就人而言的"活动的性"。真正的人性，必须要就着此心而言。或许正是在这个意义上，胡宏才直接将"人性"称为"心"，所谓"天命为性，人性为心"④。

---

① （宋）胡宏：《知言·仲尼》，载《胡宏集》，吴仁华点校，中华书局1987年版，第16页。
② （宋）胡宏：《宋朱熹胡子知言疑义》，载《胡宏集》，吴仁华点校，中华书局1987年版，第336页。
③ （宋）胡宏：《宋朱熹胡子知言疑义》，载《胡宏集》，吴仁华点校，中华书局1987年版，第336页。
④ （宋）胡宏：《知言·天命》，载《胡宏集》，吴仁华点校，中华书局1987年版，第4页。

第六章 胡宏、张栻的生命伦理思想

不过，以心为性体的活动和反映，这里面也存在一个问题，即人就其本然而言，人可以说是既有天赋之道德本心，又有"食色"等自然本能欲望之心的存在。就人的现实生活而言，人的心灵活动，往往也并不只是出于道德本心，而是大量出于利己本能之心。那么，这个利己本能之心是否也可以看作对性体的呈现？这个问题即涉及宋代儒家普遍关心的一个话题，即天理人欲的关系问题或曰"道心"和"人心"的关系问题。对这些问题，胡宏也有所关注，但这些问题在胡宏那里表现得相当复杂。

首先，由于胡宏把性视为天命之全体，同时又把性视为万事万物得以产生的本体，那么从逻辑上说，人生而具有的一切，也都应该说派生于性，是由性决定的，属于性之全体的一部分，故皆可曰之为性。从这个角度来看，仁义道德故可曰性，"食色"等利己本能亦未尝不可以曰性。对此，胡宏倒也并不讳言，他明确肯定了人的自然本性亦属于性。如胡宏曰：

> 天命不已，故人生无穷。具耳目、口鼻、手足而成身，合父子、君臣、夫妇、长幼、朋友而成世，非有假于外而强成之也，是性然矣。[①]
>
> 夫人目于五色，耳于五声，口于五味，其性固然，非外来也。[②]

万物生于性，也皆为性所有，因此"天理"也好，"人欲"也罢，自然都属于性之全体，都是本源于性，故天理、人欲虽然各有其实，各有其行，各有其用，但都可谓是同本同体的。是故胡宏曰："天理人

[①] （宋）胡宏：《知言·修身》，载《胡宏集》，吴仁华点校，中华书局1987年版，第6页。

[②] （宋）胡宏：《知言·阴阳》，载《胡宏集》，吴仁华点校，中华书局1987年版，第9页。

欲同体而异用，同行而异情。"①"同体"，是说天理人欲都出于同一本体；"同行"，指二者都是对性体的呈现。"异用"和"异情"则是说二者对性体的呈现方向和情状不同，是在不同方面对性体的表现。胡宏还说过，"性譬诸水乎，则心犹水之下，情犹水之澜，欲犹水之波浪"②。水虽然不一定就表现为"波浪"这种状态，但没有水，也谈不上"水之波浪"，故人欲源于性，是对性的某种方面的体现，这一点在胡宏那里当是无疑问的。

不过，以天理人欲为同体，这也容易造就新的问题。从儒家的传统来说，儒家往往是在负面的意义上评价人欲的，认为它是"恶因"，甚至把人对欲望的追逐直接称为恶，而通常把天理视为善。胡宏把天理人欲混谈为性，是不是说胡宏主张善恶同体呢？从胡宏的实际观点来看，胡宏以天理人欲为同体，只是在讲宇宙之本然，本身并未带有善恶评价。朱熹在谈到胡宏这一观点时，认为胡宏这一观点体现的是性无善恶的意思。朱熹的这个判断，应当说是符合胡宏的思想实际的。在胡宏那里，作为天下之大本的性，乃一客观实在，它至高无上，本身是超越人们具体的善恶评价的，或者说是不宜以具体的善恶标准来评价的。胡宏明确说过，大本之性"善不足以言之"③，作为大体和全体的性，"论其生，则散而万殊，善恶吉凶百行俱载，不可掩遏"④，连"善恶"都可以说是性之所生，因而怎么能用所谓"善恶"来规定此大本之性呢？"世儒"以天理为善，而以人欲为恶，那是执着

---

① （宋）胡宏：《宋朱熹胡子知言疑义》，载《胡宏集》，吴仁华点校，中华书局1987年版，第329页。
② （宋）胡宏：《知言·往来》，载《胡宏集》，吴仁华点校，中华书局1987年版，第13页。
③ （宋）胡宏：《宋朱熹胡子知言疑义》，载《胡宏集》，吴仁华点校，中华书局1987年版，第333页。
④ （宋）胡宏：《释疑孟·辨》，载《胡宏集》，吴仁华点校，中华书局1987年版，第319页。

第六章 胡宏、张栻的生命伦理思想

于"一理"、是以偏概全的,所以他认为"世儒"以善恶言性离正确认识性就太远了。如胡宏曰:"世儒乃以善恶言性,邈乎辽哉?"① 朱熹敏锐地观察到,胡宏讲的本然之性,要说善,也只是本然之善,此善无对,而人们一般所言善恶都是相对的,是基于特定标准的,所以不能以具体善恶来定义本然之性。如朱熹曰:"本然之善,本自无对;才说善时,便与那恶对矣。才说善恶,便非本然之性矣。本然之性是上面一个,其尊无比。善是下面底,才说善时,便与恶对,非本然之性矣。"②

不过,朱熹虽然这么说,但他总体上还是认为胡宏的观点是一种"性无善恶"的观点,即使以本然之性为善,朱熹仍不能满意此说。因为强调天理人欲同出于本然之善体,这是朱熹所不能同意的。朱熹以理为本,认为理是至善的,理决定着人的生命价值和意义,而人欲则是一种限制因素,是生命价值和意义得以实现的障碍,所以不能将之与天理混同,否则,即从根本上模糊了生命修养的根本方向和人们正确对待人欲的态度。因此他强调天理是本体,而人欲不是。不能在大本上混同二者。"当见本体实然只一天理,更无人欲。"③ 所以他批评胡宏说:"如何大本处却含糊了!以性为无善恶,天理人欲都混了,故把作同体。"④

朱熹的批评是有道理的,因为如果我们承认作为大本的性是无善无恶的,那我们又如何为人的行为确立起普遍的、根本的伦理原

---

① (宋)胡宏:《宋朱熹胡子知言疑义》,载《胡宏集》,吴仁华点校,中华书局1987年版,第334页。
② (宋)朱熹:《朱子语类卷第一百一》,载(宋)黎靖德编《朱子语类》七,王星贤点校,中华书局1986年版,第2585页。
③ (宋)胡宏:《宋朱熹胡子知言疑义》,载《胡宏集》,吴仁华点校,中华书局1987年版,第330页。
④ (宋)朱熹:《朱子语类卷第一百一》,载(宋)黎靖德编《朱子语类》七,王星贤点校,中华书局1986年版,第2584页。

则？又如何去论证儒家伦理的普遍和永恒呢？胡宏作为当时知名大儒，恐怕也不能不回答这个问题。事实上，胡宏虽然并没有明确主张以善恶定性，但实际上他讲的大本之性，也包含着一种根本的价值导向，从而表明了胡宏所坚持的根本价值立场和原则。只不过，胡宏对于这一问题的表述，主要是借助他对天地之德、天地之心等的认识完成的。儒家向来以天为终极本体，以天地的普遍法则作为人类行动的终极法则，胡宏作为当时的大儒，也是如此。胡宏认为，人类行动的根本原则，即在于效法于天，"法天"这是人道正当性的基础。而要做到效法于天，那就首先应当知天，了解天的德性、认识到"天地之心"。天地之心是可识的，它的实质即是天地的生物之心。如胡宏曰：

> 法天之道，必先知天。知天之道，必先识心。识心之道，必先识心之性情。欲识心之性情，察诸乾行而已矣……乾元统天，健而无息，大明终始，四时不忒，云行雨施，万物生焉。察乎是，则天心可识矣。①

> 天地之心，生生不穷者也。②

天地之心，即天地的生生之心；天地之道，也即天地的"生生之道"，所谓"天以生为道者也"③。胡宏把法天作为人道的根本，尤为强调要"静与天同德，动与天同道"④，而所谓天德、天道不过只是天

---

① （宋）胡宏：《知言·复义》，载《胡宏集》，吴仁华点校，中华书局1987年版，第38页。
② （宋）胡宏：《知言·修身》，载《胡宏集》，吴仁华点校，中华书局1987年版，第6页。
③ （宋）胡宏：《杂文·求仁说》，载《胡宏集》，吴仁华点校，中华书局1987年版，第196页。
④ （宋）胡宏：《宋朱熹胡子知言疑义》，载《胡宏集》，吴仁华点校，中华书局1987年版，第332页。

地生生之德、生生之道,所以胡宏事实上是把对天地的生生之道的践行作为人类行动的根本价值原则的。所以,固然胡宏论大本之性时强调不可以善恶言,但实际上他所说的大本之性又彰显着一种根本的价值原则,体现出一种本然意义上的伦理正当性,包含着胡宏在本原意义上坚持的一种价值立场,而这样一种根本的价值,即是"生生"。而如果人们能够以生生为德,并自觉践行这种德,在胡宏看来,这也即是在践行仁。因为在胡宏看来,仁即是天地生物之心,所谓"仁者,天地之心也"[1]。仁是天地生物之心,是天地生生之道,是以此仁自然涵纳万有、无所不包,故曰"仁之道大"[2]。人要法天、要涵养天德,亦正在于此仁。仁是天德、天心,人无仁自然也就无法做到识天心、法天道,"仁者,人所以肖天地之机要也"[3]。这个仁就是天地之大全、是大本之性体,所以人而能仁,自然也就能充分展示出当有之性,从而具备与天合一的生命力量,立而为大人。这样的人,不但正名为人,亦可以与天地参矣!故胡宏曰:"其合于天地、通于鬼神者,何也?曰:仁也。人而克仁,乃能乘天运,御六气,赞化工,生万物,与天地参,正名为人。"[4]

人是天地创设的杰出代表,拥有天地之大全,具备识天心、养天德的天赋能力,人与天地同参,具有与天地一样绵延不绝的生生之性,人类的生命前景广大无边,所以人类实在没有必要妄自菲薄,相反,每个人都应该对开创自己的未来充满绝对自信。"天命不已,故人生无

---

[1] (宋)胡宏:《知言·天命》,载《胡宏集》,吴仁华点校,中华书局1987年版,第4页。
[2] (宋)胡宏:《书·张敬夫》,载《胡宏集》,吴仁华点校,中华书局1987年版,第130页。
[3] (宋)胡宏:《知言·纷华》,载《胡宏集》,吴仁华点校,中华书局1987年版,第25页。
[4] (宋)胡宏:《杂文·邵州学记》,载《胡宏集》,吴仁华点校,中华书局1987年版,第150页。

穷。"① 问题的关键在于我们是否有心。"天下莫大于心"②，"心无不在"③。但是这个心必须是与天心同一之心，是仁心。圣人立教传教，所立所传都是这个广大无边的生物之心。是故人的生命存在，其价值并不在于个体拥有多少物质资源，而是是否具备天心，是否能积极推进天地生生，为天下苍生的生生无穷贡献力量，满足个体的需求这个层次，只是最低的一个层次。故胡宏曰："人之为道，至大也，至善也。"④ 人只有立足于"道大之仁"，以天心朗照自身，以博大之生命视界看待万物之生，人的伟大才真正体现出来。仁是天地之心，仁才是本，才是人类当有之心。这也是为什么儒教以仁为核心的根本原故。是以胡宏曰："何谓本？仁也。何谓仁？心也。"⑤ "圣人传心，教天下以仁也。"⑥

以上，我们大致结合胡宏论性的主要方面讨论了蕴含其中的有关生命的观点。不得不说，胡宏的哲学思想虽然不乏创造性，但他在理论表达上仍然存在诸多疏阔、模糊之处，很多表述都缺乏逻辑的严密性，从而很容易造成人们理解上的困难甚至误解。不过，抛开胡宏理论表达上的这些缺陷，透过胡宏文本，胡宏思想中蕴含的有关生命的伦理观点，我们仍然能大致把握到，尽管这些表述并不十分明确。胡宏以性为天下大本，以性气一体解决生命的本原和构

---

① （宋）胡宏：《知言·修身》，载《胡宏集》，吴仁华点校，中华书局1987年版，第6页。
② （宋）胡宏：《知言·纷华》，载《胡宏集》，吴仁华点校，中华书局1987年版，第25页。
③ （宋）胡宏：《宋朱熹胡子知言疑义》，载《胡宏集》，吴仁华点校，中华书局1987年版，第331页。
④ （宋）胡宏：《宋朱熹胡子知言疑义》，载《胡宏集》，吴仁华点校，中华书局1987年版，第331页。
⑤ （宋）胡宏：《书·上光尧皇帝书》，载《胡宏集》，吴仁华点校，中华书局1987年版，第83页。
⑥ （宋）胡宏：《宋朱熹胡子知言疑义》，载《胡宏集》，吴仁华点校，中华书局1987年版，第336页。

造问题，他视万物均为性体流行的结果，并将万物之一体存在视为仁体的呈现，在把万物生生价值化的同时，也肯定了天地万物存在的合理性，同时充分肯定了人性的力量，论证了人类对于万物生生应当承担的完全道德责任。生生是天地之本性，也是根本价值，此生即仁，人而能仁也就是人尽其性。把天地生生为仁、为性、为心，也就指明了人类生命实践的要义和方向。仁者厚生爱生，必以天地万物为一体。胡宏的这些思想，在其高徒张栻那里，都得到了进一步的传承和发扬。

第二节　张栻的生命伦理思想

张栻在哲学上大致沿袭了胡宏的主要哲学观点，但也对胡宏之说又有所修正和发展。张栻的哲学有试图统合周敦颐、二程、胡宏等人思想的倾向，他试图将"太极""性""理""心""仁"等概念熔于一炉，以图建立一个综合性的庞大思想体系，但由于各种原因，张栻最终没有完成这一体系的建构。这使得他的思想虽然乍看上去有综摄百家的大气象，但又有杂糅各家之嫌而缺乏精到系统之弊病。尽管如此，张栻仍然对其师胡宏开创的湖湘之学作出了重大的理论推进。这表现在以下几个方面。

其一，张栻结合"太极"等观念，对胡宏的"即存有即活动"的作为天地之大全的性体及其"生生之蕴"作出了更为具体的诠释，也更为明确地把"生生"作为通贯"性""理""心""道""太极""仁"等这些所谓"异取而同体"的本体性概念的实质内涵，从而更加突出了湖湘学派以"生生"为本的生命精神。

其二，坚持了胡宏"合体与用，有道之名"的体用一体无间的宇宙论、本体论立场，认为"道器非异体""体用相须"，从而进一步夯实了湖湘学的实学性质。

其三，张栻将胡宏本然之性"善不足以名之"的看法，裁之发展为大本之性"专善而无恶""当以至善名之"的观点，从而形成"物之始生，无有不善"的价值立场，最终在坚持胡宏仁统天心人心的理论视域中，贯彻了仁者视万物为一体的生命主张和价值观点，并在这一过程中，极大彰显了人的主体自由及其人对万有先定的道德责任。

张栻的生命伦理思想，亦主要体现在这几个方面。

一 生生无穷之体

与胡宏特别强调性不同，张栻所使用的具有本体性的概念比较复杂，在张栻那里，"性""太极""理""心""仁"等概念均具有本体意义，在张栻看来他们均是"所取则异，而体则同"[①]。换言之，这些概念在张栻那里其实都是一体通贯的，它们只是言说角度不同，但均指向同一本体，是对同一本体的反映。借助这个具有一定系统性的本体理论，张栻也较为清晰地回答了诸如世界本原和万物统一性等问题。在这个具有一定系统性结构的本体理论当中，性可以说是张栻潜意识中当然的本体范畴，对性的坚持和本体地位的承认，也体现出张栻沿袭和恪守师说的一面。不过，张栻也并非完全就性论性，他对于性之意蕴的阐释，明显吸收了周敦颐的太极理念，同时结合了程朱一系的理气观念，尤为突出性体的生生内涵。

首先，作为胡宏的门人，张栻继承了其师胡宏关于性的地位及其内涵的基本观点。在胡宏那里，性是天下大本，是万物之根源，万物非性不生，非性不有，张栻亦持此论。如张栻曰：

---

① （宋）张栻：《南轩先生孟子说卷第七·尽心上》，载《张栻集》第二册，杨世文点校，中华书局2015年版，第585页。

第六章 胡宏、张栻的生命伦理思想

天命之谓性，万有根焉。①

万物成于性者也……万物失其性，而天地之化或几乎息矣。②

赋是形以生者，盖以其具是性也。③

观天下之物，就其形气中，其生理何尝有一毫不足者乎？此性之无乎不在也。④

其次，张栻虽然肯定性的本体地位，沿袭和继承了其师有关性的基本定位和内涵界定，但它并没有完全停留在就性论性上，而是借助周敦颐的"太极生生"的观念，进一步诠释了性体的内涵和生生意蕴。

我们前文说过，在胡宏那里，性作为万物之本，并不只是一个抽象思辨的本体观念，而是一真实的存在，其实体即恒久不已的阴阳气化，性体即存有即活动，而非一绝对静止的实体，它的全体呈现即阴阳气化之恒久不已的运动及其与之共时而有的万物生生。但是胡宏对于性体的这一意蕴坚持得并不彻底，这表现在他有时也倾向于把性看作"未发之中"，所谓"未发只可言性"⑤。胡宏一方面强调性的流行不已、无有止息，一方面又说它存在"未发"和"已发"的界限，这就难免让人感觉其说有不相融洽之处。对此，张栻并没有停留在胡宏的理论认识上，而是借助周敦颐太极生生的理念，对于性体的这一内涵和生生之蕴做了更为具体的阐释和理论推进。在张栻那里，"太

---

① （宋）张栻：《南轩先生孟子说卷第四·离娄下》，载《张栻集》第二册，杨世文点校，中华书局2015年版，第490页。
② （宋）张栻：《南轩先生集补遗·兼山中庸说序》，载《张栻集》第五册，杨世文点校，中华书局2015年版，第1482页。
③ （宋）张栻：《新刊南轩先生文集卷十三·思终堂记》，载《张栻集》第三册，杨世文点校，中华书局2015年版，第956页。
④ （宋）张栻：《新刊南轩先生文集卷二十九·答胡伯逢》，载《张栻集》第四册，杨世文点校，中华书局2015年版，第1211页。
⑤ （宋）胡宏：《与曾吉甫书三首》，载《胡宏集》，吴仁华点校，中华书局1987年版，第115页。

极"并非一个高于性的本体概念,而是一个与性相当的本体概念,张栻之所以表现出特别看重太极的思想倾向,乃在于他认为周敦颐的太极理念能够更为清晰和形象地揭示出性的大本意义和生生之蕴,有助于克服单纯就性论性的抽象性及其胡宏论性的其他一些问题。如张栻曰:

> "太极"所以形性之妙也,性不能不动,太极所以明动静之蕴也。"极"乃"枢极"之义,圣人于易特名"太极"二字,盖示人以根柢,其义微矣。若只曰性而不曰太极,则只去未发上认之,不见功用,曰太极则性之妙都见矣。体用一源,显微无间,其太极之蕴欤!①

张栻认为曰太极可全体呈现性之妙处。太极兼体用、赅有无、贯道器,能够直观形象地表现作为大本之性体。性的所有内涵,都可由太极来说明,但这并不意味着太极高于性,而是太极即是性,所谓"太极性也"②。太极和性是异名而同实的本体范畴,故万物出于性且均受性的普遍规定,这同样可以说成万物皆出于太极且均具有太极的普遍规定。如张栻曰:

> 太极浑沦,生化之根。③
> 太极动而二气形,二气形而万物化,生人与物俱本乎此者也。④

---

① (宋)张栻:《新刊南轩先生文集卷十九·答吴晦叔》,载《张栻集》第四册,杨世文点校,中华书局2015年版,第1054页。
② (宋)张栻:《新刊南轩先生文集卷三十一·答周允升》,载《张栻集》第四册,杨世文点校,中华书局2015年版,第1234页。
③ (宋)张栻:《新刊南轩先生文集卷十一·扩斋记》,载《张栻集》第三册,杨世文点校,中华书局2015年版,第934页。
④ (宋)张栻:《新刊南轩先生文集卷十一·存斋记》,载《张栻集》第三册,杨世文点校,中华书局2015年版,第931页。

第六章　胡宏、张栻的生命伦理思想

有太极则有物。①

盖何莫而不由于太极，何莫而不具于太极，是其本之一也。②

但是张栻同时认为太极是比性更易为人所感受和把握的本体概念，周敦颐的太极生万物的宇宙图式更能揭示出性体的生生之妙，也能弥补胡宏言性的某种理论缺陷，所以张栻更倾向于用太极解释世界的本原问题。在胡宏那里，性体兼具形而上和形而下的意蕴，性体的创生性表现在阴阳气化的恒久运动上，胡宏试图把这一阴阳气化原理、机制及其实体性的气之运动包容在一起，用性体之大全的观念来说明，但其表述相对抽象。在张栻看来，太极这一观念则很好地解决了这一问题。张栻认为周敦颐的《太极图说》具有感性直观的特点，太极生生所展示出来的宇宙生化图景能够更为形象而具体地揭示出性体的本原地位及其万物生化的机制、原理和过程。太极之道，即是乾坤阴阳气化及其万物生生之道，其体用一源，显微无间，故以太极说性体，更能让人体会这个"即存有即活动"的性体之妙处。太极者，含阴阳动静之理，五行生化之用，变化无端，体用合一，生生不息，是大全之至理。故张栻曰：

太极涵动静之理者也。有体必有用。太极之动，始而亨也；动极而静，利而贞也。动静之端立，则阴阳之形著矣。一动一静，互为其根，动为静之根，而静复为动之根，非动之能生静，静之能生动也。动而静，静而动，两端相感，太极之道然也。故曰："一阖一辟谓之变，往来不穷谓之通。"语其体，则无极而太极，

---

① （宋）张栻：《南轩先生孟子说卷第六·告子上》，载《张栻集》第二册，杨世文点校，中华书局2015年版，第546页。
② （宋）张栻：《南轩先生孟子说卷第六·告子上》，载《张栻集》第二册，杨世文点校，中华书局2015年版，第540页。

冥漠无朕，而动静阴阳之理，无不具于其中。循其用，则动静之为阴阳者，阖辟往来，变化无穷，而太极之体各全于其形器之内。此易之所以为易也。①

太极是阴阳动静之理，动是太极的本性，太极自身具有活动义。静是相对而言的，所谓太极之静，是指太极之体用显微无间的太和状态。张栻曰："曰太极之体至静也，冲漠无朕，而无不遍该焉。某所谓至静，盖本体贯乎已发与未发而无间者也。然太极不能不动，动极而静，静极复动，此静对动者也。"②

以太极为性，以动为太极之本性，张栻这一点可以说完全是对其师"性不能不动"观点的继承，而有别于朱子以太极为理、理无动静之说。明确了太极的动之本性，亦即明确了太极的恒久不已的创生本性，乾坤阴阳之所以运动变化不已，万物之所以生生不息，都是因为太极本动。"太极动而二气形，二气形而万物化"③，但这个过程并不存在先后顺序，而是共时性的过程，太极与阴阳万物之化生，并非各自独立的事物或过程，它们本身即是一体。太极是体与用的总称，是兼赅动与静、体与用，贯通有与无、显与微的。如张栻曰："而必曰'无极而太极'者，所以明动静之本，著天地之根，兼有无、贯显微、赅体用者也。必有以见乎此，而后知太极之妙不可以方所求也。"④

太极的"体"即乾坤阴阳，太极的"用"即乾坤阴阳恒久不已的变化，所谓"乾坤者，生成万物之体也；变化者，乃乾坤生化万物之

---

① （宋）张栻：《太极图说解义钩沉·太极图说解义》，载《张栻集》第五册，杨世文点校，中华书局2015年版，第1605—1606页。
② （宋）周敦颐：《元公周先生濂溪集》，载北京图书馆古籍出版编辑组《北京图书馆藏古籍珍本丛刊》第88册，北京图书馆出版社2000年版，第70页。
③ （宋）张栻：《新刊南轩先生文集卷十一·存斋记》，载《张栻集》第三册，杨世文点校，中华书局2015年版，第931页。
④ （宋）张栻：《太极图说解义钩沉·太极图说解义》，载《张栻集》第五册，杨世文点校，中华书局2015年版，第1605页。

用也"①。从太极到阴阳，再到五行以及万物化生，这只是观念逻辑上的序列，实际则不存在先后，它们是共时同在的。故张栻曰："二气五行，乃变化之功用，亦非先有此而后有彼。盖无不具在于太极之中，而命之不已者然也。"②

太极并非一个纯粹的抽象的独立存在，而是一个由乾坤阴阳永恒运动构成的实体。两仪之变、五行之流布，这都是太极自身的运动，并无先后之别，不是说先有一个独立的太极，太极然后运动又生成乾坤阴阳，乾坤阴阳又生成五行，五行再形化为具体万物，而是乾坤阴阳的运动变化及其万物生生本身就是圆融无间的一个整体，论其体，则曰乾坤阴阳，论其用，则曰变化，而乾坤阴阳本身就是运动变化不已的。体不离用，用不离体，体即是用，用即是体，体用相须，道器不二，此即"太极之全体"，亦即胡宏所曰"性之全体"。如张栻曰：

> 语其体，则无极而太极，冥漠无朕，而动静阴阳之理，无不具于其中。循其用，则动静之为阴阳者，阖辟往来，变化无穷，而太极之体各全于其形器之内。③

> 盖有太极则有二气五行，而万物生焉，此所谓性外无物也。万物之生，禀二五之气，虽成质各不同，而莫不各具一太极，此所谓物外无性也。④

太极是兼赅体用的宇宙本体，是把无和有、形而上和形而下领域

---

① （宋）张栻：《南轩易说卷一·系辞上卷下》，载《张栻集》第一册，杨世文点校，中华书局2015年版，第18页。
② （宋）张栻：《太极图说解义钩沉·太极图说解义》，载《张栻集》第五册，杨世文点校，中华书局2015年版，第1606页。
③ （宋）张栻：《太极图说解义钩沉·太极图说解义》，载《张栻集》第五册，杨世文点校，中华书局2015年版，第1606页。
④ （宋）张栻：《太极图说解义钩沉·太极图说解义》，载《张栻集》第五册，杨世文点校，中华书局2015年版，第1607页。

相贯通的观念,太极的这一性质,张栻亦以道器的统一关系论之。在张栻看来,道器非异体,必须统体观之,不可见器而离道、言道而离器。太极阴阳之道,乃合道器一体而论。如张栻曰:

> 形而上曰道,形而下曰器,而道与器非异体也。①

> 道不离形,特形而上者也;器异于道,以形而下者也。试以天地论之。阴阳者形而上者也,至于穹窿磅礴者,乃形而下者欤?离形以求道,则失之恍惚,不可为象,此老庄所谓道也,非《易》之所谓道也。《易》之论道器,特以一形上下而言之也。②

阴阳之所以言形而上,以其隐微不可见而言,天地之所以可言形而下,以其可感可见而言,然形上形下本系一体,二者本身不能单独存在。"是故形而上者之道讬于器而后行,形而下者之器得其道而无弊。"③ 反之,"道与器离析",则"天地万物不相管属",故道与器、形上与形下绝不可析而言之,圣人见易而明性体,所以才能做到将道器徽妙并观、有无一致,从而能够变通而长久。"圣人悟易于心,觉易于性,在道不泥于无,在器不堕于有,徽妙并观,有无一致。故化而裁之者明乎道器,穷而能变也;推而行之者察乎道器,变而能通也。"④

总之,太极是兼赅体用、具有形上和形下双重意味的宇宙实体。从超越具体物象的角度看,它可曰是形而上的;从实际的气之运动和

---

① (宋)张栻:《南轩先生论语解卷第五·子罕篇》,载《张栻集》第一册,杨世文点校,中华书局2015年版,第181页。
② (宋)张栻:《南轩易说卷一·系辞上卷下》,载《张栻集》第一册,杨世文点校,中华书局2015年版,第25页。
③ (宋)张栻:《南轩易说卷一·系辞上卷下》,载《张栻集》第一册,杨世文点校,中华书局2015年版,第25页。
④ (宋)张栻:《南轩易说卷一·系辞上卷下》,载《张栻集》第一册,杨世文点校,中华书局2015年版,第25页。

万物生生而言，它亦可曰是形而下的。形而上和形而下、体与用、可见与不可见并没有绝对的界限，事实上，它们根本就是无法分割的一体，所谓"盖道无不有体有用，而用之中有体存焉"①。体用一源，道器一体，有无显微无间，此即太极之所以为太极也。在张栻看来，认识到太极的这一特殊存在性质是十分重要的，反之，也就谈不上真正认识了太极、不能称为真正知晓了性。故张栻曰："道与器离析，而天地万物不相管属，有害于仁之体矣。谓之识太极可乎？不可不察也。"②"用之不行，体之不立，焉得谓之知性乎？"③

除去太极性体，张栻如朱熹等人一样，也突出理的本体地位。如他说："有是理则有是事，有是物。夫其有是理者，性也。""事事物物，其理之素具者皆若水之就下然也。""人皆有是性，则其理未尝不具也。"④ 和对"太极性体"的理解一样，张栻亦反对将理看成绝对的超越于万物之上的独立实体，认为物外无理，理外无物。如张栻曰："大本者理之统体。会而统体，理一而已；散而流行，理有万殊。若曰大本即此理之存，达道即此理之行，却恐语意近类释氏。万殊固具于统体之中。"⑤ 张栻对于理的重视及其定位，这一方面反映出其深受二程、朱熹等人的影响，另一方面也反映出其试图综摄百家、统合当时各派思想的努力。张栻以太极为性，以性为理，以理为天，以天为道，所以在他那里，"太极""性""道""理"都可以说是异名而同实

---

① （宋）张栻：《太极图说解义钩沉·太极图说解义》，载《张栻集》第五册，杨世文点校，中华书局2015年版，第1608页。
② （宋）张栻：《新刊南轩先生文集卷二十九·答胡伯逢》，载《张栻集》第四册，杨世文点校，中华书局2015年版，第1211页。
③ （宋）张栻：《南轩先生孟子说卷第六·告子上》，载《张栻集》第二册，杨世文点校，中华书局2015年版，第540页。
④ （宋）张栻：《南轩先生孟子说卷第四·离娄下》，载《张栻集》第二册，杨世文点校，中华书局2015年版，第489—490页。
⑤ （宋）张栻：《新刊南轩先生文集卷三十一·答彭子寿》，载《张栻集》第四册，杨世文点校，中华书局2015年版，第1239页。

的概念。

但不管张栻以何为本体，这些本体概念都是以"生生"为体，是由生生一体通贯的，它们整体上揭示的都是儒家对弥漫于宇宙的无穷"生意"的推崇，对天地创生本性的肯定和绝对化，体现的是儒家对生生的追求。如张栻曰：

> 理之自然，谓之天命，于人为性，主于性为心。天也，性也，心也，所取则异，而体则同。尽其心者，格物致知，积习之久，私意脱落，万理贯通，尽得此生生无穷之体也。尽得此体，则知性之禀于天者，盖无不具也。①

太极之妙，也正是妙在它很好地揭示出了天地生生体用一源、显微无间的图景。故张栻曰："'太极'之说，某欲下语云：易也者，生生之妙也；太极者，所以生生者也。曰易有太极，而体用一源可见矣。"② 又曰："夫生生不穷，固太极之道然也。"③ 和胡宏一样，张栻亦将此天地生生之性视为"天地之心"，故其曰："天地之心，其体则微。于动之端，斯以见之。其端伊何？维以生生。"④ 又曰："天地之心之所存，是乃生生之蕴。"⑤

如此可见，张栻以太极阐释性体的生生之蕴，这固然是对其师思想的继承，但从更为根本的角度说，这种理论无非对原始儒家

---

① （宋）张栻：《南轩先生孟子说卷第七·尽心上》，载《张栻集》第二册，杨世文点校，中华书局2015年版，第585页。
② （宋）张栻：《新刊南轩先生文集卷十九·答吴晦叔》，载《张栻集》第四册，杨世文点校，中华书局2015年版，第1057页。
③ （宋）张栻：《新刊南轩先生文集卷十九·答吴晦叔》，载《张栻集》第四册，杨世文点校，中华书局2015年版，第1054页。
④ （宋）张栻：《书伊川先生易传复卦义赞》，载《张栻集》，邓洪波校点，岳麓书社2010年版，第839页。
⑤ （宋）张栻：《新刊南轩先生文集卷二十·答朱元晦秘书》，载《张栻集》第四册，杨世文点校，中华书局2015年版，第1069页。

"易道生生""天地之大德曰生"之论的进一步诠释，因而从根本上来说，体现的还是儒家以生为天地之道、为根本之德的生命伦理精神。

二 性一气殊

张栻以生生无穷之体统贯各种本体概念，来阐释宇宙的生成和万物根据问题，非常直观形象地说明了万物生成的根源和理据问题，以这一说明为依据，张栻也进一步解释了同出一体的万物何以生性各异、形态万千的问题。与其师胡宏侧重将万物之殊看成性体流行的自然结果不同，张栻则较多吸取了程朱理学有关理气的思想，较为注重从气禀角度来解释万物的统一性与多样化问题。

张栻在解释万物多样性和统一性问题上，似乎不太赞成其师的说法，而更倾向于张、程等人的看法。这表现在张栻同样是运用了"气禀"的理论来解释万物的殊异问题。在张栻看来，万物固然皆源出于乾坤阴阳恒久不已的气化，但是对于气的禀赋却有不同。阴阳之气的运动变化多端，而物之禀赋有所不齐，是以有万物之殊异。如张栻曰：

> 论性之本，则一而已矣，而其流行发见，人物之所禀，有万之不同焉。盖何莫而不由于太极，何莫而不具于太极，是其本之一也。然有太极则有二气五行，氤氲交感，其变不齐，故其发见于人物者其气禀各异、而有万之不同也。[1]

按照张栻的这种说法，气之变化参差不一，故物类亦是不齐。物禀赋何种气质，即形成何种性命。气质不同，生命不同。万物之所以

---

[1] （宋）张栻：《南轩先生孟子说卷第六·告子上》，载《张栻集》第二册，杨世文点校，中华书局2015年版，第540页。

其性各异，即是由此气禀决定的。不过，万物虽然气禀各异，形态不齐，但它们本身都是太极性体的体现，都是太极性体发用流行的结果。因此万物虽异，亦无不属于性的范畴。故张栻曰："太极一而已矣，散为人物而有万殊，就其万殊之中而复有所不齐焉，而皆谓之性。"①

这里我们要注意的是，万物出于性，亦皆属于性，这是胡宏的基本观点，张栻以万物虽殊而莫不谓之性的观点，与其师胡宏是一致的，但是在看待万物之具体之性与作为天下大本的本原之性的关系上，二人看法则有别。在胡宏，性体并非固定的，性体是指乾坤阴阳及其恒久不已的运动变化，因而性是没有固定形态的，所以胡宏认为"性无定体"，但他又认为万物在性体流行过程中得以生成并随之而有"定性"，是故"性无定体"而"物有定性"。按照这个看法，万物所具之性皆只是构成"性之全体"的部分之性，因而不能说万物生而具有完足之大本之性，具备大本之性的只有人类。张栻显然不认同胡宏的这个说法，而对之有所裁正。

张栻认为，太极性体既是万物之本原，同时其本原之性亦随着万物的形成而内蕴于具体事物的气质当中。也就是说，任何事物，其生而即有充足的性体，而不是只拥有残缺不全之性。但凡天地所生，即生而内蕴一太极性体，人人一太极性体，物物一太极性体，凡人、物概莫能外。如张栻曰："万物之生，禀二五之气，虽成质各不同，而莫不各具一太极，此所谓物外无性也。"② 太极是完备自足的性体，它自身不存在分裂为多的情况。所以，人、物所具备之太极，即是完整之太极而无所欠缺。"物虽昏隔不能以自通，而太极之所以为极者，亦

---

① （宋）张栻：《南轩先生孟子说卷第六·告子上》，载《张栻集》第二册，杨世文点校，中华书局2015年版，第541页。
② （宋）张栻：《太极图说解义钩沉·太极图说解义》，载《张栻集》第五册，杨世文点校，中华书局2015年版，第1607页。

第六章 胡宏、张栻的生命伦理思想

何有亏欠乎哉!"① 是故万物"五行生质虽不同,然太极未尝不存也","太极之体各全于其形器之内"。② 所以,天之大命并非只是为人类所拥有而万物不具备。是以张栻曰:"性之统体无乎不在也。天命之谓性者,大哉乾元,人与物所资始也;率性之谓道者,在人为人之性,在物为物之性,各正性命而不失,所谓道也。盖物之气禀虽有偏,而性之本体则无偏也。"③ 针对有人说"天命独人有之,而物不与焉"的说法,张栻亦针锋相对地批评道:"为是说者,但知万物气禀之有偏,而不知天性之初无偏也;知太极之有一,而不知物物各具太极也。"④ 万物"虽有万之不同,而其本之一者亦未尝不各具于其气禀之内"⑤。

万物生而即具有本原之性,各有一完备之太极,因而不能说万物之所异乃源于性体之不全,万物之所以"生态"各异,不是因其"本性"不同,而是由于气禀有所差异的原因。以气禀解释万物的殊异性及其个体的差别,在这方面,张栻和二程、朱熹等人并没有什么不同。人和万物的差别,物类之别、个体之殊,归根结底都只是所禀气质不同。就人与物的差别来说,人之所以异于群生,根本原因即在于人所禀之气是气之秀者、气之正者,而动物所禀之气质没有人类所禀之气这般精纯,从而导致人与万物虽然生而具有大全之性体,但对性体的自觉和呈现能力不同,因而导致人与诸物之区别。如张栻曰:

---

① (宋)张栻:《新刊南轩先生文集卷二十八·与吴晦叔》,载《张栻集》第四册,杨世文点校,中华书局2015年版,第1199页。
② (宋)张栻:《太极图说解义钩沉·太极图说解义》,载《张栻集》第五册,杨世文点校,中华书局2015年版,第1606页。
③ (宋)张栻:《新刊南轩先生文集卷二十九·答胡伯逢》,载《张栻集》第四册,杨世文点校,中华书局2015年版,第1210—1211页。
④ (宋)张栻:《新刊南轩先生文集卷二十九·答胡伯逢》,载《张栻集》第四册,杨世文点校,中华书局2015年版,第1211页。
⑤ (宋)张栻:《南轩先生孟子说卷第六·告子上》,载《张栻集》第二册,杨世文点校,中华书局2015年版,第540页。

宋代儒家生命伦理思想研究

　　观天下之物，就其形气中，其生理何尝有一毫不足者乎？此性之无乎不在也。惟人禀得其秀，故其心为最灵而能推之，此所以为人之性，而异乎庶物者也。①

　　性本善而人禀夫气之正，初不隔其全然者耳。若物则为气所昏，而不能以自通也。惟人全夫天地之性，故有所主宰，而为人之心所以异乎庶物者独在于此也。②

　　按照张栻的这种说法，人与万物之所以生态各异的根本原因即在于人禀得了天地之秀和正气，而诸物所禀皆有所不足。换言之，张栻是把气之禀赋的优良与否，视为了人与万物相互区别的根本原因。人之所以能够成为人而区别于诸物，不过是构成人的气质最好而已。这种最佳气质于人类的表现，就是禀赋天地之秀气和正气的人类因而具备了"最灵之心"。而"心之最灵"的表现，即在于人能够反身而推。而动物受其气质局限，虽亦有其灵，但却完全不可与人类之"灵"相提并论，人借其最灵之心能够反推自通，物却不能，所以人能尽其性体之全，而物则止有"一用"，所谓"惟其赋是气质而拘隔之，故物止为一物之用"③。

　　从张栻的描述来看，人所具有的这种反推自通的能力，其实就是人能够自觉其天赋性体并主动呈现的能力。在张栻看来，凡是具体生命，都有其气质所限，人类虽然禀赋优良，但就其个体而言，则亦是由特定气质所限。受这个特定的气质局限，性体就不能自发呈现出来，故而需要主体的自觉来加以呈现。张栻和张载等人一样，认为构成具

---

① （宋）张栻：《新刊南轩先生文集卷二十九·答胡伯逢》，载《张栻集》第四册，杨世文点校，中华书局2015年版，第1211页。
② （宋）张栻：《新刊南轩先生文集卷十一·存斋记》，载《张栻集》第三册，杨世文点校，中华书局2015年版，第931页。
③ （宋）张栻：《新刊南轩先生文集卷三十一·答周允升》，《张栻集》第四册，杨世文点校，中华书局2015年版，第1235页。

体生物的气质是可以改变的,"气禀之性可以化而复其初"①,"气质虽偏,亦可反也"②,但是这种"变化气质"的能力,张栻同样认为只为人所拥有。所以,固然人与万物皆生而具有大全之性体,然物却不能推而自通,不能自主地变化其气质,故而物只能为物。张栻认为,虽然有些动物亦具备一定的"灵性",但仍然达不到人类这种自我主宰其生的程度,所以最终不能摆脱其自然本能的生活。当然,人类如果不能自觉运用这种反推其性的能力,其行为亦如同禽兽,而不能真正显现为人。是故张栻曰:

> 人与万物同乎天,其体一也,禀气赋形则有分焉。至若禽兽,亦为有情之类,然而隔于形气,而不能推也。人则能推矣。其所以能推者,乃人之道,而异乎物者也,故曰几希,言其分之不远也。人虽有是心,而必贵于能存;能存而后人道立。不然,放而不知求,则与庶物亦奚以异哉?③

总体来看,张栻对于万物之殊与人物之别的看法,主要是借助气禀之理论来解决的。物类之别乃在于万物所禀赋的气质不同,而人物的根本差异则源于人是由天地之秀气或正气构成的。但由于构成人类个体的"秀气"或"正气"亦有厚薄、昏明之异,这导致了个体的差异,亦导致生命个体先天的不足和缺陷。但人与动物的根本区别是,人由于禀赋气质最佳,因而拥有最灵之心,从而具有反推自通大全之性、主宰自身命运的能力。是故人之所以为人之道,即在于人类是否

---

① (宋)张栻:《南轩先生孟子说卷第六·告子上》,载《张栻集》第二册,杨世文点校,中华书局2015年版,第539页。
② (宋)张栻:《南轩先生孟子说卷第四·离娄上》,载《张栻集》第二册,杨世文点校,中华书局2015年版,第451页。
③ (宋)张栻:《南轩先生孟子说卷第四·离娄下》,载《张栻集》第二册,杨世文点校,中华书局2015年版,第483页。

能够自觉这种能力并积极从事变化气质的工夫，如此则人性毕现而证成自身。但由于万事万物不过都是大本之性流行发用的结果，因而这一切亦可曰皆在性体之中，都可以说是性体的呈现。张栻分析告子"生之谓性"时的一段话，颇能体现他的这种思想。

> 或曰：气之在人在物固有殊矣，而人之气禀亦有异乎？曰：人者天地之精，五行之秀，其所以为人者大体固无以异也，然各就其身亦有参差不齐者焉，故有刚柔缓急之异禀，而上智生知之最灵，愚者昏窒而难发，由其不齐故也。至于禽兽草木，就其类之中亦各有所不同者焉，此又其一身还有一乾坤者也。故太极一而已矣，散为人物而有万殊，就其万殊之中而复有所不齐焉，而皆谓之性。性无乎不在也，然而在人有修道之教焉，可以化其气禀之偏，而复全夫尽己之性，尽人之性，尽物之性，其极与天地参，此人之所以为人之道，而异乎庶物者也。①

不过，儒家对于人禽之别以及万物之殊的哲学讨论，最终目的并不是揭示物种多样性、差异性的客观原因和具体表现，而是论证生命的价值问题，尤其是人的应然存在问题。张栻也不例外。人的生命价值和应然存在的问题，此即涉及张栻如何看待性体之善恶以及人性之善恶的问题。对这一问题的讨论，也体现出张栻有关人与万物之关系、有关生命伦理之根本原则等问题的看法。总体来看，张栻对性之善恶的看法，至少在表面上是大异于其师胡宏的，与胡宏强调性"善不足以名之"的主张不同，张栻明确认为大本之性纯然至善、专善而无恶，并从这种认识出发，提出了"物之始生，无有不善"的观点，从而形成其独特的生命价值观点。

---

① （宋）张栻：《南轩先生孟子说卷第六·告子上》，载《张栻集》第二册，杨世文点校，中华书局2015年版，第541页。

三 物之始生无有不善

与其师胡宏"善不足以名性"的主张不同,张栻明确认为这样的说法"诚为未当",在他看来,作为大本的太极性体,必须要明其纯然至善的性质,如此方能称显性体绝对的价值本体地位,从而确立万物循性的终极价值原则。如张栻曰:"论性而曰'善不足以名之',诚为未当,如元晦之论也。夫其精微纯粹,正当以至善名之。"[1]

太极性体是万物之终极根据,循性而为是万物之当然原则,故作为大本之性,其根本的价值之原的地位是没有问题的,因而奥义高远之大本之性固其难说,但以至善名之则是应当的,亦是恰当的。反之,超越善恶以论性体,则性体难免显得空疏远略、不切实际,易流于"异端"之说而不利于儒家伦理"实体之学"的确立和弘扬。为此张栻借评述孟子的"以善言性"委婉地批评了其师胡宏反对以善恶言性的做法。张栻曰:

> 大抵性固难言,而惟善可得而名之,此孟子之言所以为有根柢也。但所谓善者,要人能名之耳。若曰难言而遂不可言,曰不容说而遂不可说,却恐渺茫无所止也。《知言》之说,究极精微,固是要发明向上事,第恐未免有弊,不若程子之言为完全的确也。某所恨在先生门阑之日甚少,兹焉不得以所疑从容质扣于前,追怅何极!吾曹往返论辩,不为苟同,尚先生平日之志哉![2]

在张栻看来,其师胡宏之所以强调性不可以善恶言,是为了"发

---

[1] (宋)胡宏:《宋朱熹胡子知言疑义》,载《胡宏集》,吴仁华点校,中华书局1987年版,第331页。
[2] (宋)张栻:《新刊南轩先生文集卷二十五·答胡伯逢》,载《张栻集》第四册,杨世文点校,中华书局2015年版,第1143—1144页。

明向上事",即为了突出性之大本的"其尊无比"、绝对至上的地位。但这样的说法无疑也存有弊病,比如容易让人由此看低普遍理则而专断于自我的道德标准,所以应当明确肯定大本之性纯然本善的性质。张栻曰:"性无不善也,凡其所为,视听言动莫不有则焉,皆天之理也,性则然矣。"① 而且此性之善乃是绝对的至善,而非相对而言的"善恶"范畴之"善",此善是无条件的"专善而无恶",是放之四海而皆准的绝对价值原则。明确性体的至善,也才能更易让人感受性体之"实",从而有利于儒家价值的确立和弘扬,而不至于让人茫然不知所指。否则,"夫无分于善不善,则性果何物邪?沦真实之理,而委诸茫昧之地,其所害大矣"②。故张栻认为:

> 夫善恶相对之辞,专善则无恶也;犹是非相对之辞,曰是则无非矣。性善云者,言性纯是善,此"善"字乃有所指。若如彼善于此之善,则为无所指,而体不明矣。而云如彼善于此之善,非止于至善之善,不亦异乎?且至善之外,更有何善?而云恐人将理低看了,故特地提省人,使见至善之渊源,无乃头上安头,使人想象描貌而愈迷其真乎?③

> 天命之性,纯粹至善,而无恶之可萌者也。④

张栻把太极性体规定为至善,明确以至善言性体,这从表面上看,似乎是对其师所谓"性无善恶"观点的背离,但事实上,张栻的看法

---

① (宋)张栻:《新刊南轩先生文集卷十三·洁白堂记》,载《张栻集》第三册,杨世文点校,中华书局2015年版,第954页。
② (宋)张栻:《南轩先生孟子说卷第六·告子上》,载《张栻集》第二册,杨世文点校,中华书局2015年版,第538页。
③ (宋)张栻:《新刊南轩先生文集卷二十七·答胡广仲》,载《张栻集》第四册,杨世文点校,中华书局2015年版,第1175—1176页。
④ (宋)张栻:《南轩先生孟子说卷第六·告子上》,载《张栻集》第二册,杨世文点校,中华书局2015年版,第538页。

第六章 胡宏、张栻的生命伦理思想

毋宁说是对其师观点的某种意义上的修正和推进。以"性无善恶"评论胡宏所说之性,这是朱熹对胡宏所曰之性的基本判断,但是胡宏所曰之性实际上亦未尝不具有某种价值意义。胡宏说过:"'一阴一阳之谓道',道谓何也?谓太极也。阴阳刚柔,显极之机,至善以微。"[①]这说明在胡宏的意识当中,作为万化之本和普遍根据的太极阴阳之道,这里面也蕴含着某种普遍的价值原则,这种善是至高无上的形而上之善。这种善是超越具体的善恶范畴的,人们日常所曰善恶,总有具体的善恶标准,而未必充分体认了太极之道,所以囿于人们认知或具体生活条件而形成的善恶范畴是不足以评价、称显作为天下之大本之性的。至高无上的性体含纳万有,"善恶吉凶百行俱载",是不宜以具体的善恶标准来评价的,但这并不意味着胡宏缺少对普遍价值的追求。他所说的大本之性实际上彰显着一种根本的价值原则,体现着他在本然意义上的一种价值思考。正因为性体同时也是根本的价值本体,所以循性而为才具有根本的伦理正当性。故对于胡宏所曰之性,我们不能简单归之为超越善恶论,而必须区分出善之层次。或许,在胡宏的意识当中,至善是可以用来描绘性体的,但是人们一般所言之"善",总是相对于"恶"而言,所以他可能又担心"以善名之"难免会落入经验领域而影响人们对性体的至高无上性、超越性的认识。与其师相比,张栻以至善言太极性体,不过是明确了太极性体的绝对价值本体地位,在本体的角度为人们的行为提供了明确的价值导向。因此在这一点上,张栻以至善论太极性体,与其师相比,还不能说有什么特殊的创造或基本观点的严重背离。但是,张栻不仅认为性体是至善的,而且同时认为这一至善性体是内蕴于每一具体生命当中的,由此得出了"物之始生,无有不善"的价值观点,这就表现出一定程度上对其师说的

---

① (宋)胡宏:《知言·汉文》,载《胡宏集》,吴仁华点校,中华书局1987年版,第41页。

背离。如张栻曰："原物之始，亦岂有不善者哉！其善者天地之性也。"①

应当说，张栻之所以有物之始生、无有不善的认识，这也是他坚持万物无不生而具有大全之性这一看法的必然结果。与其师胡宏所坚持的只有人才具有性之大体不同，张栻认为万物始生，莫不具有性之全体，所谓"万物之生，禀二五之气，虽成质各不同，而莫不各具一太极"②。万物的确因其气质局限，而不具备尽显其性的能力，但这绝不意味着万物生而亦不具备完足之太极性体。如张栻曰："既曰物莫不皆有太极，则所谓太极者，固万物之所备也。惟其赋是气质而拘隔之，故物止为一物之用，而太极之体则未尝不完也。"③ 既然性体是至善的，而人与万物生而即具有这一至善之性体，故从本原上看，人与万物皆可曰生来即善，而不只是人性本善。故张栻曰："何独人尔？物之始生，亦无有不善者。"④

不过，万物生而皆善，这只是从"理之实然、自然"角度而论，这并不意味着动物等自然生命也如人一样具备将此本然之善呈现为具体善行的能力。在张栻看来，万物生而固然可曰之为善，但动物等自然生命却并不能体察自身之善并自觉涵养，从而使自身成为与天地同参、助益天道流行的生命主体，所以自然生命只是"自在"之物，而人却具备彰显性体、完善其生命之能力，因而是"自为"的生命存在。人之能够由"自在"而"自为"，源于人得天地之最佳之气，故其天地之性与气质不相隔，从而得以不失天地之全，故能自作主宰，从而

---

① （宋）张栻：《新刊南轩先生文集卷十一·存斋记》，载《张栻集》第三册，杨世文点校，中华书局2015年版，第931页。
② （宋）张栻：《太极图说解义钩沉·太极图说解义》，载《张栻集》第五册，杨世文点校，中华书局2015年版，第1607页。
③ （宋）张栻：《新刊南轩先生文集卷三十一·答周允升》，载《张栻集》第四册，杨世文点校，中华书局2015年版，第1235页。
④ （宋）张栻：《南轩先生孟子说卷第六·告子上》，载《张栻集》第二册，杨世文点校，中华书局2015年版，第538—539页。

第六章 胡宏、张栻的生命伦理思想

异乎庶物。所以从这个意义上说，把"性善"之名独归于人亦未尝不可。故张栻又曰："物之始生，亦无有不善者，惟人得二气之精，五行之秀，其虚明知觉之心有以推之，而万善可备，以不失其天地之全，故性善之名独归于人，而为天地之心也。"①

从道理上讲，人和万物皆生而具有本体之善，故于理不应该将性善独归于人，但只有人类能够自觉其性，并自觉操存涵养之以使其性体完全呈现而表现为人类实际的善德善行，故孟子把性善之名独归于人，亦不能说完全没有道理。总之，人不仅具有天赋大全之性体，亦有使性体毕显的能力，能够自我主宰其生命，故能以其特有之心区别于庶物。故张栻曰：

> 原物之始，亦岂有不善者哉！其善者天地之性也。而孟子道性善，独归之人者，何哉？盖人禀二气之正，而物则其繁气也。人之性善，非被命受生之后，而其性旋有是善也。性本善而人禀夫气之正，初不隔其全然者耳。若物则为气所昏，而不能以自通也。惟人全夫天地之性，故有所主宰，而为人之心所以异乎庶物者独在于此也。②

不过，张栻这种说法也存在一个问题，那就是如果说人生来不但具有天地之性、天地之全，而且其气精纯无碍而不至于像动物那样堵塞性体，那么，逻辑上应该每个人生来都是善人、不应该出现恶行。但是张栻又说人所禀赋之天地秀气、正气亦有厚薄昏明之分，从而导致善恶、贤愚由此而分，这给人感觉其理论似乎也并不那么充分而富

---

① （宋）张栻：《南轩先生孟子说卷第六·告子上》，载《张栻集》第二册，杨世文点校，中华书局2015年版，第538—539页。
② （宋）张栻：《新刊南轩先生文集卷十一·存斋记》，载《张栻集》第三册，杨世文点校，中华书局2015年版，第931页。

有说服力。如其曰：

> 人与物均禀乎天而具太极者也。然人也，禀五行之秀，其天地之心之所存，不为气所昏隔，故为最灵。物非无是，而气则昏隔矣。然就万物之中亦有灵者，盖于其身有气之所不能尽隔者也。人则为最灵矣，然人所禀之气，就其秀之中亦不无厚薄昏明之异，故及其形生神发，五行之性为喜怒忧惧爱恶欲者感动于内，因其所偏，交互而形，于是有善恶之分，而万事从此出焉。①

不过，抛开张栻理论言说上的缺陷，张栻以至善名天命之全体、强调物之始生无有不善，也有他的用意。

四 天下无一物非仁

宋代儒家自觉建构其本体理论，固然在很大程度上直接源于佛老的挑战，但更重要的还是要通过这种本体理论建构夯实儒学的"实学"性质，是为了论证儒家伦理价值的真实性与恒久性，所以他们的落脚点最终要落实到对儒家价值的论证和弘扬上。儒家崇奉的价值是一个以仁为核心的价值体系，宋代儒家对于儒家伦理价值的推崇与弘扬，也主要体现在对仁的本体化和实体化论证。这一点张栻也不例外。仁在张栻的思想中，相当于胡宏眼中的"性之大体""道体"，同时亦指向由万物生生构成的宇宙本然实体。在张栻看来，仁即性即太极，仁是万物生化之本，所谓"仁主乎生"②，仁也是万物所具有的普遍规定性，所以张栻有"天下无一物非仁"的观点。从生命伦理学的角度

---

① （宋）张栻：《太极图说解义钩沉·太极图说解义》，载《张栻集》第五册，杨世文点校，中华书局2015年版，第1607页。
② （宋）张栻：《太极图说解义钩沉·太极图说解义》，载《张栻集》第五册，杨世文点校，中华书局2015年版，第1608页。

第六章　胡宏、张栻的生命伦理思想

看，张栻对仁的论述，亦凸显出张栻对人的生命本质的根本看法，以及对人与万有生命之关系的思考，同时关联着张栻有关生命境界之认识。

首先，和胡宏一样，张栻亦将仁规定为天地的本性，将仁视为性之大体，认为仁即是性，所谓"仁义性也"①。仁体即是性体，性体生生，故这个仁亦是以生生为体。如张栻曰："生生之体即仁也。"② 仁以生生为体，这一点我们还可以通过张栻对"天地之心"的规定看出来。张栻说过，"爱之理则仁也"③，而所谓"爱之理"，在张栻看来，亦正是天地生物之心。"所谓爱之理者，是乃天地生物之心。"④ 仁是"天地生物之心"，而天地之心之所存，亦维以生生。如张栻曰："天地之心，其体则微。于动之端，斯以见之。其端伊何？维以生生。"⑤ "天地之心之所存，是乃生生之蕴。"⑥ 所以在张栻看来，仁就是天地之心，二者同体而异名。肯定仁的生生之蕴，以仁为性之大体、为天地生物之心，此即把仁本体化了，在这个意义上，仁是天下万物之本，万物莫不出于仁、为仁所规定，亦莫不是对仁体的呈现和表达。故此，正如天下万物没有任何一物不属于性的范畴，亦无一物不属于仁的范畴，是故可曰天下无一物非仁。

应当说，把天下万物皆视为仁体之表达，将万物皆归之于仁，张

---

① （宋）张栻：《南轩先生孟子说卷第六·告子上》，载《张栻集》第二册，杨世文点校，中华书局2015年版，第537页。
② （宋）张栻：《新刊南轩先生文集卷二十·答朱元晦秘书》，载《张栻集》第四册，杨世文点校，中华书局2015年版，第1065页。
③ （宋）张栻：《新刊南轩先生文集卷十八·仁说》，载《张栻集》第四册，杨世文点校，中华书局2015年版，第1031页。
④ （宋）张栻：《新刊南轩先生文集卷十八·仁说》，载《张栻集》第四册，杨世文点校，中华书局2015年版，第1031页。
⑤ （宋）张栻：《新刊南轩先生文集卷三十六·书伊川先生易传复卦义赞》，载《张栻集》第四册，杨世文点校，中华书局2015年版，第1322页。
⑥ （宋）张栻：《新刊南轩先生文集卷二十·答朱元晦秘书》，载《张栻集》第四册，杨世文点校，中华书局2015年版，第1069页。

栻的这个观点，主要还是对其师胡宏思想的继承。因为胡宏同样是以仁为性体、为天地之心，并以生生规定天地之心。如胡宏曰："仁者，天地之心也。"①"天地之心，生生不穷者也。"② 因为胡宏把性体视为"天地之大全"，而仁即性，故仁亦有天地大全之意，正所谓"仁之道大"③。是故在胡宏那里，万物无一物不属于性，亦可曰无一物不归于仁。如此可见，张栻视天下无一物非仁的观点，主要还是对胡宏思想的继承和发扬。

其次，张栻不仅继承了胡宏"仁体生生""万物皆归于仁"的观点，在天人关系上，张栻和胡宏亦一样，均将天地之心与人心相勾连，从而把具有主体性质的心亦本体化、实体化，从而得出在形式上类似心学"心外无物""无物非心"的观点。

张栻认为，仁不仅是天地之所以为天地之本，亦是人之所以为人之本，仁体生生，天人均以此生生为本。他把天地的生生之性称为"天地之心"，亦把人内蕴的生生之性称为"人之心"。如张栻曰："天地生物之心，人得之为人之心。"④ 因为天人本质同一，故人之心亦可曰天地之心，反之亦然。"夫人之心，天地之心也。"⑤ 因为天地之心是仁，故人之心亦可曰仁，仁乃沟通天人的中介，亦是天人合一之所在。如张栻曰："盖仁者天地之心，天地之心而存乎人，所谓仁也。"⑥ 因为张栻视仁为本体、为客观实体，故以心为仁，心也就被本体化、

---

① （宋）胡宏：《知言·天命》，载《胡宏集》，吴仁华点校，中华书局1987年版，第4页。
② （宋）胡宏：《知言·修身》，载《胡宏集》，吴仁华点校，中华书局1987年版，第6页。
③ （宋）胡宏：《书·张敬夫》，载《胡宏集》，吴仁华点校，中华书局1987年版，第130页。
④ （宋）张栻：《新刊南轩先生文集卷二十一·答朱元晦秘书》，载《张栻集》第四册，杨世文点校，中华书局2015年版，第1082页。
⑤ （宋）张栻：《新刊南轩先生文集卷九·桂阳军学记》，载《张栻集》第三册，杨世文点校，中华书局2015年版，第888页。
⑥ （宋）张栻：《新刊南轩先生文集卷十四·洙泗言仁序》，载《张栻集》第三册，杨世文点校，中华书局2015年版，第970页。

实体化了。也即是说，心在张栻那里，并非只是虚明灵觉主体能动之心，它同时也具有客观实体的性质，是客观的本体。既然心体亦是仁体，而仁体广大，无所不包，万物皆是此仁体之流行，天下万物无一物非仁，故以心体为仁体，自然万物亦皆在此心之中，因而万物皆仁，亦可曰万物皆心。"心体无乎不在也"[①]，心体和"至大之仁道"一样，对万物亦具有普遍的规定性，万物生生皆可谓此心体之流行，故亦可曰万物皆在"吾心"之中，或许正是在这个意义上，张栻才讲"无物非心"。如此可见，张栻以心体为万物之本、为性体，而其主张的性体本身是一个包含万物生生的"全体"概念，故逻辑上也必然得出类似陆王心学"心外无物"的观点。

但是，张栻讲的"心体"与陆王所曰"本体之心"也并不完全等同。在张栻那里，心明显具有实体化、客体化的特征，它与胡宏所曰性体一样，都具有"天地之全体"的意思，在这个意义上，万物不仅皆在心中，亦可曰心即是万物生生这一整体，这样，在一般意义上作为认识主体的心即被客观化了。也正因如此，张栻所主张的天下无一物非仁、无一物非心的看法才遭到朱熹的质疑。如朱熹曰："'视天下无一物之非仁。'此亦可疑。盖谓视天下无一物不在吾仁中则可，谓物皆吾仁则不可。盖物自是物，仁自是心，如何视物为心耶?"[②]

不过，从张栻的角度来说，他这种主张有其重要的现实意义。在张栻那里，心固然有实体化、本体化的特征，但张栻亦特别强调"心"是与"人"相关的概念，认为完全脱离人的存在，也就无所谓心。在这方面，张栻讲心似乎又有了某种陆九渊言心的思想特征。他认为人的心与含纳万有的天地之心是同一个心，故天地生生之体，仁之奥妙，

---

① （宋）张栻：《南轩先生孟子说卷第六·告子上》，载《张栻集》第二册，杨世文点校，中华书局2015年版，第558页。

② （宋）朱熹：《晦庵先生朱文公文集卷三十二·答钦夫仁说》，载朱杰人、严佐之、刘永翔主编《朱子全书》第21册，上海古籍出版社、安徽教育出版社2002年版，第1418页。

天理之充沛，都可谓著于人心。心既具有能动性，其体又与天地大本通而为一，故此人心统贯万事万理，因而能成为万物之主宰。如张栻曰：

> 天下之生久矣，纷纭缪轕，日动日植，变化万端。而人为天地之心。盖万事具万理，万理在万物，而其妙著于人心。一物不体则一理息，一理息则一事废。一理之息，万理之紊也；一事之废，万事之隳也。心也者，贯万事，统万理，而为万物之主宰者也。①

把心视为万事万物之统体，而又认为"其妙著于人心"，这无疑抬高了人类生命存在的特殊价值和意义。因为在天地万物中，唯人得天地之性、禀天地之秀而其心最灵，是故能够体认和践履天地之道的，也只有人类。人的心上通于天，故人类的存在，即是天意的代表，而能统率众生。在这个意义，心不仅是人之为人的象征，它也是万事万物存在的根本法则。故张栻曰："心也者，万事之宗也。"②"盖心宰事物，而敬者心之道所以生也。生则万理森然，而万事之纲总摄于此。"③既然心贯万事、统万理，人生至道、生命之道皆在此心之中，生命的价值和意义皆在此心之发用，那么成人的根本、修养生命的工夫和途径，自然而然都只在于识此心、明是心、持守此心而勿放矢。所以张栻和陆九渊一样，也尤为强调"明心""持心"对生命的先决意义和无比重要性。如张栻曰："心也者，贯万事，统万理，而为万物之主宰者也。致知所以明是心也，敬者所以持是心而勿

---

① （宋）张栻：《新刊南轩先生文集卷十二·敬斋记》，载《张栻集》第三册，杨世文点校，中华书局2015年版，第938页。
② （宋）张栻：《新刊南轩先生文集卷九·静江府学记》，载《张栻集》第三册，杨世文点校，中华书局2015年版，第881页。
③ （宋）张栻：《新刊南轩先生文集卷十二·敬简堂记》，载《张栻集》第三册，杨世文点校，中华书局2015年版，第947页。

失也。"① 因为此心即仁,所以识此心、明是心,也即是识仁、求仁之举。故张栻亦曰:"欲游圣门,以何为先?其惟求仁乎!仁者,圣学之枢,而人之所以为道也。"②

"明心""识仁"的生命工夫,其根本目的则是实现天人合一,与万物为一体的生命境界。人与万物皆出于天地之仁,都属于性之大体,故"推原其本,人与天地万物一体也"③。人与万物都是天地造化的产物,亦都秉持天地生生之性,统一于天地的生生,或曰生生是人与万物共同的生命本性。张栻把这个生生之体称之为仁,称为"爱之理",故天地万物亦可曰均是"天地仁爱"的结果和体现。人与万物的一体共生,这是天地仁爱的必然要求,体现的是天地的旨意,故亦可曰天命之要求。故此,在张栻那里,天地万物的一体共生,这就不仅是一种应然的要求,它本身也是出于必然律令。从实然的层面看,"人与万物同乎天,其体一也"④,"夫人与天地万物同体,其气本相与流通而无间"⑤;从应然的层面看,人与天地万物为一体,也才体现出人能配天的特殊生命性。故真正的仁者,必以万物为一体。而以天地万物为一体的表现,即在于对生命之无所不在的爱。但凡生命,皆与人一体同生,故仁者无所不爱,体物而不遗。而人在天地生命中具有协

---

① (宋)张栻:《新刊南轩先生文集卷十二·敬斋记》,载《张栻集》第三册,杨世文点校,中华书局2015年版,第938页。
② (宋)张栻:《新刊南轩先生文集卷二十五·答陈择之》,载《张栻集》第四册,杨世文点校,中华书局2015年版,第1149—1150页。张栻的这种主张,应当说,也是他对胡宏思想的继承。胡宏也有类似的说法。如胡宏曰:"惟仁者为能一以贯天下之道,是故欲知一贯之道者,必先求仁;欲求仁者,必先识心。"参见(宋)胡宏《论语指南》,载《胡宏集》,吴仁华点校,中华书局1987年版,第305页。
③ (宋)张栻:《新刊南轩先生文集卷二十·答朱元晦秘书》,载《张栻集》第四册,杨世文点校,中华书局2015年版,第1069页。
④ (宋)张栻:《南轩先生孟子说卷第四·离娄下》,载《张栻集》第二册,杨世文点校,中华书局2015年版,第483页。
⑤ (宋)张栻:《南轩先生孟子说卷第二·公孙丑上》,载《张栻集》第二册,杨世文点校,中华书局2015年版,第361页。

天化育之道德责任，本身亦天地之生的充分体现，故仁者厚待众生而必爱人。故张栻曰："原人之性，其爱之理乃仁也，知之理乃知也。仁者视万物犹一体，而况人与我同类乎？故仁者必爱人。"①

总之，天下无一物非仁，人与万物为同体，仁道广大，故爱之理无穷，有德之君子，必正其德而仁爱众生。如张栻曰："推原其本，人与天地万物一体也，是以其爱无所不至，犹人之身无分寸之肤而不贯通，则无分寸之肤不爱也。"② 又曰："爱之理无所蔽，则与天地万物血脉贯通，而其用亦无不周矣。"③ 人而能仁，人也就做到了顺应性命之理，尽性至命而充分实现了人之为人之道。所以说，此心此仁，但能识之、体之，人也就掌握了与天合一的生命大体和根本的生命力量。故张栻曰："仁，人心也，率性立命，知天下而宰万物者也。""诚能默识而存之，扩充而达之，生生之妙，油然于中，则仁之大体岂不可得乎？及其至也，与天地合德，鬼神同用，悠久无疆，变化莫测，而其则初不远也。"④ 此亦如其师胡宏所说，"惟仁者为能尽性至命"⑤，"人而克仁，乃能乘天运，御六气，赞化工，生万物，与天地参，正名为人"⑥。

本章结语

胡宏和张栻的思想，都体现出统合、综摄百家的思想倾向和努力。

---

① （宋）张栻：《南轩先生论语解卷第六·颜渊篇》，载《张栻集》第二册，杨世文点校，中华书局2015年版，第223页。

② （宋）张栻：《新刊南轩先生文集卷二十·答朱元晦秘书》，载《张栻集》第四册，杨世文点校，中华书局2015年版，第1069页。

③ （宋）张栻：《新刊南轩先生文集卷十八·仁说》，载《张栻集》第四册，杨世文点校，中华书局2015年版，第1032页。

④ （宋）张栻：《新刊南轩先生文集卷十·潭州重修岳麓书院记》，载《张栻集》第三册，杨世文点校，中华书局2015年版，第900—901页。

⑤ （宋）胡宏：《知言·天命》，载《胡宏集》，吴仁华点校，中华书局1987年版，第1页。

⑥ （宋）胡宏：《杂文·邵州学记》，载《胡宏集》，吴仁华点校，中华书局1987年版，第150页。

第六章 胡宏、张栻的生命伦理思想

二人虽然有自我的思想创造，但我们也能深刻感受到周敦颐、张载、二程、朱熹等人对湖湘学者的影响。从胡宏和张栻的具体主张来看，二人的哲学观点虽有差异，然大略一致。从生命伦理学的角度说，两人的思想有以下几点值得我们特别重视。

其一，胡宏和张栻对人类自身的生命力量都给予了充分肯定和高度推崇，认为人类的未来，归根结底取决于人自身如何识认自身的生命之性以及发挥这种生命原性。在胡宏和张栻看来，人的本性上通于天，与天的生生不已之性是同一的，因而人类没有理由怀疑自己的生命力，没有理由自暴自弃、悲观厌世，消极对待人类面临的各种问题。天命不已，天道不息，故人生无穷。人应该充分挖掘内在生性，积极实现自我生命。湖湘学者以人性为天地之大全，彰显着他们对人类生命的极大自信和乐观精神。但是人类自身必须要认识到自身生命伟力所在的根源，否则，人也就不能成其为人，人也就无法建构其自我生命，更谈不上尽己之性，以尽万物之性，承担起自身对他者乃至万物的道德责任。天命不已，生生不息，这种生生之性内蕴于人，所以人要认识到"六尺之躯有神妙"，人倘能识此心、尽其体，则人即走在与天合一的光明大道上，人也就能充分显示出人性的力量。如胡宏曰：

> 六尺之躯有神妙，而人不自知也。圣人诏之曰："人者，天地之心也。"此心宰制万物，象不能滞，形不能婴，名不能荣辱，利不能穷通，幽赞于鬼神，明行乎礼乐，经纶天下，充周咸遍，日新无息……是故学为圣人者，必务识心之体焉。识其体矣，不息所以为人也。此圣人与天地为一之道。①

其二，胡宏和张栻不仅充分肯定了人性的力量、人之生命的特殊

---

① （宋）胡宏：《杂文·不息斋记》，载《胡宏集》，吴仁华点校，中华书局1987年版，第155页。

价值和意义,也为人类应当如何处理人与万物的关系指明了方向。按照二人的看法,人与万物具有一体共生的关系,因为万物俱出于同一性体,同气相通,同为仁道之体现,所以从整全的天地之性角度来说,任一物种之缺失、任一生命之非自然受到损害,都有违天地生生之意,都意味着性体之不全,都需要人对这种现象进行体察反省、反躬自问自身的过失。人类具有统贯万事万理、主宰万物的地位和能力,也具有承担参赞天地、扶助众生的责任。故在胡宏和张栻看来,一物之不体,一民之不兴,皆非仁也。如胡宏曰:"万物备而为人,物有未体,非仁也;万民合而为君,有一民不归吾仁,非王也。"① 万物生生不息,才充分体现性体之大全,这也才是至善。不过,胡宏和张栻在处理人与万物关系时,观点稍有差异。

在胡宏看来,人虽然对万物之生生赋有先天责任,但他也反对把物凌驾于人之上,反对"拜物"。人是贯万事、统万理,能够主宰万物的生命主体,人具有对万物的裁夺能力,故人始终应当保持对物的主动性,而不能为物所奴役。人不能尽其主体之性而反被物役,这就太不明智了!如胡宏曰:"人备万物,贤者能体万物,故万物为我用。物不备我,故物不能体我。应不为万物役而反为万物役者,其不智孰甚焉!"② 不过,胡宏也不是要求人类可以随意征服万物,他同样强调人要"尽万物之性"、成就万物的责任。"圣人之道,本诸身以成万物"③,这也是胡宏所坚持的。相比胡宏,张栻从万有皆善、万物一体共生的角度出发,则更为强调天人的一体性、和谐性,而反对"天人交相胜"的观点。天人之间,应当是一种和谐统一的关系,是共生共

---

① (宋)胡宏:《知言·天命》,载《胡宏集》,吴仁华点校,中华书局1987年版,第4页。
② (宋)胡宏:《知言·事物》,载《胡宏集》,吴仁华点校,中华书局1987年版,第22页。
③ (宋)胡宏:《杂文·求仁说》,载《胡宏集》,吴仁华点校,中华书局1987年版,第196页。

第六章 胡宏、张栻的生命伦理思想

荣的,"天人交相胜"则把天与人视为一种对立、斗争关系,不管是主张"人能胜天",还是"天能胜人",都未能正确处理天人关系,都颠倒错乱了天人之理。如张栻曰:"奈何中古以降,人伪日滋,天机日浅,以性灭命者必以人而胜天,以命废性者必以天而胜人,天人之理颠倒错乱。"①

总体来看,胡宏和张栻都更为注重人对万物生生的责任意识,而非利用。人是天地之大全,具有性之大体,而性体生生,天赋予人以生命之大全,也意味着天赋予了人特殊的道德责任和义务。性体的流行,即万物之生生,人拥有大全之性体,具备"最灵之心",是天地万物中唯一有能力参赞天地、协进天地生生的存在,故人类理所当然应当承担起扶助天地生化的责任,努力创造生生不息的生命环境。这也就是说,人的成性成德,不仅仅是成就自身生命的问题,它本身也包含成就万物的生命实践。所以,人之为人,就不只是个体的事情,也是整个宇宙的事情,是天命能否彻底落实的问题。人主动尽其性,承担起协助天地生生之责任,此亦即人之仁德。仁是天地之心,是万物生生之总体。故人修养仁德,亦是实践天心、协助天地生生之举。人而能仁,则人尽其性,是真正之人;人而能仁,也即尽了参赞天地之化育、促进万物生生之天定义务。人以仁而成就自身、成就万物,这也就是湖湘学者眼中天人合一的本意和湖湘学者心目中的生命境界。如胡宏曰:"仁也者,人也。人而能仁,道是以生。生则安,安则久,久在天,天以生为道者也。人之于道,下学于己而上达于天,然后仁可言矣。"②

其三,胡宏和张栻以性为天下本,也揭示出生命伦理的根本原则,即顺性而为才具有根本的伦理正当性。万物各有其性、各有其位,它

---

① (宋)张栻:《南轩易说卷三·说卦》,载《张栻集》第一册,杨世文点校,中华书局2015年版,第58页。
② (宋)胡宏:《杂文·求仁说》,载《胡宏集》,吴仁华点校,中华书局1987年版,第196页。

们构成和谐统一的生命整体，各有各的存在价值，所以合乎天理的行为，即是顺万物之性，以成就万物之生生的行为。圣人之教，即是教人识认天心、体万物之性，助益万物各得其所、各当其分、各遂其生。如胡宏曰：

> 圣人理天下，以万物各得其所为至极。①

> 万物之性，动殖、小大、高下，各有分焉，循其性而不以欲乱，则无一物不得其所。非知道者，孰能识之？是故圣人顺万物之性，惇五典，庸五礼，章五服，用五刑，贤愚有别，亲疏有伦，贵贱有序，高下有等，轻重有权，体万物而昭明之，各当其用，一物不遗。圣人之教可谓至矣！②

最后，胡宏、张栻和其他理学家一样，都极为重视人的私心、私欲对性体或天理流行的重大影响。从湖湘学者的视角看，人类的一切问题，归根结底来源于人的私心、私欲。人的私欲是祸害之本、万恶之源，因而能否把人类的私心、私欲控制在合理的度内，是人类必须要充分正视和考虑的问题。如张栻曰：

> 盖人之生，其爱之理具其性，是乃所以为人之道者。惟其私意日以蔽隔，故其理虽存，而人不能合之，则人道亦几乎息矣。惟君子以克己为务，己私既克，无所蔽隔，而天理晬然，则人与仁合而为人之道矣。③

> 原人之所以反身而未诚者，由其有己而自私也。诚能推己及

---

① （宋）胡宏：《知言·事物》，载《胡宏集》，吴仁华点校，中华书局1987年版，第21页。
② （宋）胡宏：《知言·汉文》，载《胡宏集》，吴仁华点校，中华书局1987年版，第41页。
③ （宋）张栻：《南轩先生孟子说卷第七·尽心下》，载《张栻集》第二册，杨世文点校，中华书局2015年版，第632页。

第六章 胡宏、张栻的生命伦理思想

人，以克其私，私欲既克，则廓然大公，天理无蔽矣。①

但问题的关键即是如何让人类达成理性共识，能够以人类长远生存之道行事，用理学家的话说，即始终以"廓然大公之心"处理人类面临的共同问题。胡宏和张栻在这方面也并未给出实际的操作手段，而只是给出了"背理伤义，秉彝仆灭"的根源乃在于"不察乎道而习于欲"，并且在根本的原则上指出了"察天理，莫如屏欲"。② 然而，他们所提出的"天理不彰，无非人欲泛滥"的看法，仍然值得我们在当代深思。

---

① （宋）张栻：《南轩先生孟子说卷第七·尽心上》，载《张栻集》第二册，杨世文点校，中华书局2015年版，第588页。
② 参见（宋）胡宏《书·上光尧皇帝书》，载《胡宏集》，吴仁华点校，中华书局1987年版，第83页。

第七章　宋代儒家生命伦理的实践意义与当代启示

以上我们分别对周敦颐、张载、二程、朱熹、陆九渊和湖湘学者的代表人物胡宏与张栻的生命伦理思想做了探究，这些人物是宋代理学的主要代表人物，他们的思想也体现着宋代理学的整体面貌和主要成就，他们的思想具有高度相关性和互补性，因而形成"理学"这一特定儒学谱系。本书重在揭示其整体的生命伦理精神和主要原则，因而理论性的研究大于实践的分析。但是对于一种成熟的有价值的伦理思想来说，我们不能仅仅停留在基础性的理论研究而缺少对之实际应用价值的分析，何况生命伦理学本质上即是一门实践性的应用学科。故本书在最后，在总结宋代儒家生命伦理原则的基础上，亦略陈宋代儒家生命伦理思想的实践意义和当代启示，以兹为解决现实的生命伦理问题提供一种思考的进路和基础。

第一节　生生：宋代儒家生命伦理的根本原则

生命伦理问题的解决，离不开原则的设定。而具有实践意义的原则的设定，则又离不开具体道德理论的支持。宋代儒学是儒学的一种理论形态，虽然从学派归属来看，宋代儒家对于生命的伦理思考具有某种"特殊主义",但是他们从天地宇宙的整体演化角度,纵论人与万物共当遵循的生命之路,又体现出某种普遍主义的价值追求。宋代儒家思考问题侧重对"公理"的探讨,而非基于特定生命种类的特殊需要,这培养了他们万物一体的生生视域和生命境界追求。虽然各自的理论表达形式有别,但无一例外,宋儒普遍重视"生生",并将之视为根本的价值加以推崇和追求。而生生,也正可谓宋代儒家生命伦理思想的根本原则。在宋代儒家那里,生生可谓是一体通贯的本体观念,宋儒虽然建构出不同的本体观念,如"太极""理""性""气""仁""天地之心"等,但这些观念事实上讲的都是生生之蕴、是以生生为体的。宋儒视生生为天地的本性、为宇宙生物的普遍法则和终极理据,将之视为宇宙中最高的价值,所以,就其普遍性而言,生生也构成了宋代儒家普遍认可的根本的生命原则。

一 宋代儒家言说生命问题的基本模式和理路

宋代儒家论生生,遵循着自原始儒家即坚持的一种基本的运思模式和理路,那就是以天人关系为主轴、以追求天人合一为目的的思维方式和言说进路。天人合一是儒家对应然意义上的天人关系的看法,生生在某种意义上说,也正是这种天人合一追求的具体体现。讨论宋儒的生生原则,不能脱离天人关系这一主线,不能离开天人合一的理论视域,否则,对生生的理解就会偏离宋儒的旨意。宋儒讲的生生,是天人物我的一体共生,其境界远大、气象磅礴,而绝非个体之私的满足与适意,但也绝非脱离个体生命的空洞说辞。

从天人关系角度思考生命问题,这是原始儒家开创的一条思维路线,原始儒家对生命问题乃至一切问题的言说,都是以天人关系为逻辑起点。原始儒家以天人关系解说生命问题,从其基本考虑来说,是想借助天的权威性、绝对性来说明人之生命的存在价值和意义,为人事行动提供根本的原则和价值根据。此后历代儒家建构其理论均遵循了这一思维模式。可以说，以天道启示人道，以人道回应天命，这构成了儒家言说生命的基本逻辑理路。宋代儒家对生命的言说，亦是如此。宋儒不管是肯定"太极"的本体地位，还是突出"理""性""心"等概念的绝对至上性，其背后都是以天人关系的基本理解为思想背景。"天"或"天地"的终极地位、绝对本原义仍然是支配其思考问题的基本理念。这也就是说，尽管宋儒各自突出了不同的本体理念，但这些本体理念其实不过都是天或天地这一儒家普遍遵循的本体观念的另词表达。并且，尽管不同的宋儒使用了不同的本体观念，但天或天地这一根本性观念，作为一种不言自明的不可争议的基础性概念，亦普遍参与宋儒的理论建构当中。所以，他们的许多命题也是基于这一观念而提出的，比如"天地之性""天地之心""天理"等。

周敦颐作为理学的先驱人物，他自己实际上并没有创造一个特别的本体范畴来确立其理论的根基，而只是借助《易传》所讲的太极创生序列图式以及"生生之易道"，描绘了一幅宇宙创生的图景，但在这幅宇宙创生的图景中，天的本原意义亦清晰可见。周敦颐所描绘的宇宙生化的图式，其最重要的特征是把孔子眼中的自然天道观与思孟学派心目中的义理之天、价值之天合一而论，所以他一方面讲"立天之道曰阴曰阳"，另一方面则强调天道的"诚"的属性，并以诚会通天人，为人极之确立寻求天道的根据。张载虽然格外强调气这一范畴，但是张载在形而上的本体角度言气的时候，都明显和天具有紧密的关联性。在张载那里，天地造化之道即是天道，天地造化之神妙即是天德，气的存在属性和运动原理，正是天的实质。故张载曰："神，天德；化，天道。德，其体，道，其用，一于气而已。"[①] 二程与朱熹则

---

① （宋）张载：《正蒙·神化篇第四》，载《张载集》，章锡琛点校，中华书局1978年版，第15页。

第七章　宋代儒家生命伦理的实践意义与当代启示

均以理为本，而他们所曰之理亦即天，所谓"天者理也"①，"循理而行，便是天"②。天地范畴似乎在陆九渊那里更为重要，陆九渊的哲学思考正是始自对"天地何所穷际"这一问题的思考。天的至高无上性在陆九渊那里也尽在言表。如他说："天之所以为天者，是道也。故曰'唯天为大'。"③"三极皆同此理，而天为尊。"④ 胡宏和张栻在这方面亦无特别不同。胡宏和张栻所曰之性体、道体都不过是对天的别称，如胡宏曰"天者，道之总名也"⑤，而这也决定了他们理论的根本旨趣与原始儒家一样，都是把"事天""奉天"作为基本的人生目的和彰显人生价值意义的根本方式，所谓"奉天而理物者，儒者之大业也"⑥。

由上可见，宋代儒家虽然突出了很多各有特色的本体范畴，但其底色坚持的仍然是自原始儒家以来的以天为本。天作为根本的决定者，它是人之道、人之德、人之性的根源，人道合于天道，人德合于天德，人性合于天性，即天与人在存在的性质上、根据上都建立在同一基础之上。天道人道、天理人性、天心人心，本不外是。宋儒基于不同形式建构的本体理论，其最终目的还是要说明天对人的这种根本决定意义以及人应当以天为样本加以依循和仿效，由是也揭示出人类最佳的生命境界即是天人合一的生命境界。但"境界"二字，多就人的道德修养程度而言，而宋儒眼中的"天人合一"，显然已经超出个体道德修

---

① （宋）程颢、程颐：《河南程氏遗书卷第十一》，载《二程集》上，王孝鱼点校，中华书局2004年版，第132页。
② （宋）朱熹：《朱子语类卷第二十五·论语七》，载（宋）黎靖德编《朱子语类》二，王星贤点校，中华书局1986年版，第621页。
③ （宋）陆九渊：《陆九渊集卷十三·与冯传之》，载《陆九渊集》，钟哲点校，中华书局1980年版，第180页。
④ （宋）陆九渊：《陆九渊集卷十二·与赵詠道》，载《陆九渊集》，钟哲点校，中华书局1980年版，第161页。
⑤ （宋）胡宏：《知言·汉文》，载《胡宏集》，吴仁华点校，中华书局1987年版，第42页。
⑥ （宋）胡宏：《知言·汉文》，载《胡宏集》，吴仁华点校，中华书局1987年版，第42页。

养的层次，它也指示出宇宙存在的一种应然之境以及人类如何行动才能获致最好的命运。但这种境界的实现，离不开人对天人之同一性的根本认识。宋儒的普遍看法是天创生了人，而人则完具天性，所以天人之间并不是人以"残缺之存在"去努力修养自身以合天之"完德"，而是天人本身就是同一个性，人之于天不是合不合的问题，而是人是否能自主呈现天性的问题。故宋儒曰："天即人，人即天。人之始生，得之于天也；即生此人，则天又在人矣。"[①] "天人本无二，不必言合。"[②] 天人一性，故圣人之道亦即与天地为一之道。而这个统贯天人的性，即是"生生之性"。

二 生生：天人合一的根据与体现

宋代儒家和以前的儒家相比，他们格外看重"生"或"生生"这一观念，虽然这一观念之滥觞，亦起源于原始儒家。[③] 相较于前儒，宋明儒家对生生之义理的阐发独到而深刻，立足于本源论证而又融摄现实的道德诉求，着眼人伦日用又不乏高远的境界追求，从而形成宋代儒家生命伦理思想的基本特色。

生生这一观念，充分体现着宋代儒家对于性与天道这一儒学根本性问题的认识与回答，体现着宋代儒家对于传统儒学的巨大理论推进。性与天道问题的中心问题在于解答天和人之间的统一性和存在的张力问题，通俗地说是天和人到底存在怎样关系的问题。天人是分裂的，还是合一的？合一的根据和基础又在哪里？等等。儒家的立场普遍支

---

① （宋）朱熹：《朱子语类卷第十七·大学四》，载（宋）黎靖德编《朱子语类》二，王星贤点校，中华书局1986年版，第387页。
② （宋）程颢、程颐：《河南程氏遗书卷第六》，载《二程集》上，王孝鱼点校，中华书局2004年版，第81页。
③ "生"或"生生"作为哲学概念其内涵并没有多大区别，二者均可指宇宙创生的原动力、生命本性、万物存在和发展的根据。相较之下，"生生"只是更为突出了天地创生不已的动态性、连续性。故本书在使用这两个说法时并没有明确的区分。

持天人合一，但问题在于天人合一是怎样的"合"，这个"一"又作如何具体解释呢？对于这个问题，古往今来，人们曾给予多种解释。笔者以为，儒家讲的天人合一，主要是在"生"的意义上讲的"合一"，是讲人类生存的根据、自然意向、生命力都和天的属性高度同一，是本原于天，且是对天的生意的一种表达。天人具有共同的"生性"，这种生性是二者共同的存在依据和根本力量，也是贯彻生命始终的生命力，生命存在的意义，不过是维护和发展这种生性。不过，这种认识在先秦儒家那里，尚具有潜在的意义，真正对天人合一于生具有明确自觉并有系统的理论表达的，还是宋代儒家。宋儒一方面承接孔孟之意，强调天对人之生的意义；另一方面又特别重视从本体之理和自我之心性的相互关系角度来讲天人一体共生的道理。宋儒承认天和人之间具有共同的本性，但在回答天人共性的依据和表现时，他们则是把这一问题分解为两个问题来回答，并且在回答中充分注意到了宇宙万物的整体存在之性与人之性的关系问题。这两个问题如下。其一，为什么天与人（万物）具有共同的本性？其二，如果承认天人共性，又如何理解现实人性（万物之性）的复杂性？显然，要对这些问题给予清晰回答，离不开对宇宙本体或曰整体生命的本质的认识，而这就需要有本体论的思维。故此宋代儒家开始有意识地在本体论意义上建构其理论（尽管直接动机可能源于佛老之学的刺激），从而也深刻揭示出生生的奥义。

周敦颐借助着"太极生生"和"天道诚体"的理论不仅打通了天道与人道相贯通的具体环节，还完成了天道的伦理化以及伦理的天道化。周敦颐的思想虽然从根本上言是对"易道生生"更精微的阐释，但其阐释的方式显然更具有哲学的思辨性，理论系统也更完整。他这种明确从本体角度，继而融合伦理观的言生方式对后儒产生了重要影响。这一天道观后又经张载的发展，从而成为宋儒言生的基本依据。

张载的本体论是以气为核心范畴，以气化原理得出"性天同一""天道性命相贯通"的认识，从而基本上确立了宋儒性理之学的理论框架，也较为清晰地说明了生生之本原义和流行的状态。二程、朱熹、陆九渊等人亦从不同角度或以不同形式对此义理进行了阐发。如二程、朱熹在性理同一的认识当中，揭示出天人俱以生生为本、性天同一的内涵。陆九渊和湖湘学者，在性与天道关系上，与程朱义理同出一辙，只不过他们更重视心和性的因素对于生命的重大意义。生生，这是天人合一的根据，也是天人合一的体现，宋儒视其为宇宙的本然和实然，视为宇宙的实理、大体，故其所主张本体之概念，无论形式如何，亦不过揭示的是此生生之气、生生之理、生生之道、生生之性、生生之心。生生即是宇宙的本性，是天人物我存在的根据和生命意志，没有这种生生，万事万物皆休。宋儒又把此"生生"与儒家的核心价值"仁"等同而论，从而又将仁这一明显具有伦理意蕴的价值观念本体化、实体化，所谓"生生之体即仁也"[①]。故在宋儒那里，识仁、践仁的要求，体现的仍然是生生的要求。故宋代儒家提供的根本的生命伦理原则，一言以蔽之，即以"生生"为总纲。

三 生生的展开与界限

生生是宋代儒家生命伦理的根本价值原则，但由于生生是宋代儒家对宇宙的本质、万物生化的机制和原理高度抽象得出的本体理论，其内涵也颇为丰富，故这一原则的运用，还需要进一步的具体解释，否则，泛化理解这一价值原则，极可能导致在运用这一原则解决具体问题时失去价值判断的基点而茫然无措。

生生是宋儒对天人合一理想境界的特殊表达，是宋儒在天人一体

[①] （宋）张栻：《新刊南轩先生文集卷二十·答朱元晦秘书》，载《张栻集》第四册，杨世文点校，中华书局2015年版，第1065页。

的视域中形成的对世界本然和应然的判断，它的出发点是寻求天人的统一，但在思考天人关系中，也将整体宇宙生命纳入"天人一体"的范畴，从而形成以万物生生为宇宙实体的系统生命观。这种系统生命观把整体的宇宙生命视为有机联系的一个整体，把万有视为彼此交互作用又相互依赖的内在构成部分，强调生命与生命之间的亲缘关系、"一身共在"的关系，这样万物就尤如同一生命体的各个联系结点，其血脉相通，共同构成大宇宙生命。宋儒所理解的万物生生，即是这样一种意义上的生生。宋儒将之发展为万物一体的理论而格外引人注意。万物一体，诚如钱穆先生所曰乃"宋学命脉所寄"，"宋明六百年理学，自濂溪《太极图说》，康节《皇极经世》，横渠《正蒙》，下至阳明之'致良知'，心斋之'安身'，蕺山之'慎独'，皆不出寻求'天地万物一体'之义"[①]，故理解宋儒眼中的生生，最为重要的即是深刻把握其万物一体的理论内涵。

　　从儒学发展史的角度看，宋代儒家以万物一体言说生生之蕴，这也可以说是对原始儒家"生"之思想的重大推进。原始儒家虽然流露出朴素的"天道在生"的思想意识，意识到天与人在生之性上具有统一性，但对天人关系的处理，总体上还是强调天对人的规制作用以及人对天的顺应与效法，在对人与万物之间的关系上，也更为强调人对万物的裁夺能力和人与物之间的利用关系。原始儒家虽然意识到人的存在与万物之存在应当保持一种平衡关系，但并非基于万物一体共生的认识，而是基于人能更好地利用万物，人类的主体地位、相对于万物而言的先在性、优势地位都是原始儒家极为强调的。从理论形式和进路来看，原始儒家与宋儒亦有所不同，原始儒家考察人与万物之关系的一个基本出发点是基于人如何区别于万物，人与万物相比人的生命特质和存在价值在哪里，而非人与万物统一性的基础在哪里。具体

---

① 钱穆：《国学概论》，商务印书馆1997年版，第225、245页。

而言，原始儒家考察人与自然的关系，其基本的进路和理论形式即所谓"人禽之辨"，但仅就这个问题的形式来看，原始儒家重视的也主要是人和动物的差异性问题，其视野并没有自觉将天地万物全体纳入考量范围。人应该如何对待动物之外的事物？自然存在与人的存在到底存在怎样的关系？这些问题，原始儒家都没有给予充分的思考。原始儒家更多强调的是天地创生万物的伟大和至上性，而未能就天地所创生的万物之存在的本然和应然进行更深刻的追问和总结，至少未能明确交代这些问题。故原始儒家对于生的认识，还主要是对天地之创生本性的膜拜和对人类之生的特殊意义的强调，所以他们的视野相对还不够开阔，对生的内涵的理解还较为狭窄，尚存在较大局限性。而宋代儒家万物一体观的形成，则突破了这种局限，极大扩展了生生的内涵，并使之成为一个集本体论、价值论和境界论的系统性的哲学观念，从而也更好地回答了天人物我之关系问题。

当代生命伦理学既在宇宙生态层面关注诸生命之间的关系问题，亦在社会层面关心群体生命问题，但更主要的则是在个体层面关注个体生命的健康和发展问题。而宋代儒家所言之生生，总体而言是在本然和应然相统一的意义上对宇宙一切生命的综合考虑，既对一切生命存在给予整体上的价值考量，又针对具体生命的特殊生性给予物尽其宜的道德观照，因而它更为强调我们在一种"整体性"的生命视域当中看待诸生命之间的应然关系并分析具体的生命伦理问题。

其一，基于这种万物一体的生命视域应用生生原则，在解决具体的生命伦理问题时，它首先考察的是行动是否对生命的系统存在有利，而非基于个体的私利与偏好。宋儒眼中的生生，是万物一体视域中的生生，而非孤立地考察具体、个别的生命现象，它的出发点是整体生命的存在，而非仅仅出于"有利"于个人。万物一体是宋儒眼中理想的天人合一的生命境界，它包含着宋儒对整体人类命运的终极关怀，也包含着对人类共存的宇宙家园的应然存在的思考和呵护，故生生原则的运用，就不能从一己之小我的角度去考虑，而应站在"公理""公利"的角度去思考问题的解决方案。

譬如对于涉及个体生命的某种行为的实施，我们是否应该支持，宋儒并不简单地诉诸所谓"有利"原则，但也不会一般地反对这一原则。宋儒要问这个"利"是一种什么样的利，这种利仅是出于满足个人的嗜好和欲望，还是出于整体生命的协调和需要。宋儒基于万物一体的理论，认为生命之间存在着一体共生的关系，故其对于"好"和"坏"的判断，不是基于个体的欲望偏好，而是整体生命的协调。从宋儒万物一体的理论视角来看，基于整体生命协调而满足个体生命之所需，也是对个体生命真正的好。所以，按照宋儒的这种理解，对于生生，也不能做无节制的理解和扩充。生生是有特定内涵的，是基于"公理""正理"的判断而强调的生生，这个生生之理，是天下的公理、正理，不是纯粹个体的私意和私见。假如我们应用某种生殖技术增强了个体的物理机能或者改变了他的生物属性，使他个体的生存能力极大增加，在共同体中能够获得先天性的优势，这虽然大大"有利"了个人，但如果这种改造无助于人类群体的良性互动，这实际上也是对生生原则的背离。

其二，宋儒把人视为天地之大全、视为天地所生之物中最为优秀和杰出者，故而特别看重人在万物生生中所起的作用。但人所起的作用，在宋儒看来，并非人对万物的控制、裁夺与利用，而是人类如何运用自己特殊的心智承担起协进天地化育的天赋义务和责任，如何让天地万物在人的主体观照下更好地生生不息。在宋儒看来，天地宇宙正是因为有了人类，天地宇宙才有光明的未来。人不是万物生生的限制者、终结者，而是保护者、促进者，这就是人之为人的责任，也是人之为人的体现。人能"赞化工，生万物，与天地参"，方能"正名为人"。因而，从人类能够自觉发扬其道德理性、尽其主体责任来说，人类越强大，则越能尽到其参赞天地化育的责任和义务，越能尽己之性以尽万物之性，从而在更大范围内促进天地宇宙生命的流行。所以宋代儒家原则上必然不会反对基于"有利于个人"而实施的增强个体生命的生命技术，但毫无疑问的是，这种"有利"，必须是以有利于个体发挥其主体道德责任为前提。

总之，生生原则的应用，必须要充分发挥人的道德主体作用，必须充分肯定人的道德主体地位，而不能把这种"道德主体"转移到其他物种或人造物上，其次要在万物一体的生命视域中，坚持以系统生命的优化为前提，也即以有利于系统生命的长久和增强为前提，如此生生原则的运用才能落到实处，而不至于失去价值判断的基点。

第二节　生生原则的当代实践与启示

生命伦理学是这样一门学科："对人的生命状态进行道德追问；对生命的终极问题进行伦理研究；对生命科学技术进行伦理裁判与反省；对生命特别是人的生命的本质、价值与意义的道德哲学进行解读。"[1]在这样一种学科领域中，道德主体的德性、针对群体生命决策的伦理原则、对生命技术应用的伦理反思，都是生命伦理实践中的重要内容。本节将从这三个层次，约略说明宋代儒家生命伦理思想的实践意义和当代启示。

一　君子以生为本

生命伦理学的实践离不开道德主体德性的培养和价值信仰的形成。

---

[1] 孙慕义：《后现代生命伦理学》，中国社会科学出版社2015年版，第16页。

在这方面，宋代儒家基于生生理念所论之君子人格的养成，颇有启示意义。儒家素以君子为现实生活中的理想人格，以培育君子之德作为道德教育的目的。在儒家看来，君子人格的养成和实践，是提升人类整体生活品质、保证社会和谐的重要手段。人是唯一的道德主体，人类命运如何，归根结底取决于人自身，因而君子人格的养成，正是从根本上为人类的长治久安创造主体条件。宋代儒家亦颇为重视君子，颇为强调君子人格的塑造。而在宋儒眼中，一个真正的君子，必然重视对天之"生道"的依循和对天地"生德"的涵养与践守。真正的君子总是以"厚生"的眼光看待众生、体察众生，他们对于生命的处境具有同情共感能力，而非无动于衷、麻木不仁，他们心怀万民、善待诸生，而不敢轻易毁伤生命、陷生命于困境。这在宋代儒家看来，君子这种行为，也正是一个人之所以是一个人、其先天即有的善之"心体""性体"的展露。人不能以生命为本，即丧失了人之为人之性。在这个意义上说，人类不管以何为借口而从事导致生灵涂炭的行为，都是应当受到谴责，至少是应该感到有愧天地生生之德的，至于主观上为满足部分人的私利而肆意剥夺他人的生存环境，更是属于人性的堕落。在无辜生命损伤面前，没有正义可言。天良封钝、人性不彰，即使富可敌国、权力通天，亦无以为君子，因为君子之道只在于以生为本。

君子为何要以生为本？这是因为君子之道从根本上说本诸天道，乃是对天道的体悟与践履。儒家向来以天道为君子人格确立的根本尺度。这在原始儒家那里，即有清晰体现。如《礼记》即有"君子贵乎天道"（《礼记·哀公问》）"君子合诸天道"（《礼记·祭义》）的说法。儒家的君子本身是一个以道德为主要属性的概念，而君子之德，亦不过是对天道的效法与内化。这正如美国学者 Donald J. Munro 所说，"德本指人对天道所持的一贯态度，完美的德性，正是体现于人依循天道而行的日用伦常之间"①。正因为君子之为君子的根本依据在天道，而宋儒眼中的天道，无非"生之道"，所谓"天只是以生为道"②，故以天道作为评判君子人格的根本依据，实际上即是要求君子以生为本。在宋代儒家那里，生或生生乃性、理、天、心、仁的实体，它既是天地万物之本，亦是价值之本，是至善、是最高的价值，故君子以生为本，亦即明确了君子行为的根本价值取向和对待生命的根本态度。

其一，按照宋儒生生的价值观点，一切生命生而即是有价值的，具有天然存在的正当性和合理性，是以有德之君子，不会故意将生命分出高低贵贱，然后等杀以待，而是肯定其他生命与自己的生命具有一体之仁，肯定他者生命存在的价值与合理性，从而具有一种普爱生命、尊重生命的处世态度和道德情怀。

视生命为本、在本体意义上将生命存在一视同仁，宋儒普遍具有这种认知和情怀。在宋儒看来，万物都是具有生生之性的，这个生生之性是物之本性，也是天地之本性，它是一切生命存在的根本力量和动力，所以这个性并没有生命个体的差异。"天下无性外之物"③，因此生命之间也就没有哪个生命生而高贵或生而低贱的问题。这个生生之性体现着生命的最高价值和存在意义，所谓"本然之性，只是至善"④，所以但凡生命本身都体现着先天之善，而不存在或善或恶的问题。此恰如朱熹所曰，"万物一原，固无人物贵贱之殊"⑤。从这个角

---

① Donald J. Munro, *The Concept of Man in Early China*, Stanford University Press, 1969, p. 185.
② （宋）程颢、程颐：《河南程氏遗书卷第二上》，《二程集》上，王孝鱼点校，中华书局2004年版，第29页。
③ （宋）朱熹：《朱子语类卷第四·性理一》，载（宋）黎靖德编《朱子语类》一，王星贤点校，中华书局1986年版，第61页。
④ （宋）朱熹：《朱子语类卷第五十九·孟子九》，载（宋）黎靖德编《朱子语类》四，王星贤点校，中华书局1986年版，第1387页。
⑤ （宋）朱熹：《朱子语类卷第四·性理一》，载（宋）黎靖德编《朱子语类》一，王星贤点校，中华书局1986年版，第59页。

第七章 宋代儒家生命伦理的实践意义与当代启示

度说，人为在生命中制造差等序列，实是不义之举。生是最高价值，它首先就体现在生命的广泛流行上。万物皆有生，善其生也是万物先天的生命意志和权利，所以"万类霜天竞自由"，这本是天理流行的体现。是以有德之君子，当尊重生命、爱惜生命，尽可能地凭己身之力厚生、利生。程颢窗前茂草不芟，"常欲见造物生意"，又置盆池蓄小鱼数尾，常"欲观万物自得意"①，即体现出宋儒的这种认识。

其二，宋儒所理解的生生，是万物一体视域中的生生，万物之生生不已的太和情境，这既是天地之本然状态，也是应然状态，君子体天悟道、以生为本，也包含这一层次的认知和道德践履。人与天地万物都属于同一生命系统，是在一体共生的机制中和谐共存的，生命存在的这种一体性是宇宙的本然与实理，生命正是在这种一体性的生命机制中才得以生生不息、长久存在。所以，从这一道理来看，生命的一体共在不仅是宇宙的实然，它实际上也是任何生命之所以能够长久生存的根本保障。这也就是说，不管是人类还是其他生命，要想生生不息、充分实现其生命，这种万物一体的共生状态的维持，即是其生生之道开展的最佳环境和条件。宋儒所理解的生生，是万物一体视域中的生生，万物之生生不已的太和情境，这既是天地之本然状态，也是应然状态，君子体天悟道、以生为本，也包含这一层次的认知和道德践履。人与天地万物都属于同一生命系统，是在一体共生的机制中和谐共存的，生命存在的这种一体性是宇宙的本然与实理，生命正是在这种一体性的生命机制中才得以生生不息、长久存在。所以，从这一道理来看，生命的一体共在不仅是宇宙的实然，它实际上也是任何生命之所以能够长久生存的根本保障。这也就是说，不管是人类还是其他生命，要想生生不息、充分实现其生命，这种万物一体的共生状

---

① （清）黄宗羲：《宋元学案卷十四·明道学案下》，载《宋元学案》第一册，陈金生、梁运华点校，中华书局1986年版，第578页。

宋代儒家生命伦理思想研究

态的维持，即是其生生之道开展的最佳环境和条件。因此，人应当确立天地生生之心，本着重生、乐生、厚生的道德意识积极地参赞天地之化育，协进天地的创化之功，如此才具有君子之大德、君子之风范。故宋儒张浚曰："天道之大，在生物。生物者，天道之贞。君子协进生物之功，可以配天。"①

君子以生为本，宋儒的这种主张对于当代生命伦理实践具有重要意义。因为这种主张有利于培养从事生命伦理实践活动的人一种生命至上、仁爱生命的价值信念和心理，以及万物一体、和谐共生的生命境界。而有此生命价值、信念及境界的人，自然也会拥有对生命的同情共感能力，拥有关心生命、欣赏生命的心理和精神态势，从而积极帮助各种生命实现其生生之道，乃至促进天地生命的大化流行。总之，"生生"正是一切生命存在的本质，是宇宙恒久不已的本性，是充塞宇宙的"公理""正理""实理"，是最高的价值，一个人只有体察天地生生之德，以生为本，才能真正做到以生命为本、以生命为大，仁爱生命，才堪称真正之君子。如斯可见，君子以生为本，其生生之义大矣哉！

二 万物一体与生命共同体

宋代儒家以万物一体为基调的生生理念，是一种集本体论、价值论、境界论为一体的生命观念，这种生命观念因为具有系统的整体观照生命存在与相互关系的特点，因而颇有益于当今人类思考构建生命共同体的问题。当今人类仍然面临着重大的生存危机，譬如环境的破坏、灾疫的频繁发生等，都在警告和提示人类，生命并非孤立存在，而是处于一体的高度关联性当中。这种关联性的程度到底如何，宋代

---

① 参见刘大钧《百年易学菁华集成》，上海科学技术文献出版社 2010 年版，第 1849 页。

儒家万物一体的生生理念，无疑为我们提供了一种思考的方式和答案。在宋儒看来，生命之间的关联性具有客观实在性，生命虽然存在个体间的某种对抗性，但生命整体却处于一体共生的生命机制当中，各种生命在总体上是相生无间的，任何生命都不能孤立存在，也不能以消灭异己的方式真正谋求自身的永久存在。人与人之间，族群与族群之间，人类与自然之间，均具有这种一体相生的关系。万物一体共生，这是宇宙的本然和实然，是天地自然之理，人类只有遵循这一自然之理，才可能真正建立起自身生存的最佳环境，找到人类长远生存的根本途径。宋儒不仅在本体层面充分揭示出万物一体的客观实在性，也在价值层面论证出人类必须坚持万物一体的生命取向的合理性，因之这种理论，能够为当代人类所提出的诸如构建人类命运共同体、卫生健康共同体等旨在谋求全体人类共同发展和终极生存的实践方案提供思想支撑。

"构建人类命运共同体"是中国为谋求整体人类生存与发展而提出的一个方案。从总体上看，这一方案是将人类社会的整体生存与发展和人类生存的大环境——宇宙生态系统的平衡与和谐进行综合考虑的一个宏伟方案。从这一方案的具体内容和结构设想来看，宋代儒家的生命伦理思想，不仅能够为这一构想提供理论支持，也有助于促进人们在更深层次上思考这一构想的重大意义。毫无疑问，人类若要真正建立起休戚与共的命运共同体，离不开每个人对人与人、人与所处环境、人的生命与自然生命之关系乃至万物之关系等诸多问题的深刻认识。宋代儒家在本体层面所揭示的万物一体之宇宙观、生命观恰恰是在这些问题上为人们提供了思考的方向和进路，能够启发人们如何在系统生命的角度处理诸生命的关系问题。世界是一切生命构成的有机整体，这个整体本身亦表现为一个大生命体，在这个大生命体内部，诸具体生命之间彼此具有相须为用、互相支撑的关系，它们一气相与、血脉贯通，个体的生命力正是在这个大的系统生命的整体和谐中得以保持和发展的，系统生命的损伤，也意味着作为内部构成的具体生命之生命力会受到损害，宋儒把生命之间这种一体相生的关系和由此构成的宇宙实然视为世界存在的根本方式和究极状态，也就在理论上肯定了万有休戚与共这一本然事实，也深刻说明了人类与万有生命之间不可分割的共生之关系，从而能够促进人类更为深刻地思考自身存在方式的合宜性问题，重新审视人类现有的价值观念。

应当说，构建人类命运共同体这一方案的提出，本身就包含着对人类现有生存方式合宜性的考问，对人类多元价值生活现实的反思。人类要真正建立起休戚与共的命运共同体，毫无疑问，它需要一种站在全体人类的立场上思考人类命运、倡导人类共同价值的理论支撑。道理很简单，如果人们不承认存在为全体人类所共同认可和能够践行的"普世价值"，人们也就不可能放下"私心""成见"而建立起具有普遍价值共识的生命共同体。换言之，人类命运共同体的构建，必须要有支撑人类整体生存与发展的观念与价值立场，人类只能在谋求整体人类生存顺畅的前提下，才能谋求个体之"生"，而不能把所谓个体的"私欲"置于人类整体利益之上。为此，就必须在理论上说明任何生命个体存在的价值和意义，证明任何生命存在的当然性与合理性，这样我们才能尊重每一生命个体生存的天然权利，并注重生命之间的合作与共赢，从而在追求成己的过程中成人、在成人的过程中成己。宋代儒家万物一体的生生理念的重大价值，即主要体现在这里。因为这种理论，是从宇宙本体的角度思考人的应然存在的问题，它对世界万物存在之关系的本体描述，深刻揭示出人类存在的根本方式和价值原则，也在深层次上论证出构建人类生命共同体的必要和可能。

在宋儒看来，人类的命运与共，天地万物的一体相生，这本身就是世界的本然状态和秩序，是整体宇宙存在的根本方式，破坏它，也就破坏了人类根本的生存环境和条件。这种来自宇宙必然律令的要求，也说明人类在应然上也应该结成命运共同体，否则人类就没有出路和未来。人类面临的诸多危机与困境，其实都和人类对这一宇宙的本然秩序的破坏有关，人类没有遵守这一宇宙的根本法则，违背了"天命"，故才有眼下的种种祸患。生命之间并非孤立、隔绝的关系，没有哪一个生命可以脱离其他生命而存在，生命是自然创化的，是天地生德之表现，它们共同构成了"天命之全体"，均是世界不可或缺的一部分，宇宙的生机充沛、生意盎然，万物的生生不息，不是取决于一种生命的繁荣，而是由每一个生命绽放出"生意"形成的。

诚然，生命个体之间也有一种对抗性，但在宋儒看来，这也正是天地之所以得以生化不息的根据，也是天地万物一体的某种生命机制。宋儒认为阴阳本是一体，它们的对抗性正是生命演化和生生无穷的一个根据，这种对抗其实是一种"互相依赖"的"对抗"，而非绝对的对立，因为这种对抗，本质上是求得新生，是万物之间"相须为用"的体现。一切生命均由阴阳创生，也均表现为阴阳的相互依赖和"对抗性融合"，否则就没有生命的存在。如二程曰："盖天下无不二者，一与二相对待，生生之本也。"[①] 所以，天地万物无独而有对，这也是天理之本然，是生生之道。故天地万物虽然男女有别、生性有异，却是同一个生命整体。在这个生命体当中，没有绝对的个体，也没有独立的整体，个体和整体是相融相生的关系。由"一身之在"的万物构成的同一生命体具有自我创生、演化、发展的功能和自身的完整性。从这个角度说，天地万物虽有不同，虽然存在斗争性，但它们在本质上却是一体的关系，它们之间的统一性是根本的。宋代儒家如此理解人与万物的关系，这就为万物的整体同构、共建未来提供了坚实的本

---

① （宋）程颢、程颐：《周易程氏传卷第三》，载《二程集》下，王孝鱼点校，中华书局2004年版，第910页。

体论的观念基础。

　　天地万物与人原是一体，故包括人类社会在内的万有之生命实际上是休戚与共的，是一个命运共同体，故而从整体的角度思考包括人类社会在内的万物之生长、发展问题，这既是必要的，也是应该的。并且由于万有之命运本身具有一体同原的相关性，故而从整体角度思考包括人类生命在内的整体宇宙生命的存在与发展问题，思考如何构建人类命运共同体，这也是可能的。万物之间的整体发展、合作共赢这本是天理的要求，是性之大体的呈现，宇宙的生机是以万物一体的生生无穷为根本前提的，故此追求生命的一体同构，保证万有能够和谐共生，这实际上也是实现人类长久生存的根本方式和必然途径。

三　生命的完整性与人类的主体担当

　　对生命完整性的研究是当代生命伦理学研究中的前沿性问题之一。这一问题较早反映在对动物伦理的研究之上，用来反思将基因技术等现代生命技术应用于动物从而对动物生命完整性进行破坏。生命完整性的概念，包括生命个体的完整性和物种的完整性两个主要层面，而一般认为，"物种的完整性"是其核心。所谓物种的完整性主要是指生物物种天然的存在方式、生存能力和生化规律不遭破坏，能够按其"自然所是之所是"而存在。在当代生命伦理学语境中，生物的自然的、不受干预的存在，亦并非单纯指生物受到外界人为地干扰，而主要是指现代生命技术的应用对生物身体以及基因完整性的破坏。有学者将之称为"物种同一性未受到破坏的状态"。"在生命伦理学语境中，物种同一性主要被理解为物种的目的（telos）和物种的典型能力。保护物种完整性，就意味着保持物种的目的和物种典型能力不受破坏。"[1] 但是当代生命伦理学对生命完整性的研究并不只限定

---

[1] 李亚明：《人类物种完整性的道德意义》，《哲学动态》2020年第8期。

在动物生命完整性研究上，也包括对生态系统和对人类生命的完整性研究。尽管对生命完整性的研究贯彻着不同的伦理理论，但这种研究一般均体现着同一个目的，即通过这种研究，人们想知道诸如转基因技术、克隆技术等现代生命技术的应用，究竟在何种程度上被认为是合宜的并最终是有利于人类整体的存在与发展的。在这个过程中，对动物生命乃至整个生态系统的保护都是应有之义，但它不是最终目的。这就像有学者在分析转基因伦理时所说的那样，"对于转基因技术的伦理分析，重在基于人类更好地生存与发展的目的去探究转基因技术的使用，充分认识技术所带来的风险及其不确定性。通过维护生物的完整性，去保持自然界中生物物种以及生态系统的多样性和完整性，并最终有利于人类繁荣"①。应当说，宋代儒家的万物一体理论亦与此有很大程度的交合，但是宋儒对生命完整性的看法也有自己独特的思路和内容，这有助于我们进一步加深对生命完整性的认识，也有助于我们在诸如人工智能技术的冲击下，重新反思人的道德主体地位问题。

首先，如同前面分析的那样，宋代儒家对生命完整性的思考，与当代生命伦理学的出发点并不一样，宋儒对生命完整性的认识是一种本体论视域中的生命完整，是在统合形上和形下两个领域的基础上，视整个宇宙存在为一有机系统生命，这一大生命有一独特的生生之性，内蕴乾坤阴阳恒久不已的运动变化，一切生命在这同一的天地造化之道中产生并成为在本原和物质构成上同一的存在。它们在这个大的生命系统中各安其位、各尽其职、各遂其生，就像计算机网络上的各个结点，彼此相须为用，并育而不相害，共同构成同一生命存在的整体。在这个整体的大生命中，万物一荣俱荣、一损俱损，其生长、延续存

---

① 肖显静：《转基因技术的伦理分析——基于生物完整性的视角》，《中国社会科学》2016年第6期。

在高度关联性，它们的生生不息构成天命之全体、性之大体。所以物种的残缺，就意味着这个作为天地之大全的"性体"的残缺；生命的损耗，就意味着整体生机和生意的削减。宋儒把这样一个大的系统生命的完整视为任何生命存在的最为根本，也是最佳的生存条件，所以在其万物一体的理论视域中，破坏生命，哪怕是针对个体的伤害，从道义上说都是不对的，都是有损于仁德的行为。宋儒认为，万物之生生，这就是天地之仁，有生则有仁，有仁则有生，仁就是天命之全体，是性之大体，"仁即生"，是故杀生、虐生是谓不仁。仁者与万物为一体，仁就体现在万物盎然不息的生意当中，故曰"万物之生意最可观，此元者善之长也，斯所谓仁也"①。所以，宋儒眼中的生命完整，首先是万物一体视域中整体宇宙生态系统的完整。万物在这个大生命系统中是各有其位的，具有天赋的特定的位置和功能以支撑这个大生命系统。万物之性与整体的宇宙本性相通，在同一天道支配下各正性命，故曰"天道性命相贯通"。

很显然，在宋儒这样一体共生的大生命视野中，由于万物各自承担着整体生命系统良性运动的特定功能、发挥着各自的作用，因而宇宙整体生命状态和个体生命的完整是相互关联的，因而按照这种看法，破坏这个大生命系统中的任何一生命物种的完整性，这也是破坏一切生命赖以存在的根本的生存环境（宇宙生态的和谐）的行为，当然是非义的。故在这种理论支撑下，人们没有理由，也没有权利去伤害物种自身存在的合自然的规律性、目的性。无端摧毁生命个体同样是应当受到道德谴责的。在这个意义上，宋儒的价值立场很鲜明，尊重生命的自然之道即是应当的、合义的，杀生即害仁。万物性本同一，"生意"皆然，均在天地生命系统中有其特定的位置和功能，"万物一原，

---

① （宋）程颢、程颐：《河南程氏遗书卷第十一》，载《二程集》上，王孝鱼点校，中华书局2004年版，第225页。

第七章 宋代儒家生命伦理的实践意义与当代启示

固无人物贵贱之殊"[1]，是故虐杀生灵、残民以逞，都是有失道义之举。

但是，如果说万物一体，人物固无贵贱之殊，杀生、害生均属违背仁德之举，因而是不正当的话，那么，我们怎么看待生命间的相食、利用关系呢？万物之间确实存在相食利用关系，这是客观事实。生物间的彼此取食和利用，就必然会伤害不同物种的个体生命，宋儒又如何看待这种现象，如何以其生生全体之仁的理论来解释呢？对于这个问题，我们不能笼统回答，需要分解言之，才有可能更易领会宋儒的思想意旨。

其一，宋儒以生为本，以仁生原则为第一原则，按照这一原则，人类应当爱惜生命、尊重生命、保护生命，而不能随意杀害生命、破坏生命的生存环境，但宋儒这种观点是建立在万物一体的系统生命理论基础之上，按照这一理论，这个系统生命有其自我平衡保持万物生生不息的生命机制，从这个角度说，针对生命行为的合宜性判断，首先在于是否顺应了这一系统生命的内在生命机制。宋儒承认生命个体在这个生生不息的大生命系统中有其终始或生死存亡的过程，个体生命的存在和消亡，这本也是天道之当然、是天理如此，所谓"物之生死，理也"[2]。在宋儒看来，物之有始有终、有生有死、有存有亡这种循环往复的现象，亦正是气化之道的体现。气有聚散，则物有始终，而气常运不息，故万物终始相续、生生不息。所以，在宋儒眼中，个体生命的自然生死，这并非不合天道伦理。

其二，在宋儒那里，万物之所以生生不息，其根据亦正在于天地存在阴阳既对立又统一的生生无穷之道。阴阳是对立统一的范畴，它的存在导致其所生万物亦存在相生相克、"相须为用"的特点。如二程

---

[1] （宋）朱熹：《朱子语类卷第四·性理一》，载（宋）黎靖德编《朱子语类》一，王星贤点校，中华书局1986年版，第59页。
[2] （宋）胡宏：《知言·阴阳》，载《胡宏集》，吴仁华点校，中华书局1987年版，第8页。

曰："如天地阴阳，其势高下甚相背，然必相须而为用也。有阴便有阳，有阳便有阴。"① 天地所生之物，有阴必有阳，有强必有弱，有多必有寡，但阴阳相互制衡、相互依赖，故其所生之物亦相互制衡、相互依赖，所以万物虽繁，亦不失阴阳强弱平衡之道。有食草者，亦有食肉者。猛兽虽凶，其量有限；蝼蚁力小，其数无穷。万物生生相依却又彼此相克，这也是"理当然如此"。所以，从这种万物相须为用的当然之理的角度出发，自然万物存在相食、利用关系并不能说就是不合天道的。但这也绝不意味着人类可以滥杀、虐杀生命。因为在宋儒那里，所谓天道，从人的德性也即人对天道的践履角度来说，是合仁与义而言的。如胡宏曰："道者，体用之总名。仁，其体；义，其用。合体与用，斯为道矣。"② 仁生是体，是元善，是根本之德，从这个角度说，人必须仁爱众生、厚生、爱生。在这一根本原则和精神信念的支撑下，慎重对待向其他生命索取的行为，也即在利用其他生命时要遵循合宜性原则，这就是义。换言之，本着尽量不伤害生命的生生之道的心理，适度索取，这就是为人之道。动物之间的相食利用，都有其合自然的规律性和平衡，譬如猛兽猎杀生命，均以维持其基本生存需求为限，而不会以杀生为其存在使命或生命本性，所以自然的生态并不会遭受破坏，这是自然天理如此，也是一种"自然的合义性"。人类利用其他生命的合义性，也存在于人类保持此整体大生命系统的和谐长久的自觉意识当中。问题并不在于人们是否取食于自然生命，而是是否能够在维持整体生命系统的良性运转的前提下从事利用自然的行为。

不过，宋儒这种对待具体生命的原则，在具体的生活中也表现出

---

① （宋）程颢、程颐：《河南程氏遗书卷第十八》，载《二程集》上，王孝鱼点校，中华书局2004年版，第225页。
② （宋）胡宏：《知言·阴阳》，载《胡宏集》，吴仁华点校，中华书局1987年版，第10页。

一种功利主义的倾向,即"义"的判定,主要是依据整体利益优先或曰群体生命利益优先的原则。换言之,我们怎么决定自己是否出于义而对待生命呢?那就看这种行为是否能够保护更大范围的利益,能避免更大范围的伤害。譬如二程在《放蝎颂》中所讲,"杀之则伤仁,放之则害义"①。这里的"伤仁",是从生之本体角度而言;"害义"则是从合宜性角度而言。而此中的合宜性的依据,即是群体利益优先原则。蝎子也是生命,是天道流行之产物,因而杀之则有违天道之生的要求,放之,则可能导致较大范围内其他生命受到伤害。所以,根据"合仁与义斯有道"的根本原则,如放之能避免大范围内的伤害,理当放之,而非定要杀死。放与不放,要看具体的群体的生活环境。尽管如此,我们仍要明确一点的是,宋儒从根本上是以"仁生"为大德的,并以此为人类生命修养的根本方向。所以,一个人是否具备仁爱生命的情怀,对一个人的成人才是更为根本的。故宋儒尽管在这方面存在功利主义思想的意味,但他们不应该归之为功利主义者,因为对他们而言,内蕴于心的"厚生"美德才是第一位的。仁是体,义是用。"义"的适用是在"仁心"的支持下做出的理性抉择,是对仁的具体应用。人心中对生命的同情共感能力,对生命的护持之意,对生命由衷的欣赏和关爱之情,这都是宋儒刻意维护和推崇的,因为"生"才是道德之基、大善之本。这种发自内心地对生命的共情能力、爱惜与护持之意,也就是宋儒所谓"良心"。有此"良心之苗裔",则仁体不失,万有便不会断绝生机,人类也才会有长远未来。故宋儒曰:"人皆有良心,能存而养之,则生生之体自尔不息。"②

其次,也就是宋儒看待生命完整性的第二个大的方面,那就是宋

---

① (宋)程颢、程颐:《河南程氏文集·遗文》,载《二程集》上,王孝鱼点校,中华书局2004年版,第664页。

② (宋)张栻:《南轩先生孟子说卷第六·告子上》,载《张栻集》第二册,杨世文点校,中华书局2015年版,第549页。

儒虽然论证出万有就其本然之生而言，并无高低贵贱之殊，但在万有当中，宋儒还是对生命有所区别对待，而并非"一视同仁"。宋儒虽然肯定万有皆生而具有"仁体"，但他们同时认为万物在彰显仁体的能力上并不相同，这使得各种生命在对于维护这一大的宇宙生命系统的完整性上作用并不相同，因而必须区别对待。但这种区别对待，我们要注意的是，它不是针对生命在价值上区分等级，而只是强调在对待上根据相互依赖的程度大小（主要基于人的立场）而有所不同。具体来说，也即宋儒认为生命在本然之善上并无高低贵贱之分，没有明显的价值等级区分，但在对待上却存在远近、亲疏、厚薄的次第序列。而这一点，也充分体现出宋儒恪守传统儒学以人为本的为学宗旨。

人和其他自然生命相比，其在宇宙大生命系统中的地位和作用具有特殊性，远非动物等自然生命可比，这一点是历代儒家都强调的，宋儒也不例外。但这个不同，不是讲人的生命和万有生命在存在的先天价值上有根本的不同，而是强调人在宇宙大生命系统中的一种特有的主体担当。宋儒认为，人是宇宙生命中唯一具有道德主体地位的存在，因而也是宇宙中唯一的责任主体，动物等其他生命并不具备这一地位，也没有道德主体的资格。所以这个宇宙大系统生命的运行好坏，责任完全在人类自身。也就是说，这个宇宙大生命系统无论运行是好还是坏，问题都在于人类自身。人是唯一具有"性之全体"的存在，人是"天地之大全"，是天地造化杰出的代表，所以人类也对宇宙生态的平衡负有完全的责任（动物既无反推自身的理性能力，也没有主观破坏宇宙生态的心理和能力，它们只是本能地生活）。正是由于人与动物等自然生命之间存在这个根本的差异，从而决定了人与万物在这个宇宙系统生命中地位的根本不同，也成为宋儒宣称"天地之性人为贵"根本的依据。人是唯一能够运用道德理性反推自身回归天地之大全的生命存在，因而也是唯一的道德主体，也正是这一点，决定了人在宇宙大生命系统中特殊的主体地位和责任担当。人是唯一的道德主体，人参赞天地化育、尽己之性以尽万物之性、保证天地的生生和谐，这是天定的人的道德使命，而这也正是人之所以为人之道。故此，在宋儒眼中，人的成性成德，就不仅是成就自身生命的问题，它本身也包含着成就万物的生命实践。所以，人之为人，就不只是个体的事情，也是整个宇宙的事情，是天命能否彻底落实的问题。这也就是宋儒所说，人不能主动承担起参赞天地的责任和义务，不能助万物实现生生之和谐，人何以为人！如胡宏曰："人而克仁，乃能乘天运，御六气，赞化工，生万物，与天地参，正名为人。"[①]

人类面对的一切问题，终究是人类自身的问题，是故与其我们把问题归咎于技术或自然本身，把责任转嫁给非人存在（如智能生命体），不如人类自身充分检省人类何以是人这一根本问题，勇于承担起人类本当承担的责任。

[①] （宋）胡宏：《杂文·邵州学记》，载《胡宏集》，吴仁华点校，中华书局1987年版，第150页。

参考文献

著作类

（宋）周敦颐：《周敦颐集》，陈克明点校，中华书局1990年版。

（宋）周敦颐：《周濂溪先生全集》，河南人民出版社2018年版。

（宋）张载：《张载集》，章锡琛点校，中华书局1978年版。

（宋）张载：《张子全书》，林乐昌编校，西北大学出版社2015年版。

（宋）程颢、程颐：《二程集》，王孝鱼点校，中华书局2004年版。

（宋）黎靖德编：《朱子语类》，王星贤点校，中华书局1986年版。

（宋）朱熹：《四书章句集注》，中华书局1983年版。

（宋）朱熹撰，朱杰人、严佐之、刘永翔主编：《朱子全书》，上海古籍出版社、安徽教育出版社2002年版。

（宋）陆九渊：《陆九渊集》，钟哲点校，中华书局1980年版。

（宋）胡宏：《胡宏集》，吴仁华点校，中华书局1987年版。

（宋）张栻：《张栻集》，杨世文点校，中华书局2015年版。

（宋）张栻：《张栻集》，邓洪波校点，岳麓书社2010年版。

（宋）吕祖谦：《吕祖谦全集》，浙江古籍出版社2008年版。

（宋）真德秀：《西山读书记》卷三十一，载《影印文渊阁四库全书》，（台北）商务印书馆1986年版。

（明）曹端：《曹端集》，王秉伦点校，中华书局2003年版。

（明）王守仁撰，吴光、钱明、董平等编校：《王阳明全集》，上海古籍出版社 2018 年版。

（清）黄宗羲：《宋元学案》，陈金生、梁运华点校，中华书局 1986 年版。

（明）王夫之：《张子正蒙注》，中华书局 1975 年版。

（清）戴震撰，杨应芹、诸伟奇主编：《戴震全书》，黄山书社 1995 年版。

（清）阮元主编：《十三经注疏》，中华书局 1980 年影印本。

黄寿祺、张善文：《周易译注》，上海古籍出版社 2001 年版。

李民、王健：《尚书译注》，上海古籍出版社 2004 年版。

曾振宇、傅永聚：《春秋繁露新注》，商务印书馆 2010 年版。

四川大学古籍整理研究所编：《宋集珍本丛刊》，线装书局 2004 年版。

（宋）周敦颐：《元公周先生濂溪集》，载北京图书馆古籍出版编辑组《北京图书馆藏古籍珍本丛刊》第 88 册，北京图书馆出版社 2000 年版。

冯友兰：《新理学》，生活·读书·新知三联书店 2007 年版。

冯友兰：《中国哲学史》，华东师范大学出版社 2000 年版。

钱穆：《朱子新学案》，九州出版社 2011 年版。

钱穆：《宋明理学概述》，九州出版社 2010 年版。

钱穆：《国学概论》，商务印书馆 1997 年版。

钱穆：《中国学术思想史论丛》第五册，（台北）东大图书公司 1978 年版。

吕思勉：《理学纲要》，商务印书馆 1930 年版。

陈钟凡：《两宋思想述评》，东方出版社 1996 年版。

方东美：《中国人生哲学》，中华书局 2012 年版。

牟宗三：《心体与性体》，上海古籍出版社 1999 年版。

牟宗三:《周易哲学演讲录》,华东师范大学出版社 2004 年版。

牟宗三:《历史哲学》,(台北)学生书局 1988 年版。

牟宗三:《从陆象山到刘蕺山》,上海古籍出版社 2007 年版。

唐君毅:《中国文化之精神价值》,广西师范大学出版社 2005 年版。

唐君毅:《中国哲学原论·导论篇》,中国社会科学出版社 2005 年版。

唐君毅:《中国哲学原论·原性篇》,中国社会科学出版社 2005 年版。

劳思光:《新编中国哲学史》,生活·读书·新知三联书店 2019 年版。

张岱年:《中国哲学大纲》,江苏教育出版社 2005 年版。

蔡仁厚:《北宋理学·北宋篇》,吉林出版集团有限责任公司 2009 年版。

蔡仁厚:《宋明理学·南宋篇》,吉林出版集团有限责任公司 2009 年版。

刘述先:《朱子哲学思想的发展与完成》,(台北)学生书局 1982 年版。

陈荣捷:《朱学论集》,(台北)学生书局 1982 年版。

陈荣捷:《王阳明与禅》,(台北)学生书局 1984 年版。

余敦康:《汉宋易学解读》,华夏出版社 2006 年版。

余敦康:《内圣外王的贯通——北宋易学的现代阐释》,学林出版社 1997 年版。

张立文:《宋明理学研究》,中国人民大学出版社 2016 年版。

张立文:《心学之路——陆九渊思想研究》,人民出版社 2008 年版。

陈来:《朱子哲学研究》,华东师范大学出版社 2000 年版。

陈来:《宋明理学》,华东师范大学出版社 2004 年版。

陈来:《中国近世思想史研究》,生活·读书·新知三联书店 2010 年版。

陈来:《仁学本体论》,生活·读书·新知三联书店 2014 年版。

梁绍辉:《周敦颐评传》,南京大学出版社 1994 年版。

杨柱才：《道学宗主——周敦颐哲学研究》，人民出版社2004年版。

龚杰：《张载评传》，南京大学出版社1996年版。

林乐昌：《张载理学与文献探研》，人民出版社2016年版。

丁为祥：《虚气相即——张载哲学体系及其定位》，人民出版社2000年版。

潘富恩、徐余庆：《程颢程颐理学思想研究》，复旦大学出版社1988年版。

刘象彬：《二程理学基本范畴研究》，河南大学出版社1987年版。

蒙培元：《朱熹哲学十论》，中国人民大学出版社2010年版。

欧阳祯人主编：《陆九渊思想研究》，武汉大学出版社2019年版。

李承贵：《陆九渊》，云南出版集团公司、云南教育出版社2009年版。

朱汉民：《湖湘学派与湖湘文化》，湖南大学出版社2014年版。

陈谷嘉、朱汉民：《湖湘学派源流》，湖南教育出版社1992年版。

蔡方鹿：《一代学者宗师：张栻及其哲学》，巴蜀书社1991年版。

向世陵：《理气性心之间——宋明理学的分系与四系》，人民出版社2008年版。

向世陵主编：《宋代经学哲学研究》（理学体贴卷），上海科学技术文献出版社2015年版。

张立文编：《天人之辨——儒学与生态文明》，人民出版社2013年版。

王中江、李存山编：《中国儒学》第十四辑，中国社会科学出版社2019年版。

刘大钧：《百年易学菁华集成》，上海科学技术文献出版社2010年版。

林桂榛：《天道天行与人性人情——先秦儒家"性与天道"论考原》，中国社会科学出版社2015年版。

孙慕义：《后现代生命伦理学》，中国社会科学出版社2015年版。

蔡瑞英、李长河：《人工智能》，武汉理工大学出版社2003年版。

译著类

［美］葛艾儒：《张载的思想（1020—1077）》，罗立刚译，上海古籍出版社 2015 年版。

［英］葛瑞汉：《二程兄弟的新儒学》，程德祥译，大象出版社 2000 年版。

［日］土田健次郎：《道学之形成》，朱刚译，上海世纪出版股份有限公司、上海古籍出版社 2010 年版。

［美］安乐哲：《安乐哲比较哲学著作选》，温海明编译，孔学堂书局有限公司 2018 年版。

［美］安乐哲、Mary Evelyn Tucker 主编：《儒学与生态》，彭国翔、张容南译，江苏教育出版社 2008 年版。

［日］高畑常信：《宋代湖南学研究》，田访等译，人民出版社 2019 年版。

论文类

肖显静：《转基因技术的伦理分析——基于生物完整性的视角》，《中国社会科学》2016 年第 6 期。

林乐昌：《张载"心统性情"说的基本意涵和历史定位》，《哲学研究》2003 年第 12 期。

王锟：《"天地以生物为心"——朱熹哲学的"生本论"》，《哲学研究》2006 年第 2 期。

梁涛：《"以生言性"的传统与孟子性善论》，《哲学研究》2007 年第 7 期。

陈鼓应：《论周敦颐〈太极图说〉的道家学脉关系——兼论濂溪的道家生活情趣》，《哲学研究》2012 年第 2 期。

王新春：《"横渠四句"的生命自觉意识与易学"三才"之道》，《哲学研究》2014 年第 5 期。

赖尚清：《朱子"生理"思想研究》，《哲学研究》2016 年第 4 期。

陈来：《朱子〈太极解义〉的哲学建构》，《哲学研究》2018 年第 2 期。

林乐昌：《张载心学论纲》，《哲学研究》2020 年第 6 期。

方朝晖：《论"本体"的三种含义及其现代混淆》，《哲学研究》2020 年第 9 期。

胡家祥：《陆学之"心"试解》，《中国哲学史》1999 年第 1 期。

东方朔：《"天只是以生为道"——明道对生命世界的领悟》，《中国哲学史》2003 年第 4 期。

唐文明：《朱子论天地以生物为心》，《清华大学学报》（哲学社会科学版）2019 年第 1 期。

李亚明：《人类物种完整性的道德意义》，《哲学动态》2020 年第 8 期。

李景林：《中西文化研究系列之三——思孟五行说与思孟学派》，《吉林大学社会科学学报》1997 年第 1 期。

乐爱国：《朱熹对张载"民胞物与"的诠释——一种以人与自然和谐为中心的生态观》，《中共宁波市委党校学报》2012 年第 3 期。

余治平：《宋明儒家对仁的本体化提升——以周敦颐、二程、朱熹、王阳明为例》，《中共宁波市委党校学报》2018 年第 3 期。

杨柱才：《周敦颐在中国哲学史上的地位——杨柱才教授在周敦颐理学思想研讨会上的发言》，《湖南科技学院学报》2020 年第 2 期。

陈立胜：《宋明儒学动物伦理四项基本原则之研究》，《开放时代》2005 年第 5 期。

陈立胜：《静坐在儒家修身学中的意义》，《广西大学学报》（哲学社会科学版）2014 年第 4 期。

周炽成：《再论儒家的性朴论——兼与日本学者和国内同行商榷》，《社会科学》2015 年第 8 期。

周炽成:《荀子人性论:性恶论,还是性朴论》,《江淮论坛》2016 年第 5 期。

刘绪晶、曾振宇:《张载"和"思想新探——太和与感》,《孔子研究》2015 年第 4 期。

蔡方鹿:《张栻与宋代理学》,《船山学报》1988 年第 2 期。

田超:《陆象山"心"、"理"关系新释——从阳明评象山"只还粗些"出发》,《河南师范大学学报》(哲学社会科学版) 2010 年第 4 期。

林桂榛:《关于荀子"性朴论"的再证明》,《临沂大学学报》2018 年第 1 期。

外文文献

Donald J. Munro, *The Concept of Man in Early China*, Stanford, Calif: Stanford University Press, 1969.

John. R. Searle, "Minds, Brains, and Program", *Behavioral and Brain Sciences* (3), Cambridge University Press, 1980.

Alastair V. Cambell, *Bioethics: The Basics*, Routledge, 2013.

Warren T. Reich, ed., *Encyclopedia of Bioethics*, NewYork: The Free Press, 1978.

A. C. Graham, *Studies in Chinese Philosophy and Philosophical Literature*, Singapore: The Institute of East and Asian Philosophies, 1986.

Ruiping Fan, *Confucian Bioethics*, *Dordrecht*, Boston: Kluwer Academic Publishers, 1999.

致　　谢

本书是近年来笔者所从事的儒家生命伦理思想研究的阶段性成果。2017 年笔者以"宋代儒家生命伦理思想研究"为题申请了国家社会科学基金项目，本书即是在该项目结项成果基础上完成的。课题的申请和成果的最终出版，得益于诸多师长、朋友的鼓励与支持，在这里我要特别致以深沉谢意！他们是世界著名生命伦理学家美国莱斯大学的恩格尔哈特教授，香港城市大学的范瑞平教授，清华大学马克思主义学院的李义天教授，暨南大学马克思主义学院史军教授，武汉大学中文系鲁小俊教授、政治与公共管理学院陈刚教授，中南财经政法大学哲学院夏世华副教授。感谢他们对我的学术引导和鼓励，感谢各位朋友在该课题的申请和研究过程中给予的实际支持。还有一些朋友在该课题的研究中也提供了相关支持和意见，这里一并致以感谢。

感谢该课题结项过程中几位匿名评审专家的评审和提出的论文修改意见，他们的意见有助于我今后完善该领域的相关研究。

此外，我要特别感谢中南财经政法大学哲学院院长王雨辰教授和其他领导，感谢他们为本书的出版所提供的大力支持和帮助！我还要特别感谢我的妻子杨青女士，一直以来为这个家庭辛苦劳动却没有怨言，从而使我能有一个宽松的环境得以完成此书的研究。

本书还有许多不足，无论是在学术观点还是在研究写作上，笔者应当为本书的所有观点和不足承担一切责任，同时恳请学界前辈与同人不吝批评和赐教，您的意见我会认真听取，以便我能够更好地完成后续研究。

张舜清谨识

二〇二二年十二月二十五日于武昌